Der Blick ins andere Licht

Sabine Guhl-Biermann

Ein psychologischer und philosophischer Leitfaden der Esoterik

Der Blick ins innere Licht
Autorin: Sabine Guhr-Biermann
             ISBN 3-934982-00-X
             3. überarbeitete Auflage 2002
             © Erstausgabe 2000 Libellen-Verlag · Neunkirchen-Seelscheid

Umschlaggestaltung: Sabine Kierdorf, SabineKierdorf@T-online.de
Coverbild: Maja Hölzing-Schöbel; maja.bonn@gmx.net
Lektorat: Dr. Dorit Suwelack, Reinkarnations- und energetische
                    Integrationsanalytikerin   .
Satz: Libellen-Verlag, info@libellen-verlag.de
Druck: GGP Media, Pössneck

Inhalt

Vorwort

Dieses Buch gibt einen Einblick in die Weite der menschlichen esoterischen Psychologie sowie in die kosmischen Gesetze. Wenn Sie das geschriebene Wort verstehen möchten, dann nehmen Sie sich genug Zeit, es in Ruhe zu lesen, denn darauf kommt es an. Lesen Sie bestimmte Passagen öfter, damit Sie die Thematik besser verstehen können.

Bei diesem Buch handelt es sich um ein Einstiegswerk in die esoterische, energetische Psychologie. Sie lernen hier alle für Sie wichtigen Grundbegriffe kennen und erleben sich selbst auf einer ganz anderen Ebene. Denn alles Existierende beinhaltet letztlich Energien, und da diese alleine für unsere Lebensexistenz verantwortlich sind, sollten wir uns dringend mehr mit diesem vielseitigen und wichtigen Thema auseinander setzen. Das Leben von außen zu betrachten, ist eine Form, mit dem Leben umzugehen, jedoch liefert das äußere Bild nur Erklärungen für die ureigensten inneren Komponenten. Damit Sie sich selbst und das Ganze einfacher verstehen lernen, sollten Sie bereit sein, die innere Welt und ihre grandiose Bedeutung anzuerkennen. In den Schlusskapiteln werden Sie viel über äußere zwischenmenschliche Muster und deren innere Bedeutung erfahren, so dass Sie selbst schon einige Themen in Ihrem Leben erkennen können.

Inspiriert zu diesem Werk wurde ich durch die langjährige Erfahrung in meiner Praxis für esoterische und psychologische Lebensberatung mit Kunden und Kursteilnehmern. Immer mehr und mehr erkannte ich die klassische Verbundenheit und die damit zusammenhängende Komplexität der Erfahrungswerte innen wie außen. Je mehr ich mich selbst darüber verstand, desto mehr konnte ich die Menschen in meinem Umfeld verstehen. Jeder Mensch lebt nach seiner ureigensten Bedürftigkeit und muss lernen, diese und sich selbst darin zu verstehen; das ist der einzige Schlüssel, den wir haben, um unser inneres Tor der Erkenntnis zu öffnen.

Da ich tagtäglich die Probleme von Menschen analysiere, habe ich immer deutlicher erkannt, dass den meisten der „Blick nach innen, in ihr inneres Licht" so fremd ist, dass ihnen wirklich diese innere Sicherheit fehlt. Damit nun die Menschen, die Interesse haben, sich mehr mit sich und einer endgültigen Lösung ihrer immer wieder auftretenden Probleme auseinander zu setzen, eine Leitlinie an die Hand bekommen, habe ich dieses Buch geschrieben. Wenn man einmal den „Blick zu seinem inneren Licht" und somit den Blick nach innen verstanden hat, dann kann man mit seinem Leben viel einfacher und lockerer umgehen, denn man kennt seine inneren Gesetze, kann sich diesen anpassen und sie bewusst leben. Viel Spaß beim Lesen und Leben.

Die Autorin

Einleitung

Die meisten Menschen leben heutzutage in einem eigenen Lebensrhythmus, der es ihnen kaum ermöglicht, sich andere Gedanken über ihr Leben zu machen, als die inneren und äußeren Sorgen, die ihnen tagtäglich in den Ohren liegen. Somit leben viele in tiefen inneren Problemstrukturen und versuchen immer wieder, die Probleme äußerlich zu lösen in der Hoffnung, dass sie endlich innerlich Ruhe finden können; doch so einfach funktioniert das nicht, denn eine äußere Lösung wird nicht zwangsläufig die innere Ruhe einkehren lassen. Der Blick von außen nach innen ist spiegelverkehrt, statt dessen müssen wir von innen nach außen schauen. Denn ein Problem entwickelt sich in unserem Inneren und manifestiert sich über die Zeit im Außen. Somit müssen wir zunächst erkennen lernen, um was für ein inneres Thema es sich hierbei handelt, bevor wir die äußeren Problemschichten entfernen können und nicht umgekehrt. Doch dafür sollten wir erst einmal bereit sein, uns einen anderen Blickwinkel, nach innen gerichtet, anzueignen. Solange wir stur auf die äußerlich gelagerten Themen schauen, solange sind wir nicht in der Lage, die Probleme an der Wurzel zu packen. Umdenken ist angesagt, und das auf allen Ebenen, denn nur so funktioniert unser Leben, und jeder, der dieses System verstanden hat, kann sein Leben selbst in die eigenen Hände nehmen und ist in der Lage, sein Leben so zu gestalten, wie er es möchte. Somit ermöglicht der Blick von innen nach außen die wirkliche Heilung und Lösung aller Probleme, die unsere Seele bedrücken. Denn diese Themen belasten unsere Seele; sie will endlich zu Wort kommen, und das müssen wir ihr gewähren, wenn wir Seelenfrieden finden möchten.

Der eigene Blickwinkel ist für die Sichtweise eines jeden ausschlaggebend. Denn nur das, was wir sehen wollen, können wir auch sehen und wahrnehmen. Den meisten ist noch nicht einmal bewusst, dass wir alle verschiedene Sichtweisen haben. Doch jeder Mensch ist, fühlt und erlebt anders als der andere. Wir sind alle Individuen und somit auch alle unterschiedlich. Wir können nicht davon ausgehen, dass andere genauso denken, wie wir selbst. Denn jeder denkt und deutet anders. Schon alleine diese Thematik ist vielen nicht bewusst, und sie versuchen daher, den anderen nach ihren eigenen Systemen, wie in eine Schubladenordnung, einzusortieren. Dies hat zur Folge, dass viele Menschen meinen, der andere müsse genau so sein, wie sie sich das vorstellen. Sie wundern sich, wenn dieser sich dann anders verhält, als sie das angenommen haben. Doch genau hier liegt der Denkfehler, denn jeder Mensch denkt und fühlt anders. Und somit können wir von einem anderen nicht dasselbe erwarten, wie von uns.

Jeder Mensch gewichtet in sich andere Themen und Bereiche. Wir sind uns zwar im Ansatz oft ähnlich, jedoch nicht identisch. Schon alleine in der Astrologie, aber auch in der Numerologie oder anderen Analysemöglichkeiten, können wir diese Unterschiede sehr einfach feststellen. Damit ist jetzt schon klar, dass jeder einen anderen Fokus hat. Da viele meinen, sich den vom Umfeld und somit von der Gesellschaft geforderten Normen anpassen zu müssen, versuchen sie, sich immer wieder nach diesen Regeln einzusortieren. Es fällt ihnen dann oftmals sehr schwer, sich mit dem zu befassen, was sie in sich tragen, denn die Erwartungen der anderen sind anders ausgerichtet als die eigenen. Somit halten sich viele Menschen gegenseitig an den gelebten Strukturen fest und blockieren damit ihre eigenständige Sichtweise. Das heißt, sie sind selbst nicht autark, sondern richten sich immer wieder nach den Meinungen anderer. Somit brauchen sie quasi die Erlaubnis der anderen, ob sie dieses oder jenes gut finden oder nicht. Dieses beinhaltet, dass die meisten Menschen in einer viel zu großen Abhängigkeit voneinander leben. Und genau das ist der Fall. Viele denken zudem, dass sie nur den Partner ändern müssen, damit sich ihr Leben ändern würde; das jedoch ist eine irrige Annahme. Keiner vermag sein Gegenüber zu verändern, denn er kann nur sich selbst, das heißt seine innere Einstellung zum eigenen Leben, ändern. Somit gibt es auch keinen anderen, der für unser Glück oder Unglück verantwortlich sein kann, denn das können wir wiederum nur selbst sein. Erst wenn wir das begriffen haben, also uns selbst im Griff haben, dann sind wir wieder handlungsfähig, und darauf kommt es an.

Tief im Inneren wünschen sich die meisten Menschen, ihr Leben anders gestalten zu können, doch sie wissen oftmals vor lauter Verpflichtungen nicht wie. Sie erlauben sich meist nicht, ihren Wünschen einen realen

Platz in ihrem Leben einzuräumen. Somit leben viele Menschen in einem Lebenstrott und meinen sogar, darin bleiben zu müssen. Jeder, der trotzdem versucht aus ihm herauszuspringen, wird von den anderen, die sich das nicht trauen und es gerne tun würden, oftmals mit einem bösen Blick der Verachtung gestraft. Denn warum sollte der eine etwas tun dürfen, wenn der andere sich dies nicht erlaubt? Es ist jedoch außerordentlich wichtig, unsere eigene Zufriedenheit zu finden, und das können wir nur erreichen, wenn wir uns selbst erlauben, uns leben zu dürfen. Und nur darauf kommt es in unserem Leben an: Dass wir lernen, unser Leben in voller Verantwortlichkeit so zu gestalten, wie wir es möchten. Denn wir alle haben Lebensaufgaben, denen wir uns stellen müssen, und wenn wir gelernt haben, uns mit den Tiefen unseres Daseins zu befassen, dann können wir unser Leben so gestalten, wie es uns beliebt. Und jeder, der in unserem Leben eine Rolle spielt, kann sich auch seinem Leben widmen. Denn jeder Mensch ist eigenständig und keiner vom anderen abhängig. Das ist genau das, was wir lernen müssen, und erst dann können wir einen anderen Menschen so genießen, wie er ist, und uns an seiner Gesellschaft erfreuen.

Wir alle sind Individuen. Und wir müssen lernen, dieses Individuelle in den Vordergrund zu stellen. Dafür müssen wir uns jedoch erst einmal mit diesen Bereichen auseinander setzen, und das können wir am besten, wenn wir uns selbst erlauben, tief in unsere inneren persönlichen Energieanteile zu blicken. Je mehr wir uns mit uns beschäftigen, desto mehr werden wir uns selbst und die kosmischen Gesetze, nach denen wir alle leben, verstehen lernen. Wir alleine haben den Schlüssel für unser Leben in den Händen. Und alles das, was wir erleben, erleben wir nur, damit wir daraus Erkenntnisse gewinnen können. Alles, was es auf dieser Welt gibt, hat eine Resonanz in unserem Inneren. Wir alle leben in einer festen Form der Materie und müssen lernen, uns selbst unseren Weg durch unser Leben, innen wie außen, zu bahnen, das ist unsere Aufgabe. Je mehr wir uns selbst und somit unsere inneren Energien anerkennen, desto besser werden wir uns in unserem Leben fühlen, desto besser wird es uns gehen, und nur darauf kommt es an. Wir alle spüren unser inneres Licht. Und wir alle wissen, was wir lernen müssen. Die Erkenntnisse, die wir sammeln, brauchen wir, um uns in unserem Leben zurecht zu finden. So viele Menschen sind auf der Suche nach sich und ihrer Lebensaufgabe. Je mehr wir uns jedoch im Inneren von uns selbst, von unserem „inneren Licht", distanzieren, desto weniger werden wir in uns Ruhe und Ausgeglichenheit befinden. Wir müssen lernen, zu uns zu stehen und uns mit unserem Leben real auseinander zu setzen. Wir sollten uns von den Problemen anderer wegbewegen, das lenkt uns nur von unserem eigenen Weg ab. Keiner kann die Probleme eines anderen lösen, wir können dem anderen höchstens einen wertvollen Tipp geben, doch mehr nicht. Wenn wir das begriffen haben, dann können wir erkennen, dass nur wir selbst für uns verantwortlich sind. Doch je mehr wir uns mit den Themen der anderen ablenken, desto weniger sind wir bereit, auf unsere eigenen Verfehlungen zu achten. Und das kann schlimme Folgen haben. Denn wir alle müssen uns leben, das ist ein Gesetz. Wenn wir uns dagegen stellen, werden wir immer wieder mit unseren eigenen Lebensbereichen, die für uns wichtig sind, konfrontiert werden. Wir können unseren Lebensaufgaben nicht entfliehen.

Doch damit wir zu uns überhaupt selbst finden können, müssen wir zuerst aufhören, unsere Themen im Gegenüber, in der anderen Person, zu suchen. Nur wir selbst können uns verstehen und kein anderer. Wir alle leben in unserer eigenen, inneren Welt, und diese existiert nur in uns selbst. Das mag sich jetzt für Sie ein wenig fremd anhören, das liegt jedoch nur daran, dass Sie sich damit bisher zu wenig beschäftigt haben. Wir alle können nur unser eigenes Leben leben, und damit müssen wir lernen umzugehen. Die meisten Menschen denken immer noch, dass sie einen anderen zur Befriedigung ihrer eigenen Bedürfnisse brauchen. Doch genau das geht nicht. Kein Mensch auf dieser Welt kann Ihnen die Sicherheit geben, die Sie brauchen, das können Sie nur selbst tun. Nur Sie alleine haben die Vorstellung, was Sie brauchen, und nur Sie können sich das geben, was Sie benötigen. Diese Überlegung ist jedoch für einige noch fremd. Viele denken immer noch, dass eine Hilfe von außerhalb ausreichen würde, ihr Leben in den Griff zu bekommen. Sie sind somit auf der permanenten Suche nach dem Erlöser ihrer inneren Probleme. Diese Suche kann im Extremfall zur Sucht ausarten. Erst wenn wir lernen, auf uns selbst zu achten und unsere Bedürfnisse in den Vordergrund zu stellen und uns alles das zu geben, was wir brauchen, dann sind wir frei und können uns leben. Wir brauchen den Erlöser nicht im Außen zu suchen, da wir ihn nur im Inneren finden werden, denn dort ist er zu Hause und nur dort. Wir tragen den Schlüssel zu unserer inneren Selbsthilfe in uns, und nur wir selbst können ihn nutzen, ganz wie es uns beliebt. Wenn wir das verstanden haben, dann können wir erkennen, dass alles das, was es auf dieser Welt gibt, eine innere Resonanz in uns findet, und nur uns persönlich betrifft. Die äußeren Themen, die auf uns zukommen, sind grundsätzlich in unserem inneren Ich auffindbar. Wir tragen die Wurzeln des „Übels" in uns und müssen lernen, diese anzuerkennen, und wenn nötig, auch zu wandeln. Die Chance in unserem Leben besteht also darin, unser Leben zu erkennen und es so zu gestalten, wie wir es brauchen. Es gibt keine Zufälle, die uns urplötzlich Probleme auf den Tisch legen, mit denen wir nichts zu tun haben, Probleme, die für uns unlösbar erscheinen. Vielmehr stehen diese im Zusammenhang mit unseren innersten Gesetzmäßigkeiten. Nur wenn wir diese erkennen können, können auch wir - und nur wir - die Quizfragen unseres eigenen Lebens lösen.

Damit wir diese inneren Themen transparenter sehen können, habe ich dieses Buch geschrieben. Denn alles das, was wir erleben, erleben wir nur, weil es unserem inneren Licht entspricht. „Der Blick ins innere Licht" ist somit ein Buch, das die unterschiedlichen Lebensbereiche aus einem anderen, dem esoterischen, psychologischen und philosophischen Blick erörtert, so dass wir erkennen können, dass die Gesetzmäßigkeiten in allen Bereichen des Lebens vorhanden sind. Denn nichts passiert aus Zufall heraus. Alles hat seine Grundthematik, und die gilt es zu erkennen und zu wandeln. Viele Themen, die ich hier beschrieben habe, werden Ihnen bestimmt fremd und neu erscheinen, und trotzdem bin ich der absoluten Überzeugung, dass Sie alle tief in Ihrem Inneren wissen, das es so ist.

Dieses Buch gibt Ihnen einen Blick in die Alltäglichkeit des Lebens und Ihre Entsprechung in der imaginären Welt des Seins. Jedoch beschreibt es die Bereiche aus einem allgemeinen Blickwinkel heraus. Ihr persönliches Erscheinungsbild darin, das müssen Sie schon selbst herausfinden. Ich wünsche Ihnen viel Spaß und Erfolg in der Welt der Energien, der einzigen, die überhaupt existiert.

Zeitfenster

Wir alle leben in für uns unterschiedlichen Zeitfrequenzen. Jeder Mensch hat ein eigenes Zeitempfinden und lebt auch danach. Somit können wir uns stetig in der Zeit aufhalten, die uns sympathisch ist. Es gibt Menschen, die leben gerne in der Vergangenheit und holen sich immer wieder alte Themen nach vorne, um sie noch einmal anzuschauen. Ähnlich einem Album, in dem man alte, bereits vergangene Bilder anschaut und darauf reagiert. Genauso gibt es Menschen, die leben mehr in der Zukunft und denken gerne an das eventuelle Geschehen von Übermorgen, ohne dabei die notwendigen Handlungen von heute sehen zu wollen. In beiden Fällen versuchen diese Menschen zu vermeiden, sich mit der jetzigen Zeitetappe auseinander setzen zu müssen. Das Wichtigste jedoch ist, im Hier und Jetzt zu leben und alles hautnah zu erleben, denn das macht das Leben erst einmal aus. Es ist wichtig zu wissen, dass wir mit unserer eigenen Zeiteinstellung fast alles bestimmen, denn wir nutzen unsere Energien so, wie wir sie verteilen wollen. Wenn wir uns gedanklich mehr in der Vergangenheit aufhalten, dann investieren wir unsere Energien auch dort hinein, genauso wenn wir mit unseren Gedanken energetisch in der Zukunft sind. Doch das Idealste wäre, die Gegenwart zu leben, die Vergangenheit zu verarbeiten und die Zukunft gezielt zu planen, ohne sie dabei festzulegen.

Genauso fördert unsere eigene Einstellung zu unserem Leben unseren ureigensten Alterungsprozess. Es ist allgemein bekannt, dass der individuelle Alterungsprozess eines Menschen von seiner inneren Einstellung abhängt. Ein Mensch, der sich in biologisch jungen Jahren als alt empfindet, wirkt auf seine Außenwelt älter, als er in Wirklichkeit ist. Dasselbe gilt in umgekehrter Form für biologisch alte Menschen, die lebendig ihr Leben gestalten. Sie strotzen vor solcher Lebensenergie, dass ihnen kaum ein Weg der Freude zu viel sein könnte. Man hat das Gefühl, sie könnten ewig leben. Ein Mensch, der offen ist für die Vielfalt des Lebens und sich mit allen für ihn interessanten Bereichen auseinander setzen will, hält sich geistig und körperlich fit. Im Gegensatz dazu verfällt ein älterer Mensch, der sich nur um wenige Dinge in seinem Leben kümmert, der in der Alltagsmonotonie ertrinkt, immer mehr in einem beschleunigenden Alterungsprozess. Wenn Sie also jung bleiben wollen, dann leben Sie Ihr Leben mit all der Vielseitigkeit, die Ihnen Ihr Leben zu bieten hat. Leben Sie im Jetzt, und Sie werden sich wohl fühlen. Die Seele ist beweglich und nicht an Zeit gebunden; der Körper sehr wohl, denn er altert nach einem bestimmten biologischen Faktor; jedoch können wir durch unsere eigene Einstellung zu unserem Körper einige Prozesse verlangsamen oder aber auch beschleunigen.

Kennen Sie das? Sie mögen keine Zahnärzte, müssen jedoch nächste Woche einen Termin wahrnehmen. Denken Sie in der Woche öfter darüber nach? Wenn ja, dann würden Sie immer wieder Energie auf das zukünftige Ereignis legen, und damit besonders und übermäßig stark gewichten, also mit Gewicht belegen. Dann endlich kommt der Tag, und die Energie ballt sich zusammen. Wieviel Energie kostet es Sie, bis Sie den Termin überwunden haben? Je mehr und öfter Sie daran denken, desto länger und extremer wird die ganze Situation für Sie sein. Es könnte Ihnen passieren, dass Sie das Gefühl haben, der Termin würde niemals enden. Und dann, endlich, ist alles vorbei, Sie atmen durch, fühlen sich frei und erleichtert, denn die Belastung ist von Ihnen gewichen. Welches Zeitempfinden hatten Sie während des Termins? Bestimmt wesentlich länger als eine Stunde bei Ihrer Arbeit, oder? Im Unterschied zu Ihnen wird die Zahnarzthelferin die Zeit anders erlebt haben als Sie. Daran können Sie erkennen, dass wir grundsätzlich in unserem eigenen Zeitempfinden leben - je nach Lage und je nachdem, wie wir die Zeit gewichten. Je weniger wichtig, desto kürzer. Jetzt können Sie mit Sicherheit sehr leicht nachvollziehen, dass wir mit und in unserer eigenen Zeit leben.

Nun ein anderes Beispiel, das dieses Thema noch ein wenig mehr durchleuchtet. Wir können in unserem Inneren Zeitreisen vornehmen, da alle Daten in uns abgespeichert sind. Stellen Sie sich dafür einmal kurz Ihren siebten Geburtstag vor. Können Sie sich noch erinnern? Können Sie noch fühlen, was Sie damals gefühlt haben? Wenn ja, dann ist das nur möglich, weil Sie sich jetzt in diesem Moment mit der vergangenen Zeit beschäftigen. Je mehr Sie sich jetzt entspannen, desto besser können Sie sich in die alte Zeit hinein fühlen. Gleichzeitig rutscht die momentane Zeit, also die reale

Gegenwart, ein wenig in den Hintergrund. Sie können jetzt noch einmal fühlen, was Sie damals empfunden haben. Sie sind jetzt eng mit dieser Zeit und den damit verbundenen Emotionen verhaftet. Die Erinnerungen sind in diesem Moment so transparent und klar, als würden sie gerade geschehen. Das zeigt eindeutig, dass wir uns in jede Zeit so intensiv hinein versetzen können, wie wir es möchten. Wir sind also nicht an die reale Zeit gebunden. Wir können frei bestimmen, nach welcher Zeit wir uns richten wollen. Nur im Außen richten wir uns alle nach derselben Zeit und somit auch nach den Gezeiten und nach dem Tagesverlauf. Denn diese Zeiteinheit ist für uns alle gleich, auf der materiellen Ebene am gleichen geographischen Platz, wirklich und real. Und trotzdem hat jeder Mensch eine innere individuelle Zeitwahrnehmung, nach der er lebt. Rein biologisch betrachtet ist dies unser Biorhythmus. Wir alle haben dadurch verschiedene Hoch- und Tiefphasen, in denen wir mehr oder weniger leistungsfähig sind. Wir selbst können uns unsere Zeit einplanen.

Doch manchmal holt uns die vergangene Zeit auch ein. Immer dann, wenn wir unbewusst an alte Emotionen und somit an alte Erinnerungen heran geführt werden. Dann fühlen wir uns wieder in die Kindheit zurück versetzt und wissen nicht, woher diese Emotionen urplötzlich kommen. Das ist jedoch einfach erklärt. Wir haben Emotionen und Erlebnisse in uns abgespeichert, die zu einem bestimmten Zeitpunkt an die Oberfläche kommen. Daher ist es immer besonders wichtig, auf solche Signale zu achten und sich zu einem späteren Zeitpunkt damit auseinander zu setzen.

Wir selbst können steuern, wie wir unsere Zeit empfinden, ob wir uns Stress oder Hektik zumuten, ob wir den Augenblick genießen können oder auch nicht. Doch ist es durch die schnelllebige Zeit, in der wir uns befinden, oft sehr schwer, sich dem Alltagsstress zu entziehen. Die Menschen rasen durch ihr Leben, obwohl sie tief im Inneren genug Zeit haben. Es ist jedoch nicht leicht, einfach stehen zu bleiben, wenn alle anderen ringsherum laufen. Die Ansteckungsgefahr ist einfach zu groß. Schon unsere Kinder werden dahin trainiert, sich den Aufgaben des Lebens zu widmen, fortwährend zu lernen und sich auf die zukünftigen Themen des „gesellschaftlichen und normalen Lebens" vorzubereiten. Das hindert jedoch so manches Kind daran, sich dem eigentlichen Kindsein zu widmen und die Zeit der Kindheit einfach leben zu dürfen. Kinder, die versäumt haben, ihr individuelles Kindsein zu leben, sind oftmals ein Leben lang auf diesem Gebiet unterentwickelt. Deshalb ist es so besonders wichtig, dass Kinder sich leben und ihre eigene Persönlichkeit entwickeln können. Ein Kind braucht die Erlaubnis der Eltern, um sich so leben zu dürfen. Wenn die Eltern jedoch mit keinem guten Vorbild vorangehen und das Kind durch die eigene hektische Lebenseinstellung immer wieder antreiben wollen, dann bleibt für das Kind kaum Zeit, seine eigene Individualität spielerisch zu entwickeln. Und leider gibt es viel zu viele Kinder, die nur darauf bedacht sind, den Themen der Eltern nachzueifern, ohne selbst über ihre eigene Kreativität nachzudenken. Leicht erkennt man dies an Kindern, die sich nicht alleine beschäftigen können. Denn gerade diese Kinder brauchen die hundertprozentige Aufmerksamkeit der Eltern, damit sie sich lebendig fühlen. Dabei wirkt jedes noch so kleine Ausruhen der Eltern so, als hätten sie das Programm abgestellt. Der Fernseher dient dann teilweise als passender Ersatz.

Wenn Sie sich jetzt fragen sollten, woher das kommt, kann ich Sie nur daran erinnern, dass viele Menschen Angst vor dem Alleinsein haben. Und jede Mutter, die sich tief in ihrem Inneren alleine fühlt, bekommt durch ihr eigenes Kind das Gefühl geschenkt, besonders wertvoll und wichtig zu sein. Wenn das Kind sich dann im Laufe der Zeit abnabeln will, kann es passieren, dass die Mutter in einen inneren Konflikt gerät, der sie letztlich nur wieder an die eigene innere Einsamkeit und die damit verbundene Angst erinnert. Diese Mutter müsste, genau wie alle anderen Menschen auch, lernen, ihr eigenes Leben zu leben, denn dann wird sie sich nicht mehr einsam fühlen können. Solange sie jedoch darauf wartet, dass sich ihr Kind liebevoll um sie kümmert, solange ist auch das Kind gewohnt, die uneingeschränkte Aufmerksamkeit der Mutter zu bekommen, und wehe wenn das einmal nicht der Fall sein sollte. Diese Kinder verlernen, den eigenen Spieltrieb auszuleben, und setzen sich mehr mit der Rolle und den dazugehörigen Themen der Erwachsenen auseinander. Das bedeutet jedoch, dass dieses Kind zu früh erwachsen wird und somit eine wichtige Phase seines eigenen Lebens vernachlässigt. Keiner kann jedoch die Kindheit so einfach ausblenden, und somit dürfte jetzt schon klar sein, dass sich diese ungestümen, kindlichen

Energien in dem eigenen Erwachsenendasein breit machen werden.

Durch das mangelhafte Ausleben des Spieltriebs in der Kindheit wird dieser oft im Erwachsenenleben immer wieder aktiv in den Vordergrund gestellt. Und so könnte das kindliche Manko im negativen Fall zum Beispiel zur Spielsucht im Casino führen, denn die Versuchung, hierbei auch zu gewinnen, ist besonders groß. Bei den meisten kann der Gewinn jedoch auch einer Bestrafung gleichkommen, sofort muss der Einsatz dann wieder verspielt werden, solange bis kein Geld mehr da ist. Hierbei zählt also alleine der Spieltrieb und die Sucht. Die Betreiber der Spielanlagen sind über jeden Besucher, der sich in diese Sucht begibt, hocherfreut. Denn gerade diese Menschen sind die passenden Opfer für sie, und darauf sind diese Läden abgestimmt und energetisch ausgerichtet. Die Besucher sollen all ihr Geld verlieren, bis sie sich selbst verlieren, denn die Versuchung und der damit verbundene Reiz sind so groß, dass sich diesem keiner, der süchtig ist, widersetzen kann. Es sind nicht die Erwachsenen, die an den Spieltischen stehen, sondern die inneren Kinder, die immer weiter spielen wollen und keine Grenzen setzen können. Denn Kinder sind oftmals grenzenlos und brauchen einen Erwachsenen, der ihnen sagt, wann endlich Schluss ist. Der Casinobesitzer, in der Rolle des Erwachsenen, wird das Spielende wohl erst dann erwähnen, wenn alles Geld verspielt wurde. Somit sind Spielsüchtige große Kinder, die kein Maß finden können. Wenn dann nach dem Spiel wieder der Erwachsene ins Bewusstsein kommt, traurig und verzweifelt auf die leere Brieftasche schaut, dann ist es oftmals schon zu spät.

Ähnlich auch die Sexualsucht, auch hier sucht das unbefriedigte innere Kind nach dem spannenden, aufregenden „Kick", und auch hierbei profitiert nicht der Einzelne, sondern der Markt, auf dem Millionen mit der käuflichen Liebe umgesetzt werden. Und darauf ist auch die Falle ausgerichtet. Der Mann ist von Natur aus ein Jäger, der auf die Reize einer Frau schnell anspricht. Je mehr Männer sich über ihr eigenes Sexualverhalten im Unklaren sind, desto besser für das Geschäft. Und dadurch, dass der Markt immer wieder schnell gesättigt ist, werden sexuell immer ausgefallenere und abartigere Praktiken angeboten. Die „Spielzeugpalette" wird weiter vergrößert, damit es nicht langweilig wird. Einem Mann, der den Weg zu einer Prostituierten wählt, geht es wohl kaum um die körperliche Wohltat eines Orgasmus, sondern viel eher um das Gefühl, etwas Verbotenes, von der Gesellschaft Ausgestoßenes zu tun. Oftmals spukt der Gedanke in vielen Menschen herum, dass der Mann bei der Prostituierten den interessanteren Sex erleben würde. Doch das ist eine falsche Annahme; es kann nicht Millionen von Frauen geben, die angeblich „schlecht im Bett" sind. Je mehr Frauen das jedoch glauben, desto mehr sind sie auch mit den Taten ihres Mannes/ Partners einverstanden. Keiner sollte dabei vergessen, dass das Geschäft mit der käuflichen Liebe und der Pornografie energetisch hochgradig negativ besetzt ist und dass der Mann alle diese Energien mit nach Hause zu seiner Familie bringt. Diese Energien können für die Kinder sehr große emotionale Nachteile haben, denn sie sind über eine lange Zeit in der Aura des Mannes gespeichert und übertragen sich auf die übrigen Familienmitglieder. Ein Kind sollte jedoch in seiner eigenen reinen Sexualenergie verbleiben dürfen. Jeder negative Einfluss von außerhalb fügt dem Kind nur Schaden zu. Somit sollte sich ein Kind unter keinen Umständen diesen Energien ausgesetzt fühlen. Alleine das Ausleben der sexuellen Fantasie in diesen dunklen Welten kann schon bereits dunkle Energien hervorrufen. Leider machen sich heutzutage viel zu wenig Menschen Gedanken um das hohe Gut ihrer Sexualität und der damit verbundenen hohen Energiefrequenzen.

Meist geht es dem Mann nur darum, seinen inneren Spieltrieb zu befriedigen. Er sucht sein Spielzeug und mehr nicht. Sollte sich ein Mann aus diesem Bann befreien wollen, dann kann ich ihm nur raten, sich mit seiner Kindheit auseinander zu setzen, denn dort liegen die Wurzeln seines unbewussten Übels begraben; diese gilt es zu finden und zu ordnen. Zumeist wächst die Sucht und somit die andauernde Suche nach etwas Neuem ins Unermessliche und bindet den Suchenden immer wieder ein, bis er energetisch und materiell ausgesaugt ist. Erst nachdem der entstandene Schaden sichtbar geworden ist, kommen einige wieder zu Atem und betrachten ihr eigenes Lebenswerk aus einer anderen Perspektive. Diese Themen sind heute weit verbreitet und weisen eindeutig daraufhin, dass viel zu viele Kinder zu früh in eine verantwortungsvolle, ihnen falsch auferlegte Rolle gepresst wurden. Leider hat unsere Gesellschaft bis heute noch nicht erkannt, wie wichtig das Kindsein für den späteren erwachsenen Menschen ist. Das soll jedoch auch keine Entschuldigung sein, denn jeder kann sich um seine eigenen Themen kümmern und ist jederzeit für sich und seine Taten voll verantwortlich, auch dann, wenn er eine traumatische Kindheit erlebt haben sollte. Immerhin gibt es genug Therapeuten, die sich auf solche Probleme spezialisiert haben und eine Hilfe zur Selbsthilfe anbieten.

Sie sehen selbst, wir sind absolut in der Lage, unser Leben so zu gestalten, wie wir es wollen. Wir selbst wählen die Zeit, in der wir leben, und wir alleine haben die Möglichkeit, uns so zu entwickeln, wie wir es möchten. Doch sollten wir alle bedenken: Irgendwann ist unsere biologische Zeit abgelaufen, und dann werden wir uns von unserem Körper und von dieser Inkarnation verabschieden müssen. Somit ist jeder Moment wichtig, den wir verbringen. Wir sollten niemals auf den Gedanken kommen, gewisse Themen erst später erledigen zu wollen, denn ein Aufschieben der Problematik ist keine Lösung. Die Probleme und die damit verbundenen Themen kommen immer wieder ans Tageslicht und wollen gelebt werden. Sollten wir uns nicht damit beschäftigen wollen, würden wir uns im wahrsten Sinne des Wortes gegen uns stellen. Wenn wir uns von dieser Inkarnation verabschieden, dann sollten wir auch wirklich dazu bereit sein und keine Altlasten und alten Rechnungen noch offen mit uns tragen wollen. Somit ist es wichtig, immer wieder in sich aufzuräumen und darauf Acht zu geben, ob wir das Leben wirklich weiterhin so leben wollen wie bisher. Wenn nein, dann ändern Sie es so schnell wie möglich, denn irgendwann ist auch Ihre Zeit abgelaufen und dann könnten Sie vor einem Scherbenhaufen stehen, den Sie im nächsten Leben aufräumen müssen. Wollen Sie das?

Alle unsere inneren Themen holen uns immer wieder zu bestimmten Zeiten ein, ob wir das bewusst wollen oder nicht. Diese Energien leben in unserem Schattenbereich, wir wollen sie nach Möglichkeit gar nicht nach vorne, ins Bewusstsein holen, denn dort sind sie für uns unangenehm. Haben Sie sich schon öfter gefragt: Warum passiert mir dies gerade jetzt? Wenn ja, dann dürften die folgenden Zeilen Sie interessieren. Wir alle leben nach eigenen Gesetzmäßigkeiten, denen wir uns fügen müssen - die kosmischen Gesetze. Sie besagen, dass alles das, was wir in unserem Inneren tragen, eine Resonanz zur äußeren Welt darstellt. Das heißt, dass alles, was wir in uns tragen, letztlich zu uns gehört und somit von uns bewusst angenommen und gelebt werden muss. Genauso wie all das, was uns auf der äußeren, materiellen Ebene betrifft, denn auch das trifft uns nur, weil es uns entspricht. Und gerade unsere Schattenbereiche, die wir als unangenehm erleben, die wir am liebsten gar nicht wahrhaben wollen, die kommen auf uns zu und nutzen die äußere Ebene, um sich uns sichtbar in den Weg zu stellen. Wie oft erleben wir, dass wir uns eingeengt fühlen, und das alleine durch die Präsenz einer anderen Person. Das Gefühl der Einengung ist jedoch in uns und nicht in dem anderen zu suchen. Doch wie gerne beschäftigen wir uns lieber mit dem anderen, um diesen wandeln zu wollen oder sogar aus unserem Leben zu verbannen. Dabei ist gerade er so wichtig für uns, weil er uns so nah an die eigenen inneren Themen heran führt. Somit sind auch die mit dieser Person verbundenen inneren Widerstände nicht im anderen, sondern nur in uns selbst zu suchen. Erst wenn wir lernen, auf uns selbst zu achten, haben wir eine Chance, Erklärungen innen wie außen zu finden. Denn dann wird es nichts mehr geben können, was uns die äußeren Gegebenheiten unerklärlich erscheinen lässt.

Es gibt also keine Zufälle, und all das, was uns passiert, begegnet uns aufgrund dieser Gesetzmäßigkeit. Wenn wir die kosmischen Gesetze verstehen, haben wir den Schlüssel für unser Leben gefunden, denn wir alle wissen, was uns wirklich noch trifft - und somit betreffen wird - und was nicht. Insofern sind wir alle hellsichtig, wir können nach innen sehen, den „Blick auf unser inneres Licht" gerichtet. Wenn wir ihn regelmäßig anwenden, dann gibt es nichts mehr, was uns in unserem Leben daran hindern kann, unseren eigenen Weg zu gehen. Wir können all das leben, was wir leben wollen, wir müssen nur unsere eigenen Gesetze verstehen lernen. Und um dieses Thema dreht sich das gesamte Buch: Alles das, was wir im Außen vorfinden, ist eine Spiegelung unseres inneren „Ichs", und wir sollten beginnen, uns endlich kennen zu lernen. Deshalb habe ich in den oberen Zeilen auch direkt das Thema „Sucht" erwähnt. Denn gerade Süchte verweisen deutlich auf ein inneres Thema hin, sie sind die ungeliebten Kinder in uns, die sich einen sehr großen und breiten Spielraum in unserem Leben geschaffen haben. Wir werden uns jetzt mehr und mehr mit dieser Ebene auseinander setzen, und zum Schluss werden Sie selbst erkennen können, was Sie unbewusst schon lange leben. Und da die Wurzel unserer Prägungen in den Familienstrukturen liegen, widmen wir uns nun diesem Thema.

Die Übertragung von Familienenergien

Ein Kind, das sich leben darf, entwickelt seine eigene Kreativität, und dies wird in seinem Leben ein wichtiger Überlebensfaktor sein. Gerade Kinder brauchen das Gefühl, einfach da sein zu dürfen. Somit sollten Sie nicht zu stark mit den Problemen der Erwachsenen konfrontiert werden, denn gerade negativ geladene Energien können sich intensiv auf Kinder übertragen. Und so ist es auch. Wenn Kinder Eltern erleben, die zu viele eigene Probleme haben, dann übertragen sich diese energetisch automatisch auf die Kinder und belasten deren Lebensenergie. Die meisten Eltern sind in der Phase, in der sie kleine Kinder haben, oftmals mit ihrem eigenen und mit dem Druck der Gesellschaft so stark überfordert, dass die Kinder diesen Druck auf sich selbst übertragen und damit sehr stark in ihrer eigenen Leichtigkeit und Lebendigkeit gebremst werden. Das kann so weit gehen, dass sich das Kind selbst in seinem Inneren aufgibt, weil die Mutter sich aufgegeben hat. Somit wäre es für jedes Kind ein Segen, Eltern zu haben, die sich leben und bereit sind, ihre eigenen Probleme zu lösen.

Denn ein Problem zu haben, ist nicht das Thema. Sondern in dem Problem stecken zu bleiben, sich selbst aufzugeben und nicht mehr die Lebendigkeit des Lebens leben zu wollen, ist für alle Beteiligten der Familie wie ein Loch ohne Boden. Jedes Problem, in dem wir verharren, fühlt sich an, als wollten wir in einem Sumpfloch stecken bleiben, ohne jemals den Weg nach draußen zu suchen. Doch es gibt immer einen Ausweg, wir müssen uns nur darum bemühen, ihn zu finden. Jedes Familienmitglied übernimmt automatisch eine bestimmte Familienrolle und eine Position, die gelebt wird. Somit kann sich keiner, der dieser Familie angehört, seiner Rolle entziehen. Die Kinder lernen von den Eltern und kupfern deren Lebensthemen ab. Die gelebten Energien werden somit unterschiedlich übertragen und weitergelebt. Wenn nun ein Kind Eltern erlebt, die in ihren selbst geschaffenen Problemen ersticken, dann übertragen sich diese belastenden Energien auf die Kinder. Da es sich hierbei um einen Kreislauf handelt, nehmen die Kinder belastete Energien auf und geben lockere, unbelastete wieder ab. Nach einer Weile, wenn die Belastungen nicht abnehmen, sind auch die unbelasteten

Energien der Kinder dermaßen belastet, dass die Kinder die Probleme nicht mehr kompensieren können. Somit steht die Belastung der gesamten Familie an vorderster Stelle und ist für alle spürbar. Gerade für Kinder ist ein solches Erleben das Schrecklichste, was man sich vorstellen kann. Sie bekommen beispielsweise einen Glaubenssatz mit auf ihren Lebensweg gegeben, wie: Dein/unser Leben ist nichts wert. Mit dieser unbewusst abgespeicherten Information im Lebensgepäck ist es kein Wunder, wenn sich dieser Mensch später unfähig fühlt, sein Leben positiv gestalten zu können, oder?

Wollen auch Sie wissen, inwieweit Sie belastete Energien von den Eltern übernommen haben und diese nachleben? Dann stellen Sie sich die nachfolgenden Fragen. Hierbei handelt es sich jedoch nur um einen kleinen Auszug.

Wenn Sie über sich und Ihre Kindheit nachdenken wollen, dann reflektieren Sie im Stillen für sich. Nur bedenken Sie, dass Sie durch die Art der nachfolgenden Fragen an Ihre inneren Themen gebracht werden. Sollten Sie also zu stark an Ihre Emotionen gelangen, dann holen Sie sich dazu Hilfe, sei es durch eine Fachkraft auf diesem Gebiet oder auch „nur" durch die gute Freundin, der Sie sich anvertrauen können. Ein Tagebuch bietet auch viel Platz und Spielraum, sich mit seinem Inneren zu beschäftigen. Doch bedenken Sie, wenn Sie an sich arbeiten wollen, und es tauchen Emotionen auf, dann können Sie diese bearbeiten, indem Sie darüber sprechen, denn dann nehmen Sie die Gewichtung und somit die Belastung von den Problemen. Und irgendwann später werden Sie feststellen, dass Sie gar kein Problem mehr damit haben werden. Also es lohnt sich, viel Erfolg.

- Inwieweit kann ich mich noch an meine Kindheit erinnern? Welche Zeiten tauchen vor meinem inneren Auge auf?
Viele können sich nur sehr schwach oder gar nicht erinnern. Je mehr Sie jedoch bewusst zurückgleiten wollen, desto lebendiger werden die Bilder vor Ihrem inneren Auge erscheinen.

- Wie war es in meiner Kindheit? Habe ich mich wohl und behütet gefühlt?
Wir sprechen hierbei nur die Gefühlsebene an. Oftmals trauen wir uns

jedoch nicht, unseren Gefühlen freien Lauf zu lassen. Diesmal sollten Sie es jedoch tun, denn nur so haben Sie eine Chance, Ihre wahren Gefühle zu Wort kommen zu lassen.

- Wie war die Atmosphäre? Gab es viele Sorgen?
Wenn die Familie energetisch sehr belastet war, dann werden Sie mit Sicherheit einige dieser Belastungen auf sich selbst übertragen haben. Um da wieder herauszukommen, wäre es wichtig zu wissen, welchen Glaubenssatz Sie übernommen haben.

- Musste ich mich stark um die familiären Belange kümmern?
Hierbei können Sie erkennen, inwieweit Sie wirklich familiär eingebunden waren. Es ist wichtig, sich im Nachhinein, egal in welchem Alter, von diesen übertragenen Pflichten zu lösen.

- Hatte ich viele Aufgaben in der Familie? Welche?
Mussten Sie für andere Geschwister sorgen, etc.? Wenn ja, dann fehlt Ihnen eventuell ein sehr wesentlicher Teil Ihrer Kindheit, denn Sie mussten viel zu früh verantwortlich und somit erwachsen sein. Lassen Sie Ihr inneres Kind leben, sonst wird Ihr Leben zu ernst sein und auch immer bleiben.

- Habe ich mich leben dürfen? Habe ich spielen dürfen? Wurde ich oftmals in meinem Spiel unterbrochen?
Wenn Sie als Kind zu wenig spielen durften, dann könnte sich dieser unterbrochene Spieltrieb in einer Art Suchtstruktur ausbreiten. Achten Sie auf sich und erfüllen Sie sich Ihre Wünsche, auch wenn es sich um einen Kindheitswunsch handelt, denn Sie müssen jetzt dafür sorgen, dass Ihr inneres Kind eine Befriedigung findet.

- Wie oft habe ich mir in meinem Erwachsenendasein erlaubt, über die Kindheit nachzudenken?
Oftmals verdrängen wir unsere Kindheitserinnerungen, da wir sofort an einen inneren Schmerz herangeführt werden. Es wäre wichtig, sich dessen bewusst zu werden und diese inneren Schmerzpunkte, eventuell

mit Hilfe einer weiteren Person, zu bearbeiten.

- Was fällt mir zu meiner Mutter ein? War sie für mich eine „gute Mutter"? Hätte ich mir etwas anderes von ihr gewünscht? Welche Sehnsucht trage ich heute noch in mir?
Hierbei geht es darum, sich offen über die eigenen Gefühle und Wünsche gegenüber der erlebten Mutter bewusst zu werden. Denn nur wenn wir ehrlich zu uns sind, haben wir eine Chance, uns wieder von übernommenen Themen anderer zu lösen. Sollten wir immer noch mütterliche Liebe und Anerkennung haben wollen, müssen wir wohl oder übel lernen, dass wir uns diesen Wunsch nur selbst erfüllen können.

- Was fällt mir zu meinem Vater ein? War er der Vater, den ich mir gewünscht habe? Trage ich noch heute unerfüllte Wünsche in mir?
Dasselbe Thema wie bei der Mutter.

- Was macht mein inneres kleines Kind in mir? Fühle ich mich mit dieser Emotion wohl?
Fühlen Sie in sich hinein und Sie werden Ihr inneres Kind wahrnehmen können. Es ist schön, sich bewusst mit diesem Energieanteil auseinander zu setzen.

- Kann ich mich überhaupt noch gut erinnern? Was fällt mir noch ein?
Diese Frage zielt auf das Thema der inneren Konzentration, denn je mehr ich mich erinnern kann, desto klarer kommen meine erlebten Emotionen zu Wort.

- Was war das schönste Geschenk, das ich in meiner Kindheit bekommen habe?
Hierbei geht es um positive Erinnerungen, denn gerade diese sind für uns enorm wichtig. Je öfter Sie daran denken, desto mehr können Sie sich darüber freuen.

- Was war/en die traurigste/n Erfahrung/en, die ich in der Kindheit gemacht habe?

Nehmen Sie sich Zeit und Ruhe, denn diese Erinnerung/en bringen viele Emotionen ins Bewusstsein, die nicht angenehm sein werden, und trotzdem sollten Sie diese kennen, damit sie nicht weiterhin im Unterbewusstsein verbannt bleiben müssen.

- Inwieweit kann ich mich erinnern? Wie fühlt sich das jetzt für mich an?
Je öfter Sie sich erinnern, desto mehr rückt die Kindheit und die damit verbundenen Erlebnisse in den Vordergrund und verlieren auf Dauer an Wichtigkeit. Denn nach einer Weile können Sie mit dem, was Sie erlebt haben, leben, und Sie werden sich bestimmt freier fühlen als vorher. Probieren Sie es aus.

Viele Menschen haben ein Problem damit, sich an ihre Kindheitsphasen zu erinnern. Sie haben die Erlebnisse getilgt, das denken sie zumindest. Denn gerade die Erinnerung an die eigene Kindheit stört viele in ihrem Erwachsenendasein. Die meisten fühlen sich belastet, wenn sie daran zurückdenken. Sie hoffen, dass sie sich von unangenehmen Gefühlen lösen können, wenn sie einfach nicht mehr daran denken. Doch genau das funktioniert nicht, denn Probleme, egal welchen Raum sie in unserem Leben in Anspruch nehmen, wollen bearbeitet werden. Jede noch so kleine negativ erlebte Emotion taucht immer wieder auf und meldet sich, meist zu sehr unpassenden Gelegenheiten, zu Wort. Und erst wenn die damit verbundenen Informationen bearbeitet wurden, kann ich mich wieder auf die momentane Situation konzentrieren. Erst dann kann ich mein Leben wieder in vollen Zügen genießen. Denn solange Probleme in mir stecken, die verarbeitet werden wollen, so lange drängen sich diese immer wieder in meinen Bewusstseinszustand und lenken mich von dem momentanen Erleben ab.

Die oberen Fragen können Ihnen zeigen, inwieweit Sie sich noch erinnern können. Viele tragen unbewusst Probleme aus ihren Kindheitserfahrungen ein Leben lang mit sich herum. Egal wie viele Geschwister Sie auch hatten, jedes Kind erlebt die gleichen Eltern anders, und zwar aus seiner ureigensten Perspektive heraus. Wir müssen lernen, unseren Gefühlen

Glauben zu schenken, der innewohnenden Wahrheit zuzuhören, und auf uns selbst zu achten; das wiederum können wir jedoch nur tun, wenn wir uns dies auch erlauben. Doch wie oft passiert es, dass Menschen sich für das schämen, was sie fühlen? Sie meinen, ihrem Vater oder ihrer Mutter Unrecht zu tun, wenn Sie „so" über die erlebte Kindheit nachdenken. Es geht hierbei jedoch absolut nicht darum, die Handlungen eines anderen Menschen anzuzweifeln oder ihm eine Schuld zuzuweisen, sondern vielmehr um die eigenen Emotionen. Denn diese Gefühle stecken in Ihnen und Sie müssen lernen, ehrlich zu sich zu sein, und das können Sie nur erreichen, wenn Sie sich endlich Glauben schenken, anders geht es nicht. Klären Sie Ihr Gefühlschaos, und Sie werden sich gleich viel besser fühlen. Denn alles das, was Sie als Belastung und somit als Ballast mit sich herumschleppen, hindert Sie daran, Ihre eigene Leichtigkeit zu leben. Und wenn wir uns unserem Leben in vollen Zügen widmen wollen, müssen wir lernen, zuerst in uns aufzuräumen - wir haben keine andere Wahl. Doch bevor wir das tun können, sollten wir lernen, uns zu konzentrieren und uns nicht mehr ablenken zu lassen. Können Sie das?

Jetzt zum Beispiel lesen Sie gerade. Wie geht es Ihnen dabei? Denken Sie noch über andere Dinge nach, wenn Sie diese Zeilen lesen? Es wäre schön, wenn Sie sich auf die zur Zeit aktuelle Situation einlassen könnten. Denn gerade damit erschaffen Sie sich selbst die Möglichkeit, Ihr Leben in vollen Zügen zu erleben! Was für ein Genuss!

Sie sehen selbst, was für vielfältige Möglichkeiten wir in unserem Leben haben. Wir alle leben meist in einem gewohnten Rhythmus, den wir nicht gerne verlassen möchten. Doch wenn wir mehr von unserem Leben haben wollen, wenn wir mehr erreichen wollen, müssen wir lernen umzudenken und uns mit neuen Ebenen und Möglichkeiten zu beschäftigen. Dafür muss uns jedoch erst einmal bewusst werden, wie wir leben und mit was wir uns beschäftigen. Menschen sind geprägt durch ihre Mitmenschen, und sie versuchen sich den Gepflogenheiten der anderen anzupassen. Das ist schon seit Urzeiten so, deshalb machen wir jetzt mal einen Abstecher in die tiefste Vergangenheit.

Die Menschen in früheren Zeitepochen mussten viel mehr körperliche Arbeit leisten als wir heute. Und wenn sie dann endlich mal freie Zeit für sich hatten, dann haben sie diese auch genossen. Wegen der schlechten gesundheitlichen Bedingungen und der vielen körperlichen Arbeit starben diese Menschen sehr früh. Sie hatten somit kaum Zeit für sich und waren trotzdem oftmals glücklich. Sie waren zufrieden mit dem, was sie hatten, und konnten sich ihrem Leben widmen. Denn gerade das Gefühl von Glück oder Unglück hängt wohl kaum mit dem gewohnten Lebensstandard zusammen. Es ist unwichtig, ob ich nun beschäftigt bin, jemand anderem zu Diensten stehe oder ob ich mein eigener Herr bin. Die Menschen damals dachten nicht darüber nach, denn egal welcher Rangordnung sie zugehörig waren, sie mussten sich damit abfinden, und das taten sie auch. Schon alleine die Geburt in entsprechende Familienbande legte fest, was sich im täglichen Leben kaum noch verändern ließ. Entweder der Mensch war arm, und das blieb er auch, oder er war eine Hochwohlgeburt und musste sich anderen Aufgaben widmen als das einfache Volk. Die Menschen damals fügten sich zumeist und machten einfach das Beste aus ihrem Leben. Denn auf was hätten sie hoffen sollen? Kein Bauernmädchen hatte den Traum, eine Prinzessin zu werden, wenn der Traumprinz sie heiraten würde. Allein diese Vorstellung wäre so absurd gewesen, dass es schon fast an Schändlichkeit gegrenzt hätte, wenn ein Mädchen sich mit solchen Gedanken umgeben hätte. Also blieb ein Bauernmädchen das, was es war, wurde irgendwann die Frau von ihresgleichen und lebte damit. Und dies zumeist sogar glücklich, denn sie konnte das genießen, was sie hatte. Somit konnte sie sich an ihrem Partner und dem damit verbundenen gemeinsamen Leben erfreuen. In der jetzigen Zeitepoche sind die Menschen viel unzufriedener und suchen zumeist die emotionale Befriedigung beim Partner oder in materiellen Gütern.

Unsere materialisierten Wunschbilder

Ganz anders heute, wo die meisten Menschen an den Traumprinzen glauben und tatsächlich darauf warten, dass irgendeine Person aus dem Nichts auftaucht und sie von ihrem eigenen Lebensleid befreit. Warum das so ist, lässt sich leicht erklären. Wenn man sich alleine die Möglichkeit des Lottospiels vergegenwärtigt: Die Augen auf die Versuchung gerichtet - die Millionen liegen angeblich so nah, so viele Menschen müssen schon fast wie unter einem inneren Zwang mitspielen. Immer in der Erwartung, der große Gewinn und das damit verbundene Geld könne für sie eines Tages zur Realität werden. Die meisten Menschen leben in der Hoffnung, dass sich ihr Leben irgendwann einmal ändern müsse, denn sie möchten nicht ihren aktuellen Ist-Zustand annehmen. Sie empfinden ihr Leben als trostlos und öde. Ein großer Geldgewinn, wie zum Beispiel eine Million, würde sie sofort aus dieser Isolation befreien und ihnen eine andere Möglichkeit der Anerkennung schenken. Denn immerhin reagieren diese Menschen sehr stark auf ihr Umfeld und somit auf die anderen, die etwas Besonderes darstellen. Die jenigen, die in ihren Augen etwas Besonderes sind, haben meistens auch Geld und können sich dadurch einen anderen Lebensstil leisten. Fragen Sie sich selbst, was Sie mit einem Gewinn von zwei Millionen machen würden! An der Antwort können Sie erkennen, inwieweit Sie wirklich bereit wären, einen großen Betrag zu gewinnen. Denn Emotionen und Anerkennung kann man nicht gewinnen, lediglich das Geld, vorausgesetzt man hat Glück. Oder nennen wir „Glück" einfach anders. Im Klartext, Sie können nur Geld gewinnen, wenn es so sein soll, es auf Ihrem Lebensweg liegt, und wenn Sie dieses Thema wirklich in sich tragen. Sollten Sie weiterhin spielen wollen, machen Sie sich vorher klar, inwieweit dieses Geld Ihr Leben verändern würde und was Sie letztlich damit machen würden, wenn Sie der glückliche Gewinner des großen Jack-Pots wären, denn nur dann haben Sie eine reale Chance auf das Superlos. Doch bedenken Sie: Geld alleine macht nicht glücklich, und deshalb ist es immer wichtig, vorher nach der inneren Zufriedenheit Ausschau zu halten.

Da jedoch viel zu wenige Menschen eine innere und äußere Zufriedenheit in ihrem Leben erlangen und mehr beim Nachbarn als bei sich selbst suchen, versuchen sie dieses Manko durch Erwerb von Gütern auszugleichen. Geld ist die feste Form der Energie. Je mehr Geld, desto mehr Möglichkeit, sein Gefühl der energetischen, geldlichen Freiheit zu demonstrieren. Viele zeigen dabei gern mehr, als sie in Wirklichkeit sind. Deshalb sind auch so viele Menschen verschuldet. Sie möchten sich ihre inneren Wünsche erfüllen, egal ob der Geldfluss dieses zum jetzigen Zeitpunkt überhaupt ermöglicht oder nicht. Der Erwerb von Waren muss zur Schau getragen werden, denn er dient nur dem Zweck der äußeren Anerkennung. Dabei zu sein ist alles. Es geht hierbei letztlich nur um das äußerliche Gesehen- und Gewertetwerden. Geld ist Macht, und ein Mensch, der sich innerlich ohnmächtig fühlt, der wird dieses Mittel nutzen, um seine Ohnmacht durch äußere Symbole der Macht zu kompensieren.

Die Berücksichtigung, dass oftmals das nötige Kleingeld fehlt, schreckt wenige von ihrem Vorhaben ab. Meist erfüllt sich dadurch ein alter, bis dato nicht gelebter Kindheitswunsch, der jetzt endlich einen Platz im Leben gefunden hat. Und wenn der erwachsene Mann dann endlich sein Spielzeugauto in Großformat auf Kredit gekauft hat, dann überfällt ihn ein kurzes Gefühl der Genugtuung, denn immerhin hat er seinem inneren Kind den altbekannten Wunschtraum erfüllt. Die Banken leben davon. Und abgesehen davon: Die anderen tun es doch auch, oder? Und was die Masse macht, dem kann der Einzelne sich doch kaum erwehren. Das ist zumindest eine häufige Einstellung zum Thema Geld. Dass die Menschen damit nicht in ihren eigenen energetischen Fluss geraten können, auf die Idee kommt kaum einer. Denn wer über seine Geldverhältnisse lebt, der versucht etwas zu verkörpern, was er noch nicht ist und eventuell auch nie sein wird. Sollte er dies ein Leben lang so praktizieren wollen, hat er immer das Gefühl, zehn Schritte vor dem Ist-Zustand zu stehen, ohne jemals gelebt zu haben. Wir müssen lernen, mit dem zu leben, was wir haben. Die materiellen Güter sind nur eine Seite der Fassade. Ein Mensch, der sich in seinem Leben wohl fühlt, braucht meist nicht so viel materielle Werte, sondern kann sich an dem erfreuen, was er hat. Und Sie können sicher sein, er wird alles das haben, was er braucht. Denn es ist ein Grundgesetz, dass wir alle das bekommen, was wir brauchen. Dann stellt sich jedoch die Frage, ob die meisten Menschen das kaufen, was sie wirklich brauchen, oder nur das, was sie meinen zu brauchen? Beschäftigen wir uns gleich mehr mit diesem Thema und schwenken jetzt erst einmal zu der Erwartungshaltung um, mit der wir oftmals unserem Umfeld begegnen.

Viele haben den Wunsch und träumen davon, endlich die innere Harmonie im Außen zu finden. Auch die Medien führen uns immer wieder geschickt zu unserer inneren Wunschliste. Sie zeigen uns, wie schön die Paare in den Spielfilmen zusammenpassen und welche Harmonie sich dadurch für den einzelnen entwickeln kann. Beispielsweise: Wie sehr sich eine Person durch eine andere bereichern kann. Denn immerhin ist eine gute und reiche Ehe wie ein Sechser im Lotto. Die Medien zeigen uns immer das, was wir sehen wollen, denn wir sind die Konsumenten und damit diejenigen, die den ganzen Aufwand bezahlen. Somit kann man schlussfolgern, dass der Mensch das Bild der harmonisch neu gegründeten Partnerschaft braucht, sonst würde man diese Szenen nicht in fast allen Filmen vorfinden. Erst wenn wir lernen, von einer Partnerschaft mehr zu erwarten als eine harmonische Verbindung und guten Sex, sind wir in der Lage, uns der Ernsthaftigkeit und der Bedeutung von Partnerschaft zu stellen. Diese Bilder verleiten jedoch manch einen dazu, seine eigene langjährige Beziehung zu hinterfragen und in den Schatten zu stellen. Menschen, die sich nicht mit den Realitäten und dem morgendlichen, ungewaschenen Gesicht des Partners auseinander setzen möchten, die sind in sich nicht partnerschaftsfähig. Denn diese Menschen möchten eher eine Puppe als einen lebendigen Partner haben. Wenn der ausgewählte Mensch, mit dem sie das Partnerschaftsleben eigentlich trainieren wollten, dann auch noch anders reagiert, als sie es erwartet haben, dann werden diese Personen oftmals sauer und fühlen sich auch noch ungerecht behandelt. Wenn man diese Personen dann auf das Thema Zweisamkeit und Partnerschaft anspricht, hat man oftmals das Gefühl, einen Profi auf diesem Gebiet getroffen zu haben. Des öfteren werden die in festen Partnerschaften lebenden Menschen von einigen Unwissenden als unfrei und spießig belächelt. Nach dem Motto: Die sind zu bequem, mehr aus ihrem Leben zu machen, sonst würden die sich weiter nach einem besseren Partner umschauen. Doch genau hier liegt der Irrtum schlechthin. Eine Partnerschaft braucht Zeit und viel Geduld. Je mehr und länger die einzelnen Personen in eine Partnerschaft investieren, desto länger und intensiver währt diese. Die wahre Kunst des Könnens liegt in der Auseinandersetzung, in der Bereitschaft, zueinander zu stehen und gemeinsam den Lebensweg zu beschreiten. Sie besteht in dem wirklich und wahrhaftigen Interesse an der anderen Person, dem Partner. Personen, die das nicht leben wollen, geben viel zu schnell auf und suchen nach den Gründen, warum die Partnerschaft mal wieder nicht funktioniert hat, bei dem Partner. Oftmals finden sie die angebliche Schuld dann auch beim anderen, und die Person macht sich erneut auf die Suche - auf die Suche nach sich selbst! Nur dass ihr das zu diesem Zeitpunkt nicht bewusst ist.

Eine Partnerschaft, in der der eine den anderen nur noch duldet, ist allerdings auch nicht das Wahre. Doch eine zu schnelle Trennung ist genauso wenig die Lösung. Sollte eine Trennung jedoch unvermeidlich erscheinen, ist es wichtig, genau hinzusehen und zu fragen, um was für Themen es sich bei der Partnerschaftsproblematik handelt. Oftmals empfindet man eine Trennung als den einfacheren Weg, doch das stimmt nicht. Eine Trennung kann auf ein Weglaufen vor den eigenen Problemen hinweisen. Sollte das der Fall sein, dann werden dieselben Probleme mit einem anderen Partner ähnlich gelagert, wieder auf den Tisch kommen. So ist das nun einmal. Denn eins sollten wir dabei immer berücksichtigen: Wir trennen uns niemals von den Problemen, sondern immer nur von dem Menschen. Jedes Problem, das wir haben, steckt in uns und kann somit auch nur in uns und von uns selbst bearbeitet und gelöst werden. Ein Partner ist nur der Spiegel und löst die Problematik aus, die in uns steckt. Deshalb fühlen sich viele Menschen besser, wenn die „Projektionsfläche Partner" nicht mehr jeden Tag sichtbar vor ihnen steht. Sie denken, wenn sie sich von dem Problempartner lösen, geht es ihnen wieder gut und sie können ihr Leben anders, freier und besser gestalten. Sie schieben dann gerne die Probleme auf die nicht kompatible Verbindung zwischen den beiden verschiedenen Menschen; das jedoch stimmt nicht. Denn ein Mensch, mit dem ich eine Partnerschaft eingehe, ist für mich wichtig, da ich mich ihm gegenüber emotional geöffnet habe. Und nur durch diese Öffnung öffnen sich auch in mir längst verschollene Emotionen und wollen zu Wort kommen. Und mit diesen in mir wachgerufenen Emotionen muss ich mich auseinander setzen und sie ins alltägliche Leben integrieren, denn da gehören sie hin. Sollten Sie nun wirklich die Absicht haben, sich zu trennen, dann können Sie sich folgende Fragen stellen.

Bevor wir uns von einem Partner trennen, sollten wir wissen, warum wir es tun wollen, also den realen Nutzen daraus erkennen. Dazu verhelfen die nachfolgenden Fragen:

- Was wäre für mich anders, wenn mein Partner jetzt gehen würde?
Wenn Sie klar erkennen können, was nach einer Trennung von Ihrem Partner für Sie anders wäre, dann wissen Sie auch, was Sie stört. Denn das, was mich an meinem Partner stört, das stört mich, und ist somit in mir selbst zu finden. Da wir in einem tiefen emotionalen Verbund zum Partner leben, werden wir sehr häufig an ihn denken, was uns wiederum sehr viel eigene Energie kostet. Wenn wir dann versuchen, die in uns gelagerten Probleme über das Thema Partner zu kompensieren, dann lehnen wir uns gegen unser eigenes Leben auf. Und dann kann es sehr wohl passieren, dass wir Emotionen in uns tragen, die nach einer Trennung schreien, damit wir uns endlich wieder Zeit für uns selbst nehmen. Überlegen Sie, wie oft Sie an Ihren Partner denken. Wenn Sie den ganzen Tag an ihn denken, wann denken Sie dann noch über sich selbst und Ihr eigenes Leben nach?

- Würde ich mich freier fühlen, wenn der Partner von der Bildfläche verschwindet?
Sollte das der Fall sein, dann sperren Sie sich selbst durch das Bild Ihres Partners ein. Also: Nicht Ihr Partner hindert Sie an Ihrer Freiheit, sondern Sie sich selbst. Denken Sie ruhig einmal gründlich darüber nach. Wenn Sie erkennen, warum Sie sich selbst einsperren, dann können Sie auch Ihre inneren Ketten sprengen und sich leben. Denn nur Sie haben den Schlüssel, um die Fesseln zu lösen. Und kein Mensch auf der Welt vermag Ihnen die eigene Freiheit zu nehmen, wenn Sie sich selbst gestatten, diese zu leben.

- Was würde ich mit meiner Freiheit alles anstellen? Wie würde sich mein Leben verändern?

Diese Frage ist besonders wichtig. Sie erkennen daran, welche verborgenen Wünsche Sie in sich tragen und was Sie alles tun können und auch würden, wenn Sie frei wären. Denken Sie jetzt bitte genau darüber nach, denn Sie sind frei. Ein Mensch, der nicht frei ist, der fühlt sich nicht frei. Also befreien Sie sich selbst von alten Mustern und Glaubenssätzen, und Sie können Ihr Leben viel individueller gestalten. Oft nehmen wir uns bestimmte Themen im Leben vor, versprechen uns selbst, endlich etwas für uns zu tun, und finden dann doch wieder eine Entschuldigung, warum wir es nicht getan haben. Überlegen Sie! Warum leben Sie nicht das, was Sie leben wollen? Warum engen Sie sich selbst ein? Bedenken Sie, der Partner ist nur die äußere Bremse, die innere sind Sie selbst! Nicht, dass Sie am Ende wieder einen Partner brauchen, der Sie einengt, damit ihr Alibi wieder gegeben ist!

- Woran hindert mein Partner mich in meinem Leben?

Ziel dieser ähnlich gestellten Frage sind wiederum Ihre versteckten Wünsche. Viele Menschen leben sich selbst nicht und suchen dafür einen Ersatz in der Partnerschaft. Denn ein Partner, ein Kind, eine Oma, ein nahestehender Mensch oder auch nur eine Situation kann als Hinderungsgrund dienen, und nur zu gerne lassen sich diese Beziehungen und Pflichten als eigenes Alibi missbrauchen. Viele Menschen meinen, ihre eigenen Wünsche nicht leben zu können, da sie von einer anderen Person angeblich gebraucht werden. Das stimmt jedoch bei weitem nicht. Natürlich gibt es Menschen, die Angst haben, dass sich der andere vertraute Mensch entfernen könnte, doch kann keiner etwas für den Lebensinhalt des anderen. Demnach müssen wir uns erst einmal klar werden, was wir denn überhaupt leben möchten und welche Wege wir beschreiten können, um unserem Ziel näher zu kommen. Eine andere Person kann uns, wenn wir uns wirklich leben wollen, wohl kaum an unserem Vorhaben hindern, oder?

- Was ist Tolles an Ihrem Partner? Was gefällt Ihnen besonders? Was macht Ihren Partner aus?

Darüber sollten Sie sich auf jeden Fall klar werden. Denn ein Partner kann nicht nur negative Anteile in sich tragen. Wir sehen immer nur das, was wir gerade sehen wollen, und darauf sollten wir Acht geben. Jeder Mensch ist wertvoll, und wir kennen die Werte unseres Partners sehr genau. Oftmals sind wir jedoch in einer Phase des Streits durch unseren eigenen Schmerz so verblendet, dass wir die schönen Seiten vergessen. Später könnten wir über den Verlust jedoch trauern und vielleicht sogar eine Trennung bereuen. Denn jedes Problem, über das wir uns ärgern, steckt letztendlich in uns selbst und kann auch nur dort bearbeitet werden. Wenn wir dies erkannt und gewandelt haben, dann werden wir den Partner aus einer ganz anderen Perspektive wahrnehmen. Leider stellt sich die Frage häufig erst im Nachhinein, ob der Partner nicht doch in unser Leben und somit in unser Bild von Partnerschaft gepasst hätte. Zum Zeitpunkt des Konflikts steht uns diese Person so nahe und ist uns so vertraut, dass sie einfach weh tut, da die verletzten Emotionen sich zu Wort melden. Dies zeigt eindeutig an, dass ein dem Schmerz entsprechender Energieverbund vorhanden ist, und den könnte man nun auch wieder ins Positive wandeln. Kein schlechter Gedanke, oder?

- Was hatten Sie sich zu Beginn der Partnerschaft vorgenommen? Auch das ist eine wichtige Frage, denn das Verlassen einer Partnerschaft hat immer etwas mit Resignation zu tun, das heißt, Sie werden sich selbst und Ihren Wünschen untreu. Das müssen Sie erst einmal verarbeiten. Denn jeder Wunsch, der sich nicht erfüllt hat, lässt in uns gerne ein Gefühl des Versagens aufkommen. Manche Menschen reagieren darauf, indem sie sich sagen, dass sie nie mehr in einer Partnerschaft leben wollen. Da wir jedoch in uns den Trieb der Fortpflanzung verspüren, wird eine Abstinenz bei den meisten kaum möglich sein. Deshalb ist es so wichtig, alte Partnerschaften zu verarbeiten und auch zu verabschieden, damit die Schattenseiten der Altlasten, also der alten Partnerschaften, nicht wie ein Geist über die neue wachen.

Antworten Sie in Ihrem Inneren, wenn Sie es möchten, auf diese Fragen, und Sie werden sich viel klarer über Ihre eigene innere Partnerschafts-thematik werden. In einem späteren Kapitel finden Sie zu dem Thema Partnerschaft noch mehr Informationen.

Doch eins dürften Sie jetzt schon verstanden haben: Sie hindern sich daran, Ihr eigenes Leben zu genießen, wenn Sie sich zu sehr mit dem Partner beschäftigen. Denn immer wieder den Partner zu analysieren, darauf zu achten, was er oder sie will, bringt Sie speziell in Ihrem eigenen Dasein nicht weiter. Auch geben viele der Versuchung nach, die eigenen Themen über den anderen zu stülpen. Denn immerhin ist der Partner der stärkste Spiegel, den wir uns in unserem Leben vorstellen können. Solange wir uns jedoch mit dem anderen beschäftigen, vernachlässigen wir unser eigenes Leben. Wir müssen lernen, uns mit uns selbst zu beschäftigen und auseinander zu setzen, nur so lernen wir unsere Grundbedürfnisse kennen.

Sich über den Partner leben zu wollen, passiert gerade Menschen, die schon als Kind mehr auf die Eltern als auf sich selbst geachtet haben. Denn wer in der Kindheit gelernt hat, einen anderen Menschen wichtiger zu nehmen als sich selbst, der übernimmt diese Struktur automatisch in jeder Partnerschaft. Deshalb fällt es diesen Menschen besonders schwer, einen anderen so zu akzeptieren und so zu belassen, wie er ist. Die Aufgabe sich selbst zu erkennen, fällt diesen Menschen besonders schwer, denn gerade das haben sie nicht gelernt.

Solange wir träumen, können wir die Realität nicht leben. Unsere Träume werden uns andere Bilder zeigen, als die, die wir leben. Und das kann uns unzufrieden machen, denn solange wir von etwas anderem träumen als dem, was wir jetzt haben, können wir das momentane Hier und Jetzt nicht genießen. Stellen Sie sich bildlich vor, dass ein Wohnungsbesitzer seine Wohnung nicht schätzen kann, solange er von der Doppelhaushälfte träumt. Wir träumen oft von Dingen, die wir nicht haben, und fühlen uns dadurch in unserem momentanen Zustand unwohl, denn unser Blick ist auf etwas anderes gerichtet, als auf uns selbst. Gerade die Medien und unser Umfeld veranlassen uns dazu, andere Dinge haben zu wollen, als wir bereits besitzen. Das ist der Preis unserer Konsumgesellschaft. Doch wären die Menschen mit dem zufrieden, was sie haben, dann würde viel weniger Handel betrieben werden. Gerade die Wirtschaft lebt von der Unzufriedenheit der Menschen und setzt ihnen immer wieder neue Güter, die sie teilweise gar nicht gebrauchen können, vor die Nase. Sie lassen sich vom Endverbraucher die Ersatzbefriedigung ihrer Bedürfnisse bezahlen. Die meisten deutschen Haushalte sind mit vielen Kleinigkeiten, die kaum ein Mensch braucht, so überfüllt, dass die Schränke überquellen. Doch die Personen, die sich diese Waren zulegen, tragen nicht die alleinige Verantwortung dafür, sondern zu einem großen Teil auch die Anbieter, die alles daran setzen, ein nächstes Kaufopfer zu finden. Die Menschen verbinden mit dem Gefühl, die Produkte kaufen zu können, eine ganz bestimmte Emotion. Diese Emotion ist jedoch nur von kurzer Dauer. In der Werbung wird gerade diese jeweilige Emotion zusammen mit dem Produkt angepriesen. Betrachten Sie einmal die Werbung im Fernsehen; mit jedem Produkt wird ein Gefühl des Wohlwollens, des inneren Reichtums, des eigenen Selbstbewusstseins und des Glücklichseins verkauft - selten das Produkt allein. So erhält der Kunde die Information, dass er diese Gefühle mit dem Erwerb des Produktes erlangen kann, und er schlägt zu. Denn die Sehnsucht nach den oben genannten Emotionen tragen viele in sich.

Wir alle haben das Bedürfnis nach Harmonie in uns, sind aber oft nicht in der Lage, diese Emotion aus uns selbst heraus zu leben. Somit unternehmen wir unbewusst sehr viel dafür, endlich dieses Gefühl erreichen zu können. Unser Gehirn speichert permanent Informationen ab, und so kann es passieren, dass wir unbewusst durch einen Werbespot emotional geankert werden. Das heißt, wir haben in uns gespeichert, dass „die ach so wichtige Harmonie" durch dieses Produkt - irgendeines aus der Werbung, das uns angesprochen hat, jedoch nicht das Produkt selbst, sondern die mit ihm angepriesene Emotion - erlangt werden kann. Und so gehen wir in den Supermarkt und erkennen in den Augenwinkeln dieses Produkt und kaufen es wie unter Zwang, in der Hoffnung, dass wir uns endlich etwas Gutes getan haben. Erst zu Hause stellen wir fest, dass wir dieses Produkt gar nicht gebrauchen können, und die erhoffte Emotion schlägt in Enttäuschung um. Die besten Opfer dieser Verkaufsstrategie sind zumeist Frauen und hier besonders Hausfrauen. Sie bekommen für ihre mühevolle Arbeit die geringste gesellschaftliche Anerkennung. Also müssen sie sich einen eigenen Weg der Befriedigung erschaffen, und das geht nur, wenn sie ihren inneren Bedürfnissen gerecht werden. Es ist immer besonders wichtig, dass wir uns selbst die Anerkennung geben, die wir brauchen, denn wir können nicht erwarten, dass uns ein anderer anerkennt, wenn wir das für uns selbst nicht tun wollen. Den meisten ist dies jedoch nicht bewusst. Wir müssen lernen umzudenken, damit wir aus den Erwartungshaltungen anderen gegenüber heraus kommen. Denn: So wie ich mich behandle, so zeige ich den anderen, wie ich behandelt werden möchte. Wer sollte mir da noch die Anerkennung geben, wenn ich mich selbst nicht anerkennen kann? Und genau auf dieses innere Manko in uns spricht die Werbung im Außen an.

Nun: So manche Hausfrau möchte sein wie die Hausfrau in der Werbung, denn sie trägt die Hoffnung in sich, dass ihr Leben dann ebenso leicht und beweglich sein wird. Man kann davon ausgehen, dass die breite Masse, die diese meist sogar überteuerten - denn die Werbung muss auch bezahlt werden und sei es durch Steuerersparnisse - Produkte kauft, das nur macht, um genau dieses Gefühl zu erhaschen. Würden diese Menschen hingegen lernen, sich selbst zu lieben und anzuerkennen und den momentanen Augenblick zu genießen, dann bräuchten sie sich kein schnelles Glück zu erkaufen. Das spart Energie und Geld, und darauf kommt es immerhin auch an.

Damit Sie sich wohl fühlen können, müssen Sie erst einmal lernen, das zu schätzen, was Sie haben, und sich so anzuerkennen, wie Sie sind. Den Ist-Zustand genießen, das Jetzt, Hier und Heute annehmen. Sollten Sie damit Probleme haben, dann liegt es nur daran, dass Sie denken, anders sein zu müssen, als Sie in Wirklichkeit sind.

- Wissen Sie, wer oder was Sie sind?
Wenn Sie sich selbst Ihres Energieeinsatzes und Ihrer Persönlichkeit bewusst sind, dann fühlen Sie sich stark. Jeder Mensch hat eine Lebensaufgabe und es ist gut, diese zu kennen. Viele Menschen, die mehr in ihren Träumen leben als in der Realität, können den darin gelebten Idealen nicht nachkommen. Doch bedenken Sie: Jeder Traum ist ein Teil von Ihnen und will somit geträumt werden. Analysieren Sie Ihre Wünsche, und versuchen Sie einen Weg zu finden, wie Sie sich selbst Ihre Wünsche erfüllen können, und sei es nur in Teilen.

- Kennen Sie sich selbst, Ihre Bedürfnisse?

Erst wenn Sie Ihre eigenen Bedürfnisse kennen, haben Sie eine Chance, sich selbst die Befriedigung zu geben, die Sie brauchen. Werden Sie sich bewusst, was Ihnen fehlt, damit Sie klar erkennen können, was Sie sich selbst erfüllen sollten. Wenn Sie jedoch darauf warten, dass ein anderer Ihnen dieses zuteil werden läßt, dann sind Sie immer wieder ausgeliefert, denn Sie können dann ohne den anderen nicht mehr leben. Sie würden sich dann in einer direkten Abhängigkeit zu einer anderen Person befinden. Das kann nicht sein, oder?

- Wissen Sie, was wirklich gut für Sie ist? Wenn nein, dann wird es höchste Zeit, sich selbst kennen zu lernen.

Oftmals sind es nur Kleinigkeiten, die wir brauchen, damit wir uns gut fühlen. Einfach die Zeit genießen, den Alltagstrott vor der Tür stehen lassen, sich Zeit für sich nehmen, sich bewusst etwas zu essen kochen oder in Ruhe ein gutes Buch lesen. Sie können lernen, sich selbst die Harmonie und Liebe zu geben, die Sie brauchen. Nur Sie selbst sind dazu fähig, und denken Sie daran, Sie brauchen diese Emotionen. Erst dann sind Sie eigenständig und können alles das tun, was Sie wollen. Jede noch so sehr herbeigesehnte Emotion können wir uns nur selbst geben. Sehr wohl vermag ein anderer mich an meine eigenen Gefühle erinnern, doch mehr kann er für mich nicht tun, den Rest, den muss ich schon selbst machen. Wenn Sie dieses Bewusstsein in sich tragen und darauf Acht geben, dann gibt es keinen Menschen mehr, der Sie verletzen kann. Denn eine Verletzung kann nur geschehen, wenn Sie von einem anderen Gefühle erwarten, die derjenige Ihnen gar nicht geben kann. Wenn Sie sich selbst dann auch noch überfordert fühlen, sich diese Gefühle zu geben, dann werden Sie sich bestimmt in Ihrem Inneren beleidigt und verletzt fühlen.

Wir alle sollten immer wieder daran denken, wie schön es ist, im Jetzt, Hier und Heute bewusst zu leben. Die Zeit genießen und sich einfach wohl fühlen. Jedem Tag mit Freude und Liebe begegnen. Sich auf die schönen Dinge des Lebens freuen. Die Probleme lösen, damit die Lernaufgaben verstanden werden. Immer offen sein für neue Perspektiven.

Das alles und viel mehr macht das Leben doch erst lebenswert.

Doch wenn wir dahin kommen wollen, müssen wir unsere innere Ruhe finden. Und das wiederum können wir nur, wenn wir die Probleme in uns abstellen. Das heißt jedoch nicht, sie totzuschweigen, sondern anzugehen, die Ärmel hochzukrempeln und zu erkennen, um was für ein inneres Thema es sich handelt. Denn jedes Thema, egal welches, ist letztlich nur ein Spiegel der eigenen inneren Energien. Daran sollten wir uns immer wieder erinnern.

Unser eigener Energiemantel - die Aura

Es gibt sehr viele Menschen, die sich wenig um ihr eigenes Dasein kümmern, die immer wieder in der Hoffnung leben, dass sich irgendwann durch eine schicksalhafte Wendung oder Begegnung ihr Leben ändern werde. Viele sind über ihr Leben frustriert und wünschen sich ein aufregenderes Leben. Ihnen ist nicht bewusst, dass sie sich selbst darum kümmern müssen. Deshalb warten sie auf die erstrebenswerte Energie, den Impuls von außerhalb, der ihnen das große Los und somit die Weite des Lebens verspricht. Ähnlich dem Regisseur, der die Entdeckung seines Lebens macht und Sie als absolutes Talent aus Ihrem tristen Dasein befreien möchte. Doch wie sollte das passieren, wenn Sie innerlich gar nicht dazu bereit sind? Denn nur wenn Sie ein Schauspieler werden wollen, dann haben Sie eine Chance, also nur wenn Sie sich die Mühe machen und sich intensiv um sich selbst kümmern, dann öffnen sich auch im Außen Wege. Was hindert Sie nun also, sich mit Ihren eigenen Wünschen zu beschäftigen?

Oder zählen Sie zu den Menschen, die denken, dass sie erst dann zur Ruhe kommen, wenn sich das eine oder auch das andere Thema erledigt hat? Diese Haltung ist weit verbreitet. Durch die schnelllebige und rasende Zeit machen wir uns oftmals selbst Druck und kümmern uns mehr um alles andere, als um uns selbst. Meist sind wir das aus der Kindheit gewohnt und folgen dieser Gewohnheit unbewusst immer weiter. Es kann so weit kommen, dass wir meinen, der Druck mag nie zu Ende gehen. Wir rasen durchs Leben und kümmern uns um alles Mögliche. Wir versuchen, alle uns selbst auferlegten Verpflichtungen zu erfüllen, sowie den Forderungen des Lebens gerecht zu werden. Und tief im Inneren sehnen wir uns nach Ruhe und Frieden. Doch wir finden unseren Frieden nicht, denn wir sind immer in Bewegung, auf der Jagd nach neuen Abenteuern und neuen Ebenen. Da wir uns oftmals wenig um unser eigenes Leben kümmern, kann es uns passieren, dass wir diesen Mangel durch andere kompensieren und uns ausschließlich um andere kümmern. Wenn wir das tun, dann fordern wir jedoch von den anderen, dass diese sich wiederum um uns kümmern müssen. Das bedeutet in letzter Konsequenz, dass wir uns in gegenseitige Abhängigkeiten begeben. Doch was können wir tun?

Wir alle haben einen inneren Helfer, oder auch Heiler genannt, in uns. Eine Energie, die dafür da ist, damit wir nicht vergessen, uns zu leben. Denn wie schnell kommen wir in Versuchung, uns zu vernachlässigen. Und das würde im Extremfall bedeuten, dass wir Gefahr laufen, unser Lebensziel nicht zu erreichen. Wir alle kennen diese Energieform; wie ein schlechtes Gewissen taucht sie auf und ermahnt uns. Sie wacht symbolisch über uns und zeigt uns somit immer wieder unsere eigenen inneren und äußeren Verfehlungen auf. Und dies nur, damit wir uns erkennen und wandeln können. Doch in den meisten Fällen möchten wir dieses unangenehme Gefühl verjagen, vernichten, unterdrücken. Oftmals gelingt es uns sogar, indem wir uns mit anderen Aufgaben ablenken und somit andere Prioritäten setzen. Eine Zeit lang funktioniert das; wir können andere, für uns wichtige, Themen in den Bewusstseinsvordergrund stellen, was bedeutet, dass wir symbolisch die andere, für uns etwas bedrückend erscheinende Energie und die damit behaftete Information auf einen verborgenen Platz setzen. Wir verdrängen damit jedoch nur unser tiefes inneres Wahrheitsgefühl in der Hoffnung, dass es doch endlich schweigen möge. Denn für die meisten Menschen ist es unangenehm, immer wieder die Wahrheit vor das „innere" Auge geführt zu bekommen. Ungeachtet dessen kommt diese Energie stetig wieder nach vorne - ans Tageslicht - und möchte Gehör finden. Sie will uns auf bestimmte Bereiche aufmerksam machen. Solange wir diese Energie jedoch immer wieder verdrängen, desto häufiger müssen wir mit ihr konfrontiert werden. Oftmals nehmen wir uns vor, mehr Zeit für uns selbst zu haben, damit wir wieder mehr Platz in unserem eigenen Leben finden. Alle guten Vorsätze, dass wir uns endlich Freizeit einräumen, dass wir uns endlich erlauben, über uns nachzudenken, uns zu sortieren, scheitern dann meistens an der äußeren Zeitkapazität. Zumindest meinen wir das so, denn wir tun bestimmt alles Mögliche im äußeren Pflichtbewusstsein, um uns unserer inneren Pflicht zu entziehen. Kennen Sie solche Sätze und Aufgaben, die nie enden wollen, gerade dann, wenn Sie sich so wahrhaftig vorgenommen haben, sich endlich Zeit für sich zu nehmen? Vielen geht es so, wie in den folgenden Zeilen beschrieben:

„Da ist die Tante, die Oma, die noch versorgt werden muss; und wenn ich dann noch schnell das Geschirr wegspüle und eine Waschmaschine laufen lasse, dann braucht meine kleine Tochter mich wahrscheinlich wieder, denn die Mittagspause ist schon vorbei, und ich habe es schon wieder nicht geschafft, mich um mich selbst zu kümmern, sondern war mit allem Möglichen beschäftigt. Warum passiert mir das?"

Möchten Sie jetzt eine Antwort? Sie sind nicht ernsthaft und pflichtbewusst genug gegenüber sich selbst. Auf der einen Seite stehen die Menschen, die es gewohnt sind, durch Ihre Präsenz bedient zu werden, auf der anderen Seite die vielen Aufgaben, die Sie noch zu erledigen haben. All die Menschen, für die Sie bewusst oder unbewusst sorgen, brauchen Sie genauso, wie auch Sie sie brauchen. Denn alles, was wir erleben, erfahren und tun, basiert immer auf dem Gesetz der Resonanz und der Gegensätzlichkeit. Somit brauchen sie sich beide gegenseitig, denn „gebraucht zu werden" ist im tiefen Inneren ein Schutz vor sich selbst. Bedenken Sie, der einzige, der Sie wirklich braucht, das sind Sie selbst. Sie können sich um so viele Menschen kümmern wie Sie wollen. Es ist sehr schön und gut, anderen helfen zu wollen, aber bitte tun Sie es nicht als Alibi. Denn solange Sie sich um andere kümmern müssen, haben Sie angeblich keine Zeit mehr für sich. Daraus lässt sich schließen, dass Sie sich selbst nicht helfen wollen. Kann das denn sein? Wenn ja, dann können Sie keinem Menschen auf der Welt wirklich helfen, denn diese Hilfe würde nur als Alibifunktion dienen, um Sie vor sich selbst zu schützen.

Wir alle haben nicht gelernt, uns mit unseren eigenen inneren Themen auseinander zu setzen. Menschen, die sich mit ihrer Lebensphilosophie beschäftigen, werden von der Gesellschaft oftmals noch belächelt. Die meisten Menschen sind es voneinander gewohnt zu funktionieren, das gibt ihnen eine gegenseitige Sicherheit. Sollte dann wirklich einmal eine Person aus der gewohnten Rolle fallen und die Hilfe eines Therapeuten in Anspruch nehmen, dann gilt er für das Umfeld als schwach und labil. Denn sich um die Belange der Seele, der Psyche zu kümmern, ist den meisten noch fremd. Wir alle haben im Pflichtbewusstsein gelernt, unseren Körper zu reinigen, uns die Zähne zu putzen, uns den alltäglichen Aufgaben und Pflichten des Lebens zu stellen. Jedoch haben wir nicht gelernt, eine Seelenreinigung vorzunehmen oder auf die innere Kosmetik unserer Aura zu achten.

Alle Lebewesen können durch eigene Nahrungsaufnahme und Verarbeitung der Nahrungsmittel Energien produzieren. Genauso können wir jedoch auch noch zusätzlich Energien aus dem Kosmos empfangen und nutzen. Die selbst produzierten Energien dienen unserer eigenen Individualität und sollten sparsam und bewusst mit Rücksicht auf unseren Körper eingesetzt werden. Der Körper sollte sich von diesen Energien bedienen dürfen, so wie sein Verlangen danach steht. Dies sind unsere Lebensenergien, die wir dringend für unser Leben brauchen. Diese unsere urintimsten Energien sollten höchstens engste Familienmitglieder oder andere enge Freunde zu spüren bekommen. Das heißt, wir müssen sorgfältig darauf achten, dass kein anderer, kein Fremder, an Sie herankommen und sich an Ihnen nähren kann. Für diese Menschen können wir, wenn wir wollen, Energien aus dem Kosmos holen, und diese nutzbar machen. Wie? Wir leiten diese Energien durch uns durch und richten sie auf unser angestrebtes Ziel. Mit diesen Energien können wir uns mit anderen Menschen und auch den Situationen des Alltags auseinander setzen. Das heißt, auf diese Weise können wir viele Menschen füttern, wenn wir das wollen, ohne dass uns dies in irgendeiner Weise beeinträchtigt würde. Woran erkennen Sie, welche Energien Sie nutzen? Wenn Sie an Ihre ureigenste, selbst erzeugte Energie herangehen, dann sind Sie emotional betroffen. Es ist Ihnen besonders wichtig, wie Ihr Gegenüber diese oder jene Situation empfindet. Sie geben sehr viele Emotionen in die Sache hinein. Wenn Sie kosmische Energien leiten, dann spüren Sie diesen Energieeinsatz nicht emotional. Wir können für jeden Menschen bitten oder beten, für den wir uns einsetzen möchten. Je mehr wir dies für andere tun, desto mehr Energie bekommen wir auch noch zusätzlich aus dem Kosmos für uns selbst. Denn auch wir können jederzeit um Hilfe und Unterstützung beten und bitten, wenn es uns ernst ist, denn wir alle bekommen energetische Hilfe, wenn sie uns zusteht. Doch wer hält all diese Energien in uns zusammen, damit wir nicht zerfließen? Das ist die Aura.

Die Aura ist unsere Schutzhülle, die uns umgibt und die uns ermöglicht, die Energien bei uns zu behalten. Auf der einen Seite gelangen die Energien aus dem Kosmos über die Aura zu unserem Körper. Auf der anderen Seite bindet die Aura die Energien, die wir selbst produzieren. Somit können wir selbst unser Energiereservoir so einsetzen, wie wir es möchten. Und je mehr wir lernen, darauf zu achten, desto besser und intensiver können wir uns für die Belange einsetzen, die für uns wichtig sind. Wir selbst haben die Kraft, uns das im Leben zu geben, was wir brauchen, denn nur wir sind in der Lage, uns zu lenken. Je mehr wir jedoch erwarten, dass wir bestimmte Energien von anderen Personen bekommen, desto mehr werden wir uns energetisch für ein bestimmtes Vorhaben einsetzen und uns den anderen öffnen, um ihre Energien zu empfangen. Da uns jedoch kein anderes Lebewesen auf der Welt die Energien geben kann, die wir brauchen, investieren wir oftmals jahrelang in die falsche Richtung. Wir setzen im wahrsten Sinne des Wortes auf das falsche Pferd. Je weniger wir das verstehen wollen, desto mehr Energien werden wir immer weiter in unser geplantes Projekt stecken. Und so kann es passieren, dass wir so viele Energien investieren, dass wir förmlich ausbluten. Sollte das der Fall sein, dann kann es für uns schon gefährlich werden. Denn wir bilden sogenannte „Auralöcher", die offen sind und durch die unsere wertvolle Energie herauslaufen kann. Wir verlieren unbewusst Energie, und das schwächt unseren Körper, unsere Seele und unseren Geist. Man kann sich das wie eine offene Wunde in der Aura vorstellen, wie ein Leck, aus dem Energien rinnen oder, wenn es größer ist, sogar fließen.

Es gibt Menschen, ich bezeichne sie gerne als „Energievampire", die solche Auralöcher nutzen, um sich daran zu laben. Sie halten Ausschau nach Menschen, die sich nicht schützen und somit als Opfer deklariert werden können. Sie suchen und finden den tiefsten Schmerzpunkt des Opfers, denn darauf sind sie spezialisiert. Und dann hängen sie sich genüsslich in diese Energie hinein. Sie nutzen im wahrsten Sinne des Wortes die alten Verletzungen der anderen, um in der Wunde pulen zu können. Je mehr die Verletzung aufreißt, desto besser für den Vampir, denn nun macht er sich an sein Werk und bildet eine Abhängigkeit zu seinem Opfer, damit dieses ihn immer wieder mit nährt und füttert. Es gibt Vampire, die versuchen ihre Opfer mit Gewalt gefügig zu machen, indem sie ihnen die Luft abdrücken, also den Schmerzpunkt immer wieder ankratzen und somit ihre Opfer quälen. Dann lassen sie wieder los, und das Opfer erlebt emotional eine Entspannung. Der Vampir sitzt nun auf der Struktur des wieder erlebten Täters und drückt erneut zu, und die Seelenpein beginnt aufs Neue. Nach einer Weile läßt er wieder eine Entspannung eintreten, und somit zeigt er seinem Gegenüber, dass er mächtig ist. „Ich kann dir Schmerzen zufügen oder dich davon befreien. Sei also lieb zu mir, nähre mich und es wird dir gut gehen. Vorsicht jedoch, wenn du dich lösen möchtest, denn dann hole ich mein Skalpell aus der Tasche und schneide deine Wunde erst richtig auf". Jeder Mensch, der in einer solchen Abhängigkeit zu einem Vampir lebt, muss sich mit seinem eigenen Schmerzpotenzial auseinander setzen, damit er sich von dem Vampir lösen kann. Denn ein Vampir schadet immer und grundsätzlich. In dem Buch habe ich noch mehr zum Thema Machtmissbrauch geschrieben, so dass Sie noch weitere Informationen zu diesem vielseitigen Themenbereich finden werden.

Sollten wir nun selbst Auralöcher haben, dann sind auch wir potenzielle Opfer. Wir laufen Gefahr, einem Vampir zu begegnen. Und jeder, der sich darauf spezialisiert hat Opfer auszusaugen, kann sich an uns bedienen wie er möchte. Auralöcher sind Öffnungen, die wir uns irgendwann zugefügt haben und über die wir unbewusst Energien verlieren. Erst wenn wir lernen, diese Löcher zu schließen, können wir sicher sein, dass wir unsere Energien nutzen können, so wie wir das möchten. Und damit dieser Vampirismus endlich ein Ende hat, und wir alle wieder lernen, den eigenen Schlüssel für unsere Energien in den Händen zu halten, beschäftigen wir uns weiter mit dem Thema Energien und natürlich auch der Aura.

Die Aura selbst glänzt in vielen Farben; das ist ihr Kommunikationsfaktor, denn auch der Körper kommuniziert über Farben. Sollten sich jedoch Auralöcher gebildet haben und die Aura nicht mehr in der Lage sein, schützend zu wirken, dann wirkt sie eher grau und schmutzig. Würden wir von Kindesbeinen an lernen, an unsere Aura genauso zu denken wie an unsere Zähne, dann würden wir diese auch jeden Tag bürsten und reinigen. Sie können sich vielleicht die Aura nicht klar vorstellen, deshalb möchte ich Ihnen die Aura ein wenig näher beschreiben.

Tief in unserem Inneren haben wir einen göttlichen Kern, der aus reiner göttlicher Energie besteht, und um diesen Kern herum haben sich viele verschiedene Schichten gebildet. Diese Schichten bilden zusammengesetzt letztlich die Seele, die wiederum den inneren göttlichen Kern umhüllt und schützt. Denn ohne diese innere Energie könnten wir nicht leben, das ist unser Lebenselixier. Sie ist mit dem Erdkern der Erde vergleichbar, denn auch ohne diese Energie könnte kein Leben auf der Erde existieren. Sie sehen, wir können überall dieselben Symbole erkennen, denn auch unsere Erdkruste hat sich aus verschiedenen Schichten gebildet, die sich über den glühend heißen Erdkern durch die Abkühlung der Luft entwickelt haben.

Die Aura ist einer Schutzhülle ähnlich, die sich ausbreiten oder auch zusammenziehen kann. Das kommt ganz auf die Lebens- und auch auf die Stimmungslage an. Sollten wir uns erschrecken, dann zieht sie sich zusammen. Sollten wir uns ängstlich und klein fühlen, dann wirkt sie genauso gedrungen, wie wir uns selbst zu diesem Zeitpunkt fühlen. Jedoch wenn wir uns wohl und selbstbewusst fühlen - wir sind uns selbst über unser inneres Licht, also über das Ich bewusst - ,dann dehnt sich die Aura aus, und wir machen uns im wahrsten Sinne des Wortes breit. Wir können uns das Zusammenziehen wie bei einer Seeanemone im Wasser vorstellen, die sich bei Berührung zusammenzieht. Denn wenn wir seelischen Schmerz erleiden oder uns auch nur negativ berührt fühlen, dann ziehen wir uns ängstlich zusammen. Das heißt, wir versuchen uns zu verkleinern, damit wir nicht gesehen werden. Das alles passiert über die Aura, und je nach Stimmungslage kann sie sogar die Farben wechseln.

So können wir mit roter Farbe Kampf und Abwehrhaltung demonstrieren. Auch wirkt die Aura in diesem Zustand eher stachelig. Wir stellen unsere inneren Stacheln auf wie ein Igel. Und jeder, der das spürt, wird sofort in eine Hab-Acht-Stellung gehen, denn die stachelige Oberfläche könnte auch seine eigene Aura verletzen, sollte diese sich in einem normal harmonischen Zustand befinden. Eine verletzte Aura braucht wieder einige Stunden Pflege, bis sie geheilt ist. In dieser Zeit fühlen wir uns eher platt und müde. Wir alle schützen uns instinktiv aus diesem Grunde. Wie durch feine Sensoren können wir über die Aura die Energiefelder des anderen wahrnehmen und spüren, in welcher Stimmungslage er sich befindet, und was er von uns will. Deshalb checken wir zuerst unbewusst die Aura des anderen ab. Wir alle können die Aura des Gegenübers spüren und sogar „über unser drittes Auge" sehen. Leider haben die meisten vergessen, dass wir es können, doch wir alle achten unbewusst darauf. Denn wenn uns jemand mit einer geröteten und stacheligen Aura begegnet, dann reagieren wir darauf, indem wir selbst zum Kampf aufrufen, uns selbst röten und gleichzeitig unsere Stacheln ausfahren. Wir reagieren mit einem Instinkt, der den Tieren ähnlich ist, und beginnen genauso zu kämpfen. So messen wir unsere Kräfte. Meist werden wir jedoch emotional angesprochen und können schlecht taktisch und klug aus einer angemessenen Entfernung heraus handeln. Somit kosten diese Kämpfe uns ungeheuer viel Energie. Diesen plötzlichen Verlust von Energie können wir nicht einfach so wegstecken, deshalb brauchen wir danach viel Ruhe und oftmals eine umfassende Nahrungsaufnahme, um uns davon wieder zu erholen. Männer kämpfen genauso gerne wie Frauen, das sollte man nicht unterschätzen, denn der energetische Kampf ist geschlechtslos. Doch kämpfen die meisten Menschen gerne mit Gleichgesinnten, und so finden wir oftmals Kämpfe unter Frauen oder auch nur unter Männern. Es gibt jedoch auch einige Menschen, die nicht kämpfen wollen und einen Kampf vermeiden. Sie bewahren sich davor, indem sie bei solch aggressiven und auffordernden Kampfsignalen ihre eigene Aura schützen. Das heißt, die Oberfläche der Aura wird dementsprechend so verhärtet, dass kein Stachel durchdringen kann. Meist senden sie auch gleichzeitig noch eine dunkelblaue Farbe aus, damit die Person gegenüber merkt, dass sie nicht zum Kampf bereit sind. Hier ein paar Farbbeispiele:

Farben der Aura

Im harmonischen Zustand zeigt sich die Aura in einem breiten Farbspektrum, so demonstriert sie, dass sie für alle Seiten offen ist. Wir können uns dieses Farbenspiel nicht so wie eine äußere sichtbare Farbskala vorstellen, die wir mit unserem bloßen Auge betrachten. Die Farben der Aura deuten nur an und sind eher schillernd. Wenn man den passenden Blick dafür hat, kann man sie bewusst gut erkennen. Unbewusst wissen wir jedoch alle, welche Farbe unsere Aura zum jetzigen Zeitpunkt hat, wir zeigen diese offen und drücken somit unsere momentane Stimmungslage aus. Genauso wie wir unbewusst die Aurafarben unserer Mitmenschen erkennen und uns zumeist direkt positiv oder aber auch negativ angesprochen fühlen.

Oftmals unterstreichen wir unsere Stimmungslage, indem wir die momentane Farbe der Aura auch gerne für die passende Tagesgarderobe wählen. Und da wir nie wissen, in welcher energetischen Verfassung wir am nächsten Morgen sein werden, können wir auch erst frühmorgens die Kleidung aus dem Schrank nehmen, die uns an diesem Tag entsprechen wird. Achten Sie mal auf sich, was Sie gerne tragen.

Grün - bedeutet Harmonie, sich wohl fühlen, eine emotionale Nähe. Ich bin offen für alle Bereiche und gesellig; wenn du Lust hast, dann lass uns einen schönen Abend erleben.

Hellgrün - Ich will stets neue erquickende Lebenseindrücke, die mein Leben bereichern und meine Harmonie erheben. Somit bin ich offen für Spaß und Witz. Also, wenn du gut drauf bist, dann klopfe an meine Tür, und ich werde dir öffnen.

Dunkelgrün - Ich will an meiner Harmonie festhalten und mich in Ruhe zurücklehnen. Lasst mich aus euren Problemen raus, denn ich habe keine Lust, meine Harmonie mit euch zu teilen. Solltest du jedoch auch ein genüsslicher, harmonischer Mensch sein, dann öffne ich dir die Tür.

Blau - die Abkapselung, die Trennung. Stört mich nicht, ich gehe meinen eigenen Weg, ich will nur von mir lernen und mich energetisch nicht verbinden, denn das würde mein eigenes Bild von mir verfälschen. Ich bin zufrieden mit mir und lernbereit, Wissen bereichert mein Leben.

Hellblau - Ich bin unschuldig, berührt mich nicht, denn ich will keine offene Auseinandersetzung, ich muss erst noch reifen. Ich möchte mich frei und offen dem Leben widmen, doch brauche ich Distanz, damit mir keiner etwas antun kann.

Dunkelblau - tiefe Abneigung, Isolation. Lasst mich in Ruhe, ich werde mich sonst wehren, mit mir ist nicht gut Kirschen essen. Ich bin in einer

Phase der Selbstfindung und will absolut bei mir bleiben. Solltest du jedoch tiefgründige, philosophische Fragen haben, dann bin ich gerne zu einem Gespräch bereit.

Gelb - die Kommunikation. Ich will Wissen, sprich mich an, ich bin offen, weißt du etwas, was ich noch nicht weiß, dann erzähle es mir, denn ich bin neugierig. Ich liebe das luftig-leichte Leben.

Weiß - die Reinheit, Ich bin rein und will auch rein bleiben, berühre mich nicht, beschmutze mich nicht, fasse mich nicht an, belasse deine Energien bei dir, und ich belasse meine bei mir; kein Austausch von Energien. Ich will nahe meinem inneren Licht sein, denn da fühle ich mich wohl.

Schwarz - Ich bin nicht da, ich bin in Dunkelheit, in meiner eigenen Isolation, ich will die dunklen Seiten meines Daseins „alleine" durchleben; wenn du mir zu nahe kommst, dann pikse ich dich, denn ich kann ein Vampir sein und dich aussaugen; also ich warne dich vor mir, komme mir nicht zu nahe. Ich will bei mir und in meiner Einsamkeit bleiben, also lasst mich, es ist mein Entschluss. Die Kehrseite ist: Ich habe etwas in mir zu verstecken und ich will nicht, dass es gesehen wird, also wehre ich mich eher, als dass ich mich öffne. Mein tiefster Wunsch in mir ist jedoch meine Heilung, solltest du mir wirklich helfen wollen, dann lasse ich dich in meine Nähe - aber nur dann.

Rot - Ich will Aktivität, Power, mich durchsetzen. Jeder, der sich mir in den Weg stellt, bekommt eins auf die Mütze, wenn er mich aufhalten will. Ich will Sex und somit Austausch von Energien. Denn vielleicht gibst gerade du mir den Impuls, den ich noch brauche. Ich bin voller Power und ich will mich leben. Keiner kann mich aufhalten, warum sollte er auch? Solltest du jedoch einen Ansporn brauchen, dann bin ich gerade recht, denn meine Ideen sind vielseitig. Erwarte nicht von mir, dass ich dich trage, denn das will und werde ich absolut nicht tun.

Hellrot - Ich bin hitzköpfig und kann mich nicht entschließen. Ich liebe alles Neue, doch nur für kurze Zeit. Paßt auf, ich bin schnell gereizt. Wenn ihr zu langsam seid, dann geht mir besser aus dem Weg. Ich will durch mein Leben rasen und will ganz viel erleben. Ich brauche die Dynamik des Lebens, damit fühle ich mich wohl.

Dunkelrot - Ich habe alte Verletzungen, und wenn diese Verletzungen aufreißen, dann bin ich ungenießbar und werde mich wehren und schreie herum, damit jeder meinen Schmerz sehen kann. Ich bin nicht unbedingt bereit, mich meinen inneren Verletzungen zu stellen; also sei vorsichtig, sonst kriegst du auch noch eins drüber. Ich will ich selbst sein und bin halt eigensinnig. Doch ich stehe zu mir und das ist wichtig für mich.

Orange - die Öffnung. Ich bin geöffnet und will Austausch, will dir zuhören und bin gespannt, was du mir zu erzählen hast. Ich liebe die Menschen und die Gesellschaft. Partys sind meine Leidenschaft, jedoch nicht die Tiefe. Erwarte nicht einen tiefen Austausch mit mir, denn ich liebe die Leichtigkeit und das finde ich toll. Wenn du Spaß haben willst, dann gehe mit mir unter Menschen und deine Lachmuskeln werden es dir danken.

Rosa - Ich will Weiblichkeit, meine Gefühle leben, mich selbst wohl fühlen. Seid vorsichtig mit mir, denn ich bin zerbrechlich. Doch wenn du zärtlich mit mir umgehst, dann gebe ich dir all die weibliche Wärme, die dein Herz höher schlagen lässt.

Lila - Ich will die Unendlichkeit. Ich will mich nahe an meinem Licht fühlen. Ich will lernen und mich den Lebensströmungen des Universums anpassen. Denn ich bin ein Kind Gottes, und ich will mich von Gott und somit auch von meinem inneren Licht lenken und leiten lassen.

Grau - Ich kann mich nicht entscheiden, stehe gerne in der Mitte und lasse mich von anderen „Menschen" leiten. Ich habe Angst Fehler zu machen, deshalb übergebe ich gerne anderen die Verantwortung für mein Leben. Und damit die anderen mir nicht wieder laufen gehen können, klemme ich mich an sie und halte sie fest. Denn ich fühle mich arm, klein und energielos.

Braun - Ich bin erdgebunden und brauche meine absolute Sicherheit. Keiner bringt mich von meinem Plateau weg, denn ich kann nicht einfach durch die Lüfte springen. So belasst mich da, wo ich bin. Habt Geduld mit mir, jede noch so kleine Veränderung braucht einfach Zeit, so ist das halt.

Viele Menschen tragen heutzutage schwarz, und das nicht alleine aus dem oben genannten Grund heraus, sondern vielmehr, da es sich hierbei um das Thema der gesellschaftlichen Anpassung handelt. Das Umfeld erwartet von den meisten, dass sie angepasst ihren Lebensweg beschreiten, und dabei ist eine zu farbenprächtige Garderobe nicht passend. Sollten Sie selbst gerne schwarz tragen, dann überlegen Sie trotzdem, ob nicht der eine oder andere Farbklecks das Strahlen Ihrer Aura nach vorne, ins bewusste Licht bringt.

Die verschiedenen, immer wieder wandelbaren Formen der Aura:
Stachelig - Vorsicht, ich bin auf Kampf aus. Ich will streiten und jeden stechen/verletzen, der sich stechen/verletzen lässt. Ich will verletzen, damit demonstriere ich, dass auch ich verletzt bin.
Gehärtet - Ich schütze mich und lasse nichts durch meine „Panzeraura" hindurch, denn ich kann mich schützen. So bin ich sicher, und keiner kann mir wirklich Schaden zufügen.
Offen - Ich bin in Harmonie und öffne mich für neue, interessante Möglichkeiten. Ich will fühlen und spüren. Ich bin sensibel, damit ich die Feinheiten der Energien ertasten kann.
Ausgebreitet - Ich will strahlen und zeigen, wer ich bin. Ich mache mich breit und werde gesehen. Mir ist es wichtig, dass ich gesehen werde, denn ich bin stolz auf mich.
Stetig die Form wechselnd - Hektisch, ich bin in Aufruhr, nicht genau wissend, wo es lang geht. Jeder, der in meiner Nähe steht, spürt meine Unsicherheit und meine Unruhe. Er wird automatisch versuchen, diese zu umgehen oder sogar zu kompensieren.
Zusammengeschrumpft - Ich habe Angst. Bitte lasst mich in Ruhe. Ich bin klein und möchte nicht gesehen werden. Kleine Wesen schlägt man nicht, habt Erbarmen mit mir.
Normal - Offen und neugierig, mittelmäßig sensibel und trotzdem geöffnet für interessante Themen. Ich will lernen und wissen, denn ich weiß genau, was für mich gut ist, und nur damit werde ich mich beschäftigen.

Für die Aura ist tägliches Duschen oder Baden übrigens nicht sehr gesund. Denn genauso wie der natürliche Schutz- und Fettfilm des Körpers dadurch zerstört wird, so ähnlich ist es auch bei dem Schutzmantel der Aura. Auch die Aura braucht danach einige Zeit, um sich wieder in voller Kapazität aufbauen zu können. Sollten Sie öfter unter Infektionskrankheiten wie Grippe oder Ähnlichem leiden, dann könnte es ohne weiteres daran liegen, dass die zu häufige Körperpflege den Schutz der Aura beeinträchtigt, und Sie deswegen anfälliger für Bazillen oder Sonstiges sind. Wenn Sie jedoch auf das tägliche Duschen nicht verzichten wollen, dann schützen Sie gedanklich Ihre Aura. Alleine Ihre Gedanken können die Aura geschlossen halten, und dann kann die tägliche Reinigung keinen Schaden mehr anrichten.

Wir alle können uns anhand der Aura gegenseitig wahrnehmen. Durch sie spüren wir, in welcher Stimmungslage sich der andere befindet. Dadurch schätzen wir ab, ob uns unser Gegenüber gefährlich werden könnte oder nicht. Denn wenn Gefahr droht, dann stellen wir uns selbst darauf ein und werden in eine Abwehrhaltung gehen. Doch geht es hierbei nicht immer darum, ob uns jemand gefährlich werden könnte, sondern vielmehr, ob jemand mit disharmonischer Energie auf uns zukommt, und wir unbewusst darauf reagieren. Es gibt sehr viele Menschen, die mit einer Disharmonie nicht umgehen können und zwanghaft versuchen, eine Harmonie herbeizuführen. Das wiederum bedeutet jedoch, dass der eine sich auf den anderen so einstellt, dass er ihm seine harmonische Energie zur Verfügung stellt und einen Teil der disharmonischen Energie des anderen aufnimmt und kompensiert. Das passiert öfter als wir denken. Und da Menschen, die sich sehr nahe stehen, dieses kennen, klopfen sie sich frühzeitig gegenseitig energetisch ab. Und so können wir uns, obwohl noch Kilometer voneinander entfernt, gegenseitig wahrnehmen. Die Ehefrau weiß genau, mit welcher Emotion ihr Mann heute Abend nach Hause kommen wird, denn sie spürt dies früh genug. Sie kann ihn energetisch abtasten, beide haben sich sensitiv aufeinander eingestellt. Auf diese Weise hat sie früh genug die Chance, entsprechend auf seine Energien reagieren zu können. Wir alle sind in der Lage, die Energieform eines anderen zu beeinflussen. Wir können zum Beispiel einem gestressten Menschen warme beruhigende Energie zukommen lassen und werden sehen, dass auch dieser Mensch nach einer Weile harmonisch wird. Denn wir alle sind in der Lage, energetischen Einfluss auf unsere Mitmenschen zu nehmen, und oft genug tun wir das auch. Das funktioniert jedoch nur, wenn der andere dies auch will, also eine Resonanz zuläßt.

Wenn wir beispielsweise einem Verkäufer begegnen und spüren, dass dieser sehr unzufrieden und missgelaunt ist, dann können wir auf seine ausgesandte Energie eingehen und uns mit ihm streiten, oder wir kümmern uns nicht darum und geben ihm harmonische Energien, solange wir mit ihm zu tun haben. Sie können jederzeit genügend Energien aus dem Kosmos bekommen, so dass Sie dem einen oder anderen ein nettes Lächeln und leichte Energie schenken können. Kompliziert wird es nur, wenn Sie versuchen, mit Ihrer eigenen Lebensenergie den Menschen, der Ihnen wichtig ist, zu harmonisieren, denn dann befinden Sie sich in einer direkten Abhängigkeit und geben unbewusst viel zu viel eigene Energien ab.

Wir steuern unsere Energien also selbst und entscheiden somit auch, was wir damit tun wollen. Wir müssen nur lernen, bewusster darauf zu achten, dann können wir unbemerkt angedockten Energieräubern, so genannten Energievampiren, das Handwerk legen. Denn eins sollten wir uns immer vor Augen halten: Wir alle erkennen durch unseren Urinstinkt und anhand der Auraausdehnung sowie der Aurafarbe, in welchem Zustand und in welcher seelischen Verfassung sich unser Gegenüber befindet. Wir erkennen somit genau, ob der andere gut gelaunt oder gestresst ist. Die Aura wechselt ihr Aussehen je nach Stimmungslage, und wir können sehr wohl spüren und auch sehen, wann sich unser Gegenüber entspannt und ausgeglichen fühlt. Wenn wir einem anderen, der sich nicht gut fühlt, helfen wollen, dann können wir das tun. Denn wir sind in der Lage, dem anderen die kosmische Energie zu geben, die er braucht. Somit sind wir immer in der Lage zu helfen, und das ist wichtig zu wissen - wir sind immer handlungsfähig. Denn wir sollten keinem die Hilfe, die er benötigt, verwehren. Wenn wir möchten, können wir immer etwas tun, nur sollten wir dabei nie vergessen, dass wir kosmische Energien für diese Vorhaben benutzen sollten. Und je mehr wir lernen, konzentriert auf unsere Energien zu achten und uns regelmäßig von energetischen Schmutzpartikeln zu befreien, desto mehr Möglichkeit der intensiven Energienutzung haben wir. Das bedeutet jedoch, dass wir unsere Aura regelmäßig, also täglich, reinigen müssen.

Die Schattenwelten/die Dämonen - unsere Süchte

Eins steht jedoch fest: Sollten wir keine bewusste Aurapflege betreiben, so wird doch unsere Energie durch jeden positiven Gedanken in uns automatisch gereinigt. Ein Mensch, der sich in vollem Bewusstsein lebt, hat eine gestärkte und klare Aura. Er fühlt sich in seiner Mitte und kann sich jederzeit, je nach Bedarf, so ganz wie er es möchte, zurückziehen und ausdehnen. Und genau darauf kommt es an. Wenn wir uns bewusst leben wollen, dann müssen wir auf unsere Aura achten, denn diese ist der Grundstock für unser Leben. Daher ist es so besonders wichtig darauf zu achten, mit wem wir uns einlassen. Es gibt nämlich genug Menschen, die eher dunkle, unbewusste, als helle, bewusste Energien bevorzugen. Diese Menschen leben in ihren eigenen Schattenbereichen und wollen sich meistens auch nicht ändern, denn jede innere Veränderung erleuchtet die existierenden Schattenenergien, die sich dann in Nichts auflösen. Und je mehr wir uns mit uns und unserer Seele beschäftigen, desto heller werden wir. Somit sind nur wir alleine dafür verantwortlich, was und wie wir leben. Wir haben die alleinige Wahl.

Sollten wir uns also mit dunklen Energien umgeben, dann ziehen wir auch wie ein Magnet dunkle Energien an. Jeder Mensch spürt beim anderen, ob er sich eher mit hellen oder dunkeln Energien auseinander setzt. Sollte sich jemand in seinem hellen, also positiven Licht befinden, dann wird dieser vor negativen Energien gefeit sein: Denn helles Licht dringt in die Dunkelheit ein, nie umgekehrt. Wenn wir in Gedanken eine Lampe anschalten, dann können wir dieses genau rekonstruieren. Wir schützen uns vor negativen Energien, wenn wir uns gedanklich vorstellen, dass wir mitten in hellem Licht stehen und uns dieses helle Licht wie ein schützender Mantel umhüllt. Dann kann uns die Dunkelheit nicht einholen.

Wir sollten jedoch niemals vergessen, dass wir alle meist auch noch dunkle Schattenseiten in uns tragen, die wir nicht einfach ausschalten können. Mit ihnen müssen wir uns eines Tages auseinander setzen. Für uns nicht direkt sichtbar, suchen sich diese Schattenenergien andere dunkle Energiepotenziale, mit denen sie sich verbinden können. Und so kann es uns sehr wohl passieren, dass wir unbewusst Menschen anziehen, die sich eher mit der dunklen Seite der Energie und des Lebens beschäftigen, als mit der hellen. Wir ziehen immer nur das an, was in uns steckt. Wenn wir also unbewusst dunkle Energien brauchen, dann werden wir die passende Gesellschaft suchen und auch finden. Denn wir wollen diese Menschen mit der grauen, dunklen Aura unbewusst in unserer Nähe haben, und wir finden sie natürlich auch. Wir suchen uns immer die Menschen, die energetisch zu uns passen. Manchmal passt eine Person nur zu einem bestimmen Energieteil in uns und trotzdem - dieser Mensch passt, wurde gesucht und gefunden. Auch wenn uns das manchmal unvorstellbar erscheinen mag, er passt. Das erklärt bestimmt so manch einem, warum er der einen oder anderen Person begegnen musste. Erst wenn wir so darüber denken können, haben wir eine Chance, die gelebten Realitäten in uns verstehen zu können. Denn jeder unserer Energieanteile möchte eine äußere Resonanz erleben, also in unserem Bewusstsein herumspuken, und einmal auf der inneren Bühne des Lebens als Hauptdarsteller auftreten dürfen. Denn je mehr wir uns im äußeren Bereich mit einem anderen Menschen beschäftigen, desto mehr beschäftigen wir uns mit unserem eigenen angedockten Energieanteil und geben diesem Teil die meiste Aufmerksamkeit; nur darum geht es. Wir nehmen durch den Kontakt zu diesem energetisch ähnlich gelagerten Menschen einen Energieaustausch vor, der wiederum eine entsprechende Resonanz in uns hervorrufen wird.

Das heißt jedoch auch, dass ein Mensch, der negative Energien braucht, sich die passenden Treffpunkte aussucht, Orte, an denen sich diese dunklen Energien am häufigsten aufhalten und am besten nähren lassen. Dort finden sich die Menschen, die dafür am idealsten geeignet sind; es sind die, die absolut nicht auf ihr eigenes Leben schauen möchten, sondern immer wieder auf die Probleme der anderen schielen. Am liebsten beklagen sie sich über andere und über die Ungerechtigkeit des Lebens. Sie sind immer der absoluten Überzeugung, im Recht zu sein. Ihnen geht es wenig darum, sich wirklich Gedanken um den anderen zu machen. Letztlich beklagen sie sich nur über sich selbst, denn diese Menschen streiten liebend gerne in ihrem Inneren. Sie sind auf sich selbst wütend und transportieren diese ungeliebten Energien nach außen, auf jeden, der dafür geeignet erscheint. Um mehr geht es dabei nicht. Indem sie sich über die anderen und deren Verfehlungen beschweren, kompensieren sie die eigenen Themen. Dabei schimpfen sie letztlich nur mit ihrem eigenen Spiegelbild. Jeder, der sich als Spiegelhalter diesen Menschen zur Verfügung stellt, sollte darüber nachdenken, warum er den anderen braucht, der ihn so erniedrigt. Denn auch dieser ist wiederum ein Spiegelbild des inneren „Ichs" und zeigt nur allzu deutlich an, dass man sich tief im Inneren selbst bestrafen will. Für diesen Job ist ein äußerer Täter genau der Richtige. Eine Frage unter vielen stellt sich dann: Warum gehen Sie selbst so mit sich um?

Da sich viele Menschen oftmals alleine und unsicher fühlen, brauchen sie andere, mit denen sie sich austauschen können und die ihre Meinung bestätigen. Also suchen sie sich gesellige Partner, die ihnen zuhören und zustimmen. Egal, um was für ein Thema es sich handelt, Hauptsache reden und lästern. Viele Menschen funktionieren auf diese Weise. Sie sind letztlich nur Mitläufer der anderen, denn solange sie die anderen beobachten, brauchen sie nicht ihr eigenes Leben zu gestalten, wozu ihnen auch kaum noch Zeit bleiben wird. In ihren Träumen leben sie mehr das Leben der anderen. Doch die aufgebauten Luftschlösser stehen nicht ewig, und somit verfolgt sie die andauernde Angst, dass sich ihr Leben in Nichts auflösen könnte. Damit dieses nicht so offensichtlich wird, blähen sie sich auf, wenn sie einem anderen Menschen begegnen, wobei sie nur demonstrieren, wie viel Luft sich in ihrem Bauch befindet. Denn wo kein Fundament ist, da kann nur Luft sein.

Damit sich nun keiner alleine fühlt, braucht man die passende Umgebung. Kneipen sind hierbei die absoluten Renner, denn hier wird gelästert, was das Zeug und der Alkoholspiegel herhält. Je höher der Alkoholspiegel steigt, desto stärker fühlen sich diese Menschen. Denn der Alkohol ruft das Suchtteil nach vorne ins Bewusstsein, und dort will es auch hin. Hier ist es der Sieger, hier wird es gefeiert. Alle Kontrollmechanismen werden ausgeschaltet, und nur die Sucht regiert; sie tut alles dafür, um immer öfter diesen „Kick" erleben zu dürfen. Deshalb können alkoholkranke Menschen auch kein Maß finden. Irgendwann schaltet sich der Kopf aus, und die Sucht regiert den Menschen. Erst das morgendliche Erwachen und der Brummschädel bringen die Kontrollmechanismen, und die am Vorabend entstandene Tragödie ans Tageslicht.

Leider ist die Gefahr hinter dem Themenbereich „Alkoholismus" noch nicht ausreichend gewertet worden, sonst würde mit Sicherheit mehr vor diesem Zerstörungsmechanismus gewarnt werden. Regelmäßig zu hoher Alkoholkonsum dient ausschließlich der Kompensation und wird somit idealerweise zum Zwecke der Selbstlüge eingesetzt. Menschen, die sich im Rausch stärker fühlen, erleben sich in ihrer Persönlichkeitsstruktur besonders schwach und lernen durch ihre permanente Kompensation kaum, sich ihren inneren Themen zu stellen. Meist sind sie schon als Kind in eine Traumwelt geflüchtet, um sich der nüchternen Realität entziehen zu können. Wenn der erwachsene Mensch sich dessen nicht bewusst wird, dann versucht er immer wieder dieser Realität mit Hilfe von Drogen zu entkommen. Nur was nützt ihm das?

Wir alle leben durch die Energie, die wir selbst produzieren, und die, die wir aus dem Kosmos bekommen. Doch so wie wir Menschen helle und dunkle Energien in uns tragen, so gibt es auch auf der geistigen/kosmischen Ebene helle und dunkle Energiepotenziale. Dabei tragen auch wir nur dunkle Energien in uns, die wir selbst umgewandelt haben und zwar aus reiner heller Lichtenergie. Das heißt, wir selbst haben die helle Energie verdunkelt. Das mag verschiedene Gründe haben, die wir jetzt aber beiseite legen wollen. Es gibt im Grunde genommen auch auf der geistigen Ebene nur die helle göttliche Lichtenergie, aus der die dunkle Energie geschaffen wurde, somit ist die dunkle Energie gar nicht eigenständig, beziehungsweise existiert gar nicht. Das heißt, im Laufe der Zeit haben sich Teile der allmächtigen, göttlichen Energie in dunkle Energiepotenziale umgewandelt. Diese haben sich verselbstständigt und werden durch sogenannte dunkle Energiewesen regiert. Es gibt Wesenheiten, auch Dämonen genannt, die sich den dunklen Mächten verschrieben haben und die auf ihre nächsten Opfer warten. Denn diese Wesen können keine eigene Energie herstellen, da sie im Grunde genommen keine eigenständigen Wesen darstellen und somit keine eigene Energie produzieren können. Somit brauchen sie Energien von anderen, damit sie überhaupt weiterhin existieren können. Und Menschen, die sich gegen ihr inneres Licht stellen, sind prädestiniert dafür. Die großen

Energievampire aus dem Kosmos machen sich ans Werk, um ihr nächstes Energieopfer zu finden. Und je mehr Menschen ihnen untertan sind, desto stärker werden sie. Denn durch die produzierten Abhängigkeiten zwischen diesen Energiewesen und den Menschen werden diese wie an Melkmaschinen angebunden, ausgesaugt und gemolken. Die daraus gewonnene Energie nutzen diese negativen Energiewesen für ihre eigenen Bedürfnisse.

Die negativen Wesen brauchen die Licht- und Lebensenergie der Menschen. Doch sie können meist nur solche erreichen, die nicht mehr Herr ihrer eigenen Energien sind. Dies trifft idealer weise vor allem auf Menschen zu, die in Sucht- oder Abhängigkeitsverhältnissen leben, denn gerade diese Menschen können durch ihr eigenes undiszipliniertes Verhalten ihrer eigenen Person gegenüber von diesen Wesenheiten leicht gefügig gemacht werden. Viele Menschen haben Angst vor Abhängigkeiten, ohne dabei zu wissen, dass sie sich meist schon in einer energetischen Abhängigkeit zu einem negativen Geistwesen befinden. Unsere beliebtesten Süchte, wie beispielsweise Alkoholsucht, Drogensucht, Sexualsucht (zum Beispiel käufliche Liebe), Spielsucht, aber auch Fernsehsucht (zum Beispiel brutale Horrorfilme) und noch einige andere mehr, sind der ideale Nährboden, auf dem diese Dämonen die passenden Opfer suchen und auch finden. Die meisten Menschen würden diese Ebenen als dämonisch, als vom Teufel besetzt, bezeichnen, und genau das sind sie auch.

Vielleicht werden Sie sich jetzt fragen, wo eigentlich die Sucht beginnt, und wo sie aufhört. Diese Frage beantwortet Ihnen Ihr Gefühl: Wir alle spüren genau, wann wir uns mit unseren Süchten auseinander setzen, also wann wir unserer Sucht verfallen und wir unserem inneren Zwang nachgeben. Denn die Sucht ist gekoppelt mit einer in uns lebenden Energie, und die will gelebt werden. Ähnlich einem inneren/äußeren Kind, dass das Spielzeugauto unter allen Umständen haben will. Wir wehren uns immer wieder gegen diesen Wunsch, und doch kaufen wir eines Tages das Auto, damit das Kind endlich Ruhe gibt; wir haben unserer Unvernunft nachgegeben. Und somit kommt diese innere Energie irgendwann, wenn sie kraftvoll genug ist, nach vorne, in mein Bewusstsein, und fordert die komplette Aufmerksamkeit von mir. Meist spüren wir diese Energie, indem wir, wie unter einem inneren Zwang, fast fremd bestimmt handeln müssen. Wir können uns diesem zwanghaften Verhalten kaum entziehen. Sollten wir versuchen, uns gegen unsere innere Sucht zu stellen, dann kostet es uns sehr viel Mühe, Kraft und Disziplin. Denn nur mit mühevoller Arbeit können wir uns von Süchten und inneren Zwängen befreien. Wir sollten nie vergessen, dass wir lange gebraucht haben, um diese Sucht so stark und fast übermächtig werden zu lassen wie sie jetzt ist, also können wir nicht erwarten, dass ein Fingerschnippen ausreicht, um sie in uns zu liquidieren. Zumal das sowieso nicht geht, da alle in uns lebenden Energien mit uns zu tun haben und ihren geordneten Platz in uns brauchen. Doch wenn wir in uns aufräumen wollen, dann müssen wir zuallererst anerkennen, dass ein Teil in uns süchtig ist. Erst wenn wir ehrlich zu uns sind, haben wir eine Chance, die Energien in uns klar zu erkennen und zu verändern.

Wenn wir also merken, dass der innere Zwang übermächtig wird und wir nicht mehr frei entscheiden können, ob wir diesem inneren Sog folgen wollen oder nicht, dann sind wir süchtig. Wenn wir dieses überprüfen wollen, dann müssen wir ehrlich zu uns sein, denn jede noch so kleine Unehrlichkeit hilft uns nicht weiter. Wenn wir feststellen sollten, dass wir süchtig sind, dann müssen wir dieser Energie auf den Grund gehen und herausfinden, welches Manko sie in mir ausdrückt, also was ich damit kompensieren will. Erst dann habe ich die Möglichkeit, mich von der andauernden Sucht und somit der stetigen Suche zu befreien.

Mir ist es hier noch besonders wichtig zu erwähnen, dass die in Dunkelheit lebenden Dämonen nur weiter existieren können, wenn sie genug Lebensenergie von den Menschen bekommen, die sich dafür unbewusst zur Verfügung stellen. Deshalb werden sie auch alles Mögliche unternehmen, um ihre „Kühe" weiterhin melken zu können. Wir bekommen, im Klartext gesprochen, unsere suchterzeugenden Themen verstärkt von ihnen gespiegelt, damit wir uns auch weiterhin der Sucht hingeben. Das heißt, die in uns befindliche, süchtige Energie bekommt regelmäßig zusätzlich Energie von diesen dunklen Wesenheiten - das ist der Energieaustausch, denn es geht nie einseitig, sondern immer von beiden Seiten aus -, und somit wird die süchtige Energie immer stärker in uns. Je öfter das passiert, desto stärker wird die

Suchtenergie in mir regieren. Das Resultat: Die anderen Energieanteile in mir haben kaum noch eine Chance, zu Wort zu kommen, mich vor Gefahren zu beschützen oder mich auch nur ansatzweise zur Vernunft zu bringen. Somit regieren letztlich die Dämonen, ziehen an den unsichtbaren Fäden des Lebens und behandeln mich, ihr Opfer, wie eine Marionette, die nur noch ihre Befehle ausführen kann.

Wenn wir uns das vor Augen halten, dann können wir sehr klar erkennen, dass eine solche „Besessenheit" oftmals im Bereich der Drogensucht wiederzufinden ist: Der Süchtige baut mehr und mehr ab, verfällt der sichtbaren Sucht - und seinem eigenen dämonischen Untergang. Der Drogenbereich ist meist auch noch verbunden mit dem stetigen Verkauf des Körpers und somit mit der käuflichen Sexualität. Jeder Freier, der sich dieser Branche bedient, nutzt und unterstützt automatisch diesen dämonischen Bereich und wird von den dunklen Wesenheiten emotional angebunden. Je mehr er seiner Sexualsucht verfällt, desto mehr wird auch er ein Werkzeug dieser Machenschaften. Denn die Sexualsucht ist genauso heftig wie die Drogensucht. Doch eins sollten wir dabei nie vergessen: Wir alle haben die freie Wahl, wofür wir uns entscheiden. Wenn sich also eine Person in diese negativen Ebenen hineinbegibt, dann hat sie dies aus freien Stücken getan, und keiner ist dafür verantwortlich, außer diese Person selbst.

Die Menschen, die in ihrem Suchtverhalten feststecken, werden regelmäßig förmlich ausgesaugt. Jedoch bezieht sich dies leider nicht nur auf den Süchtigen selbst, sondern auch auf alle um ihn herum lebenden Personen. Denn mit jedem Menschen, mit dem wir einen emotionalen Verbund haben, tauschen wir uns regelmäßig energetisch aus. Mit der Zeit übertragen sich diese Energien auf alle Mitglieder der Familie, somit auch auf die Kinder. Eine Frau beispielsweise, die ihren alkoholkranken Mann versorgt, kann genauso energetisch missbraucht werden wie ihr Mann. Durch die permanente Pflege und die Beschäftigung mit dem Problem Alkohol entwickelt sie sich im Laufe der Zeit zur Co-Alkoholikerin und wird, wenn sie nicht auf sich selbst Acht gibt, genauso an die dunklen Energien angebunden. Leider ist den meisten Menschen das Wissen darüber verloren gegangen, sonst würden viel mehr auf sich achten. Wenn die Menschen wieder lernen würden, harmonischer miteinander umzugehen und zu leben, dann hätten die Dämonen nicht so viel zu tun. Denn jeder Mensch, der sich liebt und glücklich ist, der kann nicht von dunklen Mächten missbraucht werden. Er steht viel zu stark in seinem eigenen inneren göttlichen Licht, und wird somit auch von den engelhaften Wesen des Kosmos beschützt. Die dunklen Dämonenwesen können nur andocken, wenn sie die Gier und Sucht eines Menschen unterstützen und somit ausnutzen können. Doch jeder, der sich selbst lebt, der aus seiner Sucht herausgeht, kann automatisch nicht mehr als Melkmaschine gebraucht werden und ist somit nicht mehr nutzbar für diese dunklen Machenschaften. Er ist frei, und das sollten wir alle sein.

Deshalb ist es auch so wichtig, darauf zu achten, mit wem wir uns einlassen. Wir müssen bedenken, dass wir auf der materiellen Ebene immer alles das gespiegelt bekommen, was in uns auf der nicht materiellen, geistigen Ebene sowieso schon abläuft. Erkennen wir dieses nicht, laufen wir blind durch unser Leben. Wenn wir uns beispielsweise mit den Übertragungsebenen im Bereich der Sexualität auseinander setzen, dann können wir erkennen, was alles übertragbar ist. Ein Beispiel: Wenn unser Partner durch ein Suchtverhalten energetisch ausgesaugt wird, dann kann uns dasselbe auch passieren, wenn wir uns mit ihm sexuell einlassen. Gerade die Übertragung von Körperflüssigkeiten dient hierbei als Sinnbild für die Übertragung von Informationen und somit von energetischen Anbindungen. Denn das Sperma des Mannes bleibt eine längere Zeit in der Frau erhalten und kann sich dort mit Hilfe der weiblichen Sekrete einnisten. Somit steht sie über einen längeren Zeitraum in einem offenen Energiekontakt zu dem Mann. Wenn sich die Partner wirklich lieben, dann ist das sehr angenehm für beide, denn es verbindet die Beziehung noch mehr. Eine Frau ist von ihrem Urtrieb heraus darauf ausgerichtet, einen Mann an sich zu binden; sie braucht diese Bindung, um sich dem Urthema der Fortpflanzung zu widmen. Sie ist somit nicht auf „schnellen Sex" und unverbindliche Partnerschaft aus, im Gegenteil. Der Mann hingegen schon, denn er muss die Frau/en begatten, er ist auf seine Weise für die Fortpflanzung verantwortlich und muss sich seiner Uraufgabe stellen. Doch sollte er dabei nie vergessen, dass er die von ihm produzierte Kinderzahl auch ernähren muss, denn das ist seine Verpflichtung. Wir reden hier von Naturgesetzen, die alle in uns geankert sind. Wir können zwar versuchen, uns der modernen Zeit entsprechend dagegen zu stellen, nur nützen wird uns das wenig. Denn wir sind so, wie wir sind, und damit müssen wir leben. Die Ehrlichkeit zu uns selbst, das ist unser höchstes Gut.

Jeder Sexualkontakt beinhaltet demnach einen energetischen Kontakt. Wenn wir uns also nach einem solchen Kontakt voneinander lösen wollen, dann sollten wir uns reinigen, eventuell ein Bad nehmen und uns energetisch schließen. Dann werden wir uns auch von dem Partner problemlos wieder lösen können. Wenn wir jedoch in der Verbindung bleiben wollen und wir uns innerlich darauf einlassen, dann wirken die abgegebenen Energien über einen längeren Zeitraum in uns und dienen dazu, die Partnerschaft zu festigen. Denn je mehr ich von dem Partner in mir trage, desto tiefer und dauerhafter wird sich die Beziehung entwickeln können. Wir sollten uns immer vorher überlegen, ob wir mit dem Partner, mit dem wir schlafen möchten, eine reale, andauernde Beziehung haben möchten oder nicht. Es gibt keinen unverbindlichen sexuellen Verkehr, außer in unseren Köpfen.

Mit einem Kondom schützen wir uns also beim Geschlechtsverkehr nicht nur vor einer ansteckenden Krankheit wie Aids, sondern gerade auch vor energetischen Anbindungen aller Art, sogar vor negativen Geistwesen. Durch eine leichtfertige Liebesnacht kann also nicht nur Aids übertragen werden, sondern auch das negative Suchtverhalten des Partners. Sollten Sie als Frau auf einen sexuellen Kontakt mit einem Scheidenpilz oder sogar einer Unterleibsentzündung reagieren, dann legen Sie diese wertvolle Information bitte nicht beiseite, sondern überlegen Sie ernsthaft, ob Sie Ihren Partner auch wirklich als rein empfinden. Denn jede körperliche Reaktion ist der Hinweis auf unsere seelische Empfindung. Und wir müssen lernen, die Signale des Körpers zu verstehen, damit wir die Feinheiten unserer Seele erkennen können. Auch ein Mann kann mit Juckreiz reagieren, wenn er sich nicht im Einklang mit seiner Partnerin befindet. Wir alle haben kleine Sensoren in uns, die feine Signale aussenden, um uns zu zeigen, dass etwas nicht stimmt.

Die Sexualität ist das höchste Gut, das wir haben, um uns mit einem

Menschen energetisch tief einzulassen. Wir brauchen eine Zeit, bis wir die übertragenen und übernommenen Energien wieder aus unserer Aura herausgefiltert haben. Bei positiven Energien ist dies kein Problem, doch was ist, wenn wir bei einem Sexualkontakt negative Energien aufgenommen haben? Der energetisch infizierte Partner braucht bis zu sieben Tage, um sich von diesen für ihn negativen Energien zu reinigen; sollte er dies jedoch nicht bewusst tun, dann kann es sein, dass sich eine Anbindung überträgt, und dunkle Wesenheiten auf ihn aufmerksam werden. Sie werden gierig schauen, ob sie ein neues Opfer gefunden haben. Und sollten Sie sich dann trotz aller inneren Warnhinweise auf diese Partnerschaft einlassen wollen, dann werden Sie das nächste Opfer sein. Denken Sie bitte immer daran, eine Frau hat viele mütterliche Anteile in sich, und diese werden gerne ausgenutzt. Wenn Sie sich also mit einem anderen Menschen einlassen wollen, dann schauen Sie genau hin, denn alle Problemthemen, die dieser Mensch mit sich bringt, werden auch zukünftig in Ihrem Leben eine Rolle spielen können. Gerade die Partner, die süchtig sind und meinen, dass ein anderer Partner Ihnen zur Befreiung aus der Sucht verhelfen könnte, sind die gefährlichsten. Denn tief im Inneren wollen sie die Sucht gar nicht verlassen, sondern lediglich mit einem anderen Menschen teilen, ihn also auch süchtig machen. Wenn einer seine Suchtstruktur verlassen möchte, dann wird er das tun. Überlegen Sie also immer, wozu Sie den Partner brauchen, denn auch Sie wollen möglicherweise eine innere, nicht ausgeheilte Verletzung mit einer solchen Partnerschaft kompensieren.

Sie können sich jetzt vorstellen, wie viele Menschen an dunkle Wesen gebunden sind. Schon alleine wenn wir uns die Kriege und die damit verbundene Zerrissenheit der Menschen anschauen, wird uns dieses transparenter. Die dunklen Energien scheinen somit nur eine Polarität zum hellen, göttlichen Licht zu sein. Doch sollten wir dabei nie vergessen, dass das göttliche Licht das einzige ist, was überhaupt existiert. Allein aus der Helligkeit haben wir die Dunkelheit geschaffen. Deshalb können wir uns auch immer wieder unserem hellen Licht zuwenden, wenn wir wollen. Wir müssen nur lernen, uns selbst zu verzeihen. Denn kein irdischer Mensch oder gar ein göttliches Wesen kann uns die Belastung abnehmen, die wir selbst meinen nicht tragen zu können. Doch sollten wir uns selbst verzeihen und zum göttlichen Licht beten wollen, dann wird dieses über allem stehende Licht seine heilenden Energien über uns aussenden. Denn wir alle können uns immer wieder und jederzeit an Gott wenden und um heilende Energie bitten. Gott, die allmächtige Urkraft des Lichts, ist das einzige, was ewig existiert, und alle schattenhaften Bereiche sind durch diese göttliche Energie auflösbar. Denn die Dunkelheit ist nur eine negative Beschmutzung der göttlichen Energie; schon wenn sie sich schüttelt, fallen alle negativen Energiepartikel einfach ab und lösen sich auf.

Ein Mensch, der im Vertrauen auf Gott lebt, würde niemals einem anderen etwas antun, denn er weiß genau, dass er bereit sein muss, dasselbe auch zu ertragen. Denn alles das, was wir einem anderen wünschen oder gar zufügen, kommt eines Tages, spätestens in irgendeiner anderen Inkarnation, wieder auf uns zurück und will gelebt werden. Somit prägen die dunklen Ereignisse in unserem Leben unser gesamtes Leben. Alles das, was von uns als Dunkelheit empfunden wird und vor dem wir Angst haben, wird von dunklen Mächten regiert und hat eine Parallele zu unseren inneren dunklen Flecken. Denn wir alle tragen Schattenseiten in uns, und wir sollten sie kennen, damit wir kein Unheil damit anrichten können.

Alle für die Menschen negativen Eigenschaften und Ereignisse sind von diesen dunklen Energiepotenzialen gesteuert; darunter fallen natürlich, angefangen bei der Eigenlüge, die Überheblichkeit, der Neid, der Diebstahl, der Krieg und natürlich auch der Mord, um nur einige zu nennen. Mord ist das größte Verbrechen, denn keiner hat das Recht, den Körper eines anderen zu zerstören und zu töten. Doch sollten wir uns, egal aus welchen Gründen auch immer, an eine negative Energieform gebunden haben, dann kann es sehr wohl sein, dass diese auf uns geladenen negativen Energien eine vernichtende Information beinhalten, die einem anderen Menschen erlauben, unseren Körper zu töten. Denn eines sollte Ihnen jetzt schon klar geworden sein: Es kann mit uns nichts geschehen, wenn wir es nicht haben wollen. Das heißt, dass wir immer eine Resonanz in uns tragen müssen, sonst kann es nicht passieren. Erst wenn wir lernen, uns den positiven Kräften hinzugeben und uns auf unser inneres Licht zu verlassen, dann haben wir die absolut perfekte Waffe gegen die dunklen Mächte, denn kein Dämon, und mag er noch so klein sein, kann durch dieses Licht dringen. Die Helligkeit kann durch die Dunkelheit dringen, jedoch nicht umgekehrt. Und deshalb gilt immer eins: Je mehr wir uns mit uns selbst auseinander setzen und aufhören, uns von Wesen aus der Dunkelheit anwerben zu lassen, desto besser fühlen wir uns, denn wir bleiben Herr unserer Energien.

Das Traumprinzen-/Traumprinzessinnen - Syndrom

Es gibt genug Menschen, die grundsätzlich auf ihr Recht pochen, und mit diesem Themenbereich wollen wir uns jetzt einmal ein wenig näher auseinander setzen. Diese Menschen wollen, dass andere die gleiche Meinung vertreten wie sie selbst. Warum das so ist? Das ist einfach erklärt: Vielen Menschen ist es wirklich nicht bewusst, dass ein anderer anders denken könnte als sie selbst, und somit versuchen sie jeden nach ihren eigen kreierten Schubladensystemen einzuordnen. So kann das jedoch nicht funktionieren, denn jeder Mensch hat aus seiner eigenen Perspektive eine andere Sichtweise, und genau darum geht es. Es gibt keinen Menschen, der die erlebte Situation eines anderen gleich wahrnehmen kann, denn er hat zumindest einen anderen Blickwinkel. Das vergessen viele immer wieder und versuchen mit einer Selbstverständlichkeit, ihre eigene Sichtweise dem anderen aufzuzwingen. Wenn Ihnen als Betroffener etwas passiert, dann machen Sie über verschiedene Kanäle eine Erfahrung, die eventuell für Sie negativ oder positiv sein kann. Jedoch eins steht dabei fest: Sie brauchen diese Erfahrung, da Sie daraus etwas lernen müssen, sonst würde es Ihnen nicht passieren. Wir alle leben nach dem Gesetz der Resonanz. Wenn Sie sich mit dieser These beschäftigen, dann können Sie mit Erlebnissen ganz anders umgehen, denn dann bekommen Sie das Gefühl einer Sinnhaftigkeit, also die Fäden für Ihr eigenes Leben wieder in den Händen zu halten. Solange Sie erkennen können, um was für ein inneres Thema es sich handelt, kann Ihnen nichts verloren gehen.

Ein anderer, der ein Erlebnis nur beobachtet hat, hat wiederum eine andere Sichtweise der Situation als Sie, denn er kann nicht fühlen, was Sie als der Leidtragende gefühlt haben. Er kann höchstens ein Mitgefühl entwickeln und kann sich vorstellen wie es sein könnte, so etwas zu erleben. Ein sehr sensitiver Mensch kann sich emotional in die Sache hineinfühlen, doch auch dabei werden ihm andere wichtige Komponenten fehlen. Somit steht der Betroffene mit seinem Erleben alleine da. Das ist unser häufigstes Problem, denn wir leiden unter nicht verarbeiteten Erlebnissen und wissen kaum, wie wir uns selbst helfen können. Oftmals kommt der Wunsch in uns auf, dass der Helfer von außerhalb in Form eines Traumprinzen kommen müsste, der uns von unserem Leiden erlöst. Aus diesem Wunsch heraus interpretieren wir gerne dieses Bild in Personen, die uns begegnen, und suchen nach dem wahren Juwel. Schnell finden wir Ähnlichkeiten unseres Wunschbildes in anderen und lassen uns dadurch blenden. Denn wir können in erster Linie nur das wahrnehmen, auf das wir unseren Fokus gerichtet haben. Wenn wir dann einem neuen Partner begegnen, können wir ihn oftmals gar nicht real wahrnehmen, da wir viel zu stark mit unseren eigenen Themen beschäftigt sind.

Sollten dann auch noch Liebesgefühle zwischen den beiden Partner entstehen, dann scheint dies die ideale Partnerschaftsform zu sein. Wir fühlen uns wie im siebten Himmel und glauben dann häufig auch noch, dass uns dieser Mensch vom Himmel geschickt wurde. Denn all die bisher wichtig gewesenen, alltäglichen Probleme sinken in den Hintergrund. Nichts kann uns mehr schaden, wir fühlen uns geborgen, in Liebe umsorgt, wie in eine Wolke eingehüllt. Es muss der Traumprinz oder die Traumprinzessin sein, die mich von meinen Leiden erlöst und endlich meine wahren Qualitäten entdeckt. Und in dem Moment, wo wir diese tiefen Gefühle in uns spüren, sind wir auch davon überzeugt, denn jetzt können wir nur noch gesund/heil werden, jetzt kann es nur noch bergauf gehen. Stimmt das denn? So und nicht anders denken viele und warten auf den Retter, der in Form einer menschlichen Gestalt erscheinen muss. Und jeder, der dem Retter ähnlich ist, auf den werden all diese Wünsche und Hoffnungen gelegt. Das kann nicht gut gehen, denn jeder ist ein eigenes Individuum und hat letztlich nur mit sich selbst zu tun.

Anfangs kümmern wir uns in neu gegründeten Partnerschaften sehr intensiv um die Belange des Partners. Wir möchten dem Partner das Gefühl vermitteln, wie stark, verständnisvoll und eigenständig wir sind und zeigen uns somit von unserer besten Seite. Wir geben besonders viel Liebe, also tiefe Gefühle, in diese Beziehung hinein, in der Hoffnung, dass all die emotionalen Investitionen bald zurückkommen mögen und der Partner sich dann die Zeit für unsere Verletzungen, Themen und Probleme nimmt. Da jedoch kein Mensch auf der Welt die Themen des anderen leben kann, folgt auf das

Bedürfnis nach Heilung schnell die Ernüchterung, und somit kann die einst so innig gewesene Liebe in Hass umschlagen. Meist reagieren wir dann, wenn wir nicht an unser Ziel gelangen, wütend und trotzig. Und durch die inneren Probleme, die uns nun erneut emotional belasten, verdrängen wir das anfängliche Gefühl von Freiheit und Geborgenheit. Wir sind sauer auf uns, auf die Welt, auf den Partner und fangen dann meistens an aufzurechnen, was wir alles investiert haben, was wir alles für sie/ihn getan haben. Wir können nicht verstehen, warum der Partner uns in unserer schwierigen Lage nicht aus lauter Liebe hilft. Denn wir sind davon überzeugt, dass gerade er es könnte, wenn er nur wollte. Wir betrachten ihn aus einer bestimmten Perspektive, und genau aus diesem Blickwinkel heraus müsste es doch für ihn ein Leichtes sein, so zu reagieren, wie wir uns das vorstellen. Doch der Partner empfindet anders und wird sich genau dieser emotionalen Forderung erwehren, indem er sich dagegen stellt. Im wahrsten Sinne des Wortes wollten wir durch den partnerschaftlichen innigen Energieaustausch unsere eigenen, belasteten Energien dem Partner übergeben, damit wir selbst davon befreit sind, nur dass dies so nicht geht. Meist empfinden wir jedoch, dass wir uns anfangs auch besonders um seine Probleme gekümmert und somit Energien von ihm auf uns geladen haben. Das entspricht nur der halben Wahrheit, denn wir können lediglich teilweise Energien von einem auf den anderen übertragen. Wenn wir verstehen würden, dass wir unsere eigenen Probleme nur selbst lösen können, dann würde uns schon im Ansatz klar sein, dass wir in dieser Form, also so, nicht Partnerschaft leben können. Denn wir können keinem Energien von uns übergeben, die wir selbst nicht haben wollen, nach dem Motto: Nimmst du meinen Abfall, dann nehme ich deinen, damit Abwechslung in unser Lebensspiel kommt. Genau das geht nicht.

Und mal ehrlich gesagt, jeder Partner wird sich instinktiv davor bewahren, die Belastungen des anderen auf sich zu übertragen. Sollten wir jedoch in der Hoffnung gelebt haben, dass der Partner das Wunderwerk unserer emotionalen Problembefreiung vollbringt, dann können wir nach einer Weile nur enttäuscht in den Spiegel schauen und erkennen, dass die ach so ungeliebten Energien immer noch bei uns selbst zu finden sind, und das wiederum kann uns wütend stimmen, denn wir haben unser Ziel nicht erreicht. Somit wächst die innere Wut und Verzweiflung gegenüber dem Partner und natürlich auch gegenüber uns selbst ins Unermessliche. Wir wollen dann mit Hilfe unserer Energien durchsetzen, dass der Partner unter allen Umständen das einhält, was er uns angeblich im „Kerzenschein" versprochen hat. Tief in unserem Herzen waren wir davon überzeugt, dass er der Traumprinz sein muss. Wir waren uns emotional absolut sicher, endlich geheilt zu werden. Wieder und wieder versuchen wir ihn/sie auf unsere Wünsche aufmerksam zu machen, in der stillen Hoffnung, dass es doch noch klappen könnte. Hat er/sie uns denn die Heilung versprochen? Bestimmt nicht, denn wer kann schon exakt nachempfinden, was der andere empfindet, und Worte können unterschiedliche Bedeutungen haben. Durch diese gegenseitige emotionale Anspruchshaltung entstehen sehr schnell Missverständnisse. Doch je mehr wir fordern und bohren, desto mehr Ablehnung werden wir erfahren; kein Partner möchte für den anderen als Gepäckträger seiner inneren Belastungen dienen. Jeder muss sein eigenes Päckchen tragen, sich somit selbst leben und natürlich sich um seine eigenen Probleme kümmern. Je öfter wir nun versuchen sollten, den Partner auf unsere Probleme mit der eindringlichen Bitte „er möge sich doch ein wenig um uns kümmern" anzusprechen, desto mehr werden wir vor unsere eigene innere Wand laufen, denn egal, was wir unternehmen, wir können uns nur um uns selbst kümmern. Wir müssen erkennen, dass kein Fremder unsere Verletzungen ausheilen kann, sondern letztlich nur wir selbst. Die meisten Menschen verbringen einen Großteil ihrer Lebenszeit damit, einen passenden Heiler in Form einer menschlichen Gestalt zu finden, der ihnen hilft, ihr Leben in Harmonie zu bringen und dieses dann auch dauerhaft so zu leben. Doch so einfach lässt sich natürlich kein personifizierter Helfer/Heiler finden.

Wir suchen einen Partner nach dem Prinzip der Resonanz. Wenn wir also einen Traumprinzen suchen, der uns heilen soll, dann sind wir eindeutig auf das Thema „Hilfe" eingestellt. Natürlich läuft dieses unbewusst ab, steht jedoch in uns, auf dem Kanal „Partnersuche", eindeutig im Vordergrund. Was wir jedoch nicht wissen: Da wir das Thema „Helfen" vorne auf unserer Stirn geschrieben stehen haben, sprechen wir natürlich Partner an, die genauso Hilfe wie wir selbst benötigen. Und somit stehen sich nach geraumer

Zeit zwei erwachsene Menschen gegenüber, die von sich gegenseitig erwarten, dass ihnen geholfen wird, und keiner weiß, wer den ersten Schritt machen soll. Wenn einer die Hilfe des anderen braucht und der andere dies ebenfalls, dann sind beide in der Erwartungshaltung und beide enttäuscht, da sie sich gegenseitig nicht helfen können. So paradox das auch klingen mag, viele Menschen leben nach so einem Muster. Wäre diesen Menschen bewusst, dass sie sich gegenseitig sowieso niemals helfen können, dann könnten sie solche Heilungsspiele beenden. Denn Partnerschaft zu leben ist ein hohes Gut und sollte auch als solches betrachtet werden.

In der Realität beispielsweise sieht dann der gegenseitige Heilungsanspruch so aus, dass die Frau den Mann immer wieder auf ihre Bedürftigkeit anspricht. Das wiederum weckt im Mann die eigene, nicht verarbeitete, verletzte Struktur, und somit treffen die beiden an ihrem tiefsten, schmerzhaftesten Punkt zusammen. Resultat: Sie stehen sich beide fast bewegungsunfähig gegenüber. Denn, wenn wir auf einer verletzten Schiene in uns getroffen werden, dann sind wir nicht mehr handlungsfähig. Da wir Schmerz empfinden, werden wir uns automatisch, geregelt durch unsere natürlichen Abwehrmechanismen, in eine Abwehrhaltung begeben. Oftmals brechen wir dann in Wut und Verzweiflung aus und reagieren wie emotional betroffene Kinder, denn sämtliche tiefe Verletzungspunkte haben ihren Ursprung in der Kindheit. Somit reagiert ein Erwachsener, wenn er genau an diesem Punkt getroffen wird, wie ein Kind, teils mit Wut, teils mit Zerstörung und teilweise sogar mit zwanghaftem Verhalten, das nur dem Bedürfnis dient, auf sich aufmerksam zu machen. Das alles kann nun bei beiden Partnern in doppelter Ladung gleichzeitig losbrechen, dann jedoch ist eine so zerstörerische Kraft am Werk, die alles zerschlagen könnte. Es ist ganz wichtig hierbei, immer daran zu denken, dass die ausgesandte geballte Wutladung nicht bewusst dem Partner gelten soll. Denn kein Mensch möchte seinem Partner, den er auf der einen Seite liebt, auf der anderen Seite wirklich schädigen. Hier ist alleine das rebellische innere Kind am Werk, das tobt und brüllt. Und in vielen Fällen peitschen sich dann beide Partner emotional so hoch, dass sie den Ablauf des Streits nicht mehr unter Kontrolle halten können. Ihnen ist zu diesem Zeitpunkt nicht bewusst, dass das Thema, um das es geht, in jedem einzelnen von ihnen steckt.

Trotzdem kommt bei solchen Streitgesprächen oftmals das Gefühl hoch, dass ein Partner dem anderen nur schaden will, denn die innerlich gestaute Aggression und Wut kann durchaus über den Partner ausgelebt werden. Wenn der Partner, hier das Opfer, dieses als Resonanz akzeptiert, dann kann es passieren, dass das Thema Gewalt in dieser Beziehung an der Tagesordnung steht. Die daraus resultierende Hilflosigkeit der beiden wird die Beziehung nicht aufrecht erhalten können. Viele geben dann nach einer Weile auf, denn sie erkennen, dass dieser Partner nicht der Heiler ihrer inneren Seelenschmerzen sein kann. Und so suchen sie sich einen neuen Partner in der Hoffnung, nun doch endlich das richtige Los zu ziehen.

Der Partner ist immer meine stärkste unbewusste Resonanz der in mir befindlichen Energien und somit mein absolutes Spiegelbild: Alles, was ich in ihm sehe, sehe ich, also ist es in mir. Alles was mich stört, stört mich in meinem Inneren, der Partner zeigt mir durch seine Präsenz nur meine eigenen inneren Themen. Viele Paare treffen durch die Spiegelresonanz immer wieder ihre eigenen verletzten, nicht verarbeiteten Schmerzpunkte und stellen den gegenseitigen Anspruch, geheilt zu werden. Beide leben stetig in der Hoffnung auf Besserung und haben somit auch immer wieder viele harmonische Stunden miteinander, denn tief im Inneren lieben sie sich - sonst wären sie nicht zusammen und könnten nicht lernen - und kommen fantastisch miteinander aus, wäre da nicht immer wieder, wie in einem Rhythmus, dieser unbändige Streit und die damit verbundenen Wutenergien. Keiner will dem anderen bewusst schaden, und trotzdem kann es im Extremfall in einem Anfall von Wut so weit gehen, dass ein Partner den anderen schlägt und sogar misshandelt, wie ein Kind, das ein anderes, schwächeres Kind verprügelt. Bevor wir jetzt an Trennung denken, sollten wir erst einmal die tiefen Signale, die sich hinter dieser Thematik befinden, verstehen lernen.

Der Partner ist mein Spiegelbild und zeigt mir somit meine eigenen, inneren Themen. Um das ein wenig besser zu verstehen, ist es wichtig, sich mit den verschiedenen Schichten und Energieanteilen in uns auseinander zu setzen. Das heißt, wir haben unterschiedliche Charaktereigenschaften (Energiezufuhr) in uns, die unterschiedlich geprägt wurden. Wir bringen diese energetischen Informationen schon vor unserer Geburt in die Inkarnation hinein. Anhand des Horoskops oder der Numerologie können wir diese unterschiedlichen Charaktereigenschaften sehr leicht erkennen. Weiterhin prägen wir uns enorm durch die erlebte Kindheit; das kann bedeuten, dass wir aufgrund schmerzvoller Erlebnisse Energien in uns in Teilen wieder abkapseln. Das passiert nicht bewusst, doch unbewusst immer wieder und sehr häufig. Wir machen in der Kindheit eine negative Erfahrung, sammeln die dazugehörigen Energien in einem Emotionalkörper und schließen diesen in uns weg. Wir hoffen, dass er nicht mehr auftaucht. Einfach so? Nein, natürlich nicht. Denn wir können lediglich versuchen, diese verletzte Emotion zu vergessen. Das geht jedoch nicht so einfach, denn wir können nichts verschließen oder einsperren, was zu uns gehört, und so werden auch diese Energien, die wir so gerne vergessen würden, immer wieder geweckt und spuken in unserem Leben herum. Genau diese Energieanteile sorgen für Streitsituationen in unserem Leben, denn tief im Inneren streiten wir mit ihnen und wollen sie nicht wahrhaben. Darüber findet schließlich auch das plötzliche Auftauchen geballter Wutenergien, die mit so einem Streit einhergehen können, Erklärung. Da wir jedoch aus mehreren Emotionskörpern und Strukturen bestehen, haben wir somit ein Pro und Kontra in uns, denn wir sollten nie vergessen: Wir sind polar. Wenn wir uns dann in einer Wutemotion befinden, dann würden wir uns am liebsten selbst schlagen, denn die geballte Wut bahnt sich ihren Weg nach draußen.

Es gibt viele Menschen, die sich selbst sogar bewusst Schaden zufügen. Sie geißeln, schlagen und bestrafen sich. Sie raufen sich die Haare, verletzen sich mit einer Rasierklinge oder fügen sich permanent blaue Flecke zu. Sie werden sich jetzt bestimmt fragen, warum? Es gibt Energien in uns, wie Energieanteile, die sind sauer: Auf unser Leben, auf unsere Lebensführung und auf alles, was wir machen. Sie kommen - symbolisch gesehen - viel zu kurz, und streiten gerne mit den anderen Energieanteilen. Oftmals entsteht dadurch in uns ein richtiger Kampf, der sich sogar im Außen manifestieren kann. Die Folge dessen können körperliche Verletzungen sein. Würde man diese Merkmale nun nach dem Gesetz „Innen wie Außen" analysieren, dann würden sehr schnell die inneren Verletzungen ans Tageslicht kommen. Sollten also Verletzungen vermehrt auftauchen, dann ist es höchste Zeit, sich endlich wieder auf sich selbst zu besinnen und sich zu sortieren. Denn gerade solche Handlungen zeigen an, dass wir innerlich kurz vor einem Vulkanausbruch stehen und sich die Lava, als geladene Wut, kaum noch halten kann. Also müssen Lösungen herbeigeführt werden.

Wut bedeutet immer, dass ich mir selbst nicht erlaube, mich auf einem bestimmten Gebiet so zu leben, wie ich es mir tief im Inneren wünsche, tun zu können. Durch diese Entsagung staue ich bewusst einen Teil meiner Energien und sammle sie auch gleichzeitig. Nach einer Weile habe ich so viele Energien gesammelt, dass diese sich entladen müssen, und dann suche ich mir eine Stelle aus, die es mir ermöglicht, meine energetischen Belastungen loszuwerden. Denn Tatsache ist, dass ich mir persönlich nicht erlaube, diese Energien zu leben, sonst würde ich sie nicht stauen, oder? Doch warum gehe ich überhaupt so mit mir um? Meist verbiete ich mir unbewusst wichtige Lebensaspekte und nach meiner ureigensten Philosophie zu leben, und gleichzeitig nehme ich mir damit ein Stück Lebensfreude. Oftmals verbergen sich hinter solchen Handlungen Glaubenssätze, die es mir verbieten, mich in meinem Alltag frei und offen zu leben. Das innere Pflichtbewusstsein kommt nach vorne und verlangt von mir sämtliche Aktivitäten. Wenn ich dann endlich mal Zeit und Ruhe habe, etwas für mich zu tun, dann bin ich müde und abgespannt, denn der ganze Druck und die damit verbundenen Aufgaben haben meine gesamte Energie in Anspruch genommen. Ähnlich ergeht es vielen Frauen, die beispielsweise ihre eigene kreative und aktive Energie bewusst zurückhalten, da sie der Meinung sind, dass ihr Mann aktiver sein sollte als sie selbst. Damit dieser sich dann in der Partnerschaft mit einer lebenslustigen Frau nicht überfordert fühlt beziehungsweise seine eigenen Qualitäten in den Schatten gestellt sieht, opfern sich einige auf, um ihm ausschließlich all die Liebe und Dankbarkeit zu geben, die er braucht. Und das alles nur aus dem Gefühl heraus, die Bereitschaft des Partners zu spüren, sie zu versorgen. Dass diese Frau dann unzufrieden in ihrer eigenen Rolle ist, ist verständlich.

Doch wie wir schon gelernt haben, kann keiner uns die Erlaubnis für unser Leben erteilen, das heißt, nur wir selbst können uns die Erfüllung geben. Jeder Mensch, über den wir uns ärgern, zeigt uns somit nur unsere eigenen inneren Disharmonien, unser wahres Gesicht als Spiegelbild. Es kann mich persönlich keiner ärgern, wenn ich mich über mich selbst nicht ärgern würde. Denn „Ärgern" bedeutet immer negative Emotionen und somit Gefühle, die in mir selbst sind. Ich bin in Teilen selbst sauer auf mich, und gerade das will ich nicht wahrhaben. Sollte mich dann ein anderer auf dieses emotionale Thema ansprechen, dann versuche ich dies zumeist abzuwehren. Ich ärgere mich letztlich nur darüber, dass es etwas zu ärgern, also disharmonische Energien in mir gibt. Somit werden immer nur Emotionen in mir angesprochen, die ich in mir selbst nicht wahrhaben möchte. Jeder andere, der mich direkt darauf anspricht, berührt mich emotional an diesem Punkt. Einen Versuch zu unternehmen, den anderen so zu verändern, dass ich mich nicht mehr ärgern muss, wäre der sinnloseste Energieeinsatz, den man sich nur vorstellen kann.

Leider ist dieser Zusammenhang in unseren Breitengraden noch zu wenig bekannt, und somit versuchen immer noch viele Menschen, den Partner zu verändern, zu beobachten und zu sortieren. Das heißt, sie tun eigentlich genau das, was sie tun sollen, nur verlagern sie diese Aufgabe auf den Partner. Sich über den Partner zu ärgern, lenkt wenigstens zeitweise von den eigenen Problemen ab, hat jedoch dauerhaft keine Wirkung. Der Partner lässt sich nicht ändern, er muss sich genauso selbst finden und leben, wie wir auch. Und nur er selbst kann wissen, was für ihn gut ist oder nicht. Das ist das erste Gebot, an das wir uns halten sollten. Denn nur wir selbst können uns lenken und uns mit dem beschäftigen, was uns gut tut. Kein Mensch auf dieser Welt kann mit unserem Leben tauschen, keiner kann uns erlösen oder befreien. Keiner kann uns bemuttern und uns vor den Schattenseiten des Lebens wie eine Hand, die immer alles fernhält, beschützen. Kaum ein Mensch auf dieser Welt vermag genau zu sagen, was er noch zu lernen hat - doch wir alle können es erahnen. Wir können uns spüren, und wir können uns mit all den vielseitigen Dingen des Lebens auseinander setzen, ganz so, wie es uns beliebt. Das Leben zeigt uns grundsätzlich das, was wir brauchen, und damit wir die Signale erkennen können, fangen wir mit unserem Körper an. Denn jedes Körperteil oder jede körperliche Verletzung hat eine innere Resonanz und entspricht somit einem inneren Energieanteil.

Körperliche Bereiche und ihre innere Bedeutung

Jede körperliche Komponente hat immer eine innere Resonanz. Somit bedeutet jede noch so kleine Krankheit oder Verletzung, dass wir uns innerlich gegen einen Lebensbereich stellen und gleichzeitig gegen unser eigenes Energiepotenzial auflehnen.

Nun ein paar Beispiele für das Thema „Innere Bestrafung". Wie ich oben schon erwähnt habe, handelt es sich hierbei um emotionale Verletzungen, die durch bestimmte Umstände, wie äußere Verletzungen und Krankheiten, auf sich aufmerksam machen wollen, also ein Warnsignal aussenden. Die nun folgenden Beispiele sind nur ein kleiner Ausschnitt. Ich bitte jedoch jeden darum, wenn er körperliche Probleme hat, den Rat eines Arztes einzuholen. Wenn wir, um die Signale der Seele verstehen zu können, dazu körperliche Schmerzen brauchen, dann waren wir vorher nicht bereit, auf die innere Stimme zu hören und uns unsere Problematik freiwillig vor Augen zu führen:

Blaue Flecken - Zeigen immer an, dass wir sehr leichtfertig mit uns umgehen und wenig Rücksicht auf uns nehmen wollen, sonst würden wir uns nicht permanent an irgendwelchen Gegenständen stoßen. Das innere Thema zeigt an, dass wir immer wieder an irgendwelchen Situationen emotional Anstoß nehmen und uns somit ärgern. Die blauen Flecken erinnern uns halt länger daran.

Schneiden in den Finger, Schnitte allgemein - Wir sind unachtsam und überschätzen unsere eigene Handlungsfähigkeit. Wir müssen aufpassen, dass wir uns nicht ins eigene Fleisch schneiden. Innerlich ist das genauso der Fall: Wir schaden uns selbst, indem wir anderen die Möglichkeit überlassen, uns zu schädigen.

Verstauchung - Hindert uns an der Beweglichkeit und zeigt uns einen falschen Weg an. Wir behindern uns, unseren Weg zu gehen und somit dynamisch und flexibel zu sein. Wir müssen über jede Bewegung, die wir machen wollen, nachdenken, denn die damit verbundenen Schmerzen werden uns in unserer Schnelligkeit und Spontanität behindern.

Beine allgemein - Stehen für Bewegung; ich kann laufen und überall dahin gehen, wohin ich möchte.

Beinbruch - Hindert uns lange Zeit an der Fortbewegung, heißt eindeutig: Bleibe stehen, sortiere dich und laufe nicht wieder vor dir selbst davon! Denn gerade ein Beinbruch setzt unseren gesamten Bewegungsapparat außer Kraft, und somit müssen wir Geduld üben, damit dieser Bruch auch besonders gut ausheilen kann, denn jede noch so aggressive und unruhige Energie behindert die Heilungschancen.

Knie - Die Demut vor dem eigenen Leben; Knieschmerzen weisen immer darauf hin, dass ich mich gegen mein Leben und mein inneres Licht stelle. Denn der Kniefall zeigt an, dass ich mich vor meinem Leben und somit meinem Lebensweg verneige. Menschen, die das nicht tun wollen, obwohl sie es müssten, gewichten ihre Knie unbewusst besonders stark. Das wiederum verursacht dann Knieverletzungen oder auch nur einfach Knieschmerzen.

Füße - Die Füße tragen den gesamten Körper und sind somit enorm belastbar. Wenn jemand über Fußschmerzen klagt oder sich eine Fußverletzung zuzieht, dann kann er nicht mehr so stabil auf dem Fuß stehen. Meist muss er sich dann abstützen, sei es mit Hilfe einer Krücke oder anderer Hilfsmittel. Genauso ist es in seinem Inneren; er kann die gesamte Belastung alleine nicht mehr tragen und braucht Unterstützung.

Hände - Ich kann greifen, zupacken, anpacken. Ich bin flexibel.

Handverletzung - Eine Handverletzung schränkt die Greifbereitschaft und somit die Handlungsfähigkeit ein. Der Mensch wird im wahrsten Sinne des Wortes handlungsunfähig. Und genau das zeigt er eindeutig an: Er ist mit seinen Handlungen überfordert. Er bekommt sein Leben nicht mehr so einfach in den Griff.

Arme - Bewegung, meine Tatkraft, ich kann tragen. Ich bin belastbar.

Armbruch - Ich kann mein Leben zeitweise nicht mehr tragen, ich bin überfordert. Dieser Mensch muss den Glauben an die kosmischen Gesetzmäßigkeiten wiederfinden, denn jeder kann sein Leben tragen, wenn er sich nicht zu viel fremde Belastung aufbürdet.

Augen - Ich sehe, ich kann alles visuell wahrnehmen. Ich habe einen freien Blick.

Verletzung am Auge - Ich habe oder wollte etwas übersehen; muss lernen, nach innen zu schauen und mich auf das, was ich sehe, zu verlassen.

Also: Nicht die Sichtweisen anderer annehmen, sondern seinen eigenen Bildern Glauben und Vertrauen schenken.

Verletzung am Mund - Ich kann die Nahrung/Energien so nicht mehr aufnehmen und muss mehr aussortieren, was ich zu mir nehme. Denn ich muss mich an meinen „Geschmack" halten und mich nicht von anderen verleiten lassen, Energien aufzunehmen, die mir nicht schmecken.

Nase - Ich kann mich so nicht mehr riechen, muss mich anders und kritischer bewerten, damit ich mehr auf mich und das, was ich mir vor die Nase halte, achte.

Hals - Ich habe Angst, will mir das jedoch nicht eingestehen, ich muss lernen durch die Angst zu gehen; wenn ich Hilfe brauche, dann sollte ich mich darum bemühen. Der Hals ist die engste Stelle des Körpers, und somit zeigen Halsprobleme die Einengung im Leben an. Doch manchmal müssen wir auch einen engen Pfad durchqueren, um zu unserem Ziel zu gelangen.

Innere Organe und ihre übertragende Bedeutung

Wenn bei einem inneren Organ Energiestauungen, also Probleme, auftreten, dann hat das oftmals die folgende energetische Bedeutung:

Lunge - Ich nehme mir die Luft zum Atmen, enge mich selbst dermaßen ein, dass ich lernen muss, mir meine Freiheit zurückzugeben. Denken Sie immer darüber nach, warum Sie sich so einengen. Was wollen Sie damit bezwecken?

Herz - Ich lebe gegen mich und missbrauche meine eigenen Lebensenergien, da ich mich emotional einengend verbunden habe; ich muss mich dringend lösen, damit ich wieder zu mir selbst finde. Diese Menschen sind mit anderen derart verbunden, dass sie viel mehr auf ihre eigenen Lebensenergien achten müssen.

Leber - Ich habe mich selbst vergiftet; übernehme Energien von anderen und meine, diese auch reinigen zu müssen. Jeder Mensch produziert in sich giftige Substanzen; wenn wir das Gift eines anderen aufnehmen und es über unsere Leber filtern wollen, dann können wir uns selbst vergiften. Dies stellt immer eine eigene Überforderung dar und muss dringend geändert werden. Das heißt, den anderen loslassen und den Missbrauch beenden.

Milz - Meine Abwehr funktioniert nicht, ich kann mich nicht schützen, fühle mich anderen gegenüber ausgeliefert. Tief im Inneren habe ich Angst, mich meinem Leben zu stellen, und muss lernen, mich zu trauen, meinen eigenen Weg zu beschreiten; weist auf tiefe ursächliche Angstgefühle, meist aus der Kindheit stammend, hin.

Galle - Mir läuft die Galle über; ich ärgere mich permanent über andere, da sie nicht das tun, was sie meines Erachtens tun sollten. Ich muss lernen, andere so zu belassen wie sie sind, denn ich kann nicht erwarten, dass einer das tut, was ich will. Ich muss lernen, mich nur um mich und meine Eigenverantwortung zu kümmern.

Magen - Ich habe etwas Falsches aufgenommen, gegessen und kann es so nicht verdauen und auch nicht verarbeiten. Ich habe Energien von anderen aufgenommen, die mir schwer im Magen liegen, denn jeder sollte seine eigenen Energien verarbeiten und nicht auf andere projizieren. Beispielsweise: Wenn einer seine Angst auf einen anderen überträgt, dann verdaut der andere die ungeliebten Energien des Ängstlichen mit und muss sich somit auch mit dem Thema Angst beschäftigen, obwohl es nicht zu seinem Bereich gehört.

Darm - Ich kann all den ganzen „Schrott" nicht mehr verarbeiten und versuche, mich von diesem Ballast zu befreien. Oftmals übernehmen und verarbeiten wir Themen von anderen mit, die für uns selbst schwer verdaulich sind. Auch wenn wir uns permanent mit dem Thema Fernsehen beschäftigen, so sollten wir doch immer wieder daran denken, dass wir diese Flut von Informationen, Bildern und selbstproduzierten Emotionen verarbeiten müssen, denn auch diese Bereiche können sich auf den Darm niederschlagen.

Niere - Thema Partnerschaft: Ich muss lernen, mich auf mich zu konzentrieren und dauerhaft bei mir zu bleiben. Viele Menschen meinen, sich immer wieder, fast wie unter Zwang, um den Partner kümmern zu müssen. Wenn wir uns in einer Partnerschaft für den Partner aufopfern, dann kann uns das im wahrsten Sinne des Wortes an die Nieren gehen, denn wir können niemals das zurückbekommen, was wir investiert haben. Der Partner ist, denkt und fühlt anders als wir selbst. Jeder Mensch ist einzigartig und wird somit sein Leben aus einer ganz anderen Perspektive wahrnehmen. Wenn wir das begreifen, dann haben wir wieder die Fäden für unser eigenes

Leben in den Händen. Denn wir müssen in unserem Inneren unsere innere Partnerschaft und darüber unsere innere Harmonie leben.

Die Geschlechtsmerkmale und ihre innere Bedeutung

Unterleib - Meine Weiblichkeit, meine Aufnahmefähigkeit: Ich will Frau sein und das aufnehmen und umsorgen, was ich umsorgen möchte. Wenn Probleme auftreten, dann versorge ich zwanghaft mütterlich eine andere Person automatisch mit. Innerlich lehne ich mich dagegen auf und rebelliere. Jeder Mensch trägt ein inneres Kind in sich, und das will bemuttert und behütet werden. Dieses Kind steht an erster Stelle. Wir können sehr wohl, wenn wir es möchten, uns auch um andere Kinder kümmern, doch sollten wir niemals unser eigenes, inneres Kind dabei vergessen, denn dann würden wir uns selbst emotional verletzen, und unser Unterleib wird uns die passenden Signale aussenden.

Periode - Wenn wir Frauen unsere Periode haben, dann lassen wir automatisch Belastungen und emotionale Verbindungen mit dem abgehenden Blut los. Somit haben wir monatlich immer wieder die Möglichkeit, uns emotional zu lösen und auch wieder erneut zu verbinden, mit wem wir dies auch immer tun wollen. Da wir seit unserer Geburt als Frau auch mütterliche Urinstinkte in uns tragen, müssen wir uns immer wieder um (erwachsene) Kinder kümmern. Damit wir uns jedoch nicht zu viel aufbürden, können wir uns durch unsere Periode reinigen und danach neu verbinden.

Busen - Weibliche Nahrungsquelle, Symbol für Mütterlichkeit. Bei Beschwerden: Ich will keinen anderen über mich nähren lassen, will mich endlich selbst ernähren, denn ich muss als erstes an mich denken, und erst dann kann ich den anderen Energien abgeben und auch nur, wenn ich das möchte. Zeigt gerne eine innere zwanghafte Selbstaufgabe an.

Penis - Steht für die Männlichkeit. Wenn Probleme auftauchen, dann liegt der Grund in der verletzten Männlichkeit. Meist stammen diese emotionalen Verletzungen schon aus der Kindheit. Der Glaubenssatz: „Ich stehe nicht meinen Mann" ist für denjenigen so extrem, dass er sich meist aus der Gesellschaft zurückzieht. Das wiederum führt schnell zur Isolation, da Männer in einem besonderen Maße die bewusste Gesellschaft von anderen Menschen brauchen.

Andere Körperbereiche und ihre innere Bedeutung

Knochen - Uralte, verhärtete Verletzungen. Wichtig: Ich muss mich intensiv mit inneren Verhärtungen auseinander setzen, damit meine Belastungen weniger werden. Die Knochen können sonst porös werden und an schwachen Stellen brechen, das heißt, ich muss dann besonders auf mich Acht geben, denn jeder Schritt könnte verheerende Folgen für mich haben.

Haare - Macht; ich kann deutlich meine Mähne und somit meine Mächtigkeit zeigen. Früher wurden die Haare der Frau zur Bestrafung abgeschnitten, um sie zu demütigen und vor allen Dingen zu schwächen. Starke, gesunde und kräftige Haare zeigen an, dass dieser Mensch besonders willensstark in seinem Leben ist.

Haarausfall - Ich verliere meine Macht, und es ist für alle sichtbar. Ich lebe nur eine äußere Macht, sonst müssten mir meine Haare nicht mein Fehlverhalten anzeigen. Dringend an dem Thema innere Sicherheit und Vertrauen arbeiten!

Graue Haare - Ich bin ergraut und verblasst. Mein Leben besteht nicht mehr aus der Lebendigkeit, die ich mir wünsche. Dringend mehr Lebensfreude in das Leben bringen. Wenn ich alt geworden bin, dann demonstriere ich stolz mit meinen grauen Haare mein Alter und meine Reife.

Blut - Meine Lebensenergie: Wenn das Blut in Harmonie fließt, dann stimmt auch der gesamte Energiehaushalt. Wenn ich jedoch andere mit ernähre, dann lasse ich mich aussaugen, ähnlich einem Aderlass, und übernehme somit Energien von anderen, die meinen Blutkreislauf beschmutzen und ziemlich lahm legen können. Nur wenn ich mich flexibel auf meinen Lebensweg begebe, dann kann mein Blut alle inneren Organe mit Energien und Informationen versorgen. Die Blutkonsistenz zeigt die eigene Aktivität im Leben an.

Dickflüssiges Blut - Typisch für Menschen, die dickflüssiges Blut haben, ist, dass sie sich permanent mit den Energien und somit den Handlungen der anderen beschäftigen, denn so bewegen sie sich in ihrer eigenen Lebensenergie zu wenig.

Dünnes Blut - Zu dünnflüssiges Blut hingegen weist darauf hin, dass die betreffende Person kein großes Interesse daran hat, sich intensiv und genau mit ihrem Leben zu befassen, denn sie lässt alles durchfließen.

Bluthochdruck - Ich lebe im Überdruck und bin viel zu viel mit anderen beschäftigt, mein Blut kocht. Ich bin wütend auf mich, weil ich mich zu wenig um mich selbst kümmere. Ich zeige all den anderen, dass ich nichts mehr von ihnen aufnehmen möchte, denn ich laufe schnell rot an. Dringend die anderen loslassen!

Blutunterdruck - Ich habe keine Kraft mehr für andere und für mich. Ich gebe mich selbst in Teilen auf, denn ich habe das Gefühl, mein Leben nicht leben zu können. Die Aufgaben meines Lebens erscheinen mir zu schwer. Diese Personen warten darauf, dass ein anderer kommt und ihnen hilft. Wichtig hierbei: Sich bewusst dem Körper und dem Leben stellen, und langsam wieder selbst für den eigenen Energiehaushalt sorgen.

Hormone - Stehen für meine Individualität und somit für meine Persönlichkeit. Ich bin so, wie ich bin, und ich muss mich mit all meinen Macken annehmen. Wenn ich Hormonprobleme habe, dann muss ich aufhören, ein Rollenspiel nach dem Drehbuch der anderen zu spielen. Ich muss endlich wieder Individuum sein mit allem, was mein Herz begehrt.

Ein paar alltägliche Krankheiten und ihre Bedeutung

Schnupfen - Ich habe die Nase zu und kann mich/es nicht mehr riechen. Ich atme schon zu lange den „Mief" der Problematik ein. Wenn ich die Nase zu habe, dann akzeptiert dies jeder und geht auf Distanz. Somit kann ich mir wenigstens eine Auszeit gönnen, denn keiner wird gerne in meiner Nähe sein; die Gefahr der Ansteckung ist zu groß.

Husten - Ich huste jedem etwas, der mir zu nahe kommt. Ich will nicht mehr lieb und brav sein, sondern ich will meinen Energien freien Lauf lassen und huste, dass die Wände wackeln. Somit zeige ich allen, dass ich mich wehren kann. Husten ist immer ein guter Reinigungsprozess, danach geht es einem wesentlich besser. Jedoch muss dieser Infekt auch auskuriert werden, sonst verbleiben die Energien im Körper und richten wirklich dauerhaften Schaden an.

Halsschmerzen - Ich habe Angst, denn ich bin überfordert und überlastet. Ich muss mich mit einem Thema auseinander setzen, doch ich weiß nicht wie. Ich brauche Hilfe, denn ich fühle mich allein. Die jetzige Lebenssituation schnürt mir die Kehle zu. Lösung: Dringend die innere Sicherheit aufbauen und das Problemthema angehen, denn die Lösung wird auch gleichzeitig die Heilung bringen. Wenn Sie nicht wissen wie, dann überlegen Sie: Was könnte im schlimmsten Fall passieren? Wenn Sie den aktuellen Problemfall gedanklich durchspielen, dann werden Sie erkennen, dass es so schlimm gar nicht werden kann. Viel Erfolg!

Kopfschmerzen - Ich zermartere mir den Kopf und kann die Gedanken nicht abschalten. Ich denke über so vieles nach. Mein Kopf wirkt gleich einem inneren Terminkalender. Ich denke für alle anderen, die mir wichtig sind, mit, und mein Kopf könnte platzen. Ich muss lernen, mich innerlich zu sortieren. Im Extremfall wirklich einen Terminkalender nutzen, damit der Kopf wieder freier werden kann. Immer wieder in meditativen Übungen lernen, den Kopf frei zu bekommen, den permanenten Informationsfluss zu stoppen, den inneren Papierkorb zu leeren. Das ist Training, lohnt sich jedoch!

Schwere Krankheiten und ihre Bedeutung

Krebs - Ich lebe gegen mich und meinen Körper. Ich verzehre mich selbst und lehne mich mit geballter innerer Wut gegen mich auf. Ich möchte keinem schaden, und lasse ich die Wut deshalb nicht raus, sondern staue meine Energien im Inneren. In Teilen und für bestimmte Bereiche hasse ich mich und zeige es deutlich an den Stellen, die vom Krebs befallen sind. Denn ich bin wütend auf mich selbst, darüber, dass ich mich so behandle. Die anderen waren mir bisher immer wichtiger, und ich habe mich mehr für sie geopfert als an mich selbst gedacht. Ich muss lernen, mich zu lieben, so wie ich bin, und mir erlauben, mich zu leben. Ich muss dringend meine inneren Aggressionen abbauen und die gestauten Energien in Harmonie umwandeln.

Aids - Ich möchte keine Bindung, keine Verbindlichkeit leben. Ich bin viel zu stark emotional gebunden, zumeist resultiert dies noch aus meiner Kindheit heraus. Ich möchte mich energetisch einlassen können mit wem ich will. Keiner sollte über mich bestimmten können, keine Vorschriften. Tief im Inneren möchte ich durchaus feste Partnerschaft leben, Familie, ein

Zuhause. Doch ich habe das Gefühl, dass mich keiner will; ich treffe nicht auf die richtigen Partner und bin enttäuscht. Nun strafe ich mich selbst, meist sogar mit unverbindlichem Sex. Ich tue so, als würde es mir nichts ausmachen, doch ich leide darunter; tief im Inneren sehne ich mich nach Zweisamkeit, Familie und Geborgenheit, denn in meiner Kindheit hatte ich schon das Gefühl, fehl am Platz zu sein.

Unsere körperlichen Kanäle und ihre ursprüngliche Bedeutung

Riechen - unser Geruchssinn

Der Geruchssinn ist eine sehr feine Wahrnehmung. Wir können anhand des Geruches feststellen, ob wir uns in unserer Haut wohl fühlen. Denn: Wir müssen uns selbst und auch andere riechen können, nur so können wir mit ihnen gut umgehen. Unsere feinen Instinkte geben uns immer direkte Hinweise, ob eine Situation oder ein Mensch zu uns passt oder nicht. Zum Beispiel: Wenn wir tief im Inneren vor etwas Angst haben, dann wird unser Körper uns das deutlich anzeigen, indem er Angstschweiß produziert, den wir und auch andere, die sich in unserem Umfeld befinden, wahrnehmen. Somit können wir uns nicht belügen, ohne dass wir selbst und auch ein anderer es merken oder sogar riechen würde.

Wenn wir uns selbst nicht gut riechen können, dann liegt es nur daran, dass wir körperliche Ausdünstungen haben, die wir nicht wahrhaben wollen. Denn tief im Inneren können wir uns im wahrsten Sinne des Wortes nicht riechen, nicht leiden, und das kann nur bedeuten, dass wir Themen leben, die für uns unangenehm sind. Tief im Inneren lehnen wir uns selbst für unser Verhalten ab. Wir sind mit dem, was wir leben, unzufrieden. Damit wir das abstellen können, müssen wir auf den tiefen Seelengrund gehen und überlegen, warum wir riechen, und vor allen Dingen, welche Ausdünstungen sich bemerkbar machen.

Jemand, der einen starken Körpergeruch hat, macht damit besonders auf seine Person aufmerksam. So kann das ganze Zimmer innerhalb kurzer Zeit nach ihm riechen. Dies deutet immer darauf hin, dass diese Person viel Anerkennung braucht und Angst hat, übersehen zu werden, und das kann bei diesem Körpergeruch wohl kaum passieren.

Wenn eine Person unter Achselschweiß leidet, dann zeigt sie eindeutig an, dass sie sehr stark unter Stress steht. Dabei muss nicht unbedingt der äußere Stress gemeint sein. Diese Person kann sich innerhalb kurzer Zeit so viel inneren Stress aufbauen, dass ihr jeder Weg zuviel ist, und genau das wird sie durch den Geruch demonstrieren. Die meisten Menschen mit starken Achselgerüchen grenzen sich gerne gegenüber dem Umfeld ab. Sie sind so mit sich und ihrem eigen aufgebauten Stress beschäftigt, so dass sie sich kaum mit anderen zusätzlich noch auseinander setzen wollen.

Wir demonstrieren uns also gegenseitig, was uns wichtig ist, was wir besonders gewichten wollen. Eine Person beispielsweise, die im Genitalbereich besonders starke Gerüche aussendet, macht auf sich und ihren Sexualduft aufmerksam und fordert somit zum Akt auf.

Eine Person, die aus dem Mund riecht, zeigt ein besonderes Interesse an der Aufnahme von Informationen an. Das heißt, die „geistige Nahrungsaufnahme" ist besonders wichtig, nur, dass diese Person die Informationen eher auffrißt, als diese genüsslich aufzunehmen. So ist das Resultat von Mundgeruch meist, dass ein Gespräch nach kurzer Zeit beendet wird, da der Geruch die Unterhaltung stört. Die Person gegenüber empfängt sehr wohl die Information, dass derjenige Heißhunger hat und alles verschlingen will. Doch wer will schon gerne, dass seine mühselig zusammen gesuchten Informationen einfach so verschlungen werden. Somit bezieht sich dieses Sinnbild nicht auf den Körper oder die Gefühle des anderen, sondern nur auf das Wissen, das dieser in sich trägt. Es gibt genug wissbegierige Menschen, die die ausgesandten Informationen der anderen verschlingen und sie als eigene Werke benutzen. Wenn das der Fall ist, dann werden diese Informationen zu eigenen Zwecken missbraucht und diese Menschen fallen zumeist durch Mundgeruch auf.

Jedoch ist Mundgeruch verbunden mit faulen Zähnen anders zu bewerten, denn hierbei handelt es sich eindeutig um Menschen, die sich nicht in ihrem Leben durchbeißen können. Somit müssen sie ihre eigene Durchsetzungsfähigkeit wieder in Stand setzen lassen, damit sie den „Gewalten des Lebens" trotzen können. Ein solcher Mensch vermittelt seinem Gegenüber: „Halte und behüte mich, denn ich habe Angst und kann mir nicht helfen."

Sie sehen, was wir alles mit unserer Nase aufnehmen können, und dies ist eine wichtige Basis in unserem Leben. Damit wir Partnerschaft leben können, müssen wir den Partner zuerst einmal gut riechen können, und das bezieht sich auf alle Düfte. Jeder Mensch riecht anders, und wir erkennen uns gegenseitig am Geruch. Schon als Baby haben wir unsere Mutter über den Mutterduft wahrgenommen, und dieser Duft gab uns das Gefühl von Vertrauen. Wir haben somit im ursprünglichen Sinne unserer Mutter vertraut. Wenn wir einem Partner vertrauen wollen, dann muss auch er für uns duften, erst dann werden wir uns richtig wohl fühlen können.

Unser Riechorgan dient jedoch auch dem Zweck, Gefahren und andere für uns gefährliche Lebewesen riechen und somit aufspüren zu können. So sind wir vor Gefahren gewarnt, wenn wir auf diese wertvollen Signale achten. Die meisten Menschen versuchen ihren eigenen Geruch mit Parfüm zu übertünchen, was jedoch nicht lange anhält, denn jedes Parfüm vermischt sich mit dem eigenen Körpergeruch und riecht somit auf jeder Haut anders. Also, wir können machen, was wir wollen, wir können unseren Geruch vor keiner Nase verbergen, und so soll es auch sein.

Die Stimme - das Gehör

Wer seine Stimme selbst nicht mag, der kann sich nicht hören. Wenn das der Fall ist, dann kann es zu Schwierigkeiten im Kommunikationsbereich kommen. Denn: Wenn ich mich selbst nicht hören kann, dann werde ich dafür sorgen, dass ich nicht den Mund aufmache, damit auch kein anderer meinen Tönen lauschen muss. Das hört sich schrecklich an und ist es auch für die Menschen, die nach diesem Prinzip leben. Deshalb ist es so wichtig, sich mit dem Bereich und der Spannbreite der inneren und äußeren Laute auseinander zu setzen. Wir alle haben eine tolle Stimme, doch nur, wenn wir uns mit ihr anfreunden können.

Wenn Sie also Probleme mit Ihrer Stimme haben sollten, dann stellt sich die Frage: An wen erinnert mich diese Stimme? Überlegen Sie, denn nur Sie kennen die Antwort. Meist hören wir eine bestimmte Stimmlage, und wir erinnern uns, doch an wen oder was? Das müssen wir herausfinden. Wenn mich diese Stimme an meine erlebte Mutter erinnert, dann kann es sein, dass sich mein inneres Kind angesprochen fühlt und ich mich somit wieder als klein empfinde. Sollte mir das passieren, dann muss ich mir immer wieder bewusst vor Augen halten, dass der Mensch, mit dem ich gerade spreche, ein anderer ist als meine Mutter, nur dann habe ich eine Chance, mein inneres Kind zurückzuhalten. Sollte ich das nicht tun, dann kann ich Gefahr laufen, die Worte meines Gegenübers zu stark zu gewichten.

Sollten wir uns jedoch bei unseren eigenen Lauten unangenehm berührt fühlen, dann ist eine Analyse noch wichtiger, denn wie oft benutzen wir die Stimmlage einer für uns wichtigen Person und identifizieren uns damit. Somit kopieren wir eher den anderen, als unsere eigene Stimme zu finden. Gerade kleine Kinder ahmen die Worte und somit den Sprachrhythmus, Klang sowie auch den Dialekt der Eltern nach. Sollten wir in unserer eigenen Reife dies nicht ablegen wollen, dann bleiben wir immer in den Kleinkindschuhen stecken, und das kann es nicht sein. Gerade unsere Stimme erinnert uns daran, inwieweit wir zu unserem Leben stehen. Wir sprechen die Stimmlaute aus, die wir in uns tragen. Somit könnte also eine zu piepsige Stimme die Ähnlichkeit zu einem kleinen inneren Kind symbolisieren; und wäre es für Sie nicht auch peinlich, wenn Ihr inneres Kind sich durch kindliche Stimmlaute für jeden erkennbar, bemerkbar machen würde?

Ist die Stimme jedoch zu tief, dann kann es sein, dass Sie das Gefühl haben, nur in den Seelentiefen zu wühlen. Denn ein Mensch mit tiefer Stimme erinnert daran. Für einen Therapeuten ist dies bestimmt die beste Stimmlage, denn er kann damit die tief verborgenen Emotionen seines Klienten nach vorne holen. Ein Mensch mit tiefer Stimme wirkt meist beruhigend auf sein Umfeld und wird auch gerne für eine tiefe Unterhaltung gewählt.

Ist Ihre Stimme zu hoch, dann kann es sein, dass Sie das Gefühl haben, durchdringend sprechen zu müssen, denn Ihre Stimme ist dann nicht überhörbar und wird sich aus der Masse herausheben. Für eine Opernsängerin ist dies bestimmt ideal, für manche Party eventuell zu dominant und zu schrill. Einige Menschen können dabei oftmals nicht lange zuhören, da ihnen die Stärke der Stimme auf Dauer Ohrenschmerzen bereitet.

Wenn Sie sich näher analysieren wollen, dann machen Sie die Augen zu und sprechen Sie ein paar Worte. Welches Bild taucht vor Ihnen auf? Gefällt Ihnen Ihre Stimme? Wenn nein, dann seien Sie spielerisch und stellen Ihre Stimme so ein, wie sie Ihnen gefällt; denn Sie können sich wandeln, wie es Ihnen beliebt.

Sie könnten auch Gesangsstunden nehmen, denn jeder Mensch kann singen, und Singen ist oftmals für die Sprachentwicklung besonders wichtig. Probieren und üben Sie, solange, bis Ihnen Ihre Stimme gefällt. Erst dann werden Sie in der Gesellschaft den Mund aufmachen können.

Übrigens: Menschen, die Probleme mit Ihrer Stimme haben, haben als Kind nicht gelernt, frei reden zu dürfen, sonst hätten Sie keine Probleme damit. Jede Stimmlage ist von Natur aus ganz normal, solange, bis wir anfangen, sie zu kritisieren. Wir zeigen damit eindeutig an, dass wir ein bewusstes Problem haben, denn wir gewichten unsere Stimme überdimensional, und das hemmt jeden Menschen in seinem Sprachgebrauch. Lösen Sie sich von alten hemmenden Erinnerungen, wenn die damit verbundenen Emotionen in Ihnen immer wieder auftauchen sollten. Denken Sie bitte immer daran, Sie können sich ändern, wie Sie das möchten. Denn: Wenn Sie erkannt haben, welche Problematik Sie mit der Stimme verbinden, dann können Sie sich von diesen überalterten Belastungen lösen. Bedenken Sie, Sie selbst sind nur solange an alte Erlebnisse gebunden, bis Sie diese verarbeitet haben, danach sind Sie davon befreit.

Schmecken - der Geschmack

Der Geschmack hängt immer von unserem eigenen Sinn für Ästhetik und somit von unserem Sinn für alles Schöne ab. So können wir nur all das aufnehmen, was wir auch annehmen möchten. Wir haben keine andere Wahl, denn alles andere würde eine Reaktion, gleich einer unverdaulichen Speise, hervorrufen.

Wir können nur das schmecken, was wir auch schmecken wollen, denn das Auge isst mit. Somit sollten wir uns auch nur das in den Mund stecken, was wir auch essen möchten. All das, was uns als unappetitlich erscheint, wird uns eher den Magen verderben. Wir alle entwickeln eigene Körpersäfte, die uns helfen, unsere Nahrung zu verdauen. Und diesen Körpersaft produzieren wir selbst. Wenn nun zwei Menschen sich küssen, dann schmecken sie sich gegenseitig, und daran kann man erkennen, dass sie sich wirklich mögen.

Wir nehmen jedoch nicht nur Nahrung auf, sondern auch jede Menge Informationen und Emotionen. Und wir müssen lernen, genauestens darauf zu achten, was wir zu uns nehmen. Denn jede Energie, die wir von einem anderen aufnehmen, die verbindet sich mit unseren eigenen Energien und wird somit mit verdaut und verarbeitet. Wenn wir nun also immer wieder energetische Nahrung von Personen aufnehmen, die wir nicht mögen, dann werden sich diese Energien für uns negativ auswirken. Wir müssen lernen, sorgfältiger auszusortieren und darauf zu achten, was wir zu uns nehmen.

Und hier schließt sich der Kreis wieder: Wenn wir einen faden Geschmack in uns haben, dann liegt das nur daran, dass wir Dinge aufnehmen, die wir gar nicht aufnehmen möchten, und somit gären unsere selbst produzierten Körpersäfte mit den Nahrungsmitteln oder auch nur mit den aufgenommenen Emotionen. Das Resultat: Wir blähen innerlich auf. Dies ist häufig bei Menschen zu sehen, die einen Blähbauch haben. Also achten Sie auf sich, und wandeln Sie sich bei Bedarf.

Nahrung - Ernährung - Verarbeitung

Wenn wir ein gesundes, natürliches Körperbewusstsein haben, dann werden wir all das essen können, was uns gut tut, und unser Körper wird sich die für ihn lebenswichtigen Stoffe aus der Nahrung herausziehen; den Rest scheidet er als Abfall aus. Das bedeutet, dass der Körper selbst dafür sorgt, was er braucht oder auch nicht. Der Mensch verspürt einen dementsprechenden Heißhunger auf die Nahrungsmittel, nach denen der Körper verlangt, so stillt sich der Bedarf von selbst. Jeder Mensch mit einem gesunden Bewusstsein wird auch seinen Hunger stillen. Dafür wird er Sorge tragen und auch dafür, dass er nur gute und für ihn gesunde Nahrungsmittel aufnimmt, denn nur diese Nahrungsmittel werden dem Körper helfen, die notwendige Energie zu erwirtschaften. Je besser der Körper im Fluss ist, desto mehr Energie wird der Körper produzieren können.

Nur ein Mensch, der sich selbst bewusst schaden will, nimmt Nahrungsmittel zu sich, die eher schädlich für seinen Körper sind. Er verwertet seine Nahrung nach ganz anderen Gesichtspunkten, denn er wird eher dafür sorgen, dass wertvolle Stoffe erst gar nicht zugeführt oder sogar vom Körper nicht angenommen werden. Oftmals leiden diese Menschen unter Übergewicht, denn sie können nicht loslassen und verwerten sogar ihre Abfälle immer weiter; genau dadurch vergiften sie sich selbst. Wir sprechen hier allein von inneren Programmierungen, die unbewusst in das alltägliche Leben eingebracht werden.

Jedes noch so kleine disharmonische Verhältnis zwischen Körper, Seele und Geist hindert letztlich den gesamten Energiefluss und ist somit für den Energiehaushalt sehr gefährlich. Wir alle können wunderbar und gesund mit unserem Körper leben, wir müssen es nur wollen. Dafür müssen wir jedoch auf uns Acht geben und uns immer wieder neu ordnen, denn die meisten Essprobleme haben mit einer inneren Unordnung zu tun. Wenn die Menschen beispielsweise meinen, über den Genuss von Lebensmitteln verletzte Emotionen kompensieren zu müssen, dann gerät der gesamte biologische Rhythmus aus der Bahn, und die Energien wirken in sich unsortiert. Genauso macht sich dies bei Menschen bemerkbar, die immer stetig und dauernd essen müssen. Der Körper braucht einiges an Energie, um die aufgenommene Nahrung zu verwerten und somit in Energie umzuwandeln. Wenn der Körper immer wieder Nahrung bekommt, dann hat er kaum eine Möglichkeit, seine Energien zielgerichtet für andere Aufgaben einsetzen zu können. Das Resultat: Der Mensch wird meist träge und bekommt sein Leben immer weniger in den Griff.

Wir können, wenn wir wollen, sehr viel Positives über die alltägliche

Nahrungsaufnahme für unseren Körper tun. Also: Wenn Sie etwas für sich tun wollen, dann fangen Sie an und beobachten Ihren Körper und kümmern sich bewusst um ihn, denn dann können Sie ihm wieder das geben, was er braucht, und das wird nicht nur Nahrung sein, sondern insbesondere viel Zuwendung. So und nur so funktionieren sämtliche Diäten, denn, wenn ich anfange meinen Körper wichtig zu nehmen, dann kann ich ihm das geben, was er braucht. Eine Diät kann den Rhythmus unterstützen, wirkt jedoch niemals alleine. Wenn ich mich einer Diät unterziehe und danach meine alten Gewohnheiten wieder aufnehme, dann werden sich die Fettzellen erneut füllen, denn so lautet dann der innere Befehl. Erst wenn ich mich anders programmiere und meinem Körper eine andere Gewichtung schenke, dann habe ich die Möglichkeit einer beständigen, dauerhaften Wandlung, und nur darauf kommt es an. Wir müssen lernen, uns und unseren Körper zu lieben und ihm alles das zu geben, was er braucht, und wir werden die glücklichsten Menschen in unserem Leben sein.

Die körperliche Konstellation wird jedoch schon in der Kindheit festgelegt. Wenn wir beispielsweise schon als Kind an Übergewicht gelitten haben, dann werden wir auch als Erwachsener immer wieder mit unserem Gewicht Probleme haben. Somit können wir uns nur dauerhaft helfen, indem wir uns innerlich wandeln und von den Essgewohnheiten des Elternhauses Abstand nehmen. Das passiert bei vielen in der Pubertät, denn gerade diese Zeitphase ist eine besonders wichtige. Sie entläßt uns aus dem elterlichen Nest und schickt uns in unser eigenes Leben.

Teenager - Die Wandlung/Transformation

Woher stammen eigentlich die inneren Programmierungen? Warum übernehmen wir Projektionen von den Eltern? Für ein Kind sind die Eltern alles, denn das Kind hat keine andere Wahl, als sich mit ihnen auseinander zu setzen; und da ein Kind von Natur aus lernwillig ist, wird es viele Gewohnheiten der Eltern auf sich selbst übertragen. Da wundert es keinen, wenn die erwachsene Tochter später immer noch genauso Nadel und Faden hält wie die Mutter. Kinder sind Beobachter und kupfern alles ab, dadurch prägen sie ihr eigenes Leben. Doch Kinder sind nur beschränkt für sich selbst verantwortlich, da ihnen die eigene Reife für ihr Leben fehlt. Deshalb sind die Eltern bis zur Geschlechtsreife ihres Kindes verantwortlich, denn erst dann werden die Kinder flügge und müssen ihr eigenes Leben erkunden, sonst könnten sie nicht ihren eigenen Lebenszweck erfüllen.

In der Pubertät wandelt sich nicht nur der Körper, sondern auch die Energien eines jungen Menschen. Bis zu diesem Zeitpunkt, meist um die vierzehn Jahre herum, übernehmen wir ungefiltert die Strukturen der Eltern und speichern diese in uns ab. Das heißt, wir leben die Themen der Eltern nach und denken auch, dass dieses so sein müsste. Kein Kind würde jemals auf die Idee kommen, die vorgelebten Projektionen der Eltern anzuzweifeln, denn das, was Vater und Mutter leben, muss „richtig" sein. Deshalb fügen wir uns in dieses Bild und leben das nach, was wir vorgelebt bekommen. Jedoch: In unserer Transformationsphase, in unserer Pubertät, müssen wir unsere eigenen Energien prägen. Dafür wird das Kind, mittlerweile geschlechtsreif, sich ein eigenes Bild vom Leben machen müssen. Es muss die von den Eltern übernommenen Strukturen emotional überprüfen, ob sie weiterhin in sein Leben passen oder auch nicht. Deshalb ist es so wichtig, dass sich die Kinder von ihren Eltern lösen können und die Eltern dies auch akzeptieren.

Es gibt jedoch viele Eltern, die Angst vor Wandlung und Veränderung haben; sie halten ihre Kinder fest, denn sie möchten nicht, dass die Kinder sie verlassen. Doch gerade das veranlasst Kinder dazu, sich zu wehren. Dann kann es passieren, dass diese Kinder Gewalt einsetzen, um sich zu befreien. Gewaltvolle Kinder und Jugendliche sind somit nur Rebellen gegen die eigenen Eltern, denn der Wunsch nach Freiheit und eigener Prägung ist von Natur aus so groß, dass sich diesem kein Teenager entziehen kann. Ab dann übernimmt er die alleinige Verantwortung für sein Leben - und auch das müssen Eltern akzeptieren. Sie dürfen sich nicht mehr um die Belange des heranwachsenden Kindes kümmern oder sich sogar einmischen. Jeder Mensch kann einen anderen um Rat fragen, jedoch kann jeder nur sein eigenes Leben gestalten. Keiner kann für den anderen leben, nur jeder für sich selbst. Das gilt auch für die Eltern-Kind-Beziehung.

Es gibt nur wenige Eltern, die ihre Kinder auf ihrem Lebensweg gänzlich aus den Augen verlieren werden. Nur diejenigen, die ihre Kinder nicht in ihr eigenes Leben entlassen wollen, werden sich von ihnen durch Streitsituationen entfernen müssen, damit sie für sie keinen Hinderungsgrund darstellen können. Es ist ein Naturgesetz, dass ein Kind das behütete Nest verlassen muss, um den eigenen Lebensweg zu finden. Sollten die Eltern das Kind daran hindern wollen, dann muss sich das Kind wehren, und das wird es auch tun. Eltern, die hingegen ihre Kinder in das eigene Leben entlassen können, werden immer wieder Kontakt zu ihnen haben. Was gibt es Schöneres auf der Welt als Familien, die sich leben lassen und sich in Harmonie immer wieder treffen können? Das kann jedoch nur zustande kommen, wenn jeder die Individualität des anderen respektiert und achtet.

Die Körpersprache - unser Aussehen

Wir können anhand unserer Körpersignale erkennen, inwieweit eine andere Person zu uns passt oder nicht. Jemand, der uns sehr nahe steht, den sollten wir gut riechen, hören und auch schmecken können. Wenn einer dieser drei Sinne getrübt ist, dann können wir mit dieser Person auf Dauer nicht zusammenkommen. Das heißt: Sollten wir beispielsweise unser Gegenüber nicht riechen können, dann wird das für uns ein Störfaktor sein, den wir nicht so einfach abstellen können. Genauso wenig funktioniert das ungetrübte Zusammensein, wenn wir uns an seinem Anblick stören. Auch wenn wir denken, dass wir dieses Manko ertragen könnten, so wird es uns dauerhaft ein Dorn im Auge sein, und das sollten wir nicht vergessen. Deshalb ist es besonders wichtig, darauf zu achten. Erst wenn uns der andere über unsere Sinne harmonisch erscheint, haben wir eine Möglichkeit, eine dauerhafte Beziehung mit ihm einzugehen. Doch bevor wir uns mit einer anderen Person einlassen, müssen wir uns erst einmal fragen, ob wir uns denn selbst gut riechen, hören und auch schmecken können. Sollten wir uns selbst nicht lieben, können wir auch von keinem anderen erwarten, dass er uns liebt beziehungsweise dass wir überhaupt wissen, was bedingungslose Liebe ist. Deshalb beschäftigen wir uns in diesem Kapitel mit dem Körper und unserem Aussehen.

Unser Körper lebt durch die Seele, denn nur die Seele ist in der Lage, dem Körper die lebensspendende Kraft, die er braucht, zu geben. Jemand, der sich von seiner eigenen Lebensenergie abtrennt, löst sich von seinem Körper. Je weniger sich ein Mensch seinen eigenen Aufgaben zuwenden möchte, desto mehr löst er sich von dieser Inkarnation. Wir sind dazu geboren, uns den Aufgaben des Lebens zu stellen. Je weniger wir jedoch unser Dasein dafür nutzen, desto mehr nimmt der Körper energetisch ab, denn rein symbolisch wird er für dieses Leben nicht mehr gebraucht. Aus energetischer Sichtweise betrachtet stellen wir uns dann nicht nur gegen unser Leben und die damit verbundenen Aufgaben, sondern stellen uns automatisch gegen den energetischen Rhythmus unseres Körpers. Somit bringen wir unseren eigenen harmonischen, biologischen Rhythmus durcheinander und eine Disharmonie in unsere natürlichen, körperlichen Abläufe. Diese wiederum lassen den Körper auf Dauer krank werden, denn der Körper läuft, rein nüchtern gesehen, unrund. Das mag sich sehr krass anhören, ergibt jedoch bei genauerer Betrachtungsweise einen höheren Sinn.

Wir alle sind geboren, um uns unserer Lebens- und Lernaufgabe zu widmen, das bedeutet, dass wir alle zu diesem Zweck auf die Welt gekommen sind. Damit wir auf dieser Erde leben können, brauchen wir eine körperliche Hülle, die den kosmischen Bedingungen angepasst ist. Wir haben dieses Wunderwerk Körper als unsere Hülle erhalten. Kein Körper gleicht dem anderen. Jeder ist so individuell, dass wir uns alle voneinander unterscheiden und dadurch für alle sichtbar und auch erkennbar sind. Jeder Mensch ist durch seinen individuellen Körper und sein einzigartig geprägtes Gesicht für jeden, der ihn kennen möchte, wieder erkennbar. Wir sind alle so unterschiedlich, dass kaum einer dem anderen gleicht. Das zeigt an, dass wir alle einzigartig sind, und so individuell verschieden wir im Äußeren sind, so sind wir auch im Inneren, denn nach den kosmischen Gesetzen ist Innen und Außen gleich; somit ist ein Mensch innerlich genauso individuell und einzigartig wie äußerlich. Natürlich spielen die Erbgene beim Aussehen eines Menschen eine wichtige Rolle, jedoch entwickelt der Mensch durch seine eigene Entwicklung und Prägung auch seine ureigensten Prägemerkmale.

Wenn Sie sich nur einmal ein Gesicht anschauen. Jede Bewegung in dem Gesicht wird durch das Gehirn veranlasst und durch die Gesichtsmuskeln ausgeführt. Mit der Zeit gibt es somit Rillen, Falten und Prägungen der Gesichtshaut. Der Mensch zeigt dadurch deutlich seine eigenen Präge-merkmale. Viele Menschen möchten die entstandenen Falten am liebsten wegwischen, da sie ihnen nicht gefallen. Wir alle haben gelernt, dass wir uns darstellen können, wie wir wollen. Somit können wir Stellen unseres Kör-pers, die uns nicht gefallen, operativ entfernen oder verändern lassen. So einfach ist das? Bestimmt nicht; wie sehr muss sich ein Mensch selbst ableh-nen, wenn er seinen natürlich gewachsenen Körper über einen operativen Eingriff verändern lassen möchte. Hierbei stellt sich die Frage: Was gefällt dieser Person am eigenen Aussehen nicht? Dass wir älter werden, ist ein unausweichlicher Prozess, dem wir uns nicht entziehen können. Das alleine kann also nicht der wahrhaftige Grund für einen solchen Eingriff sein. Viel-mehr sind es die sichtbaren Falten, die einigen Menschen zu schaffen ma-chen. Doch erst unsere Falten verschönern unseren Gesichtsausdruck, denn sie verraten einiges über unser gelebtes Leben. Sie zeigen die Reife an, die wir in unserem Leben erlangt haben.

Stellen Sie sich vor, Sie wären in Ihrem Leben oft unzufrieden und im wahrsten Sinne des Wortes sauer gewesen, dann haben Ihre Muskeln dem-entsprechende Gesichtszüge aktiviert. Je öfter dies passierte, desto stärkere Prägungen sind hinterlassen worden. Sie erkennen alle sehr schnell in einem Gesicht, ob diese Person viel erlebt hat oder nicht. Schauen wir uns einmal verschiedene Perspektiven an, um dieses Thema ein wenig transparenter zu machen:

Sollten wir viele verschiedene Lebens- und Erfahrungsbereiche gelebt haben, dann wirkt unser Gesicht sehr natürlich und lebendig, denn auch unser Leben ist natürlich und lebendig. Wir haben uns nicht gescheut die Themen des Lebens anzunehmen, zu leben und zu meistern. Das wäre das absolute Optimum, denn nur wer wirklich gewillt ist, das Leben mit all sei-ner Vielfalt anzunehmen, wird sich an Wissen und Erfahrungen bereichern können. Somit wird kaum einer dieser Personen auf die Idee kommen, seine Falten entfernen zu lassen, denn diese passen ideal zu seinem Gesicht. Wir sehen unser gelebtes Leben, wenn wir in den Spiegel schauen. Sind wir zufrieden mit unserem Leben, dann wirken wir für uns selbst ganz normal. Anders hingegen, wenn wir mit unserem Leben unzufrieden sind und dieses vertuschen wollen. Dann ist es für uns besonders unangenehm, wenn wir unsere abgelehnten und ungeliebten Themen alltäglich in den Falten wiedererkennen. Dazu ein paar Beispiele:

Es gibt Gesichter, die eher nichtssagend aussehen; hierbei handelt es sich schlichtweg um Personen, die aus Angst vor Verletzungen keine Emotionen an sich herankommen lassen. Diese Menschen werden immer besonders darauf achten, dass nichts sichtbar wird. Genauso vorsichtig, wie sie mit ihrem Leben umgehen, werden sie auch mit ihrem Aussehen verfahren, denn das eine birgt das andere in sich. Ein Mensch, der sein Aussehen als Kapital für sein Leben nimmt, wird dafür sorgen, dass dem Kapital kein Schaden zugefügt werden kann, denn sonst würde seine wertvollste Stelle verletzt. Doch was passiert, wenn dieser Mensch älter wird? Wie wird er sich damit wohl fühlen können? Wie wird er mit den Falten umgehen, die sein Gesicht in der innerlich gewohnten Langeweile spiegeln lassen?

Es gibt den Gesichtsausdruck, den man als ein „verlebtes Gesicht" bezeichnen würde. Ein Gesicht, dass sich eher den fremden, oberflächlichen Freuden des Lebens, als den eigenen Tiefen gewidmet hat. Ein solches Gesicht weist auf eine Vielzahl von Menschenkontakten hin, denn das Gesicht ist eindeutig durch Fremdenergien anderer Personen stark beeinflusst worden. Meist hat dieser Mensch sehr viele verschiedene, emotionale und oftmals auch sexuelle Kontakte gehabt. Er hat sich weniger um sich und seine Entwicklung gekümmert, als viel mehr um die „Weisheiten" der anderen. Je mehr er sich mit den anderen befasst hat, desto mehr hat er auch ihre Themen auf sich selbst übertragen. Ein verlebtes Gesicht mag auf der einen Seite sehr interessant wirken, auf der anderen Seite ist ein solcher Mensch nach kurzer Zeit schon wieder uninteressant, da er nicht viel eigenes Fundament besitzt. Jeder Mensch holt sich sein Wissen über die Erlebnisse, die er gesammelt hat. Wenn nun dabei das Hauptwissensgebiet auf dem Sektor „Erobern des anderen Geschlechtes" angesiedelt ist, dann handelt es sich hierbei um einen Jäger, der auch dieses Verhalten nach außen demonstriert.

Das alles ist in seinem Gesicht ablesbar, denn wenn er darauf fixiert ist, andere von sich zu begeistern und somit die Aufmerksamkeit auf sich zu lenken, dann wird er einen entsprechenden, etwa grinsenden, Ausdruck in seinem Gesicht tragen. Er fällt auf, da er sich so programmiert hat, er möchte um jeden Preis auffallen, doch der Schein trügt, und das interessante Gesicht verblasst nach kurzer Zeit wieder. Sie können sich bestimmt vorstellen, dass solch ein Mensch im Alter Probleme mit seinem Gesichtsausdruck haben wird. Denn wer möchte schon gerne, wenn er in den Spiegel schaut, seine Altlasten gespiegelt bekommen?

Nehmen wir ein anderes Beispiel: Ein Mensch, der fortwährend mit allem und jedem unzufrieden ist. Hierbei handelt es sich zumeist um eine Person, die tief im Inneren eine Aggression gegen sich selbst und gegen die eigene Persönlichkeit entwickelt hat. Gehen wir in die Kindheit unseres Fallbeispiels hinein: Die Eltern dieses Kindes waren in ihrer eigenen Entwicklung selbst sehr unzufrieden und haben diese Unzufriedenheit auf das Kind übertragen. Wir wissen ja nun, dass dies funktioniert. Darüber erfährt das Kind in seiner noch natürlichen Selbstbezogenheit, dass die Außenwelt mit ihm unzufrieden ist. Gleichzeitig lernt es jedoch auch, dass es über die gelebte Unzufriedenheit, selbst wenn es sich dabei um ein negatives Muster handelt, Aufmerksamkeit erlangt. Damit es nun auch weiterhin auffallen kann, wählt es genau dieselbe Form wie seine Eltern, das heißt, es wird immer unzufriedener. Vielleicht bildet sich in der pubertären Phase ein Lichtblick, vielleicht auch nicht. Auf jeden Fall ist es später anhand der Gesichtsfalten offensichtlich, dass unsere Beispielsperson es nicht geschafft hat, sich aus der Energieübertragung der Eltern zu lösen. Im Gegenteil: Sie hat die erlernte Struktur als eigene angenommen und auf sich selbst übertragen. Das heißt, dieser Mensch hat die Themen der Eltern in sich kopiert; obwohl diese Unzufriedenheitsschiene nicht direkt zu seiner eigenen Lebensstruktur gehörte, lebt er sie trotzdem nach. Somit lebt er in einer selbst geprägten Struktur, die er tief im Inneren gar nicht leben müsste, weil sie ihm nicht gehört. Das jedoch weiß er nicht mehr, denn er hat es vergessen. Diese Struktur abzulegen, ist einfacher gesagt als getan. Wenn wir nun davon ausgehen, dass diese Person weiterhin die Unzufriedenheit gelebt hat, dann wird es in ihrem Gesicht ablesbar sein, denn die Muskeln zeigen den meist genutzten Gesichtsausdruck. Das heißt, wenn diese Person in späteren Jahren in den Spiegel schaut, dann sieht sie ihre Unzufriedenheit und erkennt, dass dies ihr meist gelebtes Thema ist. Was für eine Vergeudung.

Sie werden sich jetzt bestimmt fragen: Wie kommt eine Person aus einer solchen Struktur heraus? Ganz einfach: Alles das, was wir in der Kindheit durch die Energien der Eltern auf uns geladen haben, ist nur eine Teilprägung und wird erst zu unserer eigenen Struktur, wenn wir uns darauf einlassen und nach einiger Zeit immer noch nicht merken, dass wir Themen nachleben, die gar nicht unsere eigenen sind. Somit kann es sehr wohl passieren, dass Themen über Generationen hinweg durchlebt werden, obwohl sie im Ursprung zu einer Ururgroßmutter gehörten. Da diese Übertragungsmechanismen den meisten nicht bewusst sind, warten sie vergeblich darauf, dass irgendeine andere Person ihre Thematik übernimmt, denn keiner möchte bewusst die Themen eines anderen nachleben. Diese Menschen spüren übrigens auch, dass sie eine Belastung mit sich tragen, die sie tief im Inneren gar nicht zuordnen können. Deshalb hoffen sie, dass ein anderer kommt, dem sie diese emotionale Schwere abgeben können. Dies funktioniert jedoch nicht. Wir können uns übrigens jederzeit gedanklich von der Belastung auch wieder lösen. Wir müssen uns dafür nur bewusst machen, was wir nachleben und dann auf uns selbst Acht geben. Doch die meisten wissen das nicht und warten auf einen Helfer, der ihnen das schwere Paket endlich von den Schultern hebt, und auch dieser lässt sich zeitweise finden.

So neigen wir Menschen gerne dazu, uns mit den Belastungen anderer teilweise so stark zu beschäftigen, dass wir von den eigenen Themen erfolgreich ablenken können. In manch einem kommt bestimmt immer wieder die Hoffnung auf, ob vielleicht ein anderer das eigene Päckchen mitnehmen könnte, zumal sich solche Übertragungsenergien fremd anfühlen, und wir eher das Empfinden in uns haben, eine Thematik nachleben zu müssen, die uns gar nicht gehört. Ähnlich wie bei einem Fluch fühlen wir uns belastet und müssen lernen, uns zu reinigen und all die Energien, die wir uns selbst aufgeladen haben, wieder abzugeben. Denn: Sich mit den Themen anderer zu beschäftigen ist zwar emotional wesentlich entfernter, schmerzfreier und auch einfacher zu leben, als sich mit seinen eigenen Gefühlen auseinander zu setzen, doch diese Hoffnung kann dauerhaft gesehen, nicht aufgehen. Wir können uns nicht durch das Beladen anderer Sorgen von unseren eigenen befreien. Dennoch versuchen es viele immer wieder, und der Partner bietet sich dafür besonders gut an.

So ist dieses Muster sehr häufig in Partnerschaftskonstellationen zu finden: Einer übernimmt die Problematik und versucht diese Energien zur Entlastung des anderen zu leben. Woran Sie erkennen, ob Sie das tun? Überprüfen Sie! Haben Sie das Gefühl, mehr zu investieren als Ihr Partner? Wenn ja, dann achten Sie auf die Übertragungen. Sollten Sie dabei feststellen, dass Sie versuchen Ihren Partner vor seinem eigenen Leben zu beschützen, dann sollten Sie schleunigst diese falsch verstandene Fürsorge ablegen. Denn Sie können keinen Menschen, auch wenn Sie ihn noch so lieb haben, vor seinen eigenen Lebensthemen bewahren. Warten Sie nicht darauf, dass Ihr Partner seinen eigenen Aufgabenbereich wieder freiwillig übernimmt, sondern übergeben Sie das, was nicht zu Ihnen gehört. Sollten Sie nicht wissen, zu wem diese Energiebelastungen gehören, dann übergeben Sie diese Energien an den Kosmos. Dort werden die Energien schon sortiert werden, und sie gehen dorthin, wo sie hingehören. Sie müssen dann nur loslassen und abgeben lernen. Ein Tipp: Sollten Sie Angst davor haben, dass Sie etwas abgeben könnten, was Ihnen gehört, dann haben Sie keine Bedenken; alle Energien, die an den Kosmos abgegeben werden, gehen dahin, wo sie hingehören. Sollten Sie also etwas abgegeben haben, was zu Ihnen gehört, dann kommt es automatisch wieder zu Ihnen zurück.

Achten Sie auf sich, und warten Sie nicht; es gibt immer noch genug Menschen, die glauben, dass der andere, der Partner, zuerst seine Aufgaben wieder annehmen muss, bevor sie diese abgeben können. So wie beispielsweise immer noch viele erwachsene Kinder darauf warten, dass die Eltern ihre eigene Verantwortung übernehmen, damit sie endlich frei von der energetischen Belastung sind. Würden sich diese Personen nun bewusst werden, dass sie nichts weiter tun müssten, als einfach die Problemenergien der anderen an den Kosmos abzugeben, dann würde ihnen vieles einfacher fallen.

Gerade die Menschen, die im Alter von Mitte dreißig vor dem Spiegel stehen und seufzen, das sind die Menschen, die sich mehr durch fremde Energien haben lenken und leiten lassen, als durch ihre eigenen. Diese Menschen möchten nicht die innere Wahrheit im Spiegel erkennen, denn das Gesicht, das ihnen da entgegen lächelt, weiß über alles Bescheid. Genau das spiegelt unser Gesicht wieder. Unser Gesicht zeigt uns, wie wir mit unserem wertvollen Leben umgegangen sind, wie wir uns den Alltagssituationen gestellt und was wir daraus gemacht haben. Es gibt eine Faustregel, die besagt, dass alles das, was wir erleben, zu unserem Leben passt. Und unser Leben ist für uns, die wir es leben, gleich leicht oder schwer wie eine Feder, denn nur unsere ureigenste Betrachtungsweise lässt eine Situation erleichtern oder erschweren. Somit kann uns unser Leben objektiv betrachtet nicht erdrücken oder zu schwer erscheinen, denn es entspricht uns, und wir können es leben.

Sollten wir uns jedoch auch noch zusätzlich Probleme von anderen aufladen und nachleben wollen, dann belasten wir unser eigenes Leben enorm schwer, so dass es teilweise für uns nicht mehr tragbar erscheinen mag. Es ist typisch für solche Menschen, dass sie sich selbst und speziell auch ihren eigenen Körper überlasten, da sie sich zusätzlich viele Themen von anderen, zu ihrem eigenen Gewicht, aufladen. Sie haben sich so viel Belastung von anderen Menschen aufgeladen, dass sie kaum noch in der Lage sind, sich selbst zu tragen. Sie senden Hilferufe aus, die kaum einer zu hören vermag. Oftmals wissen diese Menschen nicht, wie sie aus dem Sog und dem Druck herauskommen können. Die vielen täglichen Verpflichtungen sind einfach zu viel. Doch was können sie tun, damit es ihnen besser geht? Oftmals stehen sie so unter Druck, dass sie ihren Körper so weit vernachlässigen, dass dieser durch den Überdruck keine Möglichkeit der Regeneration und Entspannung findet. Und dann kann es passieren, dass das Fass überläuft und innerlich der Befehl gegeben wird, das körperliche Dasein zu beenden. Ein Mensch beendet sein Leben immer über einen längeren Zeitraum, denn irgendwann entscheidet er, dass er so nicht mehr leben möchte, und dann nimmt er einem inneren Kommando folgend stetig ab.

Viele Menschen denken, wenn sie das Leben beendet haben, dann haben sie Ruhe, und nichts kann sie mehr belasten. Doch der Schein trügt, denn das Seelenleben geht weiter. Wir alle haben ein Leben nach dem Tod, und das heißt, dass unsere Seele auf der Astralebene in einer anderen Daseinsform weiter lebt, ein Leben ohne diesen schweren Körper, den wir immer mit uns herumschleppen müssen. Dieses Leben ist für uns alle viel einfacher zu leben, deswegen wissen wir tief in unserem Inneren, dass der Tod die Erlösung von der irdischen Last und auch der Belastung ist. Nun wir sind geboren, um uns unseren irdischen Aufgaben zu widmen, und die gilt es in diesem Leben zu erfüllen. Wir können ein Leben erst abschließen, wenn wir die Aufgaben erfüllt haben und wenn wir innerlich dazu bereit sind. Dies ist nicht unbedeutend, denn oftmals gibt es Menschen, die ihre Aufgabe erledigt haben und trotzdem weiterleben wollen, warum auch nicht? Es funktioniert, wenn wir es so wollen. Keiner holt uns zurück, wenn wir nicht unser inneres Einverständnis dazu geben. In einer normalen Todessituation schließen wir unser Leben ab, indem unser Leben noch einmal, teilweise dreidimensional, vor uns abläuft. Wir speichern somit nur die wichtigsten Daten in uns ab und begeben uns auf die andere Ebene. Damit verabschieden wir uns von diesem Leben und beschäftigen uns mit anderen Aufgaben, bis es wieder so weit ist und wir neu inkarnieren müssen. Anders jedoch bei Selbstmördern: Sie verbleiben meist einige Zeit in unserer irdischen, materiellen Welt und lernen die Themen, die sie erlernen sollten, nur dass sie dabei ohne Körper sind. Das hat Vor- und Nachteile. Da sie so gut wie kaum jemand sehen kann, kann sich auch keiner bei ihnen emotional andocken und Energien übertragen, was sie wesentlich freier macht. Und trotzdem ist das Leben ohne Körper oftmals wesentlich mühseliger. Ich würde keinem raten, seinen Körper selbst zu vernichten, denn der Weg auf der materiellen Ebene ohne physische Existenz ist doch besonders schwer zu leben, später mehr dazu.

Egal was passiert, jeder Mensch hat zu jeder Zeit die Möglichkeit, sein Leben und die damit verbundenen Inhalte zu wandeln. Doch bevor wir in der Lage sind, die Dinge zu sehen, müssen wir erst einmal lernen, auf die kleinen Hinweise zu achten. Und gerade der kritische Blick in den Spiegel ist dabei sehr hilfreich. Leider ist dieses vielen Menschen noch nicht bewusst, und so stellen sie sich gegen die sichtbar gewordenen Gewohnheiten ihres Lebens. Doch gerade das Vertuschen der Lebensfalten hat wenig Sinn, die

Mitmenschen werden sie trotzdem wahrnehmen.

Auch ein noch so gut geschminktes Gesicht kann nicht alles verbergen. Viele Frauen schminken sich, um sich zu verschönern und mehr aus ihrer natürlichen Schönheit zu machen. Gerade ein durch Kosmetik hervorgehobenes Auge kann eine solche Ausstrahlung erlangen, die es ohne Schminke wahrscheinlich nicht hätte. Schminken ist somit eine Kunst und sollte auch als solche betrachtet werden. Eine Frau, die sich geschminkt zur Schau stellt, fühlt sich wohl, und dadurch hebt sich ihr gesamtes Selbstwertgefühl. Sie bekommt eine entsprechende Anerkennung. Es ist übrigens sehr schnell erkennbar, wer wirklich in der Lage ist, solche „Pinselstriche" gezielt und wirkungsvoll zu setzen. Eine Person also, die versucht, mit Schminke oder sogar Face-Lifting alte Gewohnheiten abzulegen, die betrügt sich selbst, denn kein Mensch der Welt vermag seine Vergangenheit auszulöschen. Wir müssen lernen, den Ist-Zustand anzunehmen und damit zu leben. Nur wenn wir uns mit der Realität auseinander setzen, sind wir in der Lage, Änderungen herbeizuführen. Alle äußeren Gegebenheiten zeigen uns nur die in uns befindliche Wahrheit an. So ist gerade auch ein älteres Gesicht wunderschön, denn es zeigt den reifen Menschen. Lernen wir diese Punkte gebührend zu werten.

Ein Gesicht kann sich übrigens jederzeit wandeln, wir müssen es nur wollen. Es liegt alleine an uns, ob wir bewusster mit uns und unserem Körper umgehen wollen oder nicht. Wenn wir lernen, glücklich und bewusst zu leben, dann wird sich dieses auch in unserem Gesicht bemerkbar machen, und darauf kommt es an. Wir werden dann strahlend erscheinen, denn wir fühlen uns wohl, und das ist sichtbar. Somit können wir sehr wohl unseren Gesichtsausdruck ändern, wenn wir wollen. Lernen Sie einfach, mehr zu lachen und zu lächeln, und Sie werden merken, wie schön Sie sind. Übrigens reagieren alle Menschen auf ein nettes Lächeln, und viele lächeln zurück, ist das nicht schön?

Unsere individuelle Körperform und ihre Gewichtung

Beschäftigen wir uns nun ein wenig mit unserem Körper. Der Körper wird genauso wie unser Gesicht durch unseren Lebenswandel geprägt. Was meinen Sie, wie viele Menschen denken über Gewichtsabnahme nach? Und die Frage bleibt: Wie können wir abnehmen? Damit wir einen dauerhaften, gesunden Erfolg erzielen können, ist es wichtig, zuerst einmal unseren Körper verstehen zu lernen. Damit Ihnen das ein wenig transparenter wird, habe ich Ihnen nachfolgend ein paar Beispiele aufgeschrieben.

Nehmen wir zuerst unseren Körper komplett. Die Form des Körpers zeigt, ob wir uns überhaupt in Form befinden, dass heißt, ob wir uns über unsere Darstellungsformen bewusst sind oder auch nicht. Ein Mensch ist in Form, wenn er als Ganzes betrachtet harmonisch aussieht. Das heißt, kein Körperbereich stellt sich sonderlich heraus, was eine Disharmonie in das gesamte Bild bringen würde. Dabei ist es ganz unwichtig, ob diese Person nun korpulent oder dünn ist, Hauptsache das gesamte Bild ist stimmig. Solche Personen fühlen sich wohl in ihrer Haut und werden kaum darauf bedacht sein, sich irgendwelchen schwierigen Diäten zu unterziehen. Denn je mehr sie eine Harmonie mit ihrem Körper bilden, desto besser fühlen sie sich, und mit dieser Grundeinstellung werden sie ihrem Körper nichts Negatives zufügen wollen.

Nehmen wir jetzt einen Körper, der unrund aussieht. Jedes Körperteil, das im Ungleichgewicht zum restlichen Körper steht, ist besonders und übermäßig gewichtet und zeigt somit eine innere Problematik an. Zum Beispiel: Der Bauch wirkt überdimensional dick und fällt dadurch auf. Diese Person zeigt sich selbst und ihrem Umfeld, dass sie einfach zu viel zu verdauen hat und deshalb innerlich aufbläht, weil sie nicht weiß, wohin mit der angesammelten Energie. Typisch für einen aufgeblähten Bauch ist es, dass dieser im Laufe des Tages immer dicker wird, da sich die Energien in diesem Bereich weiter stauen. Bei solchen Personen handelt es sich um Menschen, die viel zu viel Rücksicht auf andere nehmen und dabei auch noch die Probleme der anderen mit ausleben wollen. Also wird das gesamte Verdauungssystem - im

Sinne des Verarbeitungssystems - durch die permanente Störung von außerhalb so beeinträchtigt, dass die gestaute Luft ein Indiz für eine nach innen gelagerte Wut ist. Im Grunde genommen sind diese Menschen auf sich selbst wütend, da sie sich zu viel um andere kümmern und dadurch ihre eigene Freiheit nicht leben können.

Ein anderes Beispiel: Der zu dicke Po. Hierbei handelt es sich um Menschen, die in ihrem eigenen Leben zu unbeweglich sind, denn sie sitzen mehr auf dem „Hintern", als dass sie ihren Weg gehen. Die Größe des Gesäßes zeigt das Maß der eigenen Unbeweglichkeit an. Diese Personen bewegen sich also zu wenig in ihrem Leben und überlassen die Verantwortung gerne anderen. Sie zeigen an, dass sie lieber auf ihrem Hintern sitzen bleiben wollen, als sich zu bewegen. Oftmals steckt eine unbewusste Angst dahinter, Fehler zu machen. Sich dann lieber nicht zu bewegen, scheint einfacher, als für die entstandenen Taten gerade stehen zu müssen. Bitte denken Sie auch immer daran, dass viele Themen in uns einen karmischen Ursprung haben, also einen Hinweis auf ein Lernthema aus einer früheren Inkarnation liefern. Das könnte hier etwa bedeuten, dass diese Menschen schon viel zu lange zu bequem sind, sich um sich selbst zu kümmern. Sie müssen lernen, sich aus der Unbeweglichkeit zu lösen, damit sie zu sich selbst finden können.

Ein weiteres Thema: Die überdimensionale Brust. Sie zeigt an, dass diese Person bereit ist zu nähren, und viele Menschen springen darauf an. Die weibliche Brust ist das Symbol für Nahrungsquelle, und tief im Inneren spricht das jeden von uns an. Sogar Männer haben einen Brustansatz, der jedoch zur eigenen Ernährung nicht ausreichen würde. Somit ist deutlich erkennbar, dass der Mann die Frau braucht sowie die Frau den Mann; wir müssen nur lernen, uns gegenseitig mit Liebe zu nähren. Denn genau das verkörpert die weibliche Brust. Je größer die Brust, desto größer das Bedürfnis nach Liebesfähigkeit. Somit verkörpert diese Frau nicht nur, dass sie Liebe geben kann, sondern gerade auch, dass sie selbst ein großes Liebesbedürfnis in sich trägt und auf der Suche nach Erfüllung ist. Leider verstehen viele Menschen dieses falsch und verbinden Liebe mit unverbindlichem Sex. Deshalb lassen sich auch immer mehr Frauen darauf ein, ihre Brust mit

Silikon zu füllen, damit es zumindest den Anschein hat, dass der Mann in Liebe ertränkt wird. Der Mann sucht jedoch nicht nur den Sex, sondern viel mehr die emotionale Befriedigung und Bindung, die er nur bekommen kann, wenn er bereit ist, sich darauf einzulassen; das kann er aber nur mit einer Frau, die ihrerseits wiederum bereit ist, sich auch auf den Mann und somit die Beziehung einzulassen. Jede Frau symbolisiert mit dem Zeigen ihrer Brüste ihre Liebesbereitschaft. Seien Sie stolz auf Ihren Busen, lieben Sie ihn, und Sie werden sich selbst immer genährt fühlen.

Gerade der Busen ist für viele Frauen ein Ärgernis, denn sie mäkeln gerne an ihm herum, er sei zu groß, zu dünn, zu länglich, zu hängend etc. Kann das denn wirklich sein? Nein, natürlich nicht, der Busen ist im Verbund mit unserem Körper und gehört zu uns. Es ist wichtig, dass wir unsere weibliche Brust in Verbindung mit unserem Körper als schön empfinden. Jeder Busen zeigt der Frau, wie sie mit ihrer eigenen Weiblichkeit umgeht beziehungsweise bislang umgegangen ist. Denn, wenn die Frau sich ein Leben lang liebt, dann passt der Busen zu jedem Alter in Größe und Form.

Jedoch zeigt die hohe Rate des Brustkrebses deutlich an, dass viele Frauen gegen ihre eigene Brust und ihre eigene Weiblichkeit rebellieren, sonst würden sie sich nicht selbst verzehren. Denn Krebs bedeutet, Energien gegen sich selbst zu lenken und sich somit selbst zerstören zu wollen. Und das passiert Frauen, die immer wieder gegen ihren inneren Willen andere mit ernähren müssen. Wie unter Zwang leben sie in dieser Rolle, bis sie im schlimmsten Fall ihre Brust verlieren, um dann nicht mehr nähren zu können. Sollten Sie mit einer solch schlimmen Krankheit konfrontiert werden oder worden sein, dann heilen Sie die damit verletzten Emotionen und Vernarbungen selbst aus und haben Sie Verständnis für sich, denn Ihre Familie wird dies wahrscheinlich nicht gehabt haben, sonst hätten Sie nicht diese Form gewählt, um sich zu lösen. Das soll jetzt nicht heißen, dass die Familie schuld ist, denn eine Krankheit kann nur die betreffende Person selbst auslösen, doch trägt die Familie mit Sicherheit in Teilen dazu bei. Natürlich spielen auch hierbei wieder die vererbten Gene eine Rolle, jedoch ist der eigene Lebenswandel ausschlaggebend. Also lernen Sie, wenn Sie es noch nicht tun sollten, Ihre Brust, und darüber Ihre Weiblichkeit, zu lieben, und tun Sie alles, damit es Ihnen dabei gut geht.

Die häufigste Ursache für eine Resignation hinsichtlich der eigenen Weiblichkeit hat oftmals sehr viel mit der geführten Partnerschaft zu tun. Viele Frauen opfern sich auf und wollen eine Resonanz, ein Dankeschön vom Partner. Sie leben oftmals in einer Rolle, die meist auch sehr viel mit Mütterlichkeit zu tun hat. Die innere Geliebte kommt dabei zu kurz. Es ist immer wichtig, in einer Partnerschaft darauf zu achten, dass beide ihre Lebensbereiche leben können. Somit sollten sich beide immer wieder gemeinsam auf dem erotischen Sektor begegnen, solange sie es wollen. Jeder Mann und jede Frau braucht Sexualität, und es ist gut, wenn man dieses Wunderwerk des Energiespiels in einer Partnerschaft leben kann. Leider wird dies heutzutage in verbindlicher Zweisamkeit zu wenig gelebt. Das kann sich jedoch schnell ändern, oder?

Die meisten Männer haben tief in ihrem Inneren einen Mutterkomplex, denn viele von ihnen tragen eine sehr enge Bindung zur Mutter in sich. Viele Mütter lassen ihre Kinder ungern los und binden sie ein Leben lang an sich. Wenn für einen Mann die mütterliche Fürsorge normal und gewohnt ist, dann wird er diese Gewohnheit auch selbstverständlich auf andere Frauen übertragen und dieselbe Fürsorge von ihnen erwarten. Viele Männer lassen sich größtenteils absolut mütterlich versorgen, ohne eine verantwortungsbewusste Männerrolle übernehmen zu wollen. Sie hängen dann im wahrsten Sinne des Wortes der Frau an der Brust. Diese merkt das zwar, kann jedoch häufig diesen Emotionen nicht ausweichen, da sie, wie jede Frau, in sich sehr viele mütterliche Anteile trägt. Somit erfährt sie den Partner als ein Teilkind und lässt das Nähren automatisch über sich ergehen. Mit der Zeit wird es jedoch problematisch, denn immer mehr und mehr wird die Unzufriedenheit in der Frau wachsen. Sollte sie dann nicht lernen, dem Partner ihre Brust zu entziehen, dann werden sich ihre eigenen Energien in ihr auflehnen, und wie in einer inneren Rebellion wird sie anfangen, gegen sich zu kämpfen. Dieser innere Kampf richtet sich speziell auf die Brust und könnte im Extremfall - wie oben beschrieben - zu Brustkrebs führen. Also, wenn Sie sich bei diesen Zeilen angesprochen fühlen, dann achten Sie besonders auf sich selbst und auch auf alle anderen Personen, die

Sie zwangsläufig mit ernähren. Sollten Sie dies bei sich feststellen, dann müssen Sie sich nicht direkt von Ihrem Partner lösen, sondern sich viel mehr erlauben, für sich selbst zu leben und mit der eigenen inneren Liebe zu verschmelzen. Lassen Sie es nicht zu, dass Sie das Werkzeug eines anderen werden, der sich selbst nicht leben darf oder kann. Denn Sie müssen sich leben, genauso wie jeder andere Mensch das auch tun muss.

Ein weiteres Thema: Die Hüftpolster. Viele Frauen neigen dazu, runde Hüften zu haben. Jeder Mensch assoziiert damit die Gebärfreudigkeit, denn gerade Mütter bekommen diesen Hüftspeck. Menschen, die diese Rundungen besitzen, demonstrieren somit ihre Aufnahmebereitschaft und ihre Hingabe, immerhin haben Mütter im Allgemeinen gute Nerven. Wenn eine Frau ein Kind bekommt, dann muss sie erst einmal von ihrer eigenen Persönlichkeit, also von ihrem Egoismus, zurücktreten, damit das Kind an erster Stelle stehen kann. Es gibt keine andere Zeitphase, die so viel Aufopferung und Hingabe verlangt, als die Fürsorge für ein kleines Baby. Somit zeigen diese Personen, dass sie eine Überfürsorge betreiben. Wenn nun keine kleinen Babys mehr in Reichweite sind, dann demonstrieren sie mit ihren Polstern, dass sie ein Baby, und sei es ein erwachsenes, suchen, damit sie es bemuttern können. Jeder, der sich einen anderen wünscht, hinter dem er sich verstecken kann, wird sich über den Anblick einer solchen Person freuen. Also, sollten Sie sich angesprochen fühlen, dann überlegen Sie, inwieweit Sie Ihren eigenen gesunden Egoismus leben. Wenn nicht, dann ändern Sie dieses dringend, und Sie werden sich wieder schlank fühlen können. Heute damit begonnen, regelmäßig daran gearbeitet und schon in einem halben Jahr werden Sie keine Probleme mehr damit haben.

Ein weiteres Thema: Dicke Beine. Diese zeigen immer an, dass sich diese Personen nur schwer bewegen und entfernen können. Je weniger wir uns bewegen, desto mehr müssen wir gezielt auf unsere Bewegungen Acht geben. Das heißt, wir können nicht einfach davonlaufen, sondern müssen unsere Ziele genau anpeilen, bevor wir uns dahin bewegen. Denn jeder Schritt wird uns schwerfallen, und genau das zeigen wir unseren Mitmenschen mit unserer Schwerfälligkeit an: Wir empfinden unseren Lebensweg als schwer. Diese Menschen wirken in ihrer Bewegungsform langsam. Man kann sehen, dass ihnen jeder Schritt schwerfällt, und genau nach diesem Muster leben sie auch. Sie wollen, dass die anderen sehen, wieviel Ballast sie mit sich herumtragen, und dass sie gerne etwas abgeben möchten. So hoffen sie tief in ihrem Innern, dass sich einer erbarmen möge, einen Teil der schweren Lasten zu übernehmen.

Ein weiteres Thema: Dicke Arme. Wenn wir dicke Arme haben, dann haben wir Probleme mit dem Tragen und gewichten diesen Bereich sehr stark. Denn jeder sieht die dicken Arme, sie fallen auf. Das heißt, wir zeigen eindeutig, dass wir lernen müssen, selbst das anzupacken und auch zu tragen, was wir erreichen wollen. Denn: Wir brauchen keine Dritten, die uns zeigen, wie man sein Leben eigenständig tragen kann, das können wir selbst. Doch wie gerne suchen sich solche Menschen andere in der Hoffnung, dass diese doch selbstverständlich gewisse Aufgaben übernehmen könnten. Wenn einem das Leben und die damit verbundenen Aufgaben so leicht von den Händen gleiten, dann könnte dieser Jemand doch für uns ein wenig mit tragen, oder nicht? Natürlich nicht, denn jeder muss sich um sein eigenes Leben kümmern. Wir ergänzen uns alle immer wieder, doch trotzdem muss jeder seine eigene Individualität und die damit verbundenen Aufgaben leben.

Ein weiteres Thema: Das breite Kreuz. Wenn wir ein breites Kreuz haben, dann zeigen wir an, dass wir viel Last auf uns geladen haben. Wir brauchen das breite Kreuz, um uns durchzusetzen. Wir zeigen natürlich auch jedem, dass wir uns wehren können. Wichtig wäre hier, sich öfter die Frage zu stellen, ob wir wirklich die Belastung immer weiter tragen wollen. Oftmals tragen wir Belastungen, die wir gar nicht mehr brauchen, ohne dies bewusst wahrzunehmen. Doch wir spüren, wie unser Rücken dazu neigt, sich zu verkrümmen, denn tief im Inneren wollen wir nicht mehr all das mit uns herumschleppen, was wir eh nicht mehr brauchen. Darum ist hierbei die oberste Devise angesagt „aufräumen und ausrangieren". Nur, wenn wir lernen, zu sortieren, was wir wirklich noch brauchen, dann können wir uns von dem unnötigen Ballast befreien.

Je mehr wir zu uns und zu unserem Körper stehen, desto besser werden wir uns fühlen. Denn tief im Inneren gewichten wir unsere sichtbaren Problemzonen oftmals so sehr, dass wir uns gerne verstecken würden. Es nützt nichts sich die bewussten Stellen mit der passenden Garderobe zu kaschieren. Wir selbst sind unser bester Kritiker, und unserem Auge entgeht nichts. Alles das, was wir gewichten, fällt somit auch unserem Umfeld auf. Achten Sie auf sich und Ihren Körper, und Sie werden feststellen, je mehr Sie sich positiv mit Ihren eigenen, für Sie unproportional gelagerten, Polstern auseinander setzen, desto mehr werden Sie diese auch verlieren können. Denn, wenn wir erkannt haben, worum es geht, dann ist es schon so gut wie vorbei, und wir sind auf dem Weg, nur uns selbst zu leben. Solange Sie sich aber an Ihrem Körper stören, solange schwächen Sie Ihr gesamtes Körpersystem. Denken Sie immer daran, Sie brauchen Ihren Körper für diese Inkarnation, und Sie sollten ihn hüten und pflegen, damit er Ihnen das geben kann, was Sie brauchen. Jeder Mensch ist schön, denn Schönheit kommt von innen. Und jeder, der das weiß, wird sich und seinen Körper lieben, und nur darauf kommt es an.

Der Umgang mit unseren selbst produzierten Energien

Jedes Lebewesen hat die Möglichkeit, durch eigene Verarbeitungs-mechanismen selbst Energie zu produzieren. Die zugeführte Nahrung wird durch die natürliche Verarbeitung in reine Lebensenergie umgewandelt. Diese Energie ist in der ursprünglichen Form durch uns selbst entstanden, man könnte sie somit als unsere eigene Produktion bezeichnen. Sie ist für jeden individuell verschieden. Wir sollten behutsam und sparsam mit dieser kost-baren Lebensenergie umgehen. Wir haben nur soviel zur Verfügung, wie wir imstande sind zu produzieren. Also ist diese Energie begrenzt. Je älter wir werden, desto weniger eigene Energie werden wir zur Verfügung haben, und desto schwerer wird es uns fallen, diese Energie zu produzieren, da unser Körper selbst schon immer mehr Energie verbrauchen wird. Diese Lebensenergie ist dafür da, uns am Leben zu erhalten. Wir können, wenn wir wollen, anderen ein bisschen von dieser Energie abgeben; das sollten wir jedoch nur tun, wenn uns der andere besonders wichtig und wertvoll er-scheint, denn unsere Energie ist etwas so Intimes, dass wir uns nicht jedem einfach offenbaren sollten. Das heißt: Wir sollten uns nur mit Menschen emotional einlassen, mit denen wir bewusst und auch wirklich Nähe leben wollen. Doch wie vielen Menschen passiert es, dass sie sich unbewusst auf einen anderen einlassen und dadurch ihre wertvolle lebensspendende Ener-gie verpufft? Woran merken wir das? Ganz einfach, wir spüren, dass der andere etwas von uns hat, denn wir fühlen uns von ihm, wie durch einen unsichtbaren Magnet, angezogen. Wir sind emotional betroffen, und das ist spürbar. Je mehr wir uns nun mit dem anderen gefühlsmäßig auseinander setzen, desto mehr ist derjenige mit unserer selbst produzierten Energie im Verbund. Das wiederum beruht auf Gegenseitigkeit, das heißt, auch der andere hat sich emotional auf uns eingelassen. Somit ist eine disharmoni-sche Auseinandersetzung nichts anderes, als das Ziehen an den eigenen Energiesträngen. Nach dem Motto: „Ich habe dir zwar wertvolle Energie von mir gegeben, und du hast sie auch angenommen und mir andere Ener-gie dafür gegeben, doch nun möchte ich wieder tauschen, lass los und gib her. Wenn du das nicht freiwillig machst, dann brauche ich Gewalt, so ein-fach ist das." Das heißt, wir kämpfen letztlich nur darum, unsere eigene

Energieinvestition wieder zurückzubekommen, was natürlich so nicht geht. Doch in dem Moment, wobei einer der beiden loslässt und den anderen aus der selbst auferlegten Verpflichtung entlässt, lösen sich diese Energieversprechen wie von Geisterhand geführt auf, und der Spuk ist vorbei.

Damit das jedoch von Anfang an nicht passiert, müssen wir besonders auf unsere Energie achten, denn je mehr wir unbewusst abgeben, desto schwächer werden wir. Wenn unser Körper noch jung genug ist, dann stehen wir inmitten unserer Kraft, und wir können uns viele unserer Wünsche mit unserer eigenen Energie erfüllen. Den meisten Menschen ist dies jedoch nicht bewusst, und somit vergeuden viele ihre wertvollen Energien, indem sie beispielsweise versuchen, andere ihnen wichtig erscheinende Personen in ihrem Umfeld so zu verändern, damit sie in das eigene System passen. Diese Energievergeudung ist unser größtes Problem, denn dadurch haben wir nur eine geringe Chance, unserem Leben einen wirklichen Sinn zu geben und uns unsere Wünsche selbst zu erfüllen, denn dazu fehlt uns dann die benötigte Energie.

Eine weitere wichtige Energiezufuhr ist die Aufnahme rein kosmischer Energie. Das bedeutet, dass wir immer, wenn wir wollen, Energie aus dem Kosmos bekommen können, und die brauchen wir auch, da wir tagtäglich viel mehr Energien verbrauchen, als wir selbst produzieren können. Diese Energien sind für jeden zugänglich. Das kosmische Energiepotenzial ist somit fast unerschöpflich. Jedes Lebewesen ist in der Lage, kosmische Energie aufzunehmen und diese für eigene Zwecke umzuwandeln. Wir können so viel kosmische Energie bekommen, wie wir wollen. Doch auch das ist den meisten nicht bewusst. Deshalb gibt es viele Menschen, die versuchen, anderen Lebewesen Energien zu entwenden, denn sie merken, dass ihr eigenes Energiereservoir für ihre Vorhaben nicht ausreichen kann. Das wiederum grenzt jedoch an Diebstahl und führt letztlich nur dazu, dass wir uns immer weiter von uns selbst entfernen und über diese Schiene uns auch dauerhaft selbst schädigen.

Alles das, was existiert, hat eigene Energien. Jedes Lebewesen ist somit in der Lage eigene Energien zu produzieren und kosmische Energien aufzunehmen. Alles das, was nicht lebt, produziert somit auch keine eigenen Energien, kann diese jedoch kurzweilig von Lebewesen übernehmen und wirkt dann trügerisch lebendig. Sogar ein toter Gegenstand ist dazu in der Lage und kann zeitweise Energien aufnehmen, die sich jedoch nach einer Weile wieder lösen werden. Wenn wir beispielsweise längere Zeit an einem Tisch gesessen haben, dann nimmt dieser Tisch Energien von uns auf. Wir hätten dann nach einem Meeting beispielsweise das Gefühl, als würde dieser Tisch pulsieren, ja sogar fast leben. Doch er kann natürlich nicht eigenständig leben, sondern lediglich Energien von uns aufnehmen und sammeln, die noch eine Zeit lang spürbar sind. Sollte dieser Tisch nicht mehr benutzt werden, dann wird er sich nach mehreren Tagen tot, also wieder ohne Energie, anfühlen. Oder stellen Sie sich ihre Wohnung vor. Sie würden genau spüren, ob jemand kurz vor Ihnen die Wohnung verlassen hat oder nicht, denn die Energien des Besuchers sind noch eine Weile fühlbar. So viele Menschen sind sensitiv und spüren viel, doch die Gesellschaft glaubt zu wenig daran, das ist ein wichtiger Knotenpunkt. Erst wenn wir lernen, den Energien die gebührende Aufmerksamkeit zu schenken, dann haben wir eine reale Chance, in unserem Leben klar zu erkennen, in welchen Lebensbereichen wir Energien einsetzen oder auch nicht.

Wer genug Energie zur Verfügung hat, der kann sich so entfalten, wie er es möchte; er hat die Macht, die er braucht, und ist somit eigenmächtig. Das heißt, dieser Mensch lebt sich in seinem vollen Bewusstsein. Er ist mit seinem Körper, seiner Seele und seinem Geist im Einklang. Er ist zufrieden und fühlt sich frei, denn seine innere Freiheit, selbst zu entscheiden, in welche Situation oder Form er Energien investieren will, macht ihn stark und selbstbewusst. Und ich bin mir sicher, jeder Mensch möchte so leben, nur dass die meisten sich das nicht trauen und auch nicht wissen, wie sie dahin gelangen können. Dabei ist der Weg, sich innerlich und somit auch äußerlich zurecht zu finden, so einfach. Wir alle können lernen, unsere Energien wieder so zu leben, wie wir es möchten, wir müssen es nur wollen. Doch bevor wir uns weiter damit auseinander setzen, werden wir uns erst einmal den Urzeiten der Menschheit und ihren Energien widmen.

Am Anfang unserer Inkarnationsphase waren wir alle unserer Energien mächtig und konnten diese so einsetzen, wie wir es wollten. Der Mensch hatte noch viele animalische Triebe in sich, denn er arbeitete und funktionierte hauptsächlich durch seinen Urinstinkt. Dieser Instinkt ist heute noch gleichzusetzen mit der Intuition. Der Mensch handelte also nach seinem tiefen inneren Gefühl, jedoch auch geleitet durch seine stetigen animalischen Triebe. Somit reagierte er sehr resolut auf sein Umfeld, wenn er sich emotional, also aus seinem Instinkt heraus, angegriffen fühlte. Erinnern Sie sich an das Thema Aura. Ein Mensch, der sich ärgert, wandelt das Aussehen seiner Aura und signalisiert somit seine Kampfbereitschaft. Oftmals wird dieser Kampf nur energetisch ausgetragen. In früheren Zeiten jedoch demonstrierte man dieses Kräftemessen noch mehr über die körperliche Gewalt. Es wurde einfach schnell drauf gehauen. Natürlich nie ohne das energetische, emotionale Einverständnis des Gegners, denn dieser reagierte natürlich auch darauf und signalisierte ebenfalls über seine Aura sein Entgegenkommen beziehungsweise seine Kampfbereitschaft. Die Menschen früherer Zeiten verstanden diese emotionalen Signale und reagierten darauf. Äußerlich betrachtet sah das dann so aus:

Diesen Menschen fehlte das Mitgefühl für andere, sie empfanden nur für sich selbst. Sie waren absolute Egoisten und handelten grundsätzlich nach ihren ureigensten Bedürfnissen. War ihnen eine Laus über die Leber gelaufen, reagierten sie mit Wut und ihrer ausgeprägten Körperstärke. Je mehr körperliche Stärke ein Mensch besaß, desto mehr Anerkennung erhielt er auch von seinen Stammesmitgliedern. Das heißt, dieser Mensch lebte seine Kraft über die körperliche Ebene aus. Wenn einer dabei zu Schaden kam, interessierte ihn das nicht, es war ihm egal; nur das, was er empfand, hatte für ihn Gültigkeit. Somit wurden andere Menschen durch seine Handlungen geschädigt und erlitten sogar körperliche Verletzungen. Durch diese Schmerzerfahrungen lernten die Menschen, sich teilweise zurückzunehmen und zu schützen, denn sie wollten nicht weiterhin Schmerzen erleben müssen. Was der eine kennenlernte, konnte er den anderen, die es wissen wollten, mitteilen, und auf diesem Wege wurden Informationen übertragen, so dass nicht jeder die gleiche Erfahrung machen musste. Darüber hinaus lernten immer mehr Menschen, die Erfahrungen der anderen zu nutzen. Das ist bis heute so geblieben. Somit können wir alle zum gesamten System viel beitragen.

Der Körper ist ein so feines Instrument, dass die Sensibilisierung, die Aufnahme von Gefühlen über diese Ebene, ermöglicht. Somit kann der Mensch ein Körperbewusstsein entwickeln und darüber Lernerfahrungen im Außen sammeln. Diese Lernerfahrungen geben ihm die Möglichkeit der inneren Weiterentwicklung, denn die real erspürten Gefühle werden in seinem Inneren verarbeitet. Somit bilden sich sogenannte Strukturen, also Erfahrungswerte, die in seinem Inneren gespeichert werden. Man kann sich das so vorstellen, als würde sich die gesamte Energie des Menschen in einzelne Verästelungen aufteilen, die dann über das Gefühl eine Eigendynamik entwickeln und entsprechend reagieren. Aber wodurch kam diese Aufteilung zustande? Wann fing es an?

Der Mensch sammelt durch körperliche und seelische Schmerzen Erfahrungen, die ihn dazu veranlassen, bestimmte Situationen und Empfindungen von der Urenergie abzukapseln. Wir können eine Schocksituation nicht sofort verarbeiten, sondern parken einen Teil dieser Energie an einem in uns befindlichen Ort, so dass wir uns zu einem späteren Zeitpunkt wieder daran erinnern können. Damit wir das Erlebte nicht vergessen, um die gleiche Erfahrung nicht noch einmal machen zu müssen, erstellen wir mit der Erfahrung eine Struktur, die diese Information gespeichert hat. Darüber werden Warnsignale ausgesandt, so dass wir sofort aufmerksam werden, wenn eine ähnliche Situation einzutreffen droht. Der Mensch sensibilisiert sich somit und macht dadurch seine Erfahrungen. Sollte er diese jedoch nicht verarbeiten, dann bekommen wir den sogenannten Ping-Pong-Effekt, das heißt, wir setzen unseren Fokus auf die verletzten Energien und ziehen Probleme jeglicher Art nach diesem Muster an.

Dafür ein einfaches Beispiel: Sie fahren mit dem Auto, träumen vor sich hin, und plötzlich läuft ein Kind vor Ihr Auto. Sie reagieren blitzschnell und halten Ihr Auto durch eine Vollbremsung an. Äußerlich ist nichts geschehen, doch innerlich sind Sie geschockt, denn damit haben Sie nicht gerechnet. Damit Sie nach dem Vorfall überhaupt noch in der Lage sind weiterzufahren, werden Sie dieses Erlebnis erst einmal beiseite legen müssen. Später, zu Hause angekommen, berichten Sie einem vertrauten Menschen von diesem Vorfall. Sie brauchen diese Unterhaltung, damit Sie das Erlebnis noch einmal emotional durchleben können. Sie holen die damit verbundenen Emotionen wortwörtlich wieder nach vorne, wieder in Ihr Bewusstsein, damit Sie die dadurch in Ihnen geparkten Energien verarbeiten können. Letztlich wird Ihnen nur noch der Erfahrungswert übrigbleiben. So sollte es sein. Meistens jedoch verarbeiten wir Situationen nicht intensiv genug, so dass Restbestände in uns übrigbleiben, und diese verursachen dann im Laufe der Zeit wirklich erlebtes emotionales Leid. Dann sammeln wir solche Energien und tragen sie immer mit uns herum. Es ist besonders wichtig, Themen, die noch emotional, also energetisch, belastet sind, zu bearbeiten. Wenn Emotionen nicht verarbeitet werden, dann holen wir uns dieselbe Erfahrung immer wieder, da wir unbewusst meinen, diese machen zu müssen.

Wir alle kennen das sehr gut. Oftmals verletzen wir uns, obwohl wir von vorne herein genau wissen, dass diese Handlung weh tun wird; doch wir müssen unsere eigenen Erfahrungen machen. Ähnlich wie Kinder, die trotz Ermahnung auf die heiße Herdplatte fassen, nur um am eigenen Leibe erfahren zu können, ob das, was die Mutter sagt, auch wirklich stimmt. Dieses Kind wird es bestimmt nicht noch einmal ausprobieren, doch es hat diese Erfahrung gebraucht. Deshalb ist es auch besonders wichtig, dass wir akzeptieren, wenn wir uns selbst Schmerzen zugefügt haben, denn wir werden diesen Schmerz gebraucht haben. Somit lernen wir über Schmerzerfahrungen, also die negative Seite, die positive und harmonische Seite zu gewichten. Denn: Erst, wenn wir die Tiefe kennen, können wir die Höhe schätzen lernen. Somit brauchen wir oftmals die Tiefe des Lebens, damit wir uns an den schönen Seiten überhaupt erfreuen können. Den Schmerz zu kennen, heißt, die Heilung zu lieben. Auch Liebe steht in einem direkten Verbund zu Schmerz und Hass, und somit lernen wir grundsätzlich beide Seiten kennen. Viele Menschen, die sich einst liebten, fügten sich Schmerzen zu und hassten sich hinterher. Für jeden, der das Prinzip der Polarität verstanden hat, ist dies ganz normal, denn auch die Liebe geht über den Schmerz. Doch wir müssen lernen, diese Themen anders in unserem Leben zu gewichten. Ein Mensch, der tiefe Gefühle meidet, hat Angst vor Schmerz und auch vor Heilung. Er lehnt sich gleichzeitig gegen die Höhen und Tiefen des Lebens auf. Erst wenn wir verstehen, dass alles das, was uns begegnet, immer mit uns zu tun hat und somit eine innere Resonanz darstellt, erst dann werden wir unser Leben und somit die schicksalhaften Begegnungen sowie die damit verbundenen Lernaufgaben verstehen können.

Doch nun noch einmal zurück zu den Urzeiten der Menschheit. Je mehr Schmerz ein Urmensch erfahren hatte, desto aufmerksamer wurde er. Natürlich kommunizierten die Menschen schon immer miteinander, so dass Erlebnisse und Erfahrungen früher genauso wie heute ausgetauscht wurden; sonst hätten wir uns gar nicht weiterentwickeln können. Doch trotzdem müssen wir oftmals unsere Erfahrungen - wie das Kind an der Herdplatte - selbst machen. Da unsere Urahnen jedoch sehr rau im Umgang miteinander waren, sprach das Wort der Gewalt mehr als die Harmonie und Liebe. Die Urmenschen waren wesentlicher brutaler als heutzutage die Menschen, ohne dass ihnen das besonders auffiel, denn für sie war dieses Verhalten ganz normal. Mit der Zeit wurde der Mensch jedoch sensitiver und feinfühliger.

Erfahrungswerte über Schmerzen stecken jedoch noch immer in jedem von uns. Da wir Schmerz allerdings auf sehr unterschiedliche Art und Weise erleben können, brauchen wir heutzutage nicht mehr unbedingt den körperlichen Schmerz, um Erfahrungen zu sammeln; wir erleben vielmehr den seelischen Schmerz. Wir sind sensibler geworden und kämpfen heute mehr auf der geistigen Ebene. Somit spüren wir unsere Emotionen stärker und können diese absolut als Schmerz wahrnehmen. Wir spüren die emotionalen Stiche in unserem Herzen, obwohl keine Messerklinge unser Herz getroffen hat. Das ist besonders wichtig zu wissen, viele müssen lernen, innere Schmerzen anzuerkennen, damit überhaupt eine Wundheilung erfolgen kann, denn ein seelischer Schmerz kann genauso Vernarbungen hinterlassen wie eine körperliche Verletzung. Erst wenn wir bereit sind, dieses anzuerkennen, haben wir eine Chance, unser Leben als das zu betrachten, was es ist - ein Erfahrungswert, den wir brauchen, um die Lernaufgaben, die wir uns selbst erteilt haben, erfüllen zu können. Interessant ist es, immer noch zu sehen, dass es so viele Arztpraxen gibt, in denen der Körper behandelt wird, doch für die Seele ist kaum jemand zuständig. Dies ist ein Zustand, der sich mit Sicherheit innerhalb der nächsten Zeit kurzfristig wandeln wird.

Das heißt, je mehr wir uns sensibilisiert haben, desto mehr erfahren wir die Lernaufgaben über den seelischen Schmerz. Sie werden sich jetzt bestimmt fragen: Warum wir solche Erfahrungen über Schmerzen machen müssen? Die Antwort darauf ist ganz einfach. Die meisten Menschen sind nicht bereit, über ihr Dasein nachzudenken und sich freiwillig den Aufgaben ihres eigenen Lebens zu stellen. Viele versuchen ihr Leben so angenehm und bequem wie möglich zu gestalten, und genau das ist der Punkt. Menschen, die nicht bereit sind, sich offen ihrem Leben und somit ihren Lernaufgaben zu stellen, brauchen den Schmerz, damit sie überhaupt in sich hinein schauen können. Der Seelenschmerz ist anfangs nur sehr leicht spürbar und wird dann im Laufe der Zeit immer heftiger und schmerzvoller, wenn der Betroffene immer noch nicht bereit ist, hinter die eigenen Kulissen zu blicken. Also, je mehr Sie gewillt sind, sich Ihren inneren Aufgaben zu stellen, desto einfacher und schöner wird Ihr Leben sein. Oft erfahren wir schon über kleine Ansätze, was unser tiefes inneres „Ich" uns mitteilen möchte. Lernen wir diese feine Sprache zu verstehen, dann brauchen wir keine heftigen Schmerzen mehr zu erleiden. So einfach ist das. Unsere Aufgabe ist es, wieder bewusst in unserer Lebensenergie zu stehen und uns an der Vielseitigkeit des Lebens zu erfreuen. Ein Mensch, der sich lebt, der strotzt vor Energien und wird von anderen, die dieses Wunderwerk der zielbewussten Einsetzung eigener Energien noch nicht leben können, bewundert. Eine andere Form der sichtbar gewordenen Energie ist Geld.

Die meisten Menschen jagen hinter Geld und der damit verbundenen Macht her, ohne zu ahnen, dass all das in ihnen steckt und sie nur nach innen schauen müssen. Geld, das energetische Tauschmittel, ist eine feste sichtbare Form der Lebensenergie und zeigt somit nur an, dass jeder Mensch in vollem Bewusstsein seiner Energien alle inneren und äußeren Reichtümer genießen kann. Viele meinen jedoch, dass es mit der künstlichen, geliehenen Energie - Schulden - als Tarnkappe im Notfall auch geht. Die wenigsten stehen im Vollbesitz ihrer Energie und meinen, dieses Manko mit geliehenem Geld ausgleichen zu müssen. Das kann jedoch nicht funktionieren, denn jeder Mensch kann nur so mit dem Thema Geld verfahren, wie er mit seinen Energien verfährt. Das eine zeigt eindeutig den Umgang mit dem anderen an. Somit können wir anhand der hohen Verschuldung vieler Menschen erkennen, dass diese wohl kaum mit ihrer eigenen Energie auskommen können, wenn sie sich zusätzlich Geld pumpen müssen. Also, wenn Sie reich werden wollen, dann lernen Sie aus Ihrem eigenen Verhalten gegenüber Ihrer Lebensenergie. Unsere eigene energetische Freiheit ist die Weltmacht in unserer eigenen Welt - eine andere Macht gibt es nicht. Viele Menschen trachten nach dem Geld und somit der Energie des anderen. Sie wollen sich über andere bereichern, um ein angeblich freieres Leben führen zu können. Somit steht das Thema Geld und die damit verbundene Energie an oberster Stelle für alle streitenden Funktionen, angefangen von dem kleinen Diebstahl bis hin zum großen Krieg. Würden die meisten Menschen verstehen, dass sie nur in ihrer eigenen Energie leben können, würde uns allen sehr viel Leid erspart bleiben. Doch nun wieder zurück zu der manifestierten Form von negativ geankerten Energien.

Wir kennen das sehr gut: Wir machen eine negative Erfahrung und erschrecken uns. Die Angst steht uns im Gesicht geschrieben, und wir fühlen uns in diesem Moment handlungsunfähig. Danach kommen wir ein wenig zur Ruhe. Doch was passiert mit den Emotionen, wo lagern wir diese Schreckensenergien in uns ab? Wir speichern diese Erfahrung und die damit verbundenen Energien, wie ich schon erwähnt habe, in einer eigens dafür geprägten Struktur ab. Wir sortieren uns immer wieder, und Themen, die wir in der momentanen Situation nicht bearbeiten können, werden in einer Zwischenablage deponiert. Das heißt, wir speichern diese Energien und Erlebnisse in einer Art Nebendatei ab und konzentrieren uns wieder auf unser normales Leben. Jedes noch so geringfügige negative Erlebnis ist für den Erlebenden fremd und ungewohnt, verletzend und abschreckend, so dass wir kaum in der Lage sind, diese Erlebnisse in dem Moment, in dem sie passieren, direkt zu verarbeiten. Damit wir nicht in dieser Energie stecken bleiben und uns weiterhin mit dem Leben sowie dem immer währenden Lebensrhythmus auseinander setzen können, spalten wir diese Erlebnisse in uns, zur späteren Bearbeitung, einfach ab. Das bedeutet aber auch, dass wir diese Thematik so weit wie möglich bearbeiten und in unser Energiesystem wieder integrieren müssen, damit wir mit dem Erlebten kurzweilig überhaupt gut leben können. In den meisten Fällen jedoch werden diese Themen nicht bearbeitet, sondern vielmehr unterdrückt. Die Struktur wird aus

Angst vor dem Schmerz und der alten Verletzung immer weiter auf emotionale Distanz gehalten, was nicht nur die damit verbundenen Energien und Emotionen blockiert hält, sondern zusätzlich auch noch viel Energie kostet.

Es gibt auch Fälle, da lässt sich ein Erlebnis nicht auf einer Struktur ablegen. In dieser Situation bleibt die verletzte Energie im Bewusstsein und ist permanent präsent. In einem solchen Fall wirkt der Mensch wie betäubt, er steht unter Schock und kann sich nicht sortieren; er kommt aus dem Schock meist erst nach Wochen oder sogar Monaten heraus. Stellen Sie sich das bildlich vor: Wir alle tragen Teilenergien in uns, und diese Energien lassen uns das Leben unterschiedlich gestalten. Wenn wir uns jetzt beispielsweise einen sehr lebenslustigen, unbedarften Menschen vorstellen, der gerne viel lacht und fröhlich ist, dann können wir davon ausgehen, dass diese Lebendigkeit ähnlich einer inneren kindlichen Energie ist. Dann plötzlich passiert etwas Schreckliches, was dieser Mensch in dem Moment nicht verarbeiten kann. In einer normalen Situation würde dieses Erlebnis in einer Struktur geparkt werden, doch in diesem Fall bleibt das Erlebnis im Bewusstsein, wirkt mit all seiner heftigen Energie auf die Lebensfreude ein und vernebelt sie. Somit wird in diesem Fall eine lebensspendende Energie angegriffen, und das ist immer besonders tragisch, denn immerhin hat dieser lebenslustige Mensch täglich sein Leben mit dieser fröhlichen Energie gemeistert. Obwohl diese Energie nun vernebelt ist, bleibt sie trotzdem an erster Stelle vorne im Bewusstsein stehen. Somit wird diese Struktur auch weiterhin immer präsent bleiben, jetzt jedoch vernebelt und verklärt durch die negativ erlebte Belastung. Der Mensch wirkt apathisch und kann sich kaum mehr bewegen. In einer solchen Situation muss schnellstens gehandelt werden, denn ein Mensch, der einiges zu verarbeiten hat, muss sich hin und wieder erholen können, und dafür braucht er seine Lieblingsstrukturen, ähnlich dem Teddy, der so nah ans Herz gewachsen ist. Somit sollten solche Erlebnisse so schnell wie möglich therapiert werden, damit sie endlich in uns ruhen können.

Wenn wir hierbei noch eine Stufe tiefer blicken, dann entdecken wir, dass es keine Zufälle gibt, so dass es sich bei dieser Person um einen perfekten Verdrängungsspezialisten handeln muss, sonst könnten solche Verlagerungen nicht stattfinden. Also wird diese Person schon in einer früheren Zeit ausgelagerte Erlebnisse nicht verarbeitet haben. Somit parkt sich ein Thema auf das andere, und irgendwann läuft das Fass über. Und dann kann es zu solchen Ausmaßen kommen.

Viele Menschen kümmern sich wenig um ihre nicht verarbeiteten Strukturen, sondern würden diese lieber beiseite legen. Doch so einfach geht das nicht, denn diese Strukturen, in denen wir nicht verarbeitete Erlebnisse abgespeichert haben, kommen, genauso wie alle anderen, immer wieder ans Tageslicht. Sollten wir trotzdem versuchen, uns eine Augenbinde umzubinden, damit wir sie nicht sehen müssen, nützt uns das auch nur wenig, denn wie eine Klette tauchen diese Strukturen immer wieder aus dem Nichts auf. Sie lassen sich nicht unterdrücken, sie lassen sich nicht liquidieren, sie werden uns immer begleiten, sie gehören zu uns, wie alle anderen auch.

Jeden Tag nähren wir uns mit Energien und füttern somit alle in uns befindlichen Energieanteile. Jedoch werden nicht nur die Strukturen genährt, die wir besonders lieben, sondern auch die, die wir am liebsten wegzaubern würden. Wir versorgen somit die für uns dunklen Ebenen/Strukturen genauso mit Energien wie alle anderen auch. Jedoch sympathisieren wir mit unseren Lieblingsstrukturen viel eher, wir leben diese bewusster. Beispielsweise aktivieren wir unsere innere Arbeitsenergie und legen los. Wir sind es gewohnt, mit diesen Energieanteilen und den damit verbundenen Eigenschaften zu leben. Doch unsere inneren Stiefkinder, die wollen wir nicht wahrhaben. Und da wir ihnen bewusst kein Gehör schenken wollen, verschaffen sie sich Gehör, indem sie nach außen treten und auf der äußeren Ebene unser Bewusstsein erreichen. Sie manifestieren sich im Außen und fallen dadurch auf. Sie können jetzt schon erkennen, dass sämtliche Verstrickungen im äußeren Bereich aus einer inneren, nicht geliebten, eher missachteten Energiestruktur stammen müssen.

Sie werden sich jetzt bestimmt fragen, was ich mit dem Wort „Verarbeiten" meine. Das möchte ich Ihnen näher erklären. Stellen Sie sich noch einmal die feste Form des Körpers vor. Der Körper nimmt Nahrung auf, verarbeitet und verdaut diese. Letztlich braucht der Körper diesen Prozess, damit er selbst Energie, die ihn am Leben erhält, produzieren beziehungsweise umwandeln kann. Der Körper lebt nicht durch die aufgenommene Nahrung, sondern nur durch die daraus gewonnene Energie. Genauso und nicht anders müssen wir uns die energetisch - psychische Seite vorstellen. Auch hierbei nimmt die Seele Erlebnisse, Emotionen und letztlich Energien auf, die verarbeitet werden müssen. Die daraus gewonnene Erfahrung lässt die Seele reifen, und darüber lebt sie. Somit muss die Seele genauso wie der Körper Nahrung aufnehmen können und genährt werden. Oftmals nehmen wir bei der materiellen Nahrungsaufnahme jedoch auch schwer verdauliche Speisen zu uns. Die liegen uns dann längere Zeit als Belastung im Magen und trotzdem, wir müssen sie genauso wie alle anderen verarbeiten und umwandeln. Würde das nicht passieren, dann würde die unverdauliche Speise den Körper sehr schwer belasten, und wir hätten kaum eine Chance, uns davon zu entledigen. Genauso ist es mit der seelischen Nahrung, auch die müssen wir verarbeiten. Würden wir das nicht tun, dann könnten wir uns irgendwann zu einem seelischen Wrack entwickeln; wir wären dann so überladen mit nicht verarbeiteten Emotionen, dass unser emotionales Gleichgewicht ins Wanken geraten würde. Ähnlich wie ein Schiff könnten wir dann auch sinken. Somit müssen wir immer wieder auf unsere „Verdauung" achten, und deshalb ist es so wichtig, den verletzten Strukturen eine besondere Beachtung zu schenken.

Fazit: Je weniger wir hinschauen, desto heftiger wird die verletzte Struktur auffallen und in unser Bewusstsein vorzudringen versuchen, denn im Grunde genommen möchte sie nichts anderes, als endlich verarbeitet zu werden. Sie will, dass wir unser Versprechen einhalten und uns um sie kümmern, um sie aus der Isolation zu befreien. Sie können sich erinnern, ich habe in den oberen Zeilen erwähnt, dass wir Schmerzempfindungen abspalten, damit wir zu einer späteren Zeit diese Thematik verarbeiten können. Wenn wir uns jedoch selbst untreu werden und diese Themen nicht bearbeiten wollen, dann treten diese in die Außenwelt und zwingen uns letztlich, die damit verbundenen Emotionen und verkapselten Energien wieder mit unserem energetischen Licht zu vereinen. Das können wir jedoch nur, wenn wir wirklich gewillt sind anzuerkennen, dass auf unserem Weg so etwas Schreckliches passieren konnte. Wir können nie die äußere materielle Uhr umstellen. Doch das, was geschehen ist, ist geschehen und wird seine Narben auf unserem Körper, unserer Seele und unserem Geist hinterlassen. Wir können jederzeit unseren Körper, unsere Seele und auch unseren Geist heilen und uns von energetischen Belastungen befreien. Unsere Schmerzen, die können wir reinigen und ausheilen, das Erlebte in uns aufnehmen und akzeptieren, so, dass es zu unserem Leben dazu gehört. Schon alleine das Akzeptieren einer Situation mildert das Erlebte enorm, denn wir selbst müssen uns Mitgefühl und Verständnis für die verletzten Emotionen geben. Wir müssen lernen, uns mit den erlebten Themen auseinander zu setzen und eine Heilung herbeizuführen. Denn: Nur wir selbst können uns heilen und somit alte Wunden schließen. Wenn wir uns emotional verstrickt haben, dann müssen wir die damit verbundenen Energien zurückholen. Je mehr wir eine Sache bearbeitet haben, desto weniger werden wir diese Sache zukünftig gewichten. Denn: Eine Sache, die wir verarbeitet haben, hat sich für uns emotional erledigt und wird unter der inneren Rubrik „Erkenntnis" in uns abgespeichert.

Das ist die wahrhaftige Heilung, die dem Menschen helfen kann. Somit kann ein Arzt oder ein Therapeut auch immer nur ein Vermittler zwischen Körper, Seele und Geist des Patienten sein, denn nur der Patient selbst wird sich mit seinen eigenen Energien heilen können. Dabei ist es für jeden Menschen wichtig, die fachliche Diagnose eines Arztes zu erhalten, denn nur so werden ihm die materialisierten Energiestauungen in seinem Körper bewusst und transparent. Die Medizin kann ein weiteres Hilfsmittel sein, doch letztendlich muss der Patient selbst entscheiden, ob er gesund leben will oder nicht; bei dieser Entscheidung kann ihm kein Arzt der Welt wirklich helfen. Jede Ignoranz einer verhärteten manifestierten Energiestruktur in unserem Körper käme somit einer inneren Ablehnung des eigenen Lebenserhaltungsgesetzes gleich. Denn über eines sollten wir uns alle im Klaren sein; wir haben den Körper geschenkt bekommen, damit wir uns in diesem Leben darstellen können. Wir müssen ihn lieben und pflegen, damit wir lange Zeit gut mit ihm leben können. Somit muss der Körper am Leben erhalten und gepflegt, versorgt und genährt werden. Sollte er uns Schmerzen oder Probleme bereiten, dann sollten wir nicht auf ihn schimpfen, weil er nicht mehr so funktioniert, wie wir uns das vorgestellt haben und wie wir es gewohnt sind. Nein, wir sollten lernen, die Körpersprache zu verstehen und zu erkennen, was uns unser Körper mitteilen möchte. Alles das, was uns widerfährt, hat eine tiefe Ursächlichkeit, die es zu analysieren gilt, damit wir erkennen können, gegen welche Themen wir uns auflehnen und auch welche energetischen Kriege in uns geführt werden; nur so können wir lernen.

Je mehr wir uns jedoch gegen die Analysemöglichkeiten auflehnen, desto schwieriger werden wir unser Leben empfinden. Erst wenn wir lernen, die Realität anzunehmen, und akzeptieren, dass wir unter den kosmischen Gesetzen leben, werden wir wieder eine Ruhe in uns verspüren. Alles Ungewisse, für uns nicht Greifbare macht uns Angst. Doch wer hat uns bisher gesagt, dass alles das, was wir erleben, eine innere Ursächlichkeit hat? Jede Situation, die wir erleben und zu dem erlebten Zeitpunkt vielleicht nicht verstehen können, hat einen tieferen Sinn, den wir oftmals erst viel später verstehen werden. Doch eins ist sicher, je mehr wir uns in Demut unserem Leben widmen, desto leichter wird unser Leben für uns sein, denn wir sind darauf bedacht, unser Leben als Lernthema anzunehmen.

Das ist das Gesetz von Ursache und Wirkung, das Karmagesetz, denn alles, was uns passiert, hat eine Ursache in unserem tiefen Inneren und stammt vielleicht sogar schon aus einer früheren Inkarnation. Wir sollten lernen, uns den Gesetzen der Lichtenergie, des Kosmos zu stellen, nur so haben wir eine Chance, unser Leben in Harmonie zu gestalten. Wer vermag schon sein eigenes Karma stets so klar zu erkennen, dass er genau weiß, warum dieses oder jenes auf ihn zukommt und was er darüber zu erkennen und zu wandeln hat? Doch alles, was wir erleben, hat einen tiefen inneren Grund und einen Sinn. Es gibt keinen Zufall. Dieses Wort benutzen nur Personen, die nicht wissen, nach welchen kosmischen Gesetzen sich das Werk „Leben" vollzieht.

Der Sinn des Lebens

Wir alle versuchen seit Urzeiten, den Sinn des Lebens zu finden, um ein glücklicheres Leben erreichen zu können. Es stellt sich die Frage, warum sind wir geboren? Was ist unsere Lebensaufgabe? Und natürlich auch: Warum müssen wir soviel Leid erfahren? Auf all das gibt es Antworten und zwar reichlich. Doch gerade diese Antworten finden wir nicht in der Gemeinschaft, sondern nur in der eigenen Individualität, und genau darauf kommt es an. Es wäre fatal, die eigenen Themen beim anderen zu suchen, um eine Parallele zu finden. Jeder lebt nach seinen ureigensten Gesetzmäßigkeiten. Diese inneren Gesetze beinhalten Prägungen, die teilweise schon sehr alt sind. Das sind unsere eigenen karmischen Aufgaben, die wir so lange mit uns herumtragen, bis wir sie aufgelöst haben. Und trotzdem lebt jeder von uns nach kosmischen Gesetzen und einer inneren Ordnung. Wir alle atmen die gleiche Luft, brauchen also Sauerstoff, um unseren Körper mit Luft anzureichern. Wir alle müssen essen und trinken, um unseren Körper mit den für ihn so wertvollen biologischen und nährenden Stoffen zu versorgen, damit er weiterleben kann. Wir alle wissen, dass unser Körper diese Stoffe verdaut und die Reste wieder ausscheidet. Das alles und viel mehr lässt uns gleich erscheinen. Doch wir alle sind unterschiedlich. Schauen wir uns einmal die unterschiedlichen Körper an, wie unterschiedlich wir aussehen und reagieren. Nehmen wir nur einmal die Lebensmittel: Der eine verträgt eine bestimmte Brotsorte sehr gut, ein anderer wiederum reagiert allergisch auf die darin enthaltenen Stoffe. Unser Körper ist ein Wunderwerk an Individualität, und genauso ist es mit unserer Seele.

Da wir nun alle verschieden sind und nach unseren ureigensten kosmischen Gesetzen und Regeln leben, ist jeder von uns einzigartig. Würden wir dieser Tatsache wieder bewusst mehr Aufmerksamkeit schenken, dann würden wir sofort aufhören, unsere Themen beim Nachbarn zu suchen, denn dieser kann unmöglich der Träger unserer emotionalen Lasten sein. Alles das, was wir im äußeren Umfeld sehen, ist in unserem Inneren vorhanden. Da wir alle unterschiedlich aussehen, sind wir somit auch in unserem Inneren unterschiedlich. Astrologen können diese Verschiedenartigkeit durch unterschiedliche Planetenkonstellationen benennen. Doch wie funktioniert das? Jeder Mensch wird zu einem bestimmten Zeitpunkt geboren. Diesen Zeitpunkt legt er im Vorfeld fest. Er braucht eine bestimmte astrologische Konstellation, um seinem neuen Leben die passende Energiezufuhr zu geben. Ein kosmisches Gesetz heißt: So wie die Sterne am Himmel zueinander stehen, so ist die Energieverbindung des Menschen in seinem Inneren. Das „Oben" beinhaltet das „Unten", eins kann ohne das andere nicht sein. Das bedeutet, dass die Sternenkonstellation am Himmel, zum Zeitpunkt der Geburt, identisch mit der inneren Energiekonstellation ist. So wie die Sterne zum Zeitpunkt der Geburt zueinander standen, so ist der Mensch in seinem Inneren, denn er hat nur diese Energiekonstellation für sein Leben zur Verfügung.

Wenn sich eine Seele in keiner inkarnierten Form befindet, das heißt, wenn sie keinen fleischlichen Körper hat, dann hält sie sich auf der sogenannten Astralebene auf. Dort kann sie lernen, Erfahrungen sammeln und sogar inkarnierten Wesen - zum Beispiel Menschen - helfen, wenn diese es wiederum möchten und diese Hilfe nach den kosmischen Gesetzen auch erlaubt ist. Somit kann sich die Seele mit all den Wissensgebieten auseinander setzen, die sie interessieren. Da sie keiner astrologischen, also eher einengenden Konstellation unterliegt, hat sie alle Informationen und Energien, die sie haben möchte, zu ihrer freien Verfügung. Sie hat die freie Wahl, sich mit Wissen zu versorgen und zu bereichern, wie es ihr beliebt. Sie hat alle eigenen, wie auch wissenschaftlichen Erfahrungen anderer zur freien Verfügung. Das bedeutet: Sollte eine Person sehr viel medizinisches Wissen in einer Inkarnation erlernt haben, kann jeder dieses Wissen abrufen, denn Wissen und Weisheit ist für jedermann zugänglich. Somit kann sich jeder auf der Astralebene entwickeln, wie er es möchte. Jedoch würde dort keiner auf die Idee kommen, einem anderen zu schaden oder ihn gar zu schädigen, warum auch? Es gibt keine Konkurrenz oder Neid, jeder ist mit sich selbst und seiner eigenen Thematik beschäftigt.

In einer inkarnierten Form können wir kosmisches Wissen jedoch nur anzapfen, wenn wir uns auch wirklich unseren Lebensaufgaben widmen und uns spirituell weiterentwickeln, erst dann sind wir in der Lage, Informationen von der Astralebene abzurufen und ins reale Leben zu transformieren. Da wir alle sehr sensitiv sind, werden wir bei Bedarf kosmische Eingebungen erfahren können. Die einfachere Form ist die ausgeprägte Intuition, denn jeder kann die Energien eines anderen erkennen und wahrnehmen. Wir alle kommunizieren somit nonverbal und können viel mehr Informationen von einer anderen Person bekommen, als dies jemals offen ausgesprochen wird. Oftmals wissen wir von unserem Gegenüber sehr viel mehr, als wir annehmen, deswegen ist es besonders wichtig, auf die nonverbalen Informationen zu achten und diese auch zu gewichten. Je mehr wir uns entwickeln, desto mehr Informationsfluss können wir auch bekommen. Je weniger wir jedoch auf uns und unser Lebensthema hören wollen, desto weniger können wir Informationen von der Astralebene abrufen, somit sind wir solange auf diesem Ohr taub, bis wir uns für unser eigenes Leben „hörend" gemacht haben.

Wenn wir inkarnieren, dann könnten wir mit all dem Informationsfluss, gespeichert auf der Astralebene, gar nichts anfangen, denn wir würden durch die vielseitigen Informationen vergessen, unserer Lebensaufgabe nachzugehen. Deswegen bewegen wir uns in einer Inkarnation nur unter bestimmten, zum Zeitpunkt der Geburt festgelegten, Energien und Konstellationen. Und nur mit diesen Ressourcen müssen wir lernen, unser Leben zu meistern. Unter anderen Umständen wäre es uns nicht möglich, uns mit unseren inneren Themen auseinander zu setzen. So wie unser Körper uns daran hindert, sich einfach leicht und locker vom Fleck weg zu bewegen, so sorgen auch die in uns wirkenden Energien dafür, dass wir uns nicht einfach aus dem Staub machen können. Sondern diese Energien verhelfen uns, die Themen, die wirklich für uns wichtig sind, kennenzulernen. Ein Astrologe kann sehr klar definieren, welche Energien in der betreffenden Person wirken. Doch auch die Erkenntnis, was denn nun alles in mir herumspukt, vermag immer noch keine Auskunft darüber zu geben, wie ich mit all den in mir zur Verfügung stehenden Energien lebe. Das Thema der Reinkarnation, also der Wiedergeburt, beinhaltet hauptsächlich, dass wir lernen müssen, unsere, in einer früheren Inkarnation entstandenen, Verstrickungen wieder aufzulösen. Jedoch müssen wir für uns und für die erlebte Situation ein Gefühl entwickeln, nur so können wir die früher verhärteten, geschockten Energien wieder befreien. Energetische Verstrickungen sind immer mit Emotionen und Energien verbunden, und ich muss lernen, diese zurückzuholen und wieder in mir zu integrieren. Dafür bekomme ich nur ganz bestimmte und wichtige Werkzeuge (Sternenkonstellationen/Energien) zur Verfügung, sonst würde ich mich der Inkarnation mit ihren entsprechenden Aufgaben nicht stellen können.

Gehen wir in dieses so wichtige Thema noch weiter hinein. Wir haben uns, bevor wir inkarniert sind, eine bestimmte Aufgabe gestellt, die wir erfüllen und lernen wollen. Diese Aufgaben und teilweise offenen Energierechnungen nennt man Karma. Die Aufgabe der Karmaauflösung besteht darin, dass wir uns einer Person und meist auch einer Situation stellen, und die damit verbundenen Energien wieder in die richtige Bahn lenken müssen. Die Grundlagen für diese Aufgabe wurden in einer früheren Inkarnation geprägt. Wir müssen die Energien, die uns gehören, wieder zurückholen, und deshalb brauchen wir vorbestimmte Begegnungen, damit wir uns an diese Energien wieder erinnern können. Also müssen wir bestimmte Situationen erleben, in denen wir die Menschen, mit denen wir in früheren Inkarnationen Karma aufgebaut haben, wieder treffen, um uns zu erinnern. Erst wenn uns unser Karma bewusst wird, können wir es wandeln und unsere Energien zurückholen beziehungsweise andere Energien, die uns nicht gehören, wieder abgeben. Denn ein Energieaustausch passiert nie einseitig, sondern wird immer von beiden Seiten gefordert. Wenn wir nun alle dieses Wissen bewusst in uns tragen würden, dann wäre es für uns ein Leichtes, unsere Energien zu erkennen und diese zu wandeln. Doch darum geht es nicht. Wir müssen spüren, fühlen und erleben, wie es ist, wie es sich anfühlt und was wir dabei empfinden, nur so kommen wir weiter. Je mehr wir uns gegen ein Thema stellen, desto eingeengter fühlen wir uns. Der Strick wird immer enger um unseren Hals.

Wer gibt uns eigentlich unsere Lebensaufgabe? Das machen wir selbst, nachdem wir das letzte Leben durchleuchtet und abgeschlossen haben, erkennen wir, welche Thematik wir noch nicht bearbeitet beziehungsweise welchen Energieanteil wir immer noch nicht zurückgeholt haben. Wir erkennen die noch offenliegenden Energieverstrickungen. Um Ihnen das noch genauer zu erklären, muss ich ein bisschen weiter ausholen. Wir alle können uns emotional verbinden, wir benutzen dazu oftmals kosmische Energien, die wir ohne weiteres immer wieder lösen können. Sollten wir solche Energieverbindungen in einer Inkarnation nicht gelöst haben, dann lösen sich diese Energien nach unserem Tod von selbst auf. Anders jedoch bei unseren selbst produzierten Energien. Wenn wir diese einsetzen, dann geben wir sehr viel Emotionen in eine Beziehung hinein. Wir verbinden uns so stark mit dem anderem, dass wir diese Beziehung mit unseren eigenen Energien verknüpfen. Wir geben Teilenergien von uns ab, und genau diese Befehle müssen wir zurückzunehmen. Solange wir Energieanteile beim anderen abgelegt haben, solange müssen wir immer wieder - von Inkarnation zu Inkarnation - auf diese Menschen treffen, um unsere Teilenergien zurückzuholen. Verglichen mit der körperlichen Ebene könnte man das so erklären, als hätten wir beispielsweise einem anderen unsere Lunge gegeben. Die Lunge steht übrigens als Symbol für die eigene Freiheit. Doch ohne Lunge können wir nicht leben, und somit müssen wir immer wieder die Lunge in der Hand des anderen nutzen, damit wir weiterhin atmen können. Stellen Sie sich das bildlich vor: Beide Parteien tauschen Energieanteile zumeist sogar auf derselben Ebene miteinander aus. Symbolisch wäre das in unserem Fall die Lunge, die beide gegenseitig austauschen; der eine erhält die Lunge des anderen und umgekehrt. Nun versuchen beide mit dem Organ des anderen zu arbeiten, was natürlich in dieser Form kaum funktionieren kann. Beide schielen nun immer wieder auf ihre eigene Lunge und sind somit automatisch mehr mit dem anderen als mit sich selbst beschäftigt. Sollten sie in der Inkarnation, in der sie den Tausch vorgenommen haben, ihre Lunge nicht zurückfordern, dann bleibt dieser Austausch bestehen. Da wir uns jedoch alle wieder komplettieren müssen, haben wir keine andere Wahl, als dafür zu sorgen, dass wir unsere Lunge - rein energetisch betrachtet - zurückbekommen. Wir müssen also auf der einen Seite unsere Lunge zurückfordern und auf der anderen Seite unserem Gegenüber seine Lunge zurückgeben. Diese Teile müssen in der Ursubstanz wieder ausgetauscht werden. Das können wir jedoch nur wieder in einer Inkarnation tun, denn auch gerade den Tausch haben wir in einem körperlichen Leben vorgenommen und müssen somit wieder einen Körper haben, damit wir erneut tauschen können. Und damit wir den Tausch überhaupt wieder durchführen können, müssen wir dieser Person erneut begegnen. Und genau eine solche Verstrickung und den Austausch von Energieanteilen nennt man Karma.

Wir selbst stellen uns somit eine neue Inkarnationskonstellation auf, um offene Energierechnungen begleichen zu können. Somit lautet die Antwort auf die oben gestellte Frage: „Wir selbst", denn nur wir entscheiden, ob wir weiterhin inkarnieren müssen und auch wollen. Unsere Aufgabe ist es, uns wieder so weit zu vervollständigen, bis unsere Energieanteile in uns wieder in Einheit sind. Denn dann kann unsere ureigenste Inkarnationsphase enden, jedoch nur, wenn wir komplett sind. Meist erkennen wir unsere Verstrickungen erst, wenn wir das Leben abschließen. Wie das funktioniert? Wenn wir sterben, dann tritt unsere Seele aus dem Körper aus und verlässt diesen. Damit wir uns jedoch von der materiellen Ebene lösen können, müssen wir dieses Leben abschließen. Das wiederum funktioniert jedoch nur, wenn wir uns, ohne unsere körperliche Hülle, dem inneren Licht stellen, dann erst können wir erkennen, was uns fehlt, welche Energieverstrickung wir noch haben. Über die Begegnung mit unserem inneren Lichtwesen schließen wir dieses Leben ab und speichern alle für uns wichtigen Daten in unserer Energie ab, denn die brauchen wir für die nächste Inkarnation.

Es wurden schon einige Berichte veröffentlicht, in denen Menschen, die nah am Lebensende waren, ihre Wahrnehmung beschrieben haben. Dabei wurde nahezu eindeutig von einer Begegnung mit einem Licht gesprochen. Die Wissenschaft erklärt dieses anhand medizinischer Symptome. Die Philosophie deklariert, dass immer alles von innen nach außen kommt und dass es sich bei diesem Licht um ein Lichtwesen handelt, das uns den Weg von der materiellen Ebene auf die Astralebene weist. Das ist auch stimmig. Wir alle begegnen einem Lichtwesen: Es handelt sich dabei um unser eigenes inneres Licht, denn wir alle leben nur, weil wir einen inneren Kern göttlichen Lichts in uns tragen; und dieser ist allwissend. Genau diesem Licht begegnen wir, und wir verabschieden uns von dem Leben, indem wir uns die Erlebnisse teilweise noch einmal dreidimensional aus einer anderen Perspektive anschauen. So würden wir es zumindest aus unserem gewohnten Blickwinkel heraus beschreiben. Letztlich ist es aber sehr schwer, dieses Erleben mit unseren Worten zu erklären. Tatsache ist jedoch, dass wir die gelebten

Bilder plastisch und echt erleben. Wir bekommen jedoch nicht nur unsere eigenen Gefühle, Gedanken, Worte und Taten gespiegelt, sondern auch die Emotionen unserer Mitspieler. Kam ein anderer Mensch, der uns begegnet ist, durch uns zu Schaden, dann werden wir gerade seine Emotionen spüren und nachvollziehen müssen, damit wir klar erkennen können, was wir angerichtet haben. Auf jeden Menschen, dem wir Leid zugefügt haben, haben wir Einfluss genommen. Meist hat sich dadurch sein Leben und auch unseres verändert. Für jedes Unrecht, das ich getan habe, muss ich die Verantwortung übernehmen, und jeder, der mir Unrecht zugefügt hat, muss sich seinerseits dafür der Verantwortung stellen. Somit wandelt sich unser eigenes Leben stetig durch unsere Handlungen. Damit wir unsere Energieverknüpfungen erkennen können, brauchen wir den direkten Spiegel des anderen. Und genau aus diesem Grunde werden wir nachempfinden, was der andere empfunden hat, denn jeder Mensch, dem ich Leid zugefügt habe, ist ein Spiegel meiner selbst, und ich muss über ihn meine eigene Leidensstruktur erkennen, damit ich diese wandeln kann. Täter und Opfer sind immer beide in mir selbst zu Hause. Damit nun wieder eine Harmonie in mir auftreten kann, brauche ich die anderen Menschen, damit sie mich an meine eigenen Verfehlungen erinnern können.

Nur so sind wir in der Lage, ein eigenes klares und neutrales Urteil zu fällen. Somit erfahren wir, wie ein anderer sich durch die von uns herbeigeführten Verletzungen gefühlt hat. Wie das kommen kann? Ich habe schon erwähnt, dass wir auf der Astralebene das gesamte Wissen abfragen können, und somit fällt es uns leicht, in die Gefühlswelt des anderen einzutauchen. Erst wenn wir durch unser inneres Licht gegangen sind, können wir das irdische Leben abschließen. Wir brauchen jedoch diese klare Sichtweise, damit wir überhaupt ein Urteil über unser gelebtes Leben erstellen können; und daraus ergibt sich schon direkt die neue Aufgabe für die nächste Inkarnation.

So stehen wir also nach jeder Inkarnation vor unserem inneren Richter, der jedoch absolut nicht milder über uns urteilen wird als wir selbst. Wir stehen als Person in Gedanken - nach astrologischen Gesichtspunkten, also vorgegebenen Energiestrukturprägungen - vor unserem eigenen inneren

Licht, diesmal jedoch aus der anderen Perspektive, denn wir schauen von außen in das eigene Leben hinein und lösen uns darüber von dieser irdischen Inkarnation. Rein plastisch gesehen speichern wir nur die für uns wichtigen Daten in uns ab. Dann löschen wir alle anderen Daten, Erlebnisse und Emotionen und begeben uns auf die Astralebene. Solange wir noch inkarnieren müssen, haben wir einen sogenannten Astralkörper. Dieser Körper sieht dem fleischlichen, materiellen Körper sehr ähnlich, nur dass er meist ein wenig größer erscheint. Die Bilder unseres früheren Aussehens werden wir so lange in unserem Astralkörper speichern, bis wir die mit diesem Leben verbundenen Themen aufgelöst haben. Wir brauchen dieses Aussehen, damit wir uns selbst immer wieder erkennen und erinnern können; ebenso die Menschen, mit denen wir in der nächsten Inkarnation wieder zu tun haben werden und die wir schon aus früheren Leben kennen. So erkennen wir uns gegenseitig oftmals durch unsere Astralkörperschichten, erinnern uns an die früheren Leben und verbinden uns automatisch wieder aus alter Gewohnheit. Tief im Inneren wissen wir alle, dass wir nur inkarniert sind, um uns wieder in Einheit zu bringen, und das können wir nur, wenn wir alle nach außen gelagerten Energien zurückholen.

Erst wenn wir das Aussehen nicht mehr brauchen, dann löst sich diese Astralkörperschicht auf; je mehr wir uns gelöst haben, desto näher sind wir an Gott und somit an unserem inneren Licht. Irgendwann legen wir dann auch den gesamten Astralkörper ab und brauchen nicht mehr zu inkarnieren. Menschen, die sich dickhäutig und fest anfühlen, haben eine bestimmte Astralkörperdichte und tragen somit noch viel Karma und viele Inkarnationskörper mit sich herum. Erst wenn wir uns Stück für Stück loslösen, dann können wir uns auch von Altlasten befreien. Wie wir das machen können? Ganz einfach. Wir müssen uns nur immer wieder mit uns selbst auseinander setzen. Dadurch bekommen wir einen klaren Durchblick, eine Transparenz für unsere Themen; das ist unsere einzige und reale Chance. Doch oftmals, wenn wir uns sehr verstrickt anfühlen, dann haben wir Angst, in unser Inneres zu blicken. Selbst dann bleibt uns nichts anderes übrig als zu lernen, endlich anzufangen, denn jeder Anfang ist schwer.

Wir können jederzeit - also auch in einer bestehenden Inkarnation, wenn wir uns weiterentwickelt haben - dafür sorgen, dass wir unser Leben aus einer Vogelperspektive, also von außerhalb, betrachten können. Dies hat zur Folge, dass wir neue „Lasten" abbauen können. Somit haben wir in einer bestehenden Inkarnation sehr wohl die Chance aufzuräumen, wir müssen es nur wollen. Denken Sie immer daran: Ihr inneres Licht ist in Ihnen und wartet darauf, dass Sie es ansprechen. Je öfter Sie das tun, desto besser, denn dann sind Sie in Harmonie mit den kosmischen Gesetzen, denen Sie sowieso folgen müssen. Also tragen Sie Ihr Schicksal mit Stolz und lernen Sie aus Ihrem Leben all das, was es zu lernen gibt. Sollten dann trotzdem immer wieder Themen von außerhalb auf Sie zukommen, dann liegt es nur daran, dass Ihr inneres Licht darum gebeten hat. Der Kosmos gewährt immer Unterstützung, damit wir unsere Erkenntnisse sammeln können, immer dann, wenn es notwendig ist.

Wir können uns das so vorstellen: Ich habe eine bestimmte Aufgabe zu erfüllen und will mich nicht mit meinem inneren Licht auseinander setzen. Tief im Inneren spüre ich nun, wie sich alles in mir zusammenbraut, doch ich versuche, mich mit anderen, für mich angeblich wichtigeren Dingen abzulenken. Da ist mein Auto, mein Lieblingsspielzeug. Ich bin begeistert und liebe das Leben, so lange ich mit dem Auto fahren kann. Ich versuche, mein Schicksal zu umgehen, und mache alles, damit ich auf mein inneres Licht nicht hören muss. Ich lege mich schlafen, denn es ist Nacht. In der Nacht, wenn ich mich in der Tiefschlafphase befinde, verlässt meine Seele den Körper, damit er sich regenerieren kann. Auf der Astralebene trifft sich dann mein inneres Licht mit anderen Wesenheiten, und es wird beratschlagt, was denn nun passieren könnte, damit ich endlich hinhöre. Man entscheidet, es sei wohl unumgänglich, dass ich mein Auto verlieren müsse, um durch die erlebte Trauer wieder auf meine innere Stimme zu hören. Gesagt, getan. Und dann passiert es, dieses Phänomen, das, was wir oftmals als Schicksal bezeichnen, und das unser normales Leben aus der Bahn wirft. Am nächsten Tag, ich denke an nichts Böses, plötzlich fahre ich durch Unachtsamkeit einem anderen Autofahrer auf, und mein Auto ist nur noch ein einziger Schrotthaufen. Durch diesen Unfall werde ich aus meiner gewohnten Bahn geworfen. Dieses Erlebnis führt dazu, dass ich wieder anfange, mich meinem inneren Licht zuzuwenden, denn ich verliere meine gewohnte Sicherheit, und dadurch spüre ich die bis dato überlagerte Angst wieder in mir. Die meisten Menschen fangen in so einem Moment wieder an, zu Gott zu beten. Und jetzt endlich höre ich hin. Wäre ich vorher bereit gewesen hinzuhören, dann hätte ich mein Auto nicht verlieren müssen.

Viele Menschen brauchen sogenannte Schicksalsschläge, damit Sie sich wieder ihrer eigentlichen Aufgabe bewusst werden. Oftmals sind wir nur so in der Lage, unser Leben zu erkennen und zu leben. Immerhin müssen wir uns dem irdischen Leben stellen, um uns von karmischen Altlasten zu befreien, und das mag bestimmt nicht immer sonderlich angenehm sein. Doch wir sollten uns freiwillig diesen Situationen stellen, um endlich wieder in Harmonie zu sein.

Auswirkung des Karmas auf Beziehungen
Die Übertragung von Energien

Jeder von uns hat vor Beginn dieser Inkarnation seinen persönlichen Koffer gepackt, wo er all die schönen und auch weniger schönen Dinge verstaut hat, die er für dieses Leben braucht, um seiner inneren Lernaufgabe gerecht zu werden. Wir haben ein Schicksal, und wir können diesem nicht entfliehen, denn es gehört zu uns wie der Tag und auch die Nacht. Es ist unser Koffer, liebevoll für uns gepackt, und nur wir selbst werden ihn öffnen und die darin befindlichen Sachen tragen und benutzen können. Wir können keinem anderen die Astralkörper-Kleider geben, die nur uns passen, denn sie sind für uns maßgeschneidert worden. Ebenso wenig können wir die Kleider eines anderen Menschen tragen, sie werden uns nicht passen. Sie könnten uns zeitweise sogar daran hindern, unsere eigenen Kleider zu tragen.

Viele Situationen und Begegnungen, die sich zukünftig in unserem Leben ereignen werden, sind schon vor dieser Inkarnation von unserem inneren Licht vorgegeben worden. Unser Leben ist somit in Teilen vorprogrammiert, doch was wir daraus dann im Alltag machen, bleibt sehr wohl uns selbst überlassen. Abgesehen von unseren Aufgaben, haben wir die freie Wahl, unser Leben so zu gestalten, wie es uns beliebt. Jedes Leben ist wunderschön und lebenswert, wir müssen nur lernen, es zu lieben. Denn die Liebe öffnet alle Tore, die uns zu unserem inneren Licht führen, und deshalb ist sie für jedes Leben so wichtig und wertvoll. Wir müssen nur lernen, uns auf all die Themen, die auf unserem Lebensweg liegen, einzulassen, die dahinter liegenden Lösungen zu erkennen und die damit verbundenen Energien zu leben.

Jeder Mensch nimmt seinen eigenen Karmakoffer mit auf seine Lebensreise. Doch oftmals sind wir mit dem darin befindlichen Inhalt nicht zufrieden und schielen gerne mit neidischem Blick auf den Koffer des Nachbarn. Doch was nützt uns das, denn jeder hat sein eigenes Päckchen zu tragen? Die meisten Menschen haben Angst vor dem Inhalt ihres Koffers und holen sehr behutsam ihre Sachen aus ihm heraus. Angst vor Verletzung ist hierbei wohl der größte Hemmschuh. Jedoch finden wir in unserem Koffer auch unsere verborgenen Talente und Fähigkeiten. Ich kann nur jedem raten, einmal genauer hinzusehen, denn alles das, was wir in einer früheren Inkarnation schon einmal gelernt haben, das können wir auch wiederfinden, wir müssen es nur suchen. Sich immer nur mit der dunklen Seite des inneren Ichs auseinander zu setzen, wäre ein großer Fehler, denn wir würden uns das Leben extrem schwer machen. Wofür?

Jedoch sollten wir auf der anderen Seite auch nicht den Fehler machen, vor unserem eigenen Leben und unserem Schicksal davonzulaufen. Wir alle haben keine andere Wahl, als uns um unseren eigenen Koffer zu kümmern und uns den damit verbundenen Aufgaben zu stellen. Es gibt einige, die versuchen mit Begeisterung im Koffer des anderen zu wühlen, in der Hoffnung, dass der andere dann als Gegenleistung ihren eigenen Koffer übernimmt. Nur: So geht das nicht. Jeder muss sein eigenes Thema leben. Egal, was wir auch alles anstellen wollen, wir können uns beispielsweise noch so sehr in Demut um andere Menschen kümmern, alle diese hervorragenden Taten werden uns nicht von unserem eigenen Koffer und somit unseren eigenen karmischen Aufgaben befreien. Denn gerade den sollten wir in Demut, ohne viel nachzudenken, annehmen.

Doch meist sieht die Handhabung in der Realität ganz anders aus. Wie gerne übernehmen wir zeitweise die Lebensaufgaben des Partners, aus einer emotionalen Verbindung und aus dem Wunsch heraus, ihn ein wenig zu entlasten. Natürlich nicht ohne Eigennutz, denn wir hoffen im Stillen, dass der Partner dann die Aufgaben unseres Lebens übernimmt. Das passiert jedoch nicht, da keiner die Aufgabenstellung eines anderen übernehmen und somit leben kann. Meist suchen wir uns jedoch aus diesem Grunde einen Partner, stets in der Hoffnung, dass dieser unser Leben erleichtern könnte. Wir wünschen uns einen Partner, der uns helfen soll, damit uns unser Leben nicht mehr so schwer fällt. Doch nach dem Gesetz der Resonanz suchen wir stets unbewusst einen Partner, der eine ähnliche Thematik hat. Denn auch dieser Partner, den wir emotional ansprechen, möchte die Schwere seines Lebens abgeben. Und so kann es passieren, dass sich beide darum streiten. Dies ist eine der häufigsten Streitpunkte in den meisten partnerschaftlichen Verbindungen. Denn keiner wird den anderen verstehen können, warum er nicht bereit ist, die geforderten Aufgaben automatisch, neben seinen eigenen, zu übernehmen. Beide stellen somit gegenseitige Ansprüche. Da sich beide benachteiligt fühlen, treffen sie sich natürlich genau an ihrem emotional schmerzhaftesten Punkt und rasseln aneinander. Beide sind verletzt und wollen, dass der Partner diese Verletzung wahrnimmt und gewichtet, denn sie denken beide, dass der Partner doch die Erleichterung des eigenen Lebens darstellen muss.

Bei so einem Streitgespräch ist es jetzt schon deutlich erkennbar, dass beide letztlich nur darum kämpfen, dem anderen die eigenen karmischen Aufgaben aufs Auge zu drücken. Da beide die gleiche Forderung an den anderen stellen, fühlen sie sich sehr schnell und heftig auf die eigenen emotionalen Verletzungen angesprochen und reagieren zumeist mit einer kämpferischen Abwehrhaltung, also einem Streit. Keiner kann das Karma eines anderen übernehmen, deswegen sind solche Handlungen grundsätzlich unlogisch. Doch meist merken wir das nicht so schnell. In einer Partnerschaft haben wir uns emotional verbunden und somit unsere intimen selbst produzierten Energien eingesetzt. In den meisten Fällen haben wir viel Energie investiert. Da sich die Partner schon alleine durch die Sexualität immer mehr miteinander verbinden, entsteht oftmals nach einer Weile das Empfinden, dass der Partner sich zu einem zu uns gehörenden Teil entwickelt hat. Er ist uns ähnlich geworden, und wir meinen immer mehr, dass er zu uns gehört. Ja, und alles das, was zu uns gehört, ist somit für uns einsetzbar, und genau das versuchen die meisten Paare auch. Sie stellen einen eigenen Anspruch an den Partner und planen seine Energien ein. Sehr häufig können wir dieses Phänomen bei Paaren erkennen, bei denen der eine den anderen fast bevormundet, sich also für dessen Energien absolut verantwortlich fühlt. Hierbei handelt es sich jedoch nicht mehr um eine Partnerschaft im ursprünglichen Sinne, sondern eher um eine Belastung. Erst wenn wir uns immer wieder wachrütteln und den Partner als Individuum betrachten, erst dann haben wir eine reelle Chance, dass uns diese Übertragungsmechanismen nicht mehr passieren können.

Oftmals treffen wir wieder auf Seelen, die wir aus früheren Inkarnationen kennen und mit denen wir uns energetisch noch austauschen müssen. Dabei handelt es sich um Verabredungen, die automatisch am Tag X eingehalten werden müssen. Somit treffen wir zum festgelegten Zeitpunkt auf einen Menschen, mit dem wir auch schon in einem früheren Leben zu tun hatten. Gerade dieses Phänomen können wir häufig in einigen Partnerschaften antreffen. In einem solchen Fall haben die Partner die primäre Aufgabe, ihr Karma miteinander zu bereinigen und alle übernommenen Energien auszutauschen. Das heißt, diese Menschen kennen sich aus einer früheren Inkarnation und müssen nun lernen, die energetischen Verknüpfungen miteinander zu lösen. Natürlich jeder für sich, und trotzdem auch in Teilen gemeinsam. Über den enormen Spiegelkontakt, den die beiden sich gegenseitig bieten, werden das Thema und die damit verbundene energetisch verstrickte, karmische Aufgabe immer deutlicher. Wenn wir nun berücksichtigen, dass es sich dabei immer um einen Energieaustausch handelt, dann können wir uns bestimmt plastisch vorstellen, wie beide Partner während eines Streits an je einem Ende des Energiestranges, ähnlich einer vertretenden Meinung, ziehen, und keiner loslassen will. Stellen Sie sich vor, einer hat dem anderen vor einem guten Jahrhundert sein Herz geschenkt. Das Herz steht als Symbol für die Liebe und somit auch gerade für die Eigenliebe; sollte also einer seine Liebesfähigkeit auslagern, dann versteinert er innerlich. Doch schauen wir uns das einmal genauer an. Der andere hat dies angenommen und auch seinerseits sein „Herz" – es muss allerdings nicht immer gleich sein – gegeben. Somit würden beide symbolisch seit 100 Jahren mit einem fremden Herzen in der Brust leben. Die Auflösung dieser Energieverstrickung funktioniert jedoch nur, wenn beide ihr Herz zurückfordern und wieder austauschen. Dieses System ist den meisten Menschen jedoch nicht bewusst, sonst wüssten sie, warum sie überhaupt streiten. Denn in der gelebten Realität fühlt sich das meist so an: Der Partner, der das Herz „besitzt", wird sich in dem Moment, in dem der Besitzer seinen Besitzanspruch stellt, in die Ecke gedrängt fühlen. Denn er spürt, dass der Partner ihm etwas wegnehmen will, doch er weiß nicht was, und er wird sich automatisch wehren und unbewusst darum kämpfen. Nach einer Weile geben beide auf und erholen sich ein wenig, um dann erneut zu einem späteren Zeitpunkt um dasselbe Thema zu kämpfen. Wäre beiden jetzt bewusst, worum sie eigentlich kämpfen, dann könnten sie endlich damit aufhören und eine Partnerschaft in Frieden und Harmonie leben. Denn solange karmische Gesetze eine wichtige Rolle spielen, solange kann keine Partnerschaft harmonisch sein. Die Aufgabe in dieser Beziehung ist es, dass beide ihr „Herz" wieder austauschen müssen, damit sie endlich in ihrer eigenen Liebe zu sich selbst und zu ihrem Körper leben können. Solange beide jedoch ihr eigenes Herz ausgelagert haben, sind sie kaum in der Lage, sich selbst die Liebe zu geben, die sie brauchen, und somit stehen beide in einer absoluten Abhängigkeit zueinander.

In einer Partnerschaft kann nur Harmonie entstehen, wenn jeder für sein Leben energetisch wie körperlich eigenverantwortlich sorgt. Damit wir das jedoch leben können, sollten wir als Grundvoraussetzung darauf achten, dass wir unsere karmischen Verknüpfungen miteinander aufgelöst haben. Wir müssen lernen, den Partner so zu achten, wie auch wir geachtet werden wollen. Denn der Partner ist der stärkste Spiegel, den ich mir auswählen kann, und von daher bringt er mich an meine eigenen inneren Themen heran, ebenso wie ich ihn an seine bringe. Ein faires Spiel, wenn man es aus dieser Perspektive betrachtet. Alle energetischen Übertragungen auf den anderen stehen einem dabei nur selbst im Weg. Es sollte daher für uns immer wichtig sein, dass wir fair miteinander umgehen. Denn: Wenn wir den Partner verletzen, dann verletzen wir uns letztlich auch selbst.

Jeder noch so kleine Streit wird immer durch ein inneres Verletzungspotenzial entfacht. Wir müssen hier lernen, zu schlichten und auch zu verzeihen, denn wenn wir nachtragend sind, dann kann die Beziehung niemals eine Basis finden. Wir müssen lernen, zu verzeihen und loszulassen, ganz gleich um was für eine Beziehung es sich handelt, ob nun eine Mann-Frau-Partnerschaft, die Verbindung zu den Eltern oder zu einer anderen Person. Jeder Mensch ist so, wie er ist, und wir hatten zum Zeitpunkt des Konflikts immerhin eine innere Resonanz. Wir sollten die Verantwortung für unser Leben tragen und nicht nach Entschuldigungen suchen. Somit können wir unsere Fehlhandlungen als Erwachsener nicht ein Leben lang auf die Erziehung der Mutter oder auf das Elternhaus allgemein zurückführen. Viele versuchen jedoch immer noch, die eigenen Verfehlungen ein Leben lang dadurch zu entschuldigen. Doch genau damit kommen wir nicht weiter. Wenn wir nicht lernen, den Personen, mit denen wir im Leben Lernerfahrungen gesammelt haben, zu verzeihen, dann bleiben wir immer an diese Menschen emotional gebunden, und das wäre für unsere eigene Entwicklung fatal. Denn egal durch welchen Menschen wir Schmerzen erfahren haben, wir haben daraus gelernt, und wir können diesem Menschen nur dankbar sein, dass wir lernen durften. Doch eins sollten wir dabei nie vergessen: So wie wir von anderen lernen, lernen diese auch von uns. Somit gleichen sich die Ebenen immer wieder aus. Das sollte jedoch bei weitem nicht ausschließen, dass ich mich für Verfehlungen meinerseits entschuldigen könnte, denn das bewirkt immer energetische Wunder. Ich entschuldige mich dann nicht nur bei dem anderen, sondern auch gerade bei mir selbst, somit verzeihe ich auf allen Ebenen, und nur so kann ich mich emotional lösen.

Solange Sie noch eine offene Rechnung haben, werden Sie Energien an diesen Menschen senden müssen, denn Ihr inneres Licht erwartet von Ihnen, dass Sie sich entschuldigen, also die Schuld vor sich selbst eingestehen. Sollten Sie auf diesen Menschen nicht mehr treffen, oder sollte dieser Mensch nicht in der Lage sein, die Entschuldigung persönlich anzunehmen, dann können Sie diese Energie an den Kosmos abgeben und die Entschuldigung in ein Gebet einflechten. Hauptsache, Sie werden aktiv, gerade das hilft Ihnen bei Ihrer eigenen Selbstheilung. Denken Sie bitte immer daran: Es gibt keine Zufälle, und wir brauchen die Gegenspieler, damit wir unseren karmischen Aufgaben folgen können.

Tatsache ist auch, dass wir uns das für uns passende Elternhaus ausgesucht haben. Wir brauchten die Eltern und deren Strukturen als Vorbereitung für unser eigenes verantwortungsvolles Leben. Als Kind stehen wir in der Obhut der Eltern und übernehmen Strukturen, die wir teils selbst brauchen und teils als Übertragung in uns kopieren. Wir alle haben somit, krass ausgedrückt, einen Vater- und/oder einen Mutterkomplex. Den haben wir als Kind erfahren, denn wir fühlten uns zur damaligen Zeit zumeist noch handlungsunfähig und unmündig. Doch heute sind wir groß, mündig und erwachsen, und wir können handeln. Wir können innere Zeitreisen vornehmen, somit zurückwandern und handeln, all das tun, was wir für richtig halten, um uns aus den gewohnten Zwängen zu befreien. Ein Leben lang auf

Vater oder Mutter zu schimpfen wäre die dümmste Idee, die in einem Kopf entstehen könnte.

Es ist schon wichtig, genau hinzusehen um zu erkennen, warum die Eltern so oder so gehandelt haben, damit wir eine andere Sichtweise zu der damalig erfahrenen Situation erhalten können. Doch die Heilung liegt nicht darin, es den Eltern heimzuzahlen oder gar auf Rache zu sinnen. Vielmehr sollten wir in uns die Zeit zurückdrehen und uns emotional wie energetisch in die Kindheit zurückversetzen, um dann dort mit unserem heutigen Bewusstsein als Erwachsener zu handeln: Das heißt, wir können heutzutage die damals geprägte Struktur mit all ihren Energien befreien. Die Eltern können wir genauso wenig verändern wie einen Partner, doch uns selbst, das heißt, unsere Strukturen, die können wir auf diese Weise immer wandeln, so wie wir es wollen. Egal was uns jemand angetan hat, er muss mit dem Wissen darüber leben und ist für seine Taten allein verantwortlich. Und wir müssen lernen, aus der bedauernswerten Opferrolle zu klettern, damit wir uns von althergebrachten Schmerzen erholen, die Wunden heilen und uns somit von Altlasten befreien. Dies ist umso wichtiger, je gravierender die energetischen Verstrickungen in der Kindheit waren. Somit sollte beispielsweise ein seelischer wie ein körperlicher Missbrauch nicht ewig in uns leben dürfen. Es dauert lange, bis wir uns von den Erlebnissen erholt haben, oftmals sogar ein ganzes Leben lang, und manchmal geht es sogar über ein Leben hinaus. Doch jeden Tag, den wir freier leben können, ist ein Tag mehr, für den es sich lohnt, an sich selbst energetisch zu arbeiten.

Gerade der Bereich Karma und sexueller Missbrauch ist ein sehr weit verbreitetes und häufiges Thema. Viele haben sich schon gefragt, wie beispielsweise ein Täter, der gleichzeitig der Vater des Opfers ist, mit diesen verschiedenen Rollen leben kann. Die Antwort ist nicht einfach, doch einleuchtend. Stellen wir uns diesen Bereich ein wenig genauer anhand eines Fallbeispiels vor: Es handelt sich hierbei um einen der häufigsten Streitpunkte auf diesem Gebiet, Gegenstand dieser Betrachtung ist die Struktur eines Täters, in diesem Fall der leibliche Vater einer Tochter. Der Tochter war der erlebte Missbrauch bewusst, und sie verarbeitete diesen in einer Therapie. Immer wenn sie dem Therapeuten gegenüber saß, war ihr der

Missbrauch so glasklar bewusst, als wäre die Tat erst gestern geschehen. Dies ist gerade in der Therapie besonders wichtig, denn das Ziel einer Therapie ist es, sich energetisch innerlich reinigen und säubern zu können, um die Erlebnisse und die damit verbundenen Energien auszugleichen und zurückzuholen. Solange sie dem Therapeuten gegenüber saß, war dies kein Problem. Doch wenn sie sich dann wieder in ihrem Alltagsgeschehen befand und sogar dem Vater, also dem Täter, begegnete, dann leugneten auf einmal einige Energieanteile in ihr, dieses fürchterliche, an ihrem inneren Kind begangene Verbrechen. Das Schlimmste war hierbei jedoch, dass sie sich auf einmal schuldig fühlte. Dieses Schuldgefühl entstand in ihr, da sie den Vater in der Therapie so offen beschuldigt hatte. Sie konnte sich selbst für dieses Verhalten keine Erklärung geben. Deshalb schauen wir uns diesen Fall einmal aus einer anderen Perspektive genauer an.

Jeder Mensch trägt unterschiedliche Energieanteile in sich. Energiespaltungen machen es möglich, dass wir teilweise sehr unterschiedlich reagieren können. Offensichtlich ist in unserem Beispiel, dass der Teil des Vaters, der den Akt vollzogen hatte, bewusst von anderen, in ihm lebenden Energieanteilen weit verdrängt wurde. Der Vater hatte unbewusst Angst, dass diese Situation an die Oberfläche gelangen könnte. Wenn die Tochter nun zu Besuch kam, dann versteckte sich das Täterteil des Vaters besonders schnell, und somit konnte die Tochter dieses Teil nicht sehen. Übrig blieb ein Gefühl der Unsicherheit, denn die Tochter zweifelte in dem Moment an der Wahrheit ihrer eigenen Aussage, da sie das Täterteil nicht erkennen konnte. Der Vater hingegen hatte der Tochter gegenüber immer ein schlechtes Gewissen, denn durch die Begegnung mit ihr wurde auch er an seine früheren Taten erinnert. Doch vor lauter Angst versuchte er diese Struktur in dem kindlichen Energieanteil der Tochter in gewohnter Weise zu unterdrücken. Gerade wenn ein Mensch therapeutisch an solchen Themenbereichen arbeitet, dann ist das für den Täter energetisch enorm stark zu spüren. Viele Beziehungen zerbrechen dann endgültig, da es oftmals so scheint, als könnte es dauerhaft keine andere Lösung geben. Das muss jedoch nicht sein; würden beide an ihren Strukturen arbeiten, dann würden sie sich auch beide irgendwann verzeihen können. Jeder für sich und beide zusammen. Wir bestehen aus mehreren Strukturen, und da der Vater wie auch die Tochter diese Erlebnisse in mehreren Strukturen geparkt haben, ist es möglich, dass sich diese dann bei einer Begegnung verstecken. Was dann oftmals übrig bleibt, ist meist nur noch der bittere Geschmack im Mund.

Um einen Missbrauch zu heilen, ist es besonders wichtig, die Energieverbindung zum Täterteil zu trennen. Man kann davon ausgehen, dass ein Täter seine Tat in Gedanken über einen längeren Zeitraum wiederholen wird und sein Opfer somit auch wirklich energetisch und emotional erreichen kann. Somit ist es besonders wichtig, sich von der übertragenden Energie des Täters absolut zu lösen. Egal wie viele Energiereinigungen dazu auch benötigt werden, die betroffene Person muss immer weiter vorwärts gehen und stetig an sich arbeiten, nur so hat sie eine Chance, aus dem Sog der in ihr negativ abgelagerten und immer noch stetig auf sie einwirkenden Energien herauszukommen. Denn solange wir negative Energien in uns tragen, solange leben diese und richten tagtäglich neuen Schaden an, und nur wir selbst sind in der Lage, diesen energetischen Missbrauch, begangen an unseren anderen Energieanteilen, endgültig zu beenden.

Nun verlagern wir unseren Blickpunkt auf die rein seelischen Komponenten des Missbrauchs allgemein: Viele Kinder werden häufig missbraucht, indem sie Themen der Eltern kopieren und diese nachleben müssen. Eine Mutter, die ihren Sohn als Partnerersatz ansieht, missbraucht ihn somit auf der seelischen Ebene: Denn, sollte der Junge in späteren Jahren nicht gelernt haben, sich zu befreien, und sollte die Mutter ihn nicht loslassen wollen, dann ist er solange an diese Frau gebunden, bis er sich selbst von dieser Partnerschaft befreit. Er wird sich ausgeliefert fühlen, und das kann ein Leben lang andauern. Da die Mutter sich in diesem Fall auf der partnerschaftlichen Seite befindet, wäre dieser Mann auch nicht partnerschaftsfähig, denn sorry, dieser Platz ist schon belegt. Würde dieser Mann nun von seiner Mutter verlangen, dass sie ihn losläßt, dann würde er wahrscheinlich vergeblich auf seine Freilassung warten. Denn warum sollte sie das tun? Oftmals erwarten wir jedoch die Rücknahme einer auferlegten Struktur genau von demjenigen, der uns diese Struktur auferlegt hat, doch das wäre ein Warten ohne Ende. Wir alleine halten die Schlüssel in den Händen und können uns jederzeit befreien. Wenn uns das wieder bewusst ist, dann werden wir feststellen, wie einfach und frei unser Leben sein kann. Das Wichtigste ist jedoch, dass wir lernen, uns selbst zu heilen und uns auch selbst zu verzeihen. Wir müssen uns lösen, damit wir eigenständig leben können.

Wir sollten lernen, uns zu sortieren und zu ordnen, denn wir alle haben die Verpflichtung, unsere Aufgaben zu erfüllen. Das können wir jedoch nicht, wenn wir uns durch andere Personen ablenken und auch blockieren lassen. Wenn wir anderen die Macht einräumen, sich uns in den Weg zu stellen, dann fühlen wir uns selbst ohnmächtig. Jedem Menschen, an den ich denke, gebe ich wertvolle Energien von mir ab, und diese kann ich dann für mich selbst nicht mehr nutzen. Der Gedanke, sich einmal nur mit sich selbst zu beschäftigen, ist für viele so fremd, dass sie nahestehenden Personen gegenüber fast ein schlechtes Gewissen bekommen, wenn sie ihre Energien auf einmal, wider jegliche Gewohnheit, nur für sich selbst einsetzen würden. Denn wie wird das Umfeld darauf reagieren, wenn ich aus der gewohnten Rolle herausgehe? Was denken die anderen dann über mich? Wir alle sind es gewohnt, in der Gesellschaft einen festen Platz einzunehmen. Somit leben wir innerhalb unseres Umfelds in einer gewissen Rollenfunktion. Verlassen wir jedoch diese Funktion, dann kann es passieren, dass das Umfeld sehr negativ darauf reagiert, denn es weiß oftmals nichts mit der veränderten Situation anzufangen. Die meisten Menschen leben in einem bestimmten Rollenverhalten und erwarten auch von den anderen, dass diese ihr Rollenverhalten beibehalten. Man kann sich das so vorstellen wie eine Kette, die aus vielen Gliedern besteht; jedes Glied verbindet sich mit den anderen und zusammen bilden sie ein Ganzes. Dieses Bild vermittelt vielen Sicherheit, jedoch handelt es sich hierbei nur um eine vermeintliche Sicherheit, denn jeder Mensch kann sich jederzeit weiterentwickeln und dadurch auch einen anderen Weg einschlagen. Das Symbol der Kette steht vielmehr für unsere innere Harmonie und Verbindlichkeit, denn im Inneren ist jeder Energieanteil mit den anderen verbunden und gemeinsam bilden sie eine Kette. Somit erfahren viele durch das feste Rollenverhalten der anderen Sicherheit, denn die andere Person ist berechenbar. Jede noch so kleine Veränderung kann also Unsicherheit hervorrufen. Gerade in Großfamilien können wir das sehr genau beobachten. Denn jeder, der sich aus der vorgegebenen Rolle lösen möchte, wird unter Druck wieder zur Ordnung gerufen und an seine Aufgabe in der Familienstruktur ermahnt. Hier sollten wir nicht vergessen: Beginnt einer an sich zu arbeiten und die gewohnte Rolle zu verlassen, dann werden auch die anderen neu über sich und ihr eigenes Rollenverhalten nachdenken müssen, und das könnte Probleme aufwirbeln.

Je mehr wir uns in Rollen bewegen, desto unbeweglicher werden wir in uns selbst. Sollte dann von außerhalb die innere Wahrheit auf uns zurollen wollen wie ein Stein, den wir unbewusst selbst ins Rollen gebracht haben, dann versuchen wir alles, um den Stein wieder aufzuhalten, damit er uns nicht überrollen kann. Da der Stein jedoch rollen muss, sonst haben wir keine Chance, uns weiterzuentwickeln, bleibt uns nichts anderes übrig, als uns mit der Wahrheit auseinander zu setzen. Würde die Allgemeinheit mehr Wert auf das Wohlbefinden der Seele legen, dann wäre es für uns alle ganz normal, uns mit unseren inneren Themen zu beschäftigen. Keiner bräuchte sich dann mehr zu schämen, wenn er aufgrund innerer Blockaden die Hilfestellung eines Therapeuten in Anspruch nehmen würde. Die meisten Menschen denken immer noch, dass sie so weiterleben können wie bisher. Dabei spüren sie im Inneren, dass die Steine – also die zu verarbeitenden Themen - schon längst auf sie zurollen. Und vor lauter Angst, dass das Schicksal erbarmungslos zuschlagen könnte, versuchen diese Menschen alles, um ihre Themen bei anderen zu parken, denn damit fühlen sie sich angeblich besser und geschützter. Haben Sie Angst vor der Dunkelheit? Wenn ja, dann haben Sie Angst vor Ihren eigenen, unbewussten, in Dunkelheit lebenden Energien, denn diese möchten an die Oberfläche. Solange wir uns in einer Gesellschaft befinden, solange fühlen wir uns zumeist sicher und geschützt. Doch wenn wir dann alleine sind, dann holen uns unsere inneren Dämonen wieder ein. Denn, wenn „die Geister, die ich rief" geweckt wurden, dann kann ich noch so viele Schlaflieder singen, wie ich will, ich kann sie nicht mehr zurück in den Tiefschlaf wiegen. Somit habe ich nur noch die Möglichkeit, den direkten Weg zu gehen und mich um meine inneren Themen zu kümmern. Wir können uns vor unseren eigenen Problemen nicht verstecken und sollten lernen, diese wieder freiwillig anzugehen. Ich kann jedem Menschen nur gratulieren, der bereit ist, an sich zu arbeiten, egal welche Hilfsmittel er dafür benötigt und wie lange der ganze Prozess dauert; denn Zeit spielt dabei keine Rolle.

Schicksal, die Verabredung - Zufall, da es einem zufallen muss

Jeder Mensch hat sich, wie schon erwähnt, für dieses Leben bestimmte Lebensthemen, die er verarbeiten und erleben möchte, vorgenommen. Somit haben wir schon auf der Astralebene selbst festgelegt, mit welchen Aufgaben und auch mit welchen Menschen wir uns beschäftigen wollen. In der Astrologie bezeichnet man diese Aufgaben als Lebensziel. Wir alle tragen Altlasten, also Karma, aus früheren Leben in uns, und wir alle müssen uns von mindestens einem Teil dieser Altlasten lösen. Wir müssen unsere verstreuten Energien zurückholen. Deshalb brauchen wir auch die Konfrontation mit bestimmten Lebensbereichen, damit wir die Themen in uns erkennen und wandeln können. Wandeln können wir uns/etwas jedoch nur, wenn wir die innere Bereitschaft dazu haben, denn auch, wenn uns eine Situation begegnet, ist das noch lange keine Garantie dafür, dass wir die dahinter liegende Aufgabe verstehen und zu unseren Gunsten nutzen. Viele Menschen werden somit immer wieder mit ein und demselben Thema auf unterschiedlichen Ebenen konfrontiert, damit sie stets aufs Neue die Möglichkeit zur Wandlung bekommen. Wir können also nicht sagen, dass wir keine Chance gehabt hätten, im Gegenteil.

Wir brauchen bestimmte Menschen und Situationen, die uns zum vereinbarten Zeitpunkt begegnen, damit wir uns an unsere eigen gestellten Aufgaben erinnern können und dadurch eine Möglichkeit haben, diese zu lösen. So haben wir uns viele Bereiche, die uns in diesem Leben begegnen, vor Beginn dieses Lebens festgelegt und uns innerlich dazu verpflichtet, diese Aufgaben zu erfüllen. Nach der Auftragserteilung für das neue Leben, speichern wir alle damit zusammenhängenden Daten in uns ab, so dass diese uns im alltäglichen Leben nicht blockieren können. Das heißt, diese Daten sind für uns nicht so einfach abrufbar. Nur wer wirklich gewillt ist und die nötige Reife in seinem Leben besitzt, der kann einen Blick in das Buch seines Lebens werfen. Er wird darin lesen können und sein Karma zu Erdzeiten verstehen lernen.

Wir alle leben somit in einem vorgegebenen Rhythmus. Dieser Rhythmus ist astrologisch erkennbar. Unsere astrologische Geburtskonstellation zeigt uns deutlich an, wer wir sind, welche Energien wir für dieses Leben zur Verfügung haben und was unsere Lernaufgabe, also unser Lebensziel ist. Die laufenden Konstellationen gewähren uns die Vielfalt unseres Lebens. Denn je nachdem, welche Konstellation die Planetenstellungen in unserem Horoskop bewegen, werden gewisse energetische Impulse in unserem Leben aktiviert. So werden Prozesse in Gang gesetzt, die uns dann wiederum an unsere Lernaufgaben erinnern. Somit können wir an unserem Karma gar nicht vorbeilaufen. Das einzige, was wir wirklich beeinflussen können, ist, wie wir mit unserem realen Leben umgehen. Wir alleine haben die Macht, unser Leben, abgesehen von den Lernaufgaben, mit unserem zur Verfügung stehenden Energiepotenzial so frei zu gestalten, wie wir es wollen. Je mehr uns wieder bewusst wird, dass wir verantwortungsvolle Aufgaben zu erfüllen haben, desto schöner können wir unser Leben gestalten. Wem nützt es, mit Scheuklappen seinen Lebensweg mühselig zu erklimmen, nur weil er seinen sich selbst gestellten Aufgaben nicht folgen möchte? Keinem. Deshalb ist es so wichtig, eine Ehrfurcht vor den höheren Energien des Lebens zu haben. Wir alle müssen nichts weiter tun, als unser Leben durch die kosmischen Energien leiten zu lassen. Ehrlich gesagt: Wir sind sowieso diesen Energien unterlegen, also können wir uns diesen Lebensstrom auch nutzbar machen und unser Leben fließend gestalten, ohne immer wieder durch unseren Kopf abgelenkt zu werden. Denn keiner vermag seinen karmischen Aufgaben zu entfliehen, sie werden uns immer wieder einholen. Und damit Sie die Thematik Karma besser verstehen können, hier ein Beispiel dazu:

Wir haben uns vor dieser Inkarnation genau festgelegt, welche bestimmten Situationen wir brauchen, damit wir die damit verbundenen Aufgaben erkennen können. Diese kommen dann auch zum verabredeten Zeitpunkt auf uns zu und klopfen leise an. Früh genug erahnen wir, dass etwas auf uns zukommen wird. Wir alle sind sehr sensitiv und können solche feinen Energien spüren. Die meisten Menschen verschließen sich jedoch schnell wieder vor diesen Gefühlen, aus Angst vor dem Ungewissen. Sie versuchen über den Alltagstrott den inneren Problemen auszuweichen, anstatt diese, wie sie es sich einst tief im Inneren auf der Astralebene versprochen haben, anzunehmen und zu leben. Das Problem klopft ein zweites Mal an, dieses Mal jedoch ein wenig heftiger, denn es will gehört werden. Und auch diesmal wird die Person sich versperren und sich durch andere äußere Situationen ablenken lassen. Gerade das tun wir besonders gerne, wie die Kinder in der Schule, die dem Nachbarn beim Anspitzen des Bleistifts zusehen, um dem Unterricht ausweichen zu können. Das Problem klopft ein drittes Mal an, immer noch behutsam, jedoch lauter als zuvor. Und wieder wird der Betreffende sich um etwas anderes kümmern, um von seinem Ursprungsthema abzulenken. Die Zeit vergeht und zieht ins Land, das Thema ist immer noch nicht bearbeitet worden und klopft somit erneut an. Diesmal jedoch hat es sich für sein Vorhaben einen äußeren Spiegel gesucht, ideal ist der Arbeitskollege, der ihm das Thema spiegelt. Na endlich, der Betreffende reagiert und versucht, sich in seinem Inneren zu wehren. Doch er ist leider nur mit dem äußeren Bild, also dem Kollegen beschäftigt, nicht mit sich selbst. Unser Fallbeispiel bekommt langsam Wut auf den Kollegen, weil er sich durch seine Präsenz und Anwesenheit betroffen fühlt. Denn er ist im wahrsten Sinne des Wortes „betroffen", und zwar mit seiner eigenen Thematik. Und das genau will die Situation ihm sagen und auch damit bezwecken: „Du bist betroffen, weißt du warum?" Doch in unserem Fall guckt der Betroffene leider nicht nach innen, sondern nur nach außen und verpasst somit eine wichtige Chance der Erkenntnis.

Die Zeit zieht vorbei und in unserem Karmakoffer, den wir in diese Inkarnation mitgebracht haben, macht sich das nächste Thema an die Arbeit. Denn es ist pünktlich zum passenden Zeitpunkt, wie vereinbart, zum Leben erweckt worden. Auch dieses Thema versucht jetzt anzuklopfen, um Gehör zu finden, nach dem Motto: „Hallo, ich bin da, bearbeite mich". Da sich jedoch die Person in unserem Fallbeispiel gerne gegen die Aufgaben des Lebens stellt, können wir davon ausgehen, dass die erneut wachgerufene, karmische Energie mit sehr viel Überzeugungskraft an sie herangehen muss, damit diese überhaupt in den Bewusstseinszustand vordringen kann. Es gibt eine Regel, und die besagt, dass ich all das, was ich in einer früheren Inkarnation verbockt habe, auch nur wieder in einer Inkarnation lösen kann. Im Klartext, die Energieanteile, die ich in einer früheren Inkarnation von mir gelöst habe, muss ich wieder zurückholen und in mir integrieren, denn da gehören sie hin. Es gibt ein höheres Ordnungssystem, dem wir alle unterstellt sind, und damit ich überhaupt eine Chance habe, meine Themen zu lösen, brauche ich eine bestimmte Konstellation, die mich daran erinnert. Das heißt, ich blicke aus einer eingeschränkten Sichtweise in mein Leben, und genau wie mit einer Lupe kann ich die karmischen Brennpunkte sehen, um sie zu erkennen und zu lösen. Ich kann diesen Themen nicht entweichen, denn ich muss sie leben, dafür alleine bin ich geboren. Die Aufgabe eines jeden Menschen lautet: „Sich selbst leben, in verantwortungsvollem Bewusstsein der eigenen Energie." Durch energetische Verstrickungen haben wir uns Energielöcher in unsere Aura gerissen, und diese gilt es zu kitten. Das geht jedoch nur, wenn wir bewusst darauf achten und die damit verbundenen Karmapunkte erkennen, nur dann haben wir eine Chance diese auszuheilen.

Das Ausheilen selbst ist dann gar nicht mehr so dramatisch oder schwer. Nur das Erkennen, dass diese gelebte Situation in mir geankert ist, das ist das Problem, mit dem die meisten zu kämpfen haben. Ich kann eine Thematik somit nur ausheilen, wenn ich im Ist-Zustand diese Situation erkenne und wandle. Das gleiche gilt für vergangene, karmische Erfahrungen und Erlebnisse, auch die kann ich nur bearbeiten, wenn ich sie wieder in mein Bewusstsein rufe. Dann habe ich alle mir zur Verfügung stehenden Möglichkeiten, um mir zu helfen und meine eigenen Energien zu befreien. Wenn Sie wissen wollen, ob Sie noch gebundene Energien in sich tragen, dann brauchen Sie nichts weiter zu tun, als darüber nachzudenken, ob Sie sich zeitweise wie in einem Gefängnis fühlen. Befreien Sie sich und ihre Energieanteile. Schließen Sie die Gefängniszellen auf und holen Sie Ihre Freiheit zurück. Holen Sie die alten, fast vergammelten Leichen - alte Verletzungen - aus ihrem Kellerverlies, bearbeiten Sie diese, und begraben die nicht mehr verwertbaren Restbestände der Altlasten. Somit wandeln Sie die damit gebundenen Energien. Das ist der Schlüssel zu Ihrem Glück. Doch bedenken Sie, Ihre ureigenste Zeituhr geht stetig vorwärts, und es ist an der Zeit, etwas zu tun.

Wir alle leben in unserem ureigensten Zeitempfinden. Jeder Mensch sollte lernen, im Jetzt, also im Ist-Zustand, zu leben. Denn nur in dem Moment, in dem wir uns spüren und fühlen, können wir Veränderungen durchführen. Wir alle haben in unserem Leben bestimmte Punkte, wie Stufen, zu erklimmen. Dabei brauchen wir die äußere Realität, damit für uns die Situationen sichtbar werden. Und zum passenden Zeitpunkt, wie oben schon erklärt, klopfen die Themen an. Wir können jetzt Thema für Thema bearbeiten, dass wäre auch das Sinnvollste. Denn die in Dunkelheit befindlichen Energieanteile werden durch das Hervorholen bewusst ins göttliche Licht gestellt, und dann verlieren sie automatisch ihre häßliche Fratze. Wir können im Vorfeld niemals wissen, was sich alles in uns verbirgt, genauso wenig, welche edlen Lebenstalente wir tief in uns begraben haben. Doch sollten wir niemals danach suchen, dann könnten wir diese wertvollen Erfahrungen auch nicht machen, und das wäre doch schade, oder?

Leider passiert es viel zu selten, dass die Menschen sich freiwillig ihren Verfehlungen stellen. Die meisten haben viel zu viel Angst vor ihren inneren Gefängnismauern und versuchen somit eher, die noch zu verarbeitenden Energien zu verstecken. Die einfachste Form, um zu sich selbst zu finden, ist es, ein Egoist zu sein und sich fortan nur noch um seine eigenen Belange zu kümmern. Das heißt jedoch nicht, sich auf Kosten der anderen das eigene Leben gestalten zu wollen, sondern sich auf seine eigene Kraft verlassen zu können. All die anderen Menschen, über die wir tagtäglich nachdenken, dienen uns doch sowieso nur als Alibifunktion, damit wir nicht über uns selbst nachdenken müssen. Alle äußeren verzwickten Verpflichtungen hindern uns letztlich nur daran, die Zeit für uns selbst zielgerichtet einzusetzen. Das passiert uns natürlich nur, wenn wir es auch so wollen, denn wir können die alltäglichen Arbeiten mit Freude oder mit übermäßig verpuffender Energie erledigen, wie wir das nun machen, das liegt alleine an uns.

Da die Themen immer im passenden Moment innerlich zum Leben erweckt werden, klopfen sie an und wollen bearbeitet werden. Wenn sich jedoch ein Mensch, und das tun die meisten, nicht darum kümmern will, dann klopft nicht nur das neue, sondern auch gleichzeitig das alte, unerledigte Thema an. Und so geht es immer weiter. Die Schlinge zieht sich teilweise so weit zu, bis fast nichts mehr im realen Leben funktionieren kann, denn die inneren Themen bleiben nicht in unserem Inneren verborgen, sondern manifestieren sich im Außen und suchen sich bestimmte Plätze in unserem

Leben. Sie machen sich genau dort breit, wo wir immer gerne hinschauen, denn dort besteht die größte Hoffnung, endlich gesehen und bearbeitet zu werden. Es sind die Plätze, denen wir besondere Aufmerksamkeit schenken.

So sind gerade die Themen, mit denen wir uns am liebsten beschäftigen, ideal für unsere Karmastrukturen, um uns unseren selbst inszenierten Spuk zu unterbreiten. Das heißt im Klartext, dass sich eine von uns nicht bearbeitete Struktur auf dem Arbeitssektor breit machen kann, eine weitere Karmastruktur vielleicht auf der Partnerschaftsebene und eine dritte nutzt den gerade begonnenen Hausbau als Projektionsfläche und so weiter und so fort. Diese Menschen fühlen sich dann vom Schicksal verfolgt, denn alles, was sie anpacken, gelingt ihnen nicht so, wie sie sich das vorstellen. Logisch, wenn karmische Strukturen dazwischen liegen. Würden diese Menschen dann endlich in sich aufräumen und regelmäßig ihren inneren seelischen Problemen Gehör schenken, dann würden sich diese Energien sehr schnell von der äußeren Ebene zurückziehen. Das hätte dann zur Folge, dass wieder Ruhe einkehren würde. Jedoch ist dies oftmals nicht der Fall; viele sammeln die unerledigten Themen und schieben diese vor sich her. Daher wirken so viele Menschen heutzutage so hektisch und unruhig. Das alleine liegt daran, dass die inneren Themen immer mehr auf die Seele drücken und diese belasten. Die Person fühlt sich somit unsicher, denn die Angst aus der gewohnten Bahn geworfen zu werden, ist enorm groß.

Im Extremfall erlebt dieser Mensch Schicksalsschläge, die er selbst produziert hat. Denn sollte er zum Beispiel seine Arbeitsstelle, die ihm so viel Raum genommen hat - als Alibifunktion - verlieren, dann hat er Zeit genug, über sich selbst nachzudenken; denn er wird höchstwahrscheinlich solange keine neue Arbeit finden, bis er bereit ist und gelernt hat, sein inneres Thema anzuerkennen. Das kann passieren. Danach treten dann oftmals die sogenannten Wunder ein, und man traut seinen Augen kaum, wie sich die äußeren Probleme urplötzlich, wie von Geisterhand geführt, wieder auflösen. Wunder entstehen nur durch die verantwortlichen positiven Energien aus unserem Inneren, in Verbindung mit kosmischen Energien, denn kein Mensch möchte sich wirklich selbst schaden. Somit ist jede Schädigung, egal in welchem Bereich sie eintritt, letztendlich nur als Lernthema gedacht. Wird das Thema bewusst angegangen, werden auch die blockierten Energien wieder freigesetzt, und das Leben geht mit positiven Schritten weiter. Also, wenn Sie das Leben in vollen Zügen genießen wollen, dann brauchen Sie nichts weiter zu tun, als in Ihrem Inneren aufzuräumen und die Energien in die Bahnen fließen zu lassen, denen Sie gerne folgen möchten.

Schicksal ist übrigens nur die Erklärung für Menschen, die die Gesetzmäßigkeiten, welche hinter dem gesamten System stehen, nicht kennen oder ignorieren. Deswegen noch mal die Kurzerklärung: Wenn wir unserem inneren Weg folgen, den wir uns selbst auferlegt haben und dem wir Folge leisten müssen - das ist der Grund unserer Inkarnation - dann wird das Leben uns all das bieten, was wir brauchen, um es zu verstehen. Somit lässt sich unser Leben als reine Lernaufgabe begreifen, die uns Schritt für Schritt zur gewünschten inneren Harmonie mit all unseren Energiepotenzialen führt. Wenn wir jedoch nicht auf unsere inneren Notwendigkeiten hören, dann wird die äußere, materialisierte Ebene dazu benutzt, um uns an unsere Themen heranzuführen. Also im Klartext: Ein Mensch, der auf sich selbst hört und immer wieder auf sich Acht gibt, der braucht nicht mehr die äußeren Spiegelebenen und Schicksalsschläge. Jeder Mensch ist tief in seinem Inneren ein Alchemist, ein Magier und sollte sich auch als solcher bekennen. Wir alle können unsere mit Blei gefüllten Energiesäckchen in reines Gold und somit in edle Eigenschaften umwandeln. Ist das nicht eine schöne Vorstellung? Sollten Sie das geschafft haben, dann sind Sie der Meister in Ihrem inneren und äußeren Leben, und nichts kann Sie mehr aufhalten. Nur vergessen Sie die Zeit nicht. Alles ist in Ihnen, die Gegenwart, die Vergangenheit und die Zukunft. Und alles können Sie immer nur im Jetzt ändern. Sie müssen, damit sie überhaupt eine Änderungsmöglichkeit haben, das Jetzt nach vorne ins Bewusstsein holen. Das heißt, dass all das, was Sie erlebt haben, in Ihnen abgespeichert ist. Damit Sie jedoch die damit verbundenen Energien wandeln können, müssen Sie sich die noch zu verarbeitenden Themen wieder bewusst machen. Ein Therapeut hilft Ihnen über gezielte Fragestellungen, damit Sie sich an den Knotenpunkt, die Verknotung der Energien, erinnern können, indem er Sie einfach auf bestimmte Fragen antworten lässt; denn die Lösung tragen sie alleine in Ihrem Inneren und die gilt es zu finden. Denken Sie daran: Wir alle tragen unsere innere Helferenergie, also unseren inneren Therapeuten, in uns, somit brauchen wir nicht grundsätzlich die Hilfe von außerhalb. Sollten wir uns jedoch zu verstrickt fühlen, dann ist eine Hilfe zur Abhilfe absolut erforderlich. Denn nur wenn uns die verstrickte Energie wieder bewusst ist, dann können wir sie durch das Erkennen und Akzeptieren der Thematik verändern. Nur bedenken Sie: Wenn Sie endlich glücklicher leben wollen, müssen auch Sie den ersten Schritt machen und jetzt anfangen aufzuräumen, damit es Ihnen dauerhaft besser gehen kann.

Wir haben nicht alle Zeit der Welt, um unsere energetischen Verstrickungen aufzulösen, denn irgendwann, wenn die biologische Uhr abgelaufen ist, dann werden wir dieses Leben beenden. Es wäre besonders ratsam, die bis dahin entstandenen energetischen Verbindungen wieder gelöst zu haben, denn sonst würden wir diese unerledigten Aspekte in unser nächstes Leben übertragen. Ein Selbstmörder beispielsweise ist ein Mensch, der sich so weit emotional verstrickt hat, dass er sich nicht mehr in der Lage fühlt, seine Energien wieder aus eigener Kraft zu entwirren. Doch: Alles das, was wir noch an Lernzielen vor uns sehen, was wir in dieser Inkarnation noch schaffen können, ist es wert anzugehen. Wir sollten uns mit unseren inneren Aufgaben vertraut machen und uns wirklich kennen lernen, damit wir wissen, wer wir sind. Es ist wichtig, dass wir lernen, uns selbst zu vertrauen und in der uns zur Verfügung stehenden Zeit alles das zu erleben, was wir wollen. Genug Menschen versprechen sich immer wieder, endlich mehr für ihr eigenes Leben zu tun, wenn sie das nächst anstehende Problem gelöst haben, doch leider halten sie diese Versprechen meist nicht ein und werden sich somit immer wieder selbst untreu. Denn auf das eine Thema folgt schon wieder ein neues, und so geht es weiter und weiter, bis dieser Mensch dann irgendwann stirbt und feststellt, dass er immer noch nicht für sein eigenes Leben gesorgt hat. Viele schieben gerne nichtssagende Gründe vor, um ihre eigene Untreue zu rechtfertigen. Immerhin ist es einfacher auf den Bauch des Nachbarn zu schielen, als auf den eigenen. Doch was nützt es? So viele Menschen vergessen ihr eigenes Leben und behindern sich somit nur selbst auf ihrem Weg. Doch was passiert, wenn Sie es nicht schaffen, ihre Themen in diesem Leben zu lösen? Sie werden diese unerledigten Themenbereiche, sollten diese weiterhin wichtig sein, in ein anderes Leben/eine andere Inkarnation übernehmen. Und so geht es weiter und weiter. Jedes Leben ist somit von Beginn an schon stark belastet, denn es trägt zusätzlich noch die Belastungen der vorherigen Leben. Die karmischen Verpflichtungen und die damit verstrickten Energien häufen sich immer mehr, und der Mensch wird sich somit immer eingeengter fühlen. Ich kann nur jedem raten, auf sich und seine Energien zu achten, denn bedenken Sie: Ihre innere Zeituhr läuft, und Sie können jederzeit anfangen, an sich zu arbeiten. Das geht einfach; wählen wir dazu ein Beispiel, und stellen Sie sich noch einmal vor, was Sie an Ihrem siebten Geburtstag erlebt haben. Je mehr Sie daran denken, desto mehr sind Sie in der bewussten Erinnerung, und desto eher können Sie die dazu gehörenden Emotionen spüren und wieder erleben. Die reale Zeit verblasst für Sie und Sie sind wieder Kind. Nun können Sie die damals erlebten Emotionen wieder spüren. Wie das geht? Das liegt alleine an Ihrer inneren Zeitrechnung. Doch nun werden wir uns noch tiefer mit dem Thema Karma auseinander setzen.

Reinkarnation - Karma - Wiedergeburt

Ich habe schon einiges über das Thema Reinkarnation und Karma geschrieben, und trotzdem möchte ich diesen Bereich noch weiter durchleuchten und erklären. Denn die Frage stellt sich immer noch: Warum wir eigentlich inkarnieren müssen, wenn das irdische Leben mit so vielen Problemen behaftet ist, und es auf der Astralebene viel schöner sein soll? Wir alle haben uns, wie schon erklärt, irgendwann in einer Inkarnation energetisch verstrickt und müssen diese noch bestehende Verstrickung wieder lösen. Das ist der Rhythmus der fortwährenden Inkarnationen, denn wir haben die Aufgabe, uns energetisch zu lösen und auch den anderen von unseren Energieanteilen wieder zu befreien. Stellen Sie sich vor, Sie hätten in einem früheren Leben einer ihnen damals nahestehenden Person gedanklich und emotional Ihre Liebesfähigkeit, symbolisch ihr Herz, verschenkt. Früher hatte das gesprochene Wort eine wirkliche Macht, und somit gingen ausgesandte Wünsche auch wirklich in Erfüllung. Somit konnte es passieren, dass einer dem anderen seine Liebesfähigkeit und somit sein Herz verschenkte, ohne zu wissen, was er sich selbst damit aufbürdete. Keiner darf jedoch Energieanteile verschenken, denn die braucht er für sein eigenes Leben, und somit muss er diese wieder zurücknehmen. Man kann einem anderen Menschen eine herzliche Emotion entgegenbringen, jedoch darf man keine energetischen Anteile von sich selbst abgeben. Keiner darf das Herz eines anderen in den Händen halten. Wenn das der Fall ist, dann kann der andere damit machen, was er will. Wir würden dann in einer absoluten energetischen Abhängigkeit zueinander stehen, denn wir müssten rein theoretisch zu dem anderen immer sehr lieb und brav sein, damit er uns und unserem Herzen nicht weh tut oder uns verletzt. Wenn wir so nicht leben wollen, dann müssen wir einen erneuten Austausch vornehmen.

Derjenige, der seine Liebesfähigkeit und somit sein Herz verschenkt hat, muss lernen, dieses wertzuschätzen, quasi als Schutz, damit er diesen Fehler nicht noch öfter begeht. Gleichzeitig muss er diesen Energieanteil auch zurückholen und zwar von der Person, der er es geschenkt hat. Diese andere Person wiederum konnte die mit dem Herz zusammenhängenden

Emotionen wohl gut gebrauchen, sonst hätte sie dieses Geschenk nicht angenommen. Man könnte sich das wie die Kraft eines Doppelherzen bildlich vorstellen, das heißt, die doppelte Portion an Lebensenergie, jedoch genauso auch an Emotionen. Der Beschenkte kann dann die geliehenen Energien nutzen, wie er das will, er hat somit symbolisch das Nutzungsrecht, jedoch wird ihm diese Energie nie komplett gehören können. Auch wenn wir Energieanteile von uns auslagern, so werden sie trotzdem immer uns zugehörig bleiben. Doch auch die andere Person musste ein Pfand abgeben, damit der Energieaustausch überhaupt stattfinden konnte. In unserem Beispiel vielleicht: „Der Schwur der ewigen Treue". Sollte man ein solches Versprechen, an das man sich gebunden fühlen wird, abgegeben haben, dann braucht man sich nicht zu wundern, warum einem der jetzige Partner, ohne ersichtlichen Grund, so verpflichtend nahesteht. Oftmals lösen wir alte Eheversprechen in diesem Leben ein, die eindeutig aus einer Vorgeschichte, also aus einer früheren Inkarnation stammen. Beide Personen werden sich nach einer Weile in ihren gewohnten energetischen Strukturen so heimisch fühlen, dass sie unbewusst Angst vor einer Veränderung oder einer Richtigstellung der Energieanteile haben werden.

Somit kann es sehr wohl sein, dass derjenige, der sein Herz nun zurückfordert, einen Korb bekommt, da es nicht offensichtlich ist, dass diese ausgelagerte Energieanteil wirklich ihm gehört. Diese Forderungshaltung könnte sich für den anderen so anfühlen, als wolle man ihn bestehlen, und somit geht das Gerangel los. Denn solange ich etwas verschenke und der andere das nur locker annimmt, kann ich es auch leicht wieder zurückfordern. Doch wenn der andere sich daran gewöhnt hat und es behalten will, dann kann sich sehr leicht ein Streit entwickeln. Denn beide würden hier um ein und dasselbe kämpfen, und jeder hat das Gefühl, Recht zu haben. Und um wieder auf die eingangs gestellte Frage zurückzukommen: Die Inkarnation und das damit verbundene Karma bedeuten somit nichts anderes, als seine eigenen Energien aus früheren Leben wieder einzusammeln und andere, die uns nicht gehören, wieder abzugeben; denn das System funktioniert nur über das Geben und Nehmen. Also werden immer auf beiden Seiten Energien ausgetauscht und nie einseitig. So kann es sein, dass beispielsweise einer sein Herz im Austausch gegen Sicherheit verschenkt hat.

Das ist, wie schon erwähnt, unser Hauptaugenmerk im Leben. Wir suchen unsere Energieanteile zusammen, damit wir wieder eine Einheit in uns bilden können. Denn solange wir unsere eigenen Energieanteile abgespalten und von uns weggelegt haben, müssen wir uns stets neu sortieren und sie zurückholen. Nur wenn wir mit unseren Energieanteilen wieder komplett sind, können wir uns von der ursprünglichen Polarität und somit von der Inkarnationsebene verabschieden. Bis dahin müssen wir jedoch unsere nach außen gelagerten Energieanteile einsammeln und in uns so integrieren, dass sie wieder da liegen, wo sie ursprünglich hingehören. Woran wir das merken? Wir tragen fast alle das Gefühl in uns, unvollständig zu sein, und wir alle suchen nach der Vollkommenheit, nach der Einheit und der damit verbundenen inneren Harmonie. Das ist der Hunger nach uns selbst, der uns auf den Weg bringen soll.

Warum wir uns energetisch überhaupt gespalten haben? Das ist eine gute Frage. Ich persönlich vermute, dass wir reichlich gesättigt waren und ausprobieren wollten, wie es sich anfühlt, nicht mehr so satt zu sein. Denn gerade die Beschreibung des biblischen Paradiesgartens ist ein wichtiger Hinweis, durch die „Versuchung" wurde die Polarität erst aktiv. Die polaren Seiten sind für das Prinzip der Wiedergeburt unumgänglich, ohne diese würden wir nicht befähigt sein, zu lernen und uns weiterzuentwickeln. Darüber fand die Hungersnot und das Leiden der Menschen, meines Erachtens, ihren Anfang. Damit wir lernen, unser eigenes Leiden zu beenden, müssen wir uns wieder vervollkommnen, und das geht nur, indem wir uns auf die Suche machen und die Teile, die uns fehlen, wieder einsammeln. Wir sollten dabei nie vergessen, dass wir nur unsere ureigensten Energieanteile zurückholen können, die Energieanteile der anderen passen uns nicht und lassen sich somit auch nicht integrieren.

Es passiert natürlich immer wieder, dass Menschen nicht bei dem ursprünglichen Empfänger ihres Energieanteils suchen, sondern bei jemand anderem, der diesem fehlenden Energieanteil zwar ähnlich und dennoch falsch ist. Wenn sie ihren Fehler dann bemerkt haben, lassen sie nicht einfach von ihm ab, sondern versuchen ihm trotzdem einen Energieanteil zu entwenden. Das hat sehr viel mit Oberflächlichkeit zu tun und bedeutet im

Extremfall wieder eine erneute Verstrickung. Kein Teil eines Fremden kann uns passen, selbst dann nicht, wenn wir weiterhin Teile austauschen und sogar zeitweise eine Scheinharmonie herstellen können. Dauerhaft kann dies nicht funktionieren, denn die Aufgabe lautet: Sammle alle deine Teile zusammen und werde wieder eins mit dir selbst, erst dann kann deine Inkarnation beendet sein. Das Los ist also, wir müssen wirklich „unsere Energieanteile" suchen und finden. Egal, welche Person uns eines ihrer Energieanteile zur Verfügung stellen möchte, es kann uns nichts nützen, denn dieses Teil kann nicht zu uns passen, genauso wenig wie die Leber eines anderen in meinen Körper passt. Vielleicht könnte ich mich eine zeitlang mit diesem Fremdkörper einigen, damit ich leben kann. Es kann auch sehr wohl sein, dass das fremde Organ und mein Körper miteinander kooperieren, jedoch würde dieses fremde Teil immer fremd bleiben. Genauso verhält es sich mit den Energieanteilen: Nur deine eigenen passen wirklich zu dir - und trotzdem gibt es immer wieder Menschen, die ihr Leben damit verbringen die Energieanteile anderer zu stehlen, somit zu betrügen und zu berauben, obwohl sie, nüchtern betrachtet, mit dem ergaunerten Diebesgut gar nichts anfangen können.

Der energetische Raub hat mittlerweile eine lange Tradition; so begann die wirklich schwierige Verstrickung der Menschen, als einige versuchten mit aller Macht und teilweise körperlicher Kraft, andere zu entmachten, um ihnen ihre Energieanteile zu entwenden. Aus diesem Grund erfand man die unterschiedlichsten Hinrichtungsarten, um über die Angst und den Schmerz die Lebensenergie des Opfers abzusaugen. Das Köpfen beispielsweise entstand in dem Glauben, dass der Mensch sich kopflos nicht mehr schützen und kontrollieren könne, was jedoch nicht stimmt. Viel schwieriger waren jedoch die damals gebräuchlichen Opferrituale. Die für den Priester zur Verfügung gestellten Energien, die über die Herzenergie des Opfers geleitet wurden, hatten letztlich das Ziel, das Leben des Priesters mit weiterer Lebensenergie zu versorgen. Ebenso war es in einigen Hexenkonventen Usus, die Energien eines Babys als Verjüngungs- und somit Lebenserhaltungsmittel zu missbrauchen. Ein Mensch, der auf der Folterbank die Qualen durch seine Peiniger nicht mehr ertragen konnte, ließ sich schließlich genauso energetisch missbrauchen, wie einer, der überraschenderweise urplötzlich gestorben war, und somit die Kontrolle über seine Energien verlor. Je mehr ein Mensch die Kraft von seinen Opfern aufnahm, desto stärker wurde er, zumindest eine zeitlang, denn dann musste Nachschub her, und so ging es immer weiter und weiter.

Heutzutage werden die Menschen nicht mehr so schnell körperlich geopfert. Da der Mord an einem Menschen geahndet und bestraft wird, geschehen solche Mordrituale bedeutend seltener als früher. Und trotzdem gibt es immer noch genug Menschen, die nach passenden Energieopfern suchen. Kleine Kinder sind leider immer noch ein beliebtes Werkzeug dafür. Ich spreche hier noch einmal über das Thema des weit verbreiteten Missbrauchs an Kindern, aus rein energetischer Betrachtungsweise. Durch den Sexualkontakt zwischen dem Erwachsenen und dem Kind entwickelt sich ein Energietransfer. Das Kind hat reine, saubere Energien; desto jünger, desto reiner. Der Täter als solcher hat grundsätzlich negativ geladene und schmutzige Energien, diese überträgt er auf das Kind und saugt die sauberen, reinen in sich auf. Somit wäscht sich der Täter im wahrsten Sinne des Wortes energetisch rein. Denkt er, und leider funktioniert das auch so. Ein Erwachsener, vielleicht sogar ein Vater, der sein Kind missbraucht, denkt in dem Moment wohl kaum über die Spätfolgen für sein Kind nach. Hauptsache, er kümmert sich um sich, denkt er. Wir alle sollen egoistisch sein, also auf uns selbst schauen und nicht auf den anderen. Aber nirgendwo steht, dass einer den anderen dafür benutzen oder missbrauchen darf. Somit sind Missbraucher grundsätzlich Täter, die sich auch ihrer Tat bewusst sind, auch wenn nicht alle Teile der Persönlichkeit dahinter stehen müssen. Tatsache ist: Der Täter müsste dringend innerlich sein Leben aufräumen, doch das schafft er nur, wenn er es wirklich will. Sollte er nicht dafür bereit sein, dann wird er vielmehr dafür sorgen, dass er seine negativen Energien außerhalb ablegen kann, und ein Kind, unschuldig wie es ist, ist prädestiniert dafür. Das Kind wird durch diesen Energietransfer beschmutzt und belastet. Also ist die Tat nicht „nur" seelisch und körperlich, sondern vor allem auch energetisch zu betrachten. Das Kind dunkelt in seiner eigenen Energie und wird nicht selten zu dem selbst erlebten Leid auch noch von seinem Umfeld belastet und beschuldigt. Wir alle können die Energien eines anderen wahrnehmen, und jemand, der sich verdunkelt anfühlt, der muss sich mit negativen Energien verbunden haben, und somit kann ein Täter seine eigene Negativität auf sein Opfer übertragen, welches dann wiederum die dem Täter zustehende Bestrafung erfährt. Denn einer muss die Schuld tragen, und da die Täter in den meisten Fällen nicht dazu bereit sind, und die Kinder die beschmutzte Energie aufgeladen bekommen, übernehmen sie meistens auch noch die Schuld und halten somit die negativen Energien bei sich. Doch damit nicht genug: Oftmals setzt sich der Täter weiterhin regelmäßig in seinen Gedanken mit dem Kind sexuell auseinander, und somit wird auch über die gedankliche, emotionale Ebene weiterhin ein Energietransfer vorgenommen. Das kann oft über Jahrzehnte gehen. Der Täter wäscht sich dauerhaft über das Kind rein, das ist der Deal. Das Kind wird somit weiterhin mit negativer Energie beschmutzt und kann sich seinen eigenen Lebensthemen kaum widmen. Oftmals haben diese Opfer kaum ein eigenes Selbstwertgefühl, da sie nicht gelernt haben, sich nur mit sich selbst und ihren eigenen Bedürfnissen zu beschäftigen. Wir sollten hierbei jedoch nicht die karmische Komponente vergessen, denn das Kind wird ein entsprechendes Karma in sich tragen, sonst wäre es nicht Opfer solcher Machenschaften geworden; gleich mehr dazu. Würde der Täter therapeutisch an seiner Missbrauchsenergie arbeiten, dann hätte er sehr wohl die Möglichkeit, diese Schiene zu verlassen. Er könnte sich somit selbst und natürlich auch dem Kind helfen. Was für ihn jedoch viel schlimmer sein wird, ist zumeist das Erwachen danach. Denn die meisten haben Angst, der Wahrheit in die Augen zu sehen. Somit wird er sich seinen Verfehlungen spätestens nach seinem irdischen Ableben, im Kontakt mit der göttlichen Lichtenergie, stellen müssen.

Sie können sich jetzt fragen, warum ein Kind in eine solche Missbraucher-Familie inkarniert? Dieses Kind erkennt über die Familiensituation, wie es mit sich selbst umgeht, beziehungsweise wie es in früheren Leben mit sich selbst umgegangen ist. Es gibt keine größeren Opfer als Kinder. Somit weist diese Inkarnationsproblematik eindeutig darauf hin, dass diese Personen früher auch schon Opfer waren und in diesem Leben lernen müssen, sich endlich aus der Opferthematik zu befreien. Das ist die dahinter liegende Aufgabe. Ein missbrauchtes Kind braucht lange und viel innere Sorgfalt, bis sich diese Thematik in ihm geklärt hat. Dieser Mensch muss lernen, sich nicht mehr für die Belange der anderen zu opfern. Diese Opferungsproblematik bezieht sich jedoch, angesichts des heftigen Vorfalls, nicht nur auf ein einziges Leben, sondern meist auf mehrere, denn auch der Missbrauch als solcher tritt häufiger auf, als man denken mag.

Es ist besonders wichtig zu berücksichtigen, dass ein Missbraucher sein Opfer nicht nur körperlich, sondern auch immer wieder seelisch missbraucht, denn meist verfolgt der Täter die Tat vor seinem geistigen Auge immer wieder und stimuliert sich dabei. Da das Opfer in den meisten Fällen diese Situation noch nicht verarbeitet hat, wird an ihm weiterhin ein Energieaustausch, also ein energetischer Missbrauch vorgenommen, ohne dass ein wirklicher Sexualkontakt dabei zustande kommen muss. Das kann sich über die Jahre hinziehen, und das Opfer reinigt mit seiner eigenen Energie immer wieder die Energien des Täters automatisch mit. Das funktioniert sogar über weite Entfernungen hinweg, ohne dass diese Menschen noch einmal einen realen Kontakt miteinander haben müssen. Eine säubernde Energietrennung und eine absolute Reinigung des inneren Kindes kann erst eine wirkliche Linderung und Ausheilung der Situation und somit der Opferhaltung herbeiführen.

In den meisten Fällen kennen sich Täter und Opfer aus früheren Inkarnationen und haben schon damals eine ähnliche Rolle miteinander gelebt. Also kann es sehr wohl sein, dass der Vater/Täter in diesem Leben als sexueller Missbraucher auftritt und auch schon in einer früheren Inkarnation für das körperliche und seelische Leid des Kindes/der Person eine sehr wichtige Rolle gespielt hat, also schon einmal Täter war. Wir suchen uns somit immer wieder die Personen aus, mit denen wir uns austauschen müssen, um endlich in uns energetisch ganz und heil zu werden. Eine Täter-Opfer-Beziehung hat immer etwas mit Machtübergabe zu tun, das heißt, das Opfer hat dem Täter das Zepter für das eigene Leben überlassen und muss dieses nun wieder zurückholen. Der Täter wiederum bereichert sich über diese Lebensmacht und wird wahrscheinlich seine eigene darüber vergessen oder auch vernachlässigen. Somit stellt er sich seinem eigenen Karma in den Weg, nach dem Motto: Das Karma des anderen zu leben ist einfacher, als seine eigenen Sachen aufzuräumen. Doch hierbei begeht er einen fürchterlichen Irrtum, denn wenn das Opfer die Bereitschaft hat, sich seine Macht und somit seinen ausgelagerten Energieanteil zurückzuholen, dann kann es dies ohne weiteres tun. Der Täter wird dann ohnmächtig, denn er hat ja stets gegen seine eigene Macht gestanden, und ist somit machtlos. Er muss sich dann Stück für Stück seinem eigenen Leben widmen, und das wird mit so viel aufgeladener Schuld nicht ganz einfach sein. Doch er hat dann keine andere Wahl mehr, als so zu handeln und sich seiner eigenen Bürde zu stellen.

Wenn Sie sich jetzt fragen, warum der Täter, also in unserem Fall der Vater, dieses getan hat, dann kann ich Ihnen darauf nur folgende Antwort geben! Dieser Mensch brauchte die Energien des anderen, und er war den Energiemissbrauch selbst so gewohnt, somit unternahm er alles, um den Energieaustausch wieder vollziehen zu können. Dass er in diesem Leben der leibliche Vater des Opfers ist, spielt dabei fast eine Nebenrolle. Man sollte hierbei jedoch nicht vergessen, dass der väterliche Energieanteil bestimmt auch väterliche Gefühle für sein Kind empfindet und auch lebt, doch hatte dieser Täterenergieanteil, in so einem Fall, leider eine zu große Gewichtung.

Nun: Auch weniger schwierige Fälle fordern die Menschen zur Inkarnation und somit zum Energieanteileaustausch auf. Jeder Mensch kann jedoch ohne das Zutun des anderen seine Energien zurückfordern, er muss es nur wollen. Das heißt, wir alle sind handlungsfähig und brauchen nicht auf die Handlung des anderen zu warten. Somit brauchen wir nicht zu erwarten, dass der andere uns unsere Anteile freiwillig zurückgibt, nein, wir müssen erkennen, was uns gehört und dieses zurückfordern. Wenn wir meinen, dass uns die Kraft dafür fehlt, dann können wir uns jederzeit an den Kosmos wenden, denn nach den kosmischen Gesetzen steht nur demjenigen die Energie zu, die ihm auch rechtmäßig gehört, und keinem anderen. Deswegen wird sie automatisch zurückfließen, wenn wir es wollen, genauso wie wir einst wollten, dass diese Energie uns verließ.

Sie werden sich jetzt bestimmt fragen, was Sie tun können, um ihre Energien zurückzuholen? Wie ich vorher schon erwähnte, können wir alle, unter Mithilfe der kosmischen göttlichen Energie, unsere Energieanteile zurückholen. Wir alle haben sogenannte Schutzengel, die für uns zuständig sind. Diese Geistwesen kümmern sich um uns. Sie sind symbolisch betrachtet dafür zuständig, dass wir mit bestimmten Situationen und Menschen konfrontiert werden, damit wir nicht an unserem Schicksal vorbeilaufen können. In dem Moment, in dem wir inkarnieren, hatten wir uns bereits selbst vorgenommen, was wir erleben müssen. Sie denken bitte immer noch daran, dass ein Teil des göttlichen Lichtes in uns ist und über uns wacht. Sollte es zu wenig Einfluss auf uns nehmen können, dann wird es die anderen Geistwesen, also unsere Schutzengel/unsere komischen Helfer, bitten, ihm bei seiner Mission zu helfen, und genau das wird passieren. Wir werden somit mit inneren und gerade auch äußeren Themen und Schicksalsschlägen konfrontiert werden, um unserem Lebensweg folgen zu können. Wenn Sie sich jetzt fragen, wie die beiden, also Ihr inneres Lichtwesen und die Schutzengel, Kontakt haben, dann denken Sie an Ihren Tiefschlaf; zu diesem Zeitpunkt verläßt die Seele nämlich den Körper und begibt sich auf Seelenwanderschaft. Zum einen braucht der Körper diese Wanderschaft, damit er leben und sich regenerieren kann, zum anderen wandert die Seele auf die Astralebene und bereitet sich auf den nächsten Tag vor, führt Besprechungen mit den Schutzengeln und kümmert sich um andere Aufgaben, die für uns notwendig sind. Es gibt Seelen, die führen noch ganz andere Aufgaben neben dem irdischen Leben auf der Astralebene aus. Die Seele schläft nicht, sie braucht keinen Schlaf.

Ein Mensch, der nicht gut einschlafen kann, hat Angst vor den Entscheidungen seiner Seele, die sich auf der Astralebene mit seinen Lebensthemen auseinandersetzt, denn er weiß nicht, welche Folgen und Auswirkungen das für ihn haben wird. Denn immerhin ist der Körper nicht mehr als eine Hülle, die nachts oder in jeder anderen Tiefschlafphase verlassen und abgelegt wird. Im Normalfall bleibt die Seele mit dem Körper durch die sogenannte „Silberschnur" verbunden; erst wenn diese Verbindung reißt, dann verlässt die Seele endgültig den Körper und dieser stirbt. Der Körper hat seinen Dienst getan, und die Seele wandert auf die Astralebene zurück, kümmert sich dort um ihre Weiterbildung und wartet auf die nächste Inkarnation. Wir müssen weg von dem Gedanken, dass ein böser Gott oder Geist uns verfolgt und uns schaden will. Wenn überhaupt irgend jemand für unser Schicksal verantwortlich ist, dann sind wir das selbst. Und wenn wir beten, dann beten wir zu unserem inneren Lichtkern, den göttlichen kosmischen Lichtwesen/Schutzengel und zu dem großen Geist, aus dem wir entstanden sind und ohne den wir gar nicht existieren könnten: Gott (Licht), die in uns vertrauteste Energie, die wir kennen. Diese Energie ist alles für uns: Vater und Mutter in einem, das Allumfassende, die Energie, aus der wir entsprungen sind. Denn wir alle tragen einen Teil dieser Energie in uns, und das ist unser Leben. Irgendwann kehren wir alle zu dieser Energie zurück. Dann treffen wir uns alle wieder, denn tief im Inneren sind wir gar keine Individuen, sondern alle gleich. Irgendwann verschmelzen wir also alle wieder miteinander und sind eins; dann haben wir es geschafft, da wollen wir wieder hin, doch es wird wohl noch ein weiter Weg bis dahin sein, je nachdem aus welcher Perspektive wir das betrachten möchten.

Somit sollte uns jetzt schon klar sein, dass wir gar nicht alleine sein können, denn wir haben alles, was wir brauchen, in uns. Menschen, die sich jedoch gegen sich selbst und ihr inneres Licht stellen, die fühlen sich alleine und brauchen andere Menschen, um die innere Einsamkeit zu überwinden. Je mehr wir mit uns in Harmonie sind und je mehr wir mit unserem inneren Licht in Kontakt stehen, desto besser geht es uns. Wie wir das tun können? Indem wir lernen, in uns aufzuräumen und uns Klarheit, insbesondere über unsere Energieanteile, zu verschaffen, denn nicht alles, was wir in uns beherbergen, kommt auch wirklich von uns. So kann es sehr wohl sein, dass wir Energien von anderen aufgenommen haben, und meinen nun mit diesen Fremdenergien leben zu müssen. Oftmals merken wir das gar nicht, doch tief im Inneren fühlen wir uns fremd bestimmt, und genauso ist es dann auch. Damit wir lernen, anders mit uns umzugehen, ist es besonders wichtig, darauf zu achten, was denn wirklich zu uns gehört und was nicht. In den nächsten Kapiteln werden wir uns noch intensiver mit diesem Thema auseinander setzen.

Wir unterliegen jedoch nicht nur unseren ureigensten Prägungen, sondern auch der großen Zeitära, die uns unser Spielfeld erst ermöglicht. Im wahrsten Sinne des Wortes spielen wir unser Lebensspiel, und dafür brauchen wir eine Spiel- und somit Lebensfläche, die unsere Grundkonstellation voraussetzt. Diese wiederum lassen sich durch die verschiedenen Zeitepochen unterscheiden, und damit wir dieses System, dem wir automatisch alle unterliegen, besser verstehen lernen, habe ich ein Kapitel darüber geschrieben, dem wir uns jetzt widmen wollen.

Zeitalter: Fische - Wassermann

Nach astrologischem/esoterischem Wissen gibt es verschiedene Zeitepochen, die im Durchschnitt jeweils ca. 2000 Jahre andauern. Zur Zeit befinden wir uns im Wassermannzeitalter und haben gerade das Fischezeitalter hinter uns gelassen. Das stimmt nicht ganz, denn wir werden die Ausläufer der Fischezeit noch mindestens die nächsten 25-30 Jahre spüren. Jedes Zeitalter ist so unterschiedlich, dass der Wechsel von einer in die andere Zeit nur langsam vonstatten gehen kann. Wie ein gewaltiges Zeitpendel bewegt sich die Uhr der Zeitepochen stetig weiter. Und dann ist es so weit: Das Pendel berührt die neue Zeitepoche, die dadurch aktiviert wird, und je mehr die Zeit weiter voranschreitet, desto mehr werden die Impulse der neuen Zeitära spürbar sein. So spüren wir auch schon seit gut 40 Jahren das Wassermannzeitalter mit all seinen revolutionären Erneuerungen. Da wir jedoch größtenteils aus der Fischezeit stammen oder Eltern erlebt haben, die durch diese Zeit geprägt wurden, werden wir uns zuerst mit dieser Zeitepoche und ihrer Bedeutung auseinander setzen. Auch wir tragen die alten Themen der Fischezeit in uns, ebenso wie schon die neuen der Wassermannzeit. Man könnte fast sagen, es schlagen zwei Zeitepochenherzen in unserer Brust, und somit sind auch beide Anteile sehr deutlich in uns vertreten. Einen Zeitepochenwechsel mitzuerleben, ist immer eine große Herausforderung an die Menschen, die in dieser Zeit leben, denn sie befinden sich in einem stetigen Wandel, und haben somit kaum eine Chance, zur Ruhe zu kommen. Das heißt jedoch auch, dass diejenigen, die in diesem Zeitwechsel inkarniert sind, die beiden grundverschiedenen Seiten brauchen, damit sie sich von alten Vorstellungen lösen können. Damit wir die Gesamtwirkung einer Zeitepoche besser verstehen, beschäftigen wir uns erst einmal mit den Grundprinzipien und fangen in der Fischezeit an. Wir müssen also zuerst die Themen vor ca. 2000 Jahren betrachten, damit wir einen Einblick in die Fischezeit und deren Nachwirkungen bekommen.

In allen Epochen werden die Themen des jeweiligen Zeitalters auf die Menschheit übertragen und als gesamtes Leitbild gelebt. Keiner kann sich diesem Urrhythmus entziehen. Wir alle sind an diese Urzeit gebunden, und wir brauchen diese Zeit mit all ihren Aufgaben, denn das ist unser Spielfeld, auf dem wir uns bewegen können. Das heißt jedoch nicht, dass die Aufgabe des Zeitalters grundsätzlich positiv gelebt werden muss, denn oftmals stellen sich die Menschen dagegen, leben sie negativ und kehren sie somit in ihr Gegenteil um. Die Grundthematik der Zeit gibt die Aufgabe an, die letztlich nur als Vorgabe dient; was sich allerdings daraus entwickelt, ist eine andere Sache. Doch eines ist klar: Die Menschen können sich höchstens, entsprechend dem Ausschlag eines Pendels, in zwei Richtungen entwickeln. Das vorgegebene Aufgabenthema lässt sich somit auch polar leben, und oftmals prägen die Menschen diese Zeit in entgegengesetzter Richtung. Das heißt, die Aufgabe wird aus dem anderen Extrem heraus gelebt, als sie im Grundansatz gedacht war.

Nun einige Erklärungen zu der Grundaufgabe der Fischezeit. Die Ursubstanz des Fischezeitalters lag darin, dass die Menschen lernen sollten, ihrem eigenen inneren Lichtglauben/Gottesglauben Folge zu leisten. Die Menschen dieser Zeitepoche sollten verstehen, dass nur sie alleine in der Lage sind, ihr Leben in Glück und Harmonie zu gestalten, dass es keinen Gott gibt, der sie strafen oder richten wird, sondern dass sie dies nur selbst tun können. Denn: Der Geist steht über der Materie, und die Materie wird aus dem Geist heraus geschaffen. Die Menschen sollten verstehen, dass sie sich nur selbst glauben können, und sich ihre eigene Treue halten müssen. Denn, wer sollte sonst an sie glauben, wenn sie nicht selbst?

Aus dem historischen Kontext heraus, leuchtet die Aufgabe der Fischezeit umso mehr ein: Vor ihr war die Widderzeit, blutrünstig zog sie einher. Viele Menschen ließen ihr Leben und starben grundlos viel zu früh, meist einfach mal eben so, weil beispielsweise ein Regent Langeweile hatte und etwas Spaß und Abwechslung brauchte. Ein Leben schien nichts wert zu sein. Die Menschen lebten in dieser brutalen Zeit und waren es gewohnt, die Ausläufer davon am eigenen Leibe zu spüren. Dieses Verhalten war jedoch nicht die Aufgabe der Widderzeit, denn diese Menschen sollten lernen, dass sie sich alleine am Leben erhalten können, ohne dass sie die Hilfe eines anderen dafür brauchen. Sie sollten für ihre eigene Lebensexistenz kämpfen, denn die Widderenergie ist eine Urenergie, die die Aufgabe an den

Menschen stellt, sich über die eigene Kraft und somit die eigene Handlungsfähigkeit bewusst zu werden. Wir alle haben diese Urkraft in uns, die uns leben lässt und die unser Leben erhalten wird.

Im Klartext: Es war ein großer Fehler, sich in der Widderzeit einfach umbringen zu lassen. Anhand der Ausschweifungen können wir klar erkennen, dass die Menschen diese Zeit wohl missverstanden hatten, sonst hätten nicht so viele das Gegenteil davon gelebt und sich einfach vernichten lassen. Ein Zeitalter und dessen Urbedeutung kann man, wenn man es verstehen will, nur in der gesamten Bandbreite erfassen. Einer alleine kann wenig bewegen, doch die Masse der Menschheit bewegt über einen langen Zeitraum konstant sehr viel, wie man anhand der Zeitgeschichte erkennen kann. Denn die ausgesandten Urenergien einer Zeitepoche sind genauso polar wie wir Menschen selbst, und von daher können wir auch die andere Seite der Medaille leben; und das wiederum passiert leider viel zu häufig. Daran erkennen wir jedoch auch, dass die Menschen sich oftmals mehr zur negativen Seite hinwenden als zur positiven.

Die Fischezeit nun sollte den Menschen zur Besinnung und somit zu seinem Gottesglauben führen. Denn, wenn der Mensch sich bewusst ist, dass er über sämtliche materiellen Formen erhaben ist, und ihm somit keiner etwas anhaben kann, außer er gibt die energetische Erlaubnis für eine ausführbare Handlung, dann ist er Herr über die Materie und somit ein Alchemist, der sich die kosmischen Energien zu seinen eigenen Wünschen nutzbar macht. So war der Mensch in der Fischezeit also ein Magier, der die kosmischen Energien und Gesetze verstehen und nutzen sollte. Der Glaube an sich selbst, an sein inneres Licht und an Gott sollten ihn an seine eigene Handlungsfähigkeit erinnern, an die geistige Kraft, die in jedem von uns steckt. Doch die Menschen wiederum konnten dieses hohe Gut nur finden, wenn sie bereit waren, sich in voller Verantwortung den Energien zu stellen. Leider fanden nicht allzu viele zu ihrem eigenen Glauben. Die meisten Menschen verstanden die Aufgabe zu wenig und suchten sich einen Anführer, der sie lenken und leiten, der die Verantwortung für sie übernehmen sollte, und dem sie dann bedingungslos folgen konnten. Je mehr nun einer die energetische Verantwortung für andere mit übernahm, desto mehr waren auch wiederum die anderen für seine Taten mit verantwortlich, nach dem Motto: Mit gehangen, mit gefangen. Denn wenn wir einem anderen die energetische Verantwortung für Teile unseres Lebens übertragen haben, dann müssen wir uns nicht wundern, wenn wir eines Tages vor unserem eigenen Scherbenhaufen stehen. Denn alle mit unserer energetischen Hilfe ausgeführten Taten werden automatisch wieder auf uns selbst zurückfallen, wir können uns somit unserer eigenen Verantwortung nicht entziehen. Später dann zu sagen, wir wären an dem Resultat schuldlos, wäre absolut infam. Denn wer trägt die Schuld, wenn nicht wir selbst? Gerade in der Fischezeit galt, dass jede Energie, die wir investiert haben, eine innere wie äußere Resonanz für uns tragen wird. Leider sind die meisten Menschen heute viel zu stark emotional verstrickt, als dass sie eigenverantwortlich mit ihren Energien umgehen würden. Auch wenn wir uns einen Anführer, einen Verantwortlichen, gesucht haben sollten, so sind und bleiben wir trotzdem für unser eigenes Leben verantwortlich. Viele wollen noch immer den Blick vor ihrer Eigenverantwortlichkeit versperren, indem sie denken, dass Unwissenheit vor der energetischen Konsequenz schützt. Das stimmt jedoch nicht, denn jeder Mensch spürt instinktiv, was mit seinem Energieeinsatz passiert, genauso wie er alles das, was ihn betrifft, auch weiß: Somit ist jeder wissend, denn er weiß, worum es geht. Und sollte er die Verantwortungsbereiche nicht direkt sehen wollen, dann werden sich diese in seinem Blickwinkel sichtbar machen. Doch die unbewusste Dummheit einiger Menschen wird immer wieder gerne ausgenutzt, was natürlich auch gerade in der Fischezeit geschah. Und so passierte es, dass die Taten einiger Verantwortlichen in höheren Positionen immer mehr verschleiert wurden, damit es keinem auffiel, was alles im Namen und mit der Energie des einzelnen gemacht wurde.

In jedem Zeitalter gab und gibt es mindestens einen Menschen, der den Menschen die Erleuchtung und somit den Weg für die Aufgabenstellung der neuen Zeit brachte und bringt. Sein Handeln und Tun, seine Legende zieht sich durch das ganze Zeitalter hindurch. Die Menschen können daraus stets Hoffnung schöpfen und werden sich somit immer wieder an seine Taten erinnern. Diese Personen sind als Sinnbild für die Zeitepoche zu betrachten, und haben meist in härteren Zeiten die Wirkung eines Trostspenders. Viele Menschen können sich göttliche, engelhafte Wesen bildlich schlecht vorstellen, deshalb brauchen sie einen Menschen aus Fleisch und Blut, der ihnen die Aufgaben symbolisiert. Diese Menschen wiederum, die dazu auserkoren wurden, die sich durch Gottes Hand lenken lassen, stellen meist ihr gesamtes Leben in den Dienst des Lichts. In der Fischezeit waren es verschiedene Philosophen, wie zum Beispiel Jesus. Der Philosoph Jesus ist uns über ca. 2000 Jahre hinweg treu geblieben. Er war derjenige, der uns unter anderem zeigen sollte, dass nur wir alleine in Glück und Harmonie zu unserem inneren Gott/Licht finden können, genauso, dass wir Herr unserer Energien und somit über die Materie sind. Er zeigte uns diese Bereiche deutlich anhand von Wundern: Der Gang über das Wasser, Menschen, die er durch seine Energiezufuhr heilte, die Wandlung von Wasser zu Wein und vieles mehr. Er wollte uns lehren, dass wir alle Alchemisten sind und somit die materielle Ebene leicht bezwingen können, jedoch nur, wenn wir uns selbst vertrauen. Jedoch können wir uns nur vertrauen, wenn wir Gott vertrauen, und somit an unser inneres Licht und an die kosmischen Gesetze glauben, alles andere ist eine Selbstlüge. Jesus hatte Anhänger, die ihm zuhörten und an seinen Lippen klebten, denn er sprach direkt den inneren Heiler der Menschen, die ihm zuhörten, an. Er wollte, dass seine Botschaft ins Land hinaus getragen wurde, und dass jeder, der zuhören wollte, auch zuhören konnte. Die zehn Gebote - von Moses empfangen - verbinden wir noch heute mit seiner Person, weil er selbst lebte, was er predigte. Sie waren und sind die Leitsätze, an die sich die Menschheit speziell in dieser Zeitepoche auf ihrem eigenen Lebensweg halten sollte. Die Wegbegleiter einer Zeitepoche sind somit einerseits die philosophische Person und andererseits die Leitsätze, also das gesprochene/geschriebene Wort. Und gerade Jesus zeigte uns, dass wir, wenn wir an Gott und somit an unser inneres Licht glauben, die Materie gestalten können. Denn wir sind allmächtig und alles das, was uns betrifft, ist letztlich nur eine materialisierte Form unseres Geistes. Deswegen können wir uns auch nur selbst heilen, wenn wir wollen, denn wir alleine haben ja auch für die Krankheit gesorgt. Die andere Seite betrifft jedoch, wie oben schon erwähnt, die Leitsätze. Es ist nicht immer einfach eindeutig festzulegen, welche das sind, jedoch können wir für die Fischezeit davon ausgehen, dass es sich um die zehn Gebote handelt. Einen Teil der Gebote habe ich philosophisch analysiert und aus einem anderen Blickwinkel wie folgt beschrieben:

- Du sollst verzeihen. Gott, unser Licht, will, dass die Menschen lernen zu verzeihen und somit den anderen so zu akzeptieren und zu belassen, wie er ist. Er will, dass die Menschen an sich glauben. Du sollst nicht deinen Nächsten anzeigen oder verleugnen. Wir sollen keinen Rufmord begehen, denn wir alle haben Verfehlungen begangen und keiner hat das Recht, seine eigene Thematik auf einen anderen zu übertragen und diesen zu denunzieren, nur um von seiner eigenen Schuld Abstand zu nehmen.

- Du sollst keinem anderen Schaden zufügen. Denn alles das, was wir einem anderen antun, kommt nach dem Karmagesetz wieder auf uns selbst zurück, und somit würden wir uns immer weiter karmisch verstricken. Der Respekt und die Achtung vor jedem anderen Lebewesen ist das Beispiel der Nächstenliebe. Denn jeder, der in Not ist, braucht uns, und wenn wir helfen können, dann sollten wir es tun. Wenn wir göttlichen Frieden in uns finden wollen, dann müssen wir Gott, uns und unsere Mitmenschen achten und lieben.

- Du sollst Vater und Mutter ehren. Ein Kind zu gebären ist ein hohes Gut und sollte immer besondere Beachtung erfahren. Früher mussten die Kinder die Eltern versorgen, wenn diese allein dazu nicht mehr in der Lage waren. Auch heute sind wir aufgefordert, uns um unsere Eltern, die Menschen, die uns das Leben geschenkt haben, zu kümmern. Die andere Perspektive: Wir müssen auch für unseren eigenen Nachwuchs sorgen, damit die Ebene der Inkarnation erhalten bleibt.

- Du sollst keinen anderen töten. Das Leben ist das höchste Gut, das ein Mensch besitzt, und er braucht sein Leben, um seine karmischen Aufgaben bewältigen zu können. Keiner hat das Recht, einem anderen das Leben zu nehmen und somit die Chance auf Weiterentwicklung und Wachstum zu verwehren.

- Du sollst nicht lügen. Gott, unser Licht, will uns lehren, wie wichtig das gesprochene Wort ist, denn Lügen verstricken die Energien, wie eine Spirale, immer dichter. Wir müssen uns auf unser eigenes Wort und das der anderen verlassen können. Wenn wir nicht ehrlich zu uns sind, dann können wir genau das von anderen auch nicht erwarten. Jede Unehrlichkeit dient letztlich nur als Ablenkung, um die eigene Schuldthematik von sich abwenden zu können. Ein Alchemist benutzt die Sprache, um seine ausgesandten Energien zielgerichtet einsetzen zu können. Denn das Wort ist der ins Leben gesandte Gedanke, der sich über unsere Handlung manifestieren wird. So funktioniert das System.

- Du sollst keinem anderen etwas neiden, sondern wir sollen uns an dem erfreuen, was wir selbst besitzen. Hier nochmal der Verweis auf den eigenen Karmakoffer: Wir können nur Teile tragen, die uns gehören. Jeder muss mit dem leben, was er hat, denn nur darin kann er seine eigenen Aufgaben finden. Doch das Schielen auf den Koffer des anderen ist bis heute ein allseits beliebtes Ablenkungsmanöver.

- Du sollst nicht stehlen. Stehlen ist die Grundlage des Macht- und Ohnmachtsspiels, denn jeder Mensch sollte seine Energien, so wie er sie braucht, leben dürfen. Energieräuber gibt es genug. Wir alle sollten darauf achten, um uns endlich aus den Klauen des Missbrauchs zu lösen. Denn nur wir allein können unsere selbst produzierten Energien so einsetzen, wie wir es für richtig halten.

- Du sollst nicht ehebrechen. Die Ehe ist das heilige Versprechen zweier Menschen, die einander treu bleiben und gemeinsam ihr Leben gestalten wollen. Jeder Ehebruch ist somit ein absoluter Missbrauch, denn jeder, der fremdgeht, braucht einen Partner, dem er fremdgehen kann, ohne diesen geht es nicht. Somit wird immer ein unschuldiger Dritter in eine energetische Verstrickung mit eingebunden, denn durch die Sexualität werden Energien übergeben. Es gibt leider heutzutage viel zu viele Menschen, die das hohe Gut einer Ehe missachten und missbrauchen.

- Du sollst nicht begehren deines nächsten Weib. Wir sollten uns sexuell zügeln und den Menschen lieben, mit dem wir verbindlich zusammen sind. Einige Menschen haben sich von der Grundaufgabe der Sexualität sehr weit entfernt, und leben dadurch eher sexuelle Fehltritte aus, ohne sich wirklich bewusst zu sein, auf was sie sich einlassen. Die Lösung: Viele müssen sich erst einmal wieder über das hohe Gut der Sexualität und des Energieaustauschs bewusst werden.

- Du sollst keine andere Götter neben Gott haben, denn dein göttlicher Funke ist in dir und nicht außerhalb auf der materiellen Ebene zu suchen. Wir sollen uns also selbst treu bleiben, denn nur so können wir uns mit Gott und auch unserem inneren Licht auseinander setzen. Wenn wir beten, dann senden wir direkt Energien zu Gott, und gleichzeitig auch zu unserem inneren Licht. Wir sollten niemals einen anderen Menschen wichtiger nehmen als uns selbst, denn dann würden wir einen anderen anbeten und uns absolut vernachlässigen. (Übrigens: Einige negative Geistwesen, gerade die Opfergötter, sind nicht aus reinem Licht, sonst hätten sie keine Opfer gefordert.)

Überlegen Sie, was wir aus diesen Leitsätzen gemacht haben. Schauen Sie sich die Gebote an. Es waren die aussagekräftigen Gebote für die nächsten 2000 Jahre. Wir alle haben in unserer eigenen Sprache, meist sogar in der umgekehrten Form, mit ihnen gelebt. Gott, unser Licht, wollte uns damit zeigen, welche Themen und Regeln wir zu beachten haben, um uns in dieser Zeit selbst leben und entwickeln zu können. Unsere Zeitgeschichte haben wir selbst, aus unseren eigenen Bedürfnissen heraus, geprägt. Wir haben meines Erachtens zu wenig darauf geachtet, was uns gesagt wurde. Die meisten Menschen glauben tief in ihrem Inneren an Gott, an ihr Licht, an ihre innere Stärke. Doch der Glaube an Gott hat nicht zwanghaft mit der Institution Kirche oder einer Religionszugehörigkeit zu tun. Der Glaube ist vielmehr frei und ohne jegliche äußere Verpflichtung, denn die wahre Verpflichtung ist alleine die, sich selbst gegenüber offen, ehrlich und verantwortungsvoll zu sein. Wir alle sind Alchemisten, und wir alle haben die alleinige Kraft, uns den kosmischen und auch den selbst produzierten Energien zu stellen und diese magisch so zu lenken, wie wir sie brauchen, im Sinne des Kosmos für unser Leben. Da jedoch viele Menschen sich tief in ihrem Inneren nicht sicher waren, nutzten andere wiederum diese Schwäche aus und gaben sich als die wahrhaftigen Lenker der göttlichen Energie aus. Somit stellten viel zu viele Menschen ihren eigenen Gottesglauben und auch ihre selbst produzierten Energien außenstehenden Glaubensmännern zur Verfügung.

Die religiösen Institutionen, wie beispielsweise die Kirche, haben sich mit Einverständnis vieler Menschen ein großes Machtpotenzial angeeignet, und sich zu diesem Zweck die absolut wichtigen Bereiche der Bibel, wie etwa die zehn Gebote, als Leitfaden ihrer eigenen Glaubensprinzipien angeeignet. Da das Wissen jedoch für die ganze Menschheit zugänglich ist, hätten sie es rein theoretisch nicht als ihr Eigentum verwenden dürfen. Als die Menschen aufhörten, an die Kirche zu glauben, und eher dem eigenen inneren Licht folgen wollten, benutzte diese brachiale Gewalt, um sich die Macht wieder anzueignen. Ich bitte Sie nur kurz an die abertausende gequälten, gefolterten, verbrannten Frauen, Kinder und Männer zu denken, die durch die sinnlose Inquisition ihr Leben qualvoll lassen mussten. Die Kirche hat einen solchen Schaden in den Folterkammern angerichtet und hinterlassen, dass heute immer noch viele Menschen mit ausgeprägten karmischen Verletzungen nach der inneren Heilung suchen, um ihre Wunden zu reinigen und endlich wieder Herr ihrer eigenen Energien sein zu können.

Jesus wollte den Menschen zeigen, dass der tiefe innere Glaube an sich selbst, an das innere Licht und somit an Gott Berge versetzen kann. Er wollte sie befreien von Folter und Qual. Sogar als er starb, setzte er ein Beispiel: Er ließ sich von kriegerischen Menschen, die nur die Klinge sprechen lassen konnten, kreuzigen. Gerade diese Menschen bekamen vor seiner inneren Macht Angst und versuchten somit alles zunichte zu machen, was mit ihm im Verbund stand. Doch es gelang ihnen nicht, denn er ließ sich nicht darauf ein, nach Vergeltung zu schreien. Im Gegenteil, er verzieh seinen Peinigern; er wollte demonstrieren, dass es ein Leben nach dem irdischen Leben gibt. Er wollte ein Gleichnis setzen, damit die Menschen begreifen, dass der ewig fortwährende Kampf sinnlos ist und höchstens dem Zwecke weiterer karmischer Verstrickungen dient. Er war ein Vorbild für die Menschen der gesamten folgenden 2000 Jahre. Hätten nicht immer wieder einige Glaubensvertreter versucht, die innere energetische Macht und das damit verbundene Gottvertrauen als ihr Eigentum zu interpretieren, dann wäre es für einige Menschen bestimmt anders gelaufen.

Jeder Mensch/jedes eigenständige Lebewesen trägt einen Teil von Gott, dieser allmächtigen Energie, in sich. Seien Sie sich sicher, wir werden in uns erhört werden. Doch bedenken Sie: Keiner hat das Recht einen anderen zu „steinigen", denn wir alle sind nicht frei von Schuld. Schon allein jede noch so kleine alltägliche Lüge wird zu uns zurückkehren und uns erneut belasten, und das ist es nicht wert. Vielleicht werden Sie sich jetzt fragen, warum denn die Menschen der Fischezeit so viel Leid erdulden mussten? Die Antwort ist einfach. Die Menschen wollten sich viel zu wenig mit sich selbst auseinander setzen und versuchten daher einem Anführer die Verantwortung für ihr Leben und somit auch für ihre Energien zu übergeben. Die meisten lebten so monoton und unbeweglich in den Tag hinein, dass es für sie am einfachsten war, andere für sich regieren zu lassen. Und so zog sich das Band der Mächtigen, der Diktatoren und deren Anhängerschaft beziehungsweise Dienerschaft immer weiter durch die Lande und durch die Zeiten hindurch. Es gibt immer jemanden, der die Macht nutzt und einen, der sich be- und ausnutzen lässt. Das ist das Gesetz der Resonanz, und dadurch, dass sich die Menschen nicht wehrten, konnten solche riesigen Machtgiganten ihr unmenschliches Werk vollenden. Ich brauche hier wohl keine Namen zu nennen, denn es gibt einige in der Zeitgeschichte, die man in diese Liste eintragen könnte.

Wir dürfen nicht vergessen, dass wir, solange wir einen Anführer brauchen, energetisch mit diesem verbunden sind; somit tragen auch wir alle einen Teil Mitschuld in uns, denn wir haben den oder die Anführer gewähren lassen. Wenn es einen Führer gibt, dann bekommt er von jedem seiner Untertanen unterstützende Energie, die ihn übermächtig erscheinen lässt. Im Endeffekt ist er jedoch auch nur ein Mensch und mehr nicht. Auch heute noch brauchen einige Menschen einen Anführer, der ihre Energien für sich so benutzen kann, wie er es braucht. Jedoch kommen heutzutage die negativen Gebrauchsmuster der Energien schneller ans Tageslicht. Dies dient dazu, dass der einzelne diesen Missbrauch erkennt und endlich wieder seine eigene Macht übernimmt; dass er darauf achtet, sein eigenes Leben wieder zu regieren und sich um seine eigenen Belange zu kümmern. Natürlich muss dabei ein Teil der Menschheit lernen umzudenken, denn überlegen Sie, wie viele Menschen leben unter uns, die einfach die Hilfe der anderen, zum Beispiel materieller Art, wie etwa die Sozialhilfe, nutzen. Gerade diese Menschen müssen sich zukünftig darüber bewusst werden, dass sie selbst dafür verantwortlich sind, ihr Leben auf die eigenen Beine zu stellen. Es kann nicht sein, dass der eine für den anderen aufkommen und seinen Lebensunterhalt bestreiten muss. Es ist gut, dass es eine Möglichkeit gibt, die dem einzelnen eine Unterstützung gewährt, wenn der diese braucht. Doch jeder Mensch, der ehrlich zu sich ist, wird darauf achten und diesen Fond nur in Anspruch nehmen, wenn er ihn auch wirklich braucht. Denn keiner sollte die sozialen Gesetze und somit die Hilfe der anderen ausnutzen: Leider ist genau das allzu oft geschehen.

Viele Menschen sind unzufrieden aus der Fischezeit gegangen und fühlen sich energetisch unrein. Das ist kein Wunder, wenn man berücksichtigt, dass sie lernen mussten, sich selbst zu regieren. Das geht jedoch nur, wenn sie wieder Ordnung in ihr eigenes Energiesystem bringen. Alles andere wäre ein Weglaufen vor dem eigenen Leben. Jeder Mensch ist gleich wichtig und wertvoll: Es gibt keine Unterschiede oder Rangstellungen. Dies ist nur eine Form der Abgrenzung und zeigt sich in allen Richtungen, die uns in der Fischezeit begegnet sind. Denn gerade in dieser Zeit war Macht - Ohnmacht ein beliebtes Spiel, um sich aus der Masse hervorzuheben. Doch das geht nur, wenn es Bewunderer gibt, die einen Guru brauchen und verehren, der wiederum einen verkörperten Glauben zum Anfassen, darstellt. „Du sollst keine Götter neben mir haben" lautet ein wertvoller Leitsatz und deutet darauf hin, dass der Mensch nur an Gott und sein inneres Licht glauben soll. Das heißt, an sich selbst und an die höhere Macht, die jeden von uns auf seinen Weg führt. Das Anbeten anderer Menschen, die wertvoller und wichtiger sein sollen als wir selbst, ist mit dem Begriff „andere Götter" gemeint. Es soll sogar Menschen geben, die ihren Partner wichtiger nehmen als sich selbst. Sie beten ihren Partner förmlich an und spenden ihm somit einen Großteil ihrer Lebensenergie. Solche bewussten Abneigungen gegen das eigene innere Licht und die eigene Persönlichkeit lassen diese Menschen regelrecht in ihrer Opferrolle verstummen, so wie ein Kind, das im Wasserelement der Gefühle ertrinkt und hilfesuchend nach dem rettenden Strohhalm greift.

Wir alle müssen wieder lernen, an uns selbst zu glauben, unserer inneren Stimme zuzuhören, das zu tun, was unsere Aufgabe ist, uns an den Menschen, die uns begegnen, zu erfreuen und natürlich sie auf ihrem Weg zu belassen, denn es kann jeder nur selbst wissen, was für ihn richtig oder falsch ist. Das ist der wahre Weg Gottes, des Lichts, der uns zu unseren eigenen inneren Themen führt, damit wir die Verstrickungen, die wir uns einst aufgeladen haben, lösen und uns somit wieder befreien können. Wir sind alle kleine Individuen mit dem Lebenshauch Gottes in uns, und wir alle haben Aufgaben, denen wir Folge leisten müssen. Jedes noch so kleine Aufbegehren gegen die höhere Macht, aus der wir entsprungen sind, wäre ein Gegenleben und eine Abwehrhaltung gegen unser eigenes natürliches Leben. Genau das haben alle Menschen, die durch Opfersituationen gestorben sind, getan. Sie haben sich irgendwann gegen ihr eigenes Leben entschieden und sind somit hingerichtet worden. Dieser Entschluss kann sehr wohl aus einer früheren Inkarnation stammen und erst in einem späteren Leben Wirkung getragen haben, denn wir alle leben nach den Gesetzmäßigkeiten von Ursache und Wirkung und müssen uns somit irgendwann unseren selbst auferlegten Situationen stellen. Damit will ich sagen, dass nichts, aber auch gar nichts, dem Zufall überlassen bleibt, sondern alles einer, für uns manchmal nicht so einfach durchschaubaren Logik entspringt. Das ist der Lauf der Zeit; und Zeit ist vergänglich, und vergangene Schmerzen heilen sich aus.

Lady Diana hat mit ihrem Tod das Fischezeitalter verabschiedet, denn die Trauer, die in der ganzen Welt spürbar war, ließ die einzelnen Menschen nicht nur um Diana, sondern gerade auch um sich selbst trauern - und gerade die Prinzessin hatte ein trauriges Leben, sie spiegelte uns viel emotionales Leid, das wir doch alle nur zu gut selbst kennen. Was sie uns sonst noch spiegelte? (Das möchte ich ihnen in den nächsten Zeilen kurz erklären.) Lady Dianas emotionales Leid hat viel mit der Nichterfüllung ihrer Träume und Wünsche bezüglich ihres damaligen Mannes Prinz Charles zu tun, denn er seinerseits konnte und wollte ihre Bedürfnisse nicht erfüllen; er hatte mit seinem eigenen Leben und seiner Aufgabenstellung in der königlichen Familie genug zu tun. Lady Di wurde, wie es für Menschen ihrer Rangordnung üblich war, gerne von der Presse verfolgt und beobachtet, denn viele wollten wissen, was und wie sie lebte; sie war unsere Märchenprinzessin. Wenn man von einer so bekannten Person Informationen erhält, dann fühlt man sich mit ihr direkt ein wenig mehr verbunden. Viele Menschen hatten Mitgefühl für ihr Leid, denn gerade sie litt emotional, obwohl kein Leiden hätte notwendig sein müssen. Sie zeigte durch ihren Leidensweg, dass sie trotz dieser außergewöhnlichen Lebensstellung nicht glücklich sein konnte. Das Rampenlicht und somit die permanente Erwartungshaltung an ihre Person, erzeugte in ihr wohl eher das Gefühl unterzugehen. Sie wollte als „normale Person" gesehen werden, doch das Volk wollte sie „so" nicht akzeptieren; und so musste sie weiterhin die Rolle spielen, die ihr zugedacht war, und das englische Königshaus wie auch das königliche Karma nach außen repräsentieren. Das Interessante daran ist: Die Welt beobachtete sie fortwährend, somit war der Fokus auf sie und auf ihr Leben gerichtet. Nach einer Weile musste sie die Rolle der königlichen Prinzessin verlassen, und sich als ein Sinnbild für den Wandel aus den Zwängen der Fischezeit befreien. Sie wollte eine liebende Mutter sein, denn sie legte besonderen Wert darauf, dass ihre Kinder normale Menschen werden, die ihrerseits für die Zukunft von England und der Krone einen wichtigen Meilenstein der zukünftigen Geschichte setzen werden. Zum Schluss hatte sie eine Beziehung zu einem Menschen, der für die ehemalige Prinzess of Wales nicht der passende Partner, in den Augen der Krone, sein konnte. Ihr war das egal, sie setzte sich für die Menschheit ein und zeigte allen, dass die verschiedenen Religionen nichts mit dem Gottesglauben zu tun haben, denn ihr Partner vertrat eine ganz andere Religion. Der englischen Krone muss die Befürchtung einer zukünftigen Hochzeit in den Augen gestanden haben. Somit hat diese Frau alle Normen eines Königshauses für die gesamte Außenwelt gebrochen.

Ihr Tod bleibt offiziell ein rätselhafter Unfall, was für die Menschheit immer ein interessanter und spekulativer Begriff sein wird, denn alles das, was keine absolute Klärung findet, bedarf immer wieder neuer Gestaltungsmöglichkeiten. Wäre sie eines „einfachen und natürlichen Todes" gestorben, dann wäre die Menschheit nicht so berührt gewesen. Genauso wenig, wenn sie ein halbes Jahr früher ihr Leben beendet hätte. Nein, die Welt musste sehen, wie frei sie wurde, wie sie aufblühte, denn sie fing an sich zu lieben, und jeder konnte es sehen; sie war zu keiner Zeit so schön und klar wie an ihrem Lebensende. Sie hatte gelernt, sich selbst zu lieben und nicht mehr auf die äußere Liebe, in Form des Traumprinzen, zu warten. Einige Monate vor ihrem Ableben wurde sie von ihrem Mann und somit auch symbolisch dem Königshaus geschieden. Sie befreite sich und war nicht mehr der Krone zugehörig. Trotzdem stand sie weiterhin im Rampenlicht und wurde beobachtet, denn gerade diese revolutionären Schritte interessierten die Menschen immer mehr. Sie lebte das vor, was sich der eine oder andere nicht getraut, doch trotzdem gerne getan hätte. Sie löste sich von den Fesseln, egal was für Hindernisse sich ihr in den Weg stellten, denn sie war stark genug, ihren eigenen Weg zu gehen, und genau das zeigte sie mit ihrer Haltung nur allzu deutlich.

Durch ihren Tod brach eine Lawine von Bestürzung aus. Millionen Menschen weinten in der ganzen Welt und konnten sich kaum halten. Sie weinten, wie schon erwähnt, nicht nur um Diana, sondern gerade auch um sich selbst. Diana hätte ein so schönes Leben haben können, doch sie konnte es durch ihre nach außen gerichtete Erwartungshaltung, geliebt zu werden, nicht richtig genießen. Dieses Gefühlsmanko war einfach zu übermächtig; und als sie endlich freier leben konnte, da starb sie viel zu jung, in ihrer Blütezeit. Auch darin bestand eine sehr wichtige Aufgabe ihres gesamten Lebens. Sie brachte es fertig, so viele Menschen an ihre eigenen, tief verletzen Gefühle heranzubringen. Millionen Menschen haben über sich selbst getrauert; ihnen wurde bewusst, was sie alles versäumt haben und wie schwer sich ihr Leben anfühlt. Jeder kennt doch das Märchen von der Bürgerlichen, die einen Prinzen heiratet und glücklich wird. Märchen gehören in die Fischezeit, und deshalb brauchten und bekamen wir auch unsere Märchenprinzessin, die jedoch entgegen aller Märchen nicht glücklich wurde. Denn Geld und Ansehen alleine machen nicht glücklich. Der krönende Abschluss: Die Königshäuser gehören der Fischezeit, also der alten, fast vergangenen Zeitepoche an.

Die Fischezeit begann nach unserer Zeitrechnung etwa mit dem Jahre Null und wechselte langsam ab 1960 in das Wassermannzeitalter hinüber, sichtbar durch die Technisierung, Computertechnologie und so weiter. Jedes Zeitalter braucht in etwa 50-80 Jahre, bis sich das alte ganz verabschiedet hat und das neue komplett regiert. Diese Wandlungsprozesse müssen langsam vorwärts gehen, denn sonst würden die Menschen die Kontrolle und ihre Stabilität auf einen Schlag verlieren. Somit bewegt sich das Pendel langsam hin und her und übergibt immer mehr und mehr das Zepter der neuen Zeitepoche, dem neuen Regenten. Wenn wir uns dies jetzt einmal nach astrologischen Gesichtspunkten anschauen, dann entspricht das vergangene Fischezeitalter dem Neptun und ist dem Wasserelement zugeordnet. Aufgabe für die Menschen: Lernen, der eigenen Spiritualität zu folgen, das innere/kosmische Gottvertrauen zu finden, sich auf die inneren, göttlichen Gefühle einzulassen und mit dem Fluss der Gefühle zu schwimmen, um sich darin zu entwickeln.

Die heutige Wassermannzeit, also die Mitte und somit die Übergabe des Zepters, ist im Januar 1996 endgültig geschehen, denn in diesem Monat wanderte der Uranus, der Regent des Wassermanns, in sein Zeichen. Ausläufer der Fischezeit werden wir trotzdem noch weitere 25-30 Jahre spüren. Der Wassermann unterliegt dem Element Luft. Der Geist des Menschen und die wissenschaftlichen Bereiche werden angesprochen. Brauchte der Mensch früher noch viele Therapiestunden, um an seine Gefühle zu gelangen, so wird er zukünftig mehr seinen Kopf einschalten müssen, um sich geistig zu klären. Die Menschheit hat die Aufgabe, sich mit Wissen auseinander zu setzen und sich zu entwickeln. Alte Dogmen fallen damit weg.

Jeder wird wieder die eigene Verantwortung für sein Leben übernehmen. Wissen ist Macht: Die Menschen können sich jederzeit mit Wissen füttern, ganz nach ihrem Bedarf. Nicht die Schule ist ausschlaggebend, sondern die permanente Weiterentwicklung. Bislang haben wir uns auf unsere Kindheit und Teenagerzeit verlassen, um uns Wissen anzueignen, und im Erwachsenenalter gemeint, nichts mehr dazu lernen zu müssen. Das wird bald anders sein: Die Menschen werden sich immer schneller weiterentwickeln, und wir werden bahnbrechende Erfindungen erleben, die uns den Atem stocken lassen. Die Fruchtbarkeit der Erde wird leider immer weiter abnehmen, denn sie ist heute schon relativ ausgelaugt. Das wird die Menschheit dazu bewegen, sich mit Überlebensthemen auseinander zu setzen. Das heißt, es werden unter anderem immer mehr künstliche Nahrungsmittel entwickelt werden. Neue Planeten werden wir zu besiedeln versuchen, und die ganze Raumschiffahrt wird wohl unser Haupttransportmittel darstellen. Doch dies alles und noch vieles mehr vollzieht sich langsam und wird noch Jahrhunderte, die vor uns liegen, in Anspruch nehmen.

Jetzt zur Zeit erleben wir diese Zeitepoche mit Klarheit und Transparenz. Wir erkennen unsere eigenen Themen und sind dazu aufgefordert, diese zu wandeln. Die Verantwortlichkeit für unser Tun und geistiges Handeln wird oberstes Gebot sein. Lügen werden noch „kürzere Beine" haben, denn das Wassermannzeitalter wird von dem Luftelement regiert und fordert somit Klarheit und Reinheit in den eigenen Gedankenwelten. Ein Mensch beispielsweise, der ein Buch liest und es nur überfliegt, um sagen zu können, dass er es gelesen hat, wird mit dieser Lüge nach kurzer Zeit auffliegen. Fakt ist aber auch, dass die Menschen in dieser Zeitepoche ihr Gehirnvolumen voll ausschöpfen werden, und sich teilweise zusätzliches Wissen durch Mikrochips einimpfen lassen. Für uns unvorstellbar, für die Menschen später Alltag. Dieser Wissenstransfer kann jedoch nur passieren, wenn die betreffende Person dieses auch wirklich haben will. Zu lügen wäre somit ein absolutes Hindernis, denn es würde den Informations- und Gedankenfluss behindern. Schon alleine der hohe Energieaufwand, der eingesetzt werden müsste, damit versteckte Lügen nicht auffliegen, wird den Menschen der Zukunft zu schade sein. Auch werden die Menschen untereinander Gedanken lesen können, und dadurch kommen offene Lügen ohnehin sofort ans Tageslicht. Keiner wird somit mehr auf die Idee kommen, sein Gegenüber direkt zu bemogeln. Jeder weiß, dass er genau dasselbe erfahren wird, wenn er jemand anderem schaden will so wird er selbst Schaden nehmen. Das heißt auch, dass Auseinandersetzungen und Aufforderung zum Kampf zukünftig tunlichst vermieden werden. Da die Menschen ein solches Verhalten zudem als unlogisch betrachten werden, wird es ihnen auch gar nicht in den Sinn kommen, so etwas Dummes zu tun. Das gesamte Wissen wird somit transparent und für jeden, dem es entspricht, zugänglich sein. Wir können nur hoffen, dass die Menschheit sich in dieser Zeit mehr nach den positiven Möglichkeiten orientieren wird, denn, wie schon erwähnt, liegt das alleine in den Händen derjenigen, die zu diesem Zeitpunkt leben und Geschichte schreiben.

Sollten Sie beispielsweise in dieser Zeitepoche in eine neue Firma wechseln wollen, dann werden Sie die Geschichte der Firma und die damit verbundenen speziellen Aufgaben eingeimpft bekommen. Das wird später ein ganz normaler Vorgang sein, denn Wissen lehrt unsere Energien so zu nutzen, wie wir das möchten. Da wir alle unsere Energien zielgerichtet einsetzen sollen, müssen wir unser Potenzial genau kennen. Später wird jeder das tun, was ihm am nächsten liegt, denn einer Arbeit nachzugehen, die einem nicht liegt, ist eine absolute Energievergeudung. Damit die Menschen sich später nicht verstricken, werden sie sich regelmäßig mit sich und ihrem Energiefluss auseinander setzen. Somit wird keiner mehr auf die Idee kommen, den anderen für seine Unwissenheit oder für seine nicht gelebten Energien verantwortlich zu machen. Doch auch diese Entwicklung braucht noch Zeit, baut sich jedoch jetzt schon Stück für Stück auf.

Aber nun zurück zur Gegenwart. Unsere Aufgabe ist es, wieder mit uns selbst ins Reine zu kommen. Damit wir jedoch zu neuen Ufern gelangen können, müssen wir Altlasten abbauen und uns von Energiebelastungen befreien. Lügen kommen auf den Tisch und werden eine Klärung finden. Auch emotionale Druckverbindungen, die einer Erpressung gleichkommen, werden sich zwangsweise, und sei es mit kosmischer Hilfe, lösen. Genauso lösen wir uns von unseren Märchenträumen und gehen hinüber in die reale Welt. Wir werden nicht mehr auf den Traumprinzen oder die Traumprinzessin warten, bis diese so gnädig sind, uns zu erlösen, sondern wir werden selbst in uns Partnerschaft leben und nach außen mit einem Partner unserer Wahl immer dann verschmelzen, wenn wir es wollen. Denn auf der einen Seite werden die Partnerschaften verbindlicher, und auf der anderen Seite wird kein Partner sich mehr durch den anderen blockieren lassen. Das wäre ein Akt der Gewalt gegenüber der eigenen Persönlichkeit, und das wiederum würde gegen die kosmischen Gesetze dieser Zeitepoche sprechen. Die Menschen werden in dieser Zeit viel emotionsloser sein, was natürlich auch Gefahren mit sich bringt, denn je mehr Kopf, desto weniger Gefühl. Es wird später sogar Zeiten geben, in denen sich Roboter beseelen lassen, da sie so feinmechanisch aufgebaut sind, das Seelen inkarnieren können. Der Mensch muss also aufpassen, dass er beides leben lernt: Herz und Verstand.

Auch diese Zeit wird einen Regenten bekommen, der für die gesamte Epoche Gültigkeit hat. Wer das sein wird, vermag ich noch nicht zu sagen. Die dazu passenden Leitsätze wird die Menschheit auch noch erfahren. Wahrscheinlich wird diese Person erst ca. 2020 (2018) auftauchen und die Lernaufgaben des Wassermannzeitalters in den Händen halten. Damit wir jedoch mit dem Hier und Jetzt klarkommen, müssen wir lernen, wieder das Zepter für unser Leben in den eigenen Händen zu halten.

Übung für die neue Zeitepoche

Beobachten Sie sich, und werden Sie sich ihrer emotionalen Abhängigkeit bewusst, diese gilt es zu lösen (Übungen finden Sie am Ende des Buches). Das sind die Altlasten der Fischezeit, die heute nur noch störend wirken können. Werden Sie eigenständig und laden nicht mehr ihre Verantwortlichkeiten bei anderen ab. Lernen Sie, sich selbst zu versorgen. Umgekehrt: Beladen Sie sich nicht mehr mit den Problemen anderer. Bleiben Sie sich selbst treu. Lernen Sie, sich zu lieben. Das alles können Sie jetzt und heute für sich tun, denn damit liegen Sie voll im Trend der wahrhaftigen Zeit. Leben Sie sich selbst, seien Sie ehrlich zu sich, denn das ist die göttliche Wahrheit, die zählt.

Doch nun weiter zu den allgemeinen Energiethemen in unserem alltäglichen Leben.

Unser Glaube versetzt unsere inneren Berge

Viele Menschen leben mehr in der Zukunft als in der Gegenwart. Sie denken an all das, was passieren könnte, wie es sein könnte und träumen von einem Leben voller Freude und Harmonie. Diese Menschen vergessen oftmals die Gegenwart und fühlen sich dann, wenn sie gegenwärtige Situationen bewältigen müssen, sogar damit überfordert. Das heißt, sie fühlen sich in der Gegenwart fremd und in den Zukunftsträumen zu Hause. Es ist ja so einfach, zu träumen und sich somit immer wieder die rosaroten Wolken zu kreieren. Doch was nützt es? Warum machen Menschen das? Oftmals hängt dies mit traumatischen, also nicht verarbeiteten Kindheitserlebnissen zusammen. Das Kind erfährt eine für sich nicht begreifbare Situation und verkapselt die damit verbundenen Energien. Typisch beispielsweise ist dies für Kinder, die immer wieder streitende Eltern erleben. Dieser elterliche Streit ist für ein Kind aus der Zuschauerperspektive immer schwer auszuhalten. Das gleiche gilt noch umso mehr für Kinder, die geschlagen oder anderweitig misshandelt werden. Sie flüchten in sogenannte Scheinwelten und entsagen der Realität, da das reale Leben für sie zu grausam und unverständlich ist. Diese Kinder versuchen sich einen Weg in die eigene Traumwelt zu bahnen, wo sie eine Überlebenschance sehen, und ziehen sich an diesen inneren Ort zurück. Dort ist das Kind zu Hause, dort kann ihm keiner mehr Schaden zufügen, dort ist es sicher und geborgen. Wenn das Kind dann groß geworden ist, gehört dieses Träumen zu seinem Alltag, so dass es als Erwachsener dieses Verhalten nicht mehr bewusst wahrnimmt. Dieser Mensch träumt immer weiter und entzieht sich somit dem realen Geschehen, bis die Realität ihn irgendwann einholt und ihren Tribut fordert, denn er muss lernen, sich bewusst um sich selbst zu kümmern, und das wird ihm bestimmt nicht ganz leicht fallen. Wir sind dazu geboren, verantwortungsvoll in der Realität zu leben. Und doch haben wir genauso die Möglichkeit, uns Träume zu visualisieren, um uns einen Überblick zu verschaffen, doch wir müssen im Jetzt, Hier und Heute unser Dasein gestalten.

Dasselbe gilt für Menschen, die sich immer wieder gerne in die Vergangenheit zurückversetzen, um die alten in ihnen abgespeicherten Erlebnisse und Bilder stetig hervorzuholen. Ob das nun positive Erlebnisse sind, über die man im Nachhinein immer noch gerne schmunzelt, oder auch negative, über die man sich permanent aufregen kann, spielt dabei keine Rolle. Beide Seiten sind möglich und hindern die Person letztlich nur daran, in der Gegenwart zu leben. Warum manche Menschen so leben? Einfach ausgedrückt: Sie kennen die Vergangenheit, fühlen sich mit ihr vertraut und auch sicher. Sie hoffen, dass sie sich dadurch nicht an neue Lebensbereiche gewöhnen müssen. Diese Menschen haben Angst vor der Gegenwart und auch vor der Zukunft, denn die ist für sie ungewiss. Sie denken, wenn sie sich an die Vergangenheit binden, dann geht es ihnen besser. Manche hoffen sogar, dass ihnen nichts Schlimmeres passieren könnte, wenn sie sich das erlebte Leid immer wieder vor Augen führen. Meist handelt es sich hierbei jedoch um Menschen, die ihre Vergangenheit nicht verarbeitet haben. Oftmals spüren sie sogar noch Rachegedanken oder ähnliche Emotionen in sich. Sie denken dann beispielsweise immer noch intensiv an den anderen Menschen, durch den sie Leid erfahren mussten, und der sie letztlich in ihrer Emotion verletzt hat. Gleichzeitig senden sie über ihre Gedanken sehr viel Wutenergie aus, die zum Teil auch bei der anderen Person ankommt. Das heißt, wir haben in solchen Fällen gerne zwei Spieler, die beide miteinander in einem Energieverbund stecken. Es kann sehr wohl sein, dass dieser Energieverbund bei dem einen stärker und bei dem anderen schwächer ist, doch werden auf jeden Fall Energien von dem einen auf den anderen übertragen - wie ein Sender- und Empfängerprinzip. Das kann so heftig werden, dass eine Beziehung, die schon seit Jahren auf der äußeren Ebene getrennt, im Inneren immer noch aktiv ist. Teilweise kann ein solch offen gelebter Streit einen Menschen bis zum Tod oder sogar über den Tod hinaus begleiten. Ein Herauskommen ist nur möglich, wenn einer der beiden die Spielregeln verlässt und den anderen somit endlich in Ruhe lässt. Anhand dieses Beispiels lässt sich sehr einfach erklären, dass sich alles immer nur in unserem Bewusstseinszustand, also im Jetzt, abspielt. In diesem Fall wurde etwa die Vergangenheit immer wieder in die Gegenwart transformiert und diente so mit als Alibifunktion, um der Realität ausweichen zu können. Jetzt stellen Sie sich vor, die hier beschriebenen Personen müssten sich zusätzlich noch mit einer Lernaufgabe auseinander setzen. Da ist doch kaum noch Zeit und Platz vorhanden. Sie könnten also im Nachhinein behaupten, dass sie keine Zeit hatten, sich um andere Belange zu kümmern, denn der Streit verschlang alle zur Verfügung stehenden Energien. Diese Aussage würde dann sogar der Wahrheit entsprechen. Was für eine einfache Ausrede, um sich den Anforderungen seines eigenen Lebens zu entziehen. Der andere ist Schuld, dass ich mich nicht leben kann? Was für ein geopfertes Leben. Denn kein Mensch ist für einen anderen, dessen Handeln und Tun, sowie dessen Glück oder Unglück, verantwortlich; genauso wenig wie ein verpasstes Leben irgendwo eingeklagt werden könnte.

Einige Menschen denken ausschließlich darüber nach, wie sie andere beeindrucken können. Was wird der Nachbar sagen, wenn ich mit dem dicken Auto vorfahre? Würde er mir die Bewunderung geben, die ich brauche? Und schon träumt unsere Beispielsperson und kauft sich den Wagen, ohne wirklich darüber nachzudenken, ob sie den auf Dauer überhaupt gebrauchen kann. Doch der gedankliche Reiz, die verwunderten Gesichter der Nachbarn zu sehen, treibt sie zu dieser Handlung an. Sie will besser sein, als die anderen, und deswegen misst sie sich an ganz bestimmten Personen. Sie hat ihre Gesichter vor Augen, denn sie lebt fast ausschließlich dafür von anderen die Anerkennung zu bekommen. Nur dass auch dieses nicht funktionieren kann, denn keiner kann mir die Anerkennung geben, die ich mir selbst nicht geben will. Und schauen Sie genauer hin: Der Nachbar will genau dasselbe, er will auch die Anerkennung des anderen, und somit stehen sich wieder zwei Personen mit demselben Wunsch nach Befriedigung gegenüber und warten, dass der andere ihnen diesen Wunsch erfüllen möge. Woher das kommen kann? Natürlich erkennen wir auch hierbei wieder Kindheitsprägungen, denn der Wunsch nach Anerkennung ist schon viel länger in einem Menschen vorhanden, als der Nachbar real in dessen Umfeld leben kann. Meist bezieht sich dieser Wunsch auf eine Elternbindung: Beispielsweise auf den Vater, der kaum Zeit hatte, sich um seinen Sohn/ seine Tochter zu kümmern und deshalb all die vielen Kleinigkeiten, die ihm voller Stolz präsentiert wurden, schlichtweg übersehen hat. Wenn solche verletzten Emotionen nicht verarbeitet wurden, dann wird immer wieder eine neue Bezugsperson, ähnlich dem Vater, gewählt, damit das verzweifelte unbewusste Ablehnungsspiel weitergehen kann. Denn unsere Beispielsperson weiß genau, dass sie niemals die Anerkennung bekommen kann. Diese Erfahrung hat sie schon viel zu lange in sich und oft genug gemacht, also geht es hier letztlich nur noch darum, die verletzte Struktur zu wiederholen.

Auch diese Menschen leben mehr in Traumwelten als in der Realität. Der Wachzustand und das Leben in der realen Form werden unterdrückt. Dieser Wachtraum blockiert allerdings die so wertvollen Energien, die dazu da sind, dem Menschen zu Aktivität und Handlungsfähigkeit zu verhelfen. Menschen, die in der Realität „nicht in die Gänge kommen", also ihre Wünsche nicht umsetzen können, sind Menschen, die viele Ideen haben, jedoch auch gleichzeitig Angst, diese umzusetzen. Die Idee, das Träumen, was man alles tun könnte, ist die eine Seite - das Umsetzen der Möglichkeiten die andere. Die Angst vor dem Illusionsverlust, vor dem Versagen, spielt hierbei wohl die größte Rolle. Denn solange diese Menschen nur davon sprechen, wird es für sie einfach sein. Nur wenn sie die tollen Ideen in die Tat umsetzen müssen, dann wird es ernst und somit oftmals schwierig und kompliziert; deshalb lassen sie es meist einfach sein. Diese Menschen befinden sich häufig in ihren Wachträumen, in denen sie eine positive Wertung von außerhalb, also von einer ihnen wichtigen Person, erfahren. Natürlich auch hier wieder nur in ihren Träumen. In der Realität haben sie ein sehr großes Geltungsbedürfnis, das sie im Außen auch gerne zur Schau stellen. Das Geltungsbedürfnis hat somit das größte Gewicht und resultiert nur daraus, dass sie sich selbst nicht werten können, also fast ihre Verantwortlichkeit gegenüber ihrem eigenen Leben versäumt haben. Doch warum werten sie sich nicht? Wahrscheinlich, weil ihnen ihre eigenen Schwächen bekannt sind und sie diese nicht an sich akzeptieren können. Sie versuchen daher ihr Bedürfnis nach Akzeptanz und Annahme außerhalb von sich zu stillen. Auch hierbei gilt, dass jeder Mensch im Jetzt, Hier und Heute leben muss und zwar mit dem Können, das er hat. Es ist unlogisch, wenn der Tischler davon träumt, ein Manager zu sein. Er wäre bestimmt ein schlechter Manager, ist jedoch ein hervorragender Tischler. Doch woher sollte er das wissen, wenn er das, was er kann oder hat, nicht anerkennen will? Doch meist schauen wir mehr auf den Teller des Nachbarn, als auf unseren eigenen, und gerade deshalb fällt es uns oftmals schwer, uns ohne Bewertung oder Vergleich zu sehen. Sollten Sie sich hierbei wiedergefunden haben, dann lernen Sie, das zu schätzen, was Sie haben und was Sie sind. Sie werden sehen, wie wertvoll

Sie sind, und nur das zählt. Denken Sie daran: So wie Sie mit sich selbst umgehen, zeigen Sie den anderen, wie diese mit Ihnen umgehen sollen.

Dann wiederum gibt es Menschen, die sich gerne als das „schwarze Schaf der Familie" bezeichnen. Diese Menschen sehen alles negativ. Sie suchen grundsätzlich nach dem Makel. Sie können gar nicht damit umgehen, wenn das Leben leicht und locker verläuft. Sobald ihr Leben sich zum Positiven wendet, suchen sie sofort zwanghaft nach negativen Prinzipien, damit ihr Selbstbild wieder stimmig ist. Sie haben sich die Rolle des „schwarzes Schafs" ausgesucht und wollen dieser Rolle gerecht werden. Je mehr Negatives passiert, desto vertrauter fühlen sie sich in ihrem Leben. Wichtig jedoch ist zu wissen, dass andere Menschen dies auch mitbekommen sollen, denn sie brauchen das Mitleid und somit die Anerkennung von außerhalb. Die meisten Menschen sind jedoch mit sich selbst so beschäftigt, dass ihnen kaum Zeit bleibt, sich mit dem Leid anderer lange aufzuhalten. Und das ist für die „schwarzen Schafe" sehr enttäuschend, denn sie erwarten eine harmonisierende Emotion von anderen. Sie glauben, ihr Leben im Leid leben zu müssen und denken, dass sie andere darüber befreien könnten, ähnlich wie ein Märtyrer, der sein eigenes Leben zum Wohle anderer opfert. Doch mit dem Selbstopfer ist keinem geholfen. Es ist wiederum die Hilfe, für die diese Opferlämmer alles tun würden und die sie von den anderen erwarten. Das ist ihre gelebte Struktur. Sie könnten viel freier und lockerer leben, wenn sie es nur wollten. Doch das Problem dabei ist, dass sie immer wieder das Negative projizieren, was dann auch zwangsläufig eintreffen wird. Diese Menschen machen sich ihr Leben nur selbst schwer, und sie sind so darauf bedacht, die Löcher zu finden, in die sie tapsen können, damit sie gehindert sind, die Leichtigkeit des Lebens zu leben. Somit leben sie kaum im aktuellen Bewusstsein, sondern vielmehr in der negativen Zukunft. Auch hier gilt es, die gewohnte Struktur zu verlassen, um eine neue Möglichkeit der Entfaltung zu finden.

Können Sie sich vorstellen, dass unsere Wünsche in Erfüllung gehen? Wir alle wünschen uns zeitweise bestimmte Gegenstände, Ereignisse, Traummenschen und so weiter. Jeder Wunsch, den wir ernst gemeint haben, kommt im Kosmos an und wird irgendwann eine Resonanz finden. Wenn ich also einen Partner haben möchte, dann muss ich mich auch dafür öffnen und mir wünschen, dass ein Partner auf mich zukommen möge. Das geht jedoch nur, wenn ich partnerschaftsfähig bin. Diese Information erreicht den Kosmos und wird dort entsprechend eingespeichert. Begegnungen kommen letztlich nur dadurch zustande, da wir uns diese Treffen auch gewünscht haben. Somit ist sicher, unsere Wünsche werden an passender Stelle weitervermittelt. Denn wer als erstes den Wunsch empfängt, ist unser inneres Licht, und das wird gerade diese Information an den Kosmos weiterleiten.

Oftmals jedoch versuchen wir bestimmte Lebensaufgaben mit Wünschen zu kompensieren. Sollten wir uns beispielsweise in unserem Leben emotional zu schwer belastet fühlen und um einen Partner bitten, der uns hilft, einen Teil unserer Belastung zu tragen, dann bekommen wir einen Partner, der den gleichen Wunsch hat. Wenn er dann da ist, dann könnte in uns das Gefühl aufkommen, dass wir etwas anderes bestellt hätten. Tatsache ist jedoch, dass wir immer nach dem Gesetz der Resonanz das bekommen, was wir brauchen. Somit bekommen wir immer nur das, was uns auch entspricht.

So kommt also jeder Wunsch, den ich ernst gemeint habe, zu irgendeinem Zeitpunkt materialisiert zu mir zurück. Ob ich mit dem damals ausgesprochenen Wunsch dann auch noch etwas anfangen kann oder nicht, bleibt mir schließlich selbst überlassen. So kann es sehr wohl passieren, dass wir auf einmal den Partner, den wir uns vor fünf Jahren gewünscht haben, plötzlich auf der Fußmatte stehen haben. Die Frage stellt sich dann nur noch: Ob wir diesen Partner jetzt auch noch haben wollen? Denn wir entwickeln uns weiter, und oftmals verbergen sich hinter unseren Träumen nur Kompensationen, die wenig Sinn in der Realität machen. Denn lernen müssen wir alle. Unsere Wünsche kommen an und werden in Teilen erfüllt, jedoch erst dann, wenn wir sie nicht mehr zu Kompensationszwecken (miss-)brauchen. Sollten wir uns beispielsweise einen väterlichen Partner gewünscht haben und meinen, diesen Partner für unser Leben zu brauchen, damit sich unser Leben einfacher gestalten lässt, dann würden wir ihn erst, wenn überhaupt, bekommen, wenn wir gelernt haben, uns selbst zu vertrauen und uns selbst die Rückendeckung zu geben, die wir für unser Leben brauchen. Solange also bis wir in uns absolut sicher sind, dass wir es alleine schaffen werden. Später, wenn wir ihn dann nicht mehr brauchen, könnte er vor der Türe stehen und anklopfen.

Sollte er dann vor Ihrer Türe stehen, dann liegt es an Ihnen, was Sie mit der Situation machen, denn überlegen Sie, bevor Sie sich auf eine Beziehung einlassen, ob dieser Partner noch in Ihr jetziges Leben passt. Immerhin tragen wir alle die Verantwortung für unsere Beziehungen. Es ist immer wichtig, verantwortungsvoll an die Zukunft zu denken. Stellen Sie sich die Frage, ob Sie sich diesen Menschen real in Ihrem Leben vorstellen können. Überlegen Sie, bevor Sie handeln. Und denken Sie nicht direkt bei besonderen Begegnungen an ein Gottesgeschenk, denn es könnte sich dabei schlichtweg nur um eine verspätete Wunscherfüllung handeln.

Es gibt jedoch auch Menschen, die wünschen sich wiederum die Pest an ihren eigenen Hals, und auch das passiert. Denn diese Wünsche gehen ebenfalls in Erfüllung. Wenn wir also negative Erfahrungen machen wollen, dann bekommen wir sie auch. Somit sollten wir lernen, regelmäßig auf uns und unsere Wünsche zu achten. Denn wenn wir tief im Inneren in der Überzeugung leben, dass wir grundsätzlich nur Partner finden, die gebunden und die somit für eine feste Partnerschaft nicht geeignet sind, dann treffen wir auch immer wieder genau auf diese Personen. Wir werden uns dann in einen Menschen verlieben, der natürlich auch wieder den Ehering am Finger trägt. Im Nachhinein werden wir wie immer um das Erlebte trauern und weinen, denn wir werden nicht verstehen können, warum uns dies erneut passiert ist. Warum? Das ist sehr einfach erklärt, wir haben uns in diesem Fall gewünscht, einen Partner, der gebunden ist, zu bekommen. Wir alle prägen durch unsere eigenen Glaubenssätze unser Leben individuell. Und nur wir selbst sind in der Lage, die inneren Verpflichtungsemotionen zu wandeln. Sollten sich also solche oder ähnliche Themen in Ihrem Leben wiederholen, dann überprüfen Sie Ihre innere Grundeinstellung zu Ihrer eigenen Person. Denn gerade unsere inneren Prophezeiungen erfüllen wir uns selbst. Somit schmieden wir durch unsere Wünsche unsere eigenen Erfahrungen. Denn wir selbst bestimmen unser Leben, das sollten wir niemals vergessen.

Oftmals übernehmen wir jedoch auch Verwünschungen von anderen. Wenn zum Beispiel die Mutter der Tochter sagt: „Du wirst auch noch erleben, was es heißt, verheiratet zu sein", und gleichzeitig mit dem Gesagten negative Bilder aussendet, die Tochter wiederum diese Bilder mit dem dazu gehörigen Glaubenssatz annimmt, dann kann es sein, dass sie ein Leben lang darauf wartet, die „gerechte Strafe" durch einen Partner zu erfahren. Ähnlich funktioniert das auch mit krankheitsbedingten Übertragungsmustern; wenn ich davon überzeugt bin, dass ich eines Tages Krebs bekomme, dann werde ich irgendwann die „lang ersehnte" Nachricht von meinem Arzt erhalten. So funktionieren wir. Und gerade deshalb ist es so besonders wichtig, darauf zu achten, was wir uns selbst suggerieren und welche realen Auswirkungen wir dadurch erfahren.

Woran stelle ich fest, ob ich eigene negative Glaubenssätze in mir trage? Stellen Sie sich doch einfach mal folgende Fragen:
Habe ich öfter das Gefühl, vom Pech verfolgt zu sein? Fast alles, was ich anpacke, gelingt mir nicht, obwohl es dafür keinen sichtbaren, äußeren Grund gibt?
Treffe ich immer wieder auf die gleiche Sorte Mensch und lasse mich mit ihnen in eine Abhängigkeit ein? Immer dann, wenn ich mich gelöst habe, kommt schon der nächste, und das Spiel der Übertragung von negativen Energiemustern beginnt erneut?
Stoße ich öfter auf Widerstände in meinem Leben, die ich mir logisch nicht erklären kann? Ich habe alles dafür getan, dass es funktioniert, und mal wieder geht es daneben?
Fühle ich mich öfter urplötzlich wie beschmutzt und weiß nicht, woher das kommt? Ich habe mich vorher frei und unbelastet gefühlt, und plötzlich fühle ich mich absolut dunkel. Jemand hat mir meine fröhliche Energie abgezogen und mir dafür seine dunkle, belastete übertragen. Also muss ich ein Auraloch haben, das ein anderer benutzen kann.
Glaube ich daran, dass mein Leben viele Schattenseiten hat? Spüre ich tief in meinem Inneren eingeschlossene Energien, die mir manchmal sogar Angst bereiten? Dann habe ich viele nicht verarbeitete Themen in mir, die ich dringend lösen muss.
Sage ich mir öfter bei Missgeschicken: „Das ist typisch für mich!" Dann

glaube ich, dass ich immer alles Negative anziehe und dass alles das, was mir passiert, mir zu Recht passiert. Irgendeiner wird mir diesen Bären aufgebunden haben. Dringend damit aufhören!

Spüre ich öfter negative Gedanken anderer im Nacken? Habe ich das Gefühl, dass jemand mir negative Gedanken schickt? Dann ist es wichtig, sich sofort vom anderen zu lösen. Keiner sollte sich als Opfer einem anderen zur Verfügung stellen. Achten Sie auf Ihr Selbstwertgefühl!

Nehme ich negative Bilder von anderen auf und lebe diese nach? Gehe ich somit auf die negativen Wünsche anderer ein und integriere diese in mein eigenes Leben? Keiner sollte sich der Verwünschung eines anderen zur Verfügung stellen. Wenn einer ein Problem hat, dann ist das sein Problem und nicht Ihres; erst wenn Sie das Problem als Ihr eigenes annehmen, dann sind Sie ebenfalls in dem Sog negativer Energien eingebunden.

Habe ich Bekannte oder Freunde, die mir Energie abzapfen können? Auch wenn ich es merke, meine ich, ich kann nichts dagegen tun. Sie werden ausgenutzt, achten Sie darauf! Dies grenzt schon an emotionalen Missbrauch. Fragen Sie sich, woher Sie das kennen!

Bekomme ich öfter ein Schuldgefühl, obwohl ich gar keine Schuld trage? Der fade Beigeschmack „Du bist schuld" taucht immer wieder in mir auf, und andere bestätigen dies durch ihr Verhalten mir gegenüber? Hier werden Schuldenergien übertragen. Sie sollten sich für solche Machenschaften nicht zur Verfügung stellen. Achten Sie jedoch auf Ihre eigenen Schuldthemen, die Sie mit Sicherheit nicht sehen wollen. Hierbei handelt es sich oftmals um eine Verlagerung.

Habe ich aus der Kindheit einen negativen Glaubenssatz in mir? Zum Beispiel: „Du bist zu dumm für", „Dich will sowieso keiner", etc. Lösen Sie sich davon. Eltern sind oftmals überfordert und sagen etwas, was sie tief im Inneren gar nicht so meinen. Verzeihen Sie, und lösen Sie sich von solch dummen Sprüchen. Sollten Sie weiterhin darunter leiden, dann sind Sie selbst schuld. Denken Sie immer daran, Sie sind erwachsen und können sich selbst von solchen Glaubenssätzen befreien, und das sollten Sie auch tun.

Wenn Sie auf irgendeine oder mehrere dieser Fragen mit „Ja" antworten können, dann helfen Sie sich selbst und ändern Ihre Grundeinstellung zu Ihrem Leben. Denn: Egal, wer uns einen Glaubenssatz suggeriert hat, es bewirkt nur etwas, wenn wir im Inneren daran glauben und davon überzeugt sind, dass es passieren wird. Somit können wir uns selbst davor schützen, wenn wir nur an das glauben, was wir auch glauben wollen und was sich auch positiv auf unser Leben auswirkt.

Wenn Sie bewusst positive Wünsche an den Kosmos absenden wollen, dann unternehmen Sie folgendes (weitere Übungen dazu und auch Reinigungsübungen finden Sie in den letzten Kapiteln dieses Buches): Suchen Sie sich ein ruhiges Plätzchen, wo Sie sich in Ruhe auf sich selbst besinnen können. Reinigen Sie sich und schließen Sie den Alltag ab, damit Sie sich konzentrieren können. Stellen Sie sich Ihren Wunsch genau vor. Gehen Sie gedanklich alle zukünftig damit verbundenen Bereiche durch. Dann konzentrieren Sie sich, beten Sie und geben Sie ihren Wunsch an den Kosmos ab. Bitten Sie um Gehör und Erfüllung Ihres Wunsches. Stellen Sie sich, wenn möglich, klare Bilder oder Emotionen dabei vor. Natürlich nicht: „Der Partner soll schwarze Haare haben" oder ähnliches.

Hier ein paar Beispiele für eine Wunschliste:
„Ich möchte einen Partner finden, der zu mir paßt."
„Ich möchte eine Firmenidee haben, die ich erfüllen kann."
„Ich bitte darum, dass meinem Sohn das Lernen leicht fällt."
„Ich bitte um Harmonie in meiner Partnerschaft"
„Ich bitte um Harmonie in meiner Familie."
„Ich bitte darum, dass die Person .... wieder zu Kräften kommt."
„Ich bitte darum, dass ich meine Lebensaufgabe erkenne."
„Ich bitte um Unterstützung in meinem Vorhaben................"
„Ich bitte um Loslösung und Trennung von..................."

Eines der wohl wichtigsten Gebete ist:
„Ich lege mein Leben in Gottes Hände und lasse mich führen und dorthin leiten, wohin ich geführt werden soll. Ich vertraue Gott, meinem inneren, göttlichen Licht und mir selbst. Ich weiß, dass ich meinem Lebensweg folgen werde.

"Wir müssen regelmäßig, jeden Tag, an uns selbst glauben. Je häufiger wir unseren Wunsch in Gedanken aussprechen, desto eher wird er in Erfüllung gehen. Wenn ich einen bestimmten Wunsch - ähnlich wie in den Beispielen- aussenden möchte, dann sollte ich diesen Spruch mindestens 3 bis 7 Tage, dreimal am Tag hintereinander, verwenden.

Die oben dargestellten Formulierungen dienen nur zur Anleitung. Sie können sie übernehmen, wenn Sie möchten. Doch bitte, bleiben Sie immer kreativ und formen Sie Ihre Wünsche so, wie Sie das möchten.

Energieanteile von anderen übernehmen

Es gibt viele Menschen, die Energieanteile von anderen übernehmen und meinen, diese leben zu müssen. Hierbei handelt es sich oftmals um eine Opferthematik. Dabei übernimmt die Person jedoch nicht nur einfach ein Thema und die damit verbundene Energie, sondern alle damit verbundenen Unannehmlichkeiten. Warum? Diese Frage stellt sich natürlich immer individuell. Die meisten Menschen übernehmen solche Energien, um einen anderen zu entlasten, denn mit den übernommenen Energien belasten sie sich selbst. Somit reden wir hier von einer empfundenen Last, die übertragen wird; um mehr geht es dabei nicht. Stellen Sie sich das wie bei einer Waage vor: Derjenige, der sich zu viel Last auferlegt hat, hat ein Übermaß an Belastung, und der andere ein Übermaß an Leichtigkeit, das heißt, er fühlt sich leicht, obwohl das real nicht stimmt. Das wiederum vernebelt bei beiden die eigenen Lebensthemen und hindert beide somit am Vorwärtskommen. Doch leider ist diese Form der Lastenübertragung beziehungsweise -übernahme bei vielen Menschen der Fall, wie Sie selbst gleich anhand von Beispielen nachvollziehen können. Es könnte doch sein, dass auch Sie die eine oder andere Energie in sich tragen, die Ihnen gar nicht gehört. Sie fühlen sich urplötzlich belastet und wissen gar nicht woher das kommt. Kennen Sie das?

Wie das funktioniert? Ganz einfach. Stellen Sie sich vor, dass Sie einen Menschen kennen, zu dem Sie sehr viel Zuneigung empfinden, und dieser Mensch ist mit seiner eigenen Lebensenergie sehr belastet. Er fühlt sich nicht stark genug und bittet Sie um Mithilfe. Wer möchte dem widerstehen? Natürlich helfen Sie, und mit dieser Hilfe übernehmen Sie einen Teil der energetischen Belastung und übertragen diese Energien auf sich selbst. Ein Beispiel dafür: Ein Freund bittet Sie um Mithilfe bei seinem Umzug; Sie sind dazu bereit, denn es handelt sich um Ihren Freund und Sie wissen genau, dass er es alleine nicht schaffen kann. So helfen Sie ihm, und das macht sie beide glücklich und zufrieden. Denn gerade die Nächstenliebe und gegenseitige Hilfe ist ein wichtiges Thema im Leben. Keiner von uns ist alleine, und somit kann jeder auf die Hilfe eines anderen bauen. Doch sollte das

Thema der Hilfe immer ein Geben und Nehmen sein, damit sich die Ebenen nicht in einem Ungleichgewicht befinden. Dies passiert jedoch leider viel zu häufig.

Das ganze System können Sie sich jetzt auch rein auf der emotionalen Ebene vorstellen. Eine Freundin von Ihnen durchlebt eine Trennung von ihrem Freund. Das schmerzt immer, und Sie sind bereit, ihr zuzuhören und Trost zu spenden. Gerade das Sprechen ist in einer solchen Situation besonders wichtig. Eine Therapie bedeutet nichts anderes, als die inneren, verkapselten Emotionen durch Gespräche bewusst zu machen, um sie zu verarbeiten. Deshalb kann ich nur jedem empfehlen, Situationen so weit wie möglich direkt zu bearbeiten, und hier ist eine gute Freundin, die zuhören möchte, Gold wert. Doch auch die Freundin übernimmt in diesem Moment Emotionen, in dem Fall belastete Energien, und hilft ihrer Freundin, diese zu reinigen. Das funktioniert ganz automatisch.

Ein einfacheres Beispiel dazu. Eine Freundin braucht Ihren Rat, und Sie konzentrieren sich besonders auf das Gespräch, denn Sie möchten ihr helfen. Dann kann es sehr wohl sein, dass Sie sich nach einem einstündigen Gespräch müde und schlapp fühlen. Das sind Sie dann auch, denn die ganze Zeit über haben Sie der Freundin geholfen, Ihre Energien zu reinigen. Das funktioniert. Ihrer Freundin wird es danach besser gehen, und Ihnen? Wenn Sie bewusst der Freundin helfen wollten, dann ist das in Ordnung und Sie werden sich danach schnell wieder regenerieren können. Jedoch, was ist wenn nicht? Wenn Sie unbewusst die Energien gereinigt haben, dann werden Sie sich danach leer und ausgepumpt fühlen, dann haben Sie sich im wahrsten Sinne des Wortes, aussaugen lassen. Wie das funktioniert? Das erkläre ich Ihnen mit ein paar kurzen und einfachen Worten.

Wenn Sie mit einem Menschen, der ihnen nahe steht, ein emotional tiefes Gespräch führen, dann öffnen Sie sich automatisch emotional, und Sie tauschen Energien miteinander aus. Sie übernehmen belastete Energien und geben dem anderen gereinigte zurück, damit die Person sich wieder besser fühlen kann. Meist geht das über einen längeren Zeitraum, bis derjenige, der sich belastet und schlecht gefühlt hat, besser drauf ist, denn nun hat er genug Lichtenergien zur Verfügung, die ihm letztlich ermöglichen, einen neuen Lichtblick in seinem Leben zu sehen. So funktioniert das Ganze. Oftmals sind wir, wenn wir ein Problem haben, damit überfordert und sehen den Wald vor lauter Bäumen nicht mehr. Dann ist es besonders gut, eine Person zu haben, die hilft, wieder Licht in die eigene Dunkelheit zu bringen. Wunderbar und hilfreich für beide, wenn das freiwillig und ohne Zwang geschieht. Wir leben in einer Resonanz mit dem Außen, und somit kommen die Energien immer wieder zurück. Das heißt, wir können uns dann darauf verlassen, das auch uns geholfen wird, wenn wir Hilfe benötigen, denn es wird immer eine gegenseitige Hilfe gewährt. Was ist jedoch, wenn dieser Energieaustausch zwanghaft und unter Druck geschieht?

Es gibt leider immer noch viel zu häufig Situationen, in denen wir unter Zwang die Energien des anderen reinigen. Wie das passiert? Gehen wir zurück in die Kindheit und stellen uns das Kind in Beziehung zur Mutter vor. Öfter erleben Kinder eine unglückliche Mutter. Das Kind spürt die belasteten Energien und versucht der Mutter zu helfen. Wie? Nehmen wir dazu folgendes Beispiel: Die Mutter befindet sich in ihrem Inneren in einem tief unglücklichen Zustand. Sie erlebt ihre Energien in Dunkelheit und trauert. Wir können jedoch nur traurig sein, wenn wir uns innerlich verdunkelt haben. Das Kind erkennt diese Energie sofort und gibt der Mutter helle Lichtenergie ab. Meist wird dieser Energietransfer noch äußerlich unterstrichen, indem das Kind zusätzlich versucht, die Mutter zum Lachen zu bringen. Für ein Kind ist der Zustand einer depressiven Mutter schwer zu ertragen, denn wenn es nichts unternehmen würde, dann würden sich durch den tiefen Energieverbund diese negativen Emotionen automatisch auch auf das Kind legen. In unserem Fall lässt sich die Mutter unbewusst darauf ein und nimmt einen Teil der hellen Energie des Kindes auf. Da man jedoch nicht nur Energie aufnehmen, sondern auch abgeben muss, wird das Kind automatisch dunklere Energien von der Mutter erhalten. Das Kind wird damit fertig werden. Sollte dieser Transfer jedoch immer wieder passieren, dann wird das Kind auf Dauer zu stark belastet, und das wiederum wird das Kind schädigen.

Es gibt heutzutage viele Kinder, die permanent die Energien der Mutter, des Vaters oder sogar beider Elternteile reinigen, damit das Leben erträglich bleibt. Meist merken die Erwachsenen dieses gar nicht. Erst mit der Zeit sind die Spuren an den Kindern sichtbar, denn diese Kinder wirken blass und unglücklich. Sie ähneln missbrauchten Kindern, denn auch sie werden als Energietransformator missbraucht. Mit der Zeit wird die Opferung des Kindes den Eltern gar nicht mehr bewusst sein, denn sie bekommen automatisch die positiven Energien des Kindes. Eltern, die wirklich darauf Acht geben, dass ihre Kinder gut gedeihen, würden dieses allerdings sofort erkennen und unterbinden. Es gibt jedoch genug Eltern, die mit ihren eigenen, nicht verarbeiteten Themen so stark belastet sind, dass ihnen ein solcher Prozess gar nicht auffällt. Sie brauchen oftmals die Energien ihrer Kinder und denken auch, dass ihnen diese selbstverständlich zustehen, da sie ihrer Ansicht nach auch genug für ihre Kinder getan haben, nach dem Motto: „Die wären doch nicht da, wenn ich sie nicht geboren hätte".

Oftmals neigen Eltern jedoch auch zur Sucht, was die Kinder dazu verleitet, sich wohl oder übel in die Rolle des Co-Abhängigen zu fügen. Mit dieser Rolle behaftet zu sein, bedeutet nichts anderes, als die Kontrolle beispielsweise über einen Alkoholiker zu haben, denn dieser will seine eigene Verantwortung nicht leben. Damit in seiner Trunksucht nichts Schlimmes passiert, passt der Co-Alkoholiker auf, und genau diese Rolle übernehmen oftmals Kinder. Später ist das für den Co-Abhängigen eine gewohnte Struktur/Rolle, und deshalb sucht er sich im Erwachsenenalter zumeist auch wieder einen Partner, der Alkoholiker ist, damit er die vertraute Struktur weiterleben kann.

Rein energetisch betrachtet sieht das dann so aus, dass das Kind auf die Eltern Acht gibt, sie also laufend beobachtet und somit eine Kontrollfunktion übernimmt. Das Kind muss permanent seine unbelasteten Energien den Erwachsenen zur Verfügung stellen. Dadurch altert es jedoch sehr schnell und wird an seiner eigenen kindgerechten Entwicklung gehindert. Oftmals wird dabei unbewusst ein Rollentausch vollzogen; das Kind erfährt die Eltern als kindlich unmündig, für sich selbst nicht verantwortlich, und die Eltern verlassen sich auf das Kind, wie bei einem Erwachsenen. Ein solcher Rollenwechsel ist der wohl schwierigste Energieaustausch, den wir uns vorstellen können. Denn, wenn ein solcher Tausch vorgenommen wurde, dann muss das Kind automatisch immer nach seinen Kindern - es waren mal die Eltern - schauen und somit permanent Energien fließen lassen. Das passiert zumeist unbewusst, doch gerade unbewusst ablaufende Strukturen und die damit verbundenen Energien sind besonders schwierig zu erkennen und zu verlassen. Sollte nun solch ein Rollentausch stattgefunden haben, dann wird sich dieser Mensch immer wieder Menschen suchen, die sich auf dieser Strukturschiene einreihen können. Später stellt er dann fest, dass er viele „Kinder" hat, die er ernähren muss. Wie das funktioniert? Es gibt viele Menschen, die ihr eigenes Leben zu schwer empfinden und deshalb eine andere Person brauchen, die ihnen einen Teil ihrer Belastung abnimmt. Also wenn man sucht, dann findet man auch.

Die negativste, aber leider wohl auch häufigste Form ist die Komponente, einen anderen zu zwingen, die eigenen, negativ geladenen Energien gegen helle und saubere Energien auszutauschen. Häufig passiert das, wenn die Eltern weiterhin von dem Kind verlangen, dass es grundsätzlich für die Themen und somit die Energien der Erwachsenen verantwortlich ist. Teilweise wird hierbei sogar noch das erwachsene Kind unter Druck gesetzt. Bei einem derartigen Rollentausch muss das Kind die Rolle des Erwachsenen übernehmen. Der Erwachsene übernimmt dann die Rolle des emotional unterentwickelten Kindes. Somit muss das Kind emotional für den Erwachsenen sorgen. Das kommt fast einer Entmündigung gleich. Dieses Spiel kann sich über viele Jahre fortsetzen, teilweise sogar über Inkarnationen. Es kann sogar so weit gehen, dass das Kind die Karmathemen eines Elternteils auf sich überträgt. Warum so eine Übertragung auf die eigenen Kinder möglich ist, liegt sehr nahe, denn ein Kind ist von den Eltern absolut abhängig. Somit nehmen viele Kinder solch schwere Bürden auf sich, um in der Kindheit eine Überlebenschance zu haben.

Bei allen Karmathemen ist zu berücksichtigen, dass wir niemals die Themen eines anderen leben können, denn das kann nur jeder selbst tun. Somit können wir auch keinem helfen, wenn wir meinen, sein Karmathema leben zu müssen. Wenn das doch passiert, wird derjenige, dessen Karmakoffer wir tragen, zwangsweise in unserer Nähe inkarnieren, damit er seinen Koffer und somit seine eigenen Themen wieder zurück bekommt. Dieses tiefe Wissen bezieht sich jedoch in erster Linie auf das innere Lichtwesen, als auf den inkarnierten Menschen persönlich, diese Person spürt vielmehr, dass sein Gegenüber für ihn eine Bedrohung darstellt. Wir erkennen uns aus früheren Leben, und wir erinnern uns auch. Somit spüren wir genau, dass diese Person ein Päckchen abzugeben hat, doch wir wissen nicht, was in diesem Päckchen drin ist. Wir erahnen es nur, und das wiederum lässt uns unruhig werden. Somit würden wir uns lieber aus dieser Verbindung lösen, als auf diese Person zuzugehen, denn immerhin spüren wir unsere eigenen Themen in ihrer Gegenwart. Doch wir können uns nicht so einfach lösen, denn wir ziehen uns immer wieder wie ein Magnet an. Sollten wir also auf einen Menschen treffen, der in uns unangenehme Gefühle hochkommen lässt, dann sollten wir unser Karma überprüfen. Denn es kann sehr wohl sein, dass diese Person uns an eine innere Struktur erinnert oder dass wir ein karmisches Aufgabenteil dieser Person übernommen haben, beziehungsweise sie von uns. Im Extremfall müssen Sie sich emotional auf diese Situation einlassen, um einen Austausch und somit eine Wandlung vollziehen zu können

Wie können Sie sich nun aus einer derartigen emotionalen Verbindung lösen? Zuerst muss Ihnen bewusst werden, dass Energieanteile in Ihnen leben, die nicht Ihre eigenen sind. Wie können Sie das feststellen? Fühlen Sie in sich hinein, und stellen Sie sich folgende Fragen:

Fühlen Sie sich oftmals innerlich bedrängt? Zum Beispiel: Ein anderer spukt in Ihren Gedanken herum, und Sie können ihn nicht einfach abschütteln.
Haben Sie das Gefühl, als würde Sie jemand emotional verfolgen? Sie haben das Gefühl, stundenlang über eine andere Person nachdenken zu müssen.
Spüren Sie emotionale Forderungen von bestimmten Personen in Ihrem Umfeld an Sie gerichtet? Denken Sie darüber nach, ob Sie dieses oder jenes erfüllen sollen, obwohl Sie tief in Ihrem Inneren es gar nicht tun wollen? Fühlen Sie sich emotional unter Druck gesetzt?
Fühlen Sie sich oft emotional eingebunden und wissen nicht, wie Sie da herauskommen sollen? Plötzlich sind sie in die Projekte anderer mit

eingebunden, obwohl Sie das bewusst nicht wollten.

Wenn Sie an Ihre Mutter denken, haben Sie ein mulmiges Gefühl in der Magengegend? Was denken Sie, will Ihre Mutter noch von Ihnen? Was fordert sie von Ihnen?

Wenn Sie an Ihren Vater denken, haben Sie ein mulmiges Gefühl in der Magengegend? Was denken Sie, will Ihr Vater noch von Ihnen? Was fordert er noch von Ihnen?

Haben Sie Geschwister? Gehen Sie die einzelnen Personen durch und spüren Sie hinein, ob von deren Seite noch emotionale Forderungen an Sie gestellt werden?

Fühlen Sie sich von einem Freund oder einer Freundin emotional unter Druck gesetzt? Wie reagieren Sie, wenn diese Freundin/dieser Freund sich bei Ihnen meldet? Spüren Sie in sich hinein, was will diese Person von Ihnen? Und warum fühlen Sie sich unter Druck gesetzt und meinen diese Forderung emotional erfüllen zu müssen?

Da Übertragungen nie einseitig funktionieren können, sollten Sie sich folgende Gegenfragen stellen:

Bedrängen Sie oftmals emotional eine andere Person? Haben Sie Wut auf jemanden und wünschen ihm alles Schlechte?

Haben Sie das Gefühl, als würden Sie einen anderen emotional verfolgen? Zum Beispiel, dass Sie immer wieder an den anderen denken und dabei wütend sind. Er/sie ist schuld, dass.............

Spüren Sie, wann Sie emotionale Forderungen an bestimmte Menschen in Ihrem Umfeld stellen? Zum Beispiel: Sie denken immer daran, dass der andere doch so zu handeln hat, wie Sie das wollen; Sie können nicht verstehen, warum er anders handelt, als von Ihnen erwartet.

Binden Sie andere Menschen öfter emotional in eigene Projekte ein? Und was tun Sie, damit diese Menschen sich nicht lösen?

Wenn Sie an Ihre Mutter denken, können Sie spüren, was Sie noch von ihr wollen, welche Emotion und auch welche Haltung Sie von ihr erwarten? Was müsste passieren, damit Sie die mütterliche Liebe annehmen können?

Wenn Sie an Ihren Vater denken, können Sie spüren, was Sie noch von ihm wollen, welche Emotion und auch welche Haltung Sie von ihm erwarten? Was müsste passieren, damit Sie die väterliche Liebe annehmen können?

Was erwarten Sie von Ihren Geschwistern? Können Sie die Personen mit ihren eigenen Themen verstehen?

Was erwarten Sie von Ihren Freunden, von welchem/r Freund/in speziell? Was könnte der/die Freund/in tun, damit Sie zufrieden sind? Denken Sie immer daran, jeder ist so, wie er ist.

Diese Fragen basieren auf ein und derselben Antwort. Wenn eine andere Person in Ihnen emotionalen Druck ausüben kann, dann nur, weil Sie sich dieser Person gegenüber verantwortlich fühlen. Irgendwann haben Sie diese Person in einer speziellen Lebenssituation passiv und schwach erlebt und meinen nun unbewusst, dieser Person stets helfen zu müssen. Das ist der Deal: Diese Person weiß genau um die Stärke, die Sie ihr gegeben haben, und Sie wird alles tun, um ihre Forderung immer wieder erneut stellen zu können. Wir alle tragen einen emotional mütterlichen Anspruch in uns, und dieser kann sehr wohl bei Menschen zum Tragen kommen, die wir emotional als unsere Kinder empfinden. Wenn dies der Fall ist, dann sind Sie fast hoffnungslos ausgeliefert: Sie können sich kaum durch ihr Kopfbewusstsein dieser starken Emotion erwehren, denn Sie fühlen sich innerlich durch den Anspruch ihrer eigenen Mütterlichkeit dazu verpflichtet. Denken Sie daran, auch die andere Person ist in diese Abhängigkeit eingebunden, denn sie muss alles dafür tun, um Sie bei Laune zu halten. Die Angst, dass Sie sich einfach entfernen und weggehen, wird sehr groß sein. Somit werden Sie sich beide immer wieder emotional in die passende Struktur pressen, bis einer von Ihnen diese Ebene verlässt und sich eigenverantwortlich um sein eigenes Leben kümmert. Doch was können Sie tun, nachdem Sie festgestellt haben, dass sich eine Ihnen bekannte Person auf dieser Schiene bewegt und Sie sich permanent um Sie kümmern müssen?

Suchen Sie sich ein ruhiges Plätzchen, an dem Sie ungestört innerlich arbeiten können. Reinigen Sie sich emotional, so dass die Alltagslasten von Ihnen abfallen können und meditieren Sie, gehen Sie in Ihre innere Mitte.

Denken Sie an die Person, von der eine für Sie spürbare Last ausgeht. Wie taucht diese Person vor Ihrem geistigen Auge auf? Ist sie groß und mächtig oder eher klein und zart? Was empfinden Sie, wenn Sie diese Person emotional vor sich sehen? Wo genau spüren Sie die Emotion auf körperlicher Ebene?

Diese Punkte sind sehr wichtig, denn wir alle haben stets ein „inneres Bild" von der Person, mit der wir emotional verbunden sind. Wenn wir an dieser Struktur arbeiten wollen, dann geht dies nur über das innere Bild und/oder die empfundenen Emotionen. Wir brauchen das Gefühl, deshalb ist es auch so wichtig, in den Körper zu fühlen und zu spüren, an welcher Körperstelle diese Emotion spürbar ist. Wenn beispielsweise die vor meinem geistigen Auge sichtbar gewordene Person auf mich bedrohlich wirkt, dann bin ich in der Realität handlungsunfähig. Denn jedesmal, wenn mir diese Person begegnet, taucht die selbst erzeugte Angst in mir auf, und ich habe somit das Gefühl, mich nicht wehren zu können. Diese Person kann dann fast alles mit mir machen, was sie will, ich kann mich nicht wehren. Und das ist für eine Beziehungsebene fatal. Also, jede für uns emotional wichtige und doch unangenehme Person besetzt automatisch eine in uns selbst befindliche Struktur, und wir müssen lernen, diese zu erkennen und zu wandeln. Denn keiner sollte eine innere Struktur von uns besetzen können.

Wenn beispielsweise unser Chef in uns angstvolle Emotionen auslösen kann und wir in einer Meditation, also jenseits unseres Alltagsbewusstseins, eine Ähnlichkeit in unseren Gefühlen zum Vater erkennen, dann liegt der Chef direkt auf unserer verinnerlichten Vaterschiene. Sollte das der Fall sein, dann würden wir uns in seiner Anwesenheit als Kind fühlen und wären somit dem Geschehen und seinen „Launen" hilflos ausgeliefert. Um diese Struktur verlassen zu können, müssen wir lernen, uns zu sortieren und den Chef auf eine andere Schiene zu setzen. Das jedoch bedeutet Aufräumarbeit und Ausdauer in uns selbst; nur so wird ein Erfolg spürbar sein.

Weitere Übungen - der Rahmen

Wenn ich die Person emotional erfasst habe und vor meinem geistigen Auge sehe, dann ist es besonders wichtig, dass ich das Bild verändern kann. Damit mir das jedoch gelingt, stelle ich mir einen Rahmen um diese Person vor, ähnlich einem Bilderrahmen. Die Form spielt dabei keine Rolle.

Somit habe ich gedanklich einen materiellen Rahmen um diese imaginäre Person gelegt und diesen Rahmen kann ich jetzt bewegen, wie ich möchte.

Ich schiebe den Rahmen mal nach rechts und mal nach links, so mache ich mich und mein imaginäres Bild beweglich. Ich kann nun alle möglichen Übungen und Bewegungen damit machen, wie ich es brauche. Hier ein paar Beispiele dazu:

Ich kann die Luft aus dem Bild lassen und somit das Bild verkleinern. Ich kann es so klein machen, dass es sich sogar auflöst, wenn ich das will.

Eine andere Möglichkeit: Ich stelle mir vor, dass mein Bild nur noch schwarz-weiß ist, und nehme somit die Farbe und die Lebendigkeit aus der Situation heraus.

Ich kann das Bild verkleinern und es auf die rechte Seite an einen Nagel hängen, damit ich es später noch einmal zur inneren Bearbeitung hervorholen kann.

Ich kann mir vorstellen, dass diese Person Segelohren hat; schon fange ich an zu lachen, und diese imaginäre Person verliert für mich ihren Schatten. Denn: Keiner kann mich ängstigen, außer ich mich selbst. Angst ist immer ein Hinweis auf unsere unerledigten Anteile, die im Schattenbereich leben.

Es gibt einige Personen in unserem Umfeld, die einen fantastischen Spiegel für unsere inneren Themen darstellen. Deshalb ist es teilweise wichtig, gewisse Personen, die bislang noch nicht analysiert und erkannt wurden, auch weiterhin im Inneren zu bewahren. Zu einem späteren Zeitpunkt kann ich mich diesen Themen widmen und erkennen, welche Themen in mir noch offen liegen. Damit diese Arbeit noch erledigt werden kann, parke ich das Bild der Person auf der rechten Seite, und hole es mir später wieder hervor, um es zu bearbeiten.

Sie können Ihrer Fantasie freien Lauf lassen und alles mit dem Rahmen machen, was Sie wollen. Sollten Sie keinen Rahmen brauchen, dann lassen Sie ihn weg, nutzen Sie Ihre eigenen kreativen Fähigkeiten, die jedem von uns zur Verfügung stehen.

Reinigungsübung

Reinigung einer imaginären Person, die vor meinem geistigen Auge auftaucht. Hier ein paar Beispiele, die Sie ausprobieren können:

Stellen Sie sich einen Gartenschlauch vor, aus dem göttliche Energie fließt. Besprühen Sie die Person oder den vor Ihnen befindlichen Gegenstand damit. Sie werden merken, dass sich dieser Gegenstand, beziehungsweise die imaginäre Person, auflösen wird.

Eine andere Möglichkeit: Stellen Sie sich vor, dass der Kosmos sich öffnet und ein Strahl Lichtenergie auf Sie und die andere Person und/ oder Situation herunter gleitet. Sie stehen in reinem göttlichen Licht.

Stellen Sie sich einen Wasserfall vor; dieser besteht aus reiner göttlicher Lichtenergie. Stellen Sie sich darunter und reinigen Sie sich. Sie werden spüren, wie die Belastungen des Alltags von Ihnen regelrecht abgewaschen werden.

Diese Übungen sind unbegrenzt gestaltbar. Seien Sie kreativ und stellen Sie sich Ihre eigenen Rituale zusammen. Nur Sie selbst können wissen, was für Sie das Richtige ist.

Es ist immer wichtig, einen freien Blick zu haben; jede Person, die sich imaginär in Ihr Blickfeld schieben will, fordert Energie, die sie automatisch von Ihnen bekommen wird. Damit dieser Energiefluss unterbrochen wird, ist es ausgesprochen wichtig, darauf zu achten, dass sich diese Bilder nicht vor Ihr geistiges Auge schieben, denn dann verlieren Sie den Blick für die Realität.

Positives Traumbild/unser Glücksbringer

Erschaffen Sie sich vor Ihrem geistigen Auge ein Bild, das Ihnen gefällt. Das kann ein Strand sein, im Hintergrund das Meer oder ähnliches. Wichtig: Sie müssen sich das Bild so klar und deutlich wie nur möglich vorstellen, damit es für Sie spürbar wird. Alle für Sie fühlbar schönen Emotionen werden Ihnen sofort in den Sinn kommen, wenn Sie daran denken. Somit könnten Sie sogar auf diesem Weg einen inneren Urlaub machen und sich jeden Tag automatisch vom Alltagsstress erholen. Lernen Sie auf Ihre inneren Bilder zu achten, denn sie brauchen keine Belastung nach vorne zu tragen. Wenn Sie erkannt haben, worum es geht, dann schaffen Sie sich wieder Freiraum und nutzen Ihre wertvolle Energie, einerseits um zu lernen und anderseits um Ihr Leben zu genießen und Ihre Ziele zu verwirklichen. Wenn Sie etwas erreichen wollen, dann stellen Sie sich immer wieder ein positives und kreatives Bild vor. Ihr geistiges Auge wird es wahrnehmen, und Sie werden sehen, dass Sie nach geraumer Zeit Erfolg haben werden.

Damit sich nicht jede Menge „Trittbrettfahrer" auf den emotional belasteten Schienen in uns andocken können, ist es besonders wichtig, immer wieder darauf zu achten, dass wir uns regelmäßig reinigen. Wir alle haben gelernt, unseren Körper zu reinigen, doch genauso müssen wir auch unsere Seele reinigen, sonst haben wir keine Chance, uns wirklich wohl in unserer Haut zu fühlen, und letztlich kommt es doch genau darauf an. Wenn wir also in unserem Leben glücklich sein wollen, dann müssen wir selbst alles dafür tun, damit wir uns wohl fühlen können. Jede beschmutzte und belastete Aura wirkt grau und kann daher kaum strahlen. Wenn wir also in unserem Leben strahlen wollen, dann müssen wir regelmäßig auf unsere Aura achten und diese reinigen. Eine glückliche Familie können wir nur bekommen, wenn wir sie auch verdient haben, und das können wir beispielsweise immer nur selbst an uns ermessen. Sollten wir statt dessen jedoch immer nur mit dem Schmutz anderer belasten, dann können wir unmöglich das genießen, was wir haben, denn wir befinden uns innerlich in einer Grauzone. Und solange unsere Aura grau wirkt, solange fühlen wir uns wie in einer Nebelbank und können uns nicht an den Dingen erfreuen, die wir gerne leben würden.

Wenn wir in uns klar und offen sind, dann können wir unser Leben in die Hände nehmen und in die Richtungen lenken, die wir uns vorgestellt haben. Das heißt, wir sind dann absolut eigenständig und bewegen uns auf die Themen zu, die wir leben möchten. Menschen, die sich selbst bewusst leben, werden gerne von anderen beneidet. Oftmals geraten viele in Versuchung, diesen Menschen zu unterstellen, dass sie nur Glück hätten. Das stimmt jedoch nicht, denn jeder Mensch, egal auf welchem Sektor er sich auch befindet, muss sich mit seinem Leben und den dazugehörigen Themen auseinander setzen und diese leben. Somit kann kein anderer wirklich ermessen, ob derjenige ein besseres Leben hat als er selbst. Denn egal mit welchen Voraussetzungen wir inkarniert sind, unser Leben ist immer gleich schwer und gleich leicht für denjenigen, der es leben muss. Jeder kann nur selbst ermessen, wie er sich in seinem Leben fühlt. Kein anderer kann sich ein Urteil darüber erlauben. Natürlich leben wir alle in der uns zur Verfügung stehenden Energie, zum Beispiel Geld, und müssen lernen, mit den gegebenen Hilfsmitteln umzugehen.

Würden wir uns nur mit unseren ureigensten energetischen Aufgabenbereichen auseinander setzen, dann könnten wir sehr wohl unser Leben leicht und locker gestalten. Da wir jedoch gerne mit den Themen anderer beschäftigt sind, sehen wir meist vor lauter Nebel die eigenen Fallstricke nicht mehr. Wir alle könnten wirklich viel einfacher und harmonischer leben, würden wir uns doch nur all der in uns schlummernden Übertragungen der anderen bewusst werden. Und genau hier liegt der Ansatzpunkt: Wenn wir uns der energetischen Übertragung von anderen bewusst werden, dann müssen wir uns auch zwangsläufig von ihren Belastungen lösen. Wir müssen lernen, die anderen so zu belassen, wie sie sind. Auch wenn wir uns durchaus in der Lage fühlen, die Probleme der anderen zu lösen, so könnten wir ihnen doch nicht helfen, denn sollten wir auf die kuriose Idee kommen, dem anderen unsere Energien zur Verfügung zu stellen, damit dieser schneller seinen Weg gehen kann, dann sieht das energetisch eher so aus, als wollten wir ihn durch sein Leben drängen. Stellen Sie sich das bildlich vor: Einer drückt den anderen den Berg hinauf, damit dieser schneller oben ankommt. Da jeder seinen eigenen Berg selbst erklimmen muss und wir nicht ermessen können, welche Geschwindigkeit er dafür an den Tag legen möchte, können wir ihm die Zeit dafür nicht festlegen. Im Endeffekt würden wir jeden anderen mit unserer eingesetzten Energie und somit unserer energetischen Bevormundung nur noch mehr blockieren. Denn keiner kann mit unserer Energie wirklich etwas anfangen, außer wir selbst. Wir können uns sehr wohl gegenseitige Unterstützung gewähren, wenn wir das wollen. Nur müssen wir lernen, darauf zu achten, ob wir das überhaupt wollen oder nicht. Es gibt viele Menschen, die durch die Handlungen eines anderen in Wut geraten und meinen, den anderen antreiben zu müssen, denn sie können nicht mit ansehen, wie derjenige seine Arbeit verrichtet. Sollten Sie sich hierbei angesprochen fühlen, dann liegt das nur daran, dass Sie selbst zu wenig aktiv in Ihrem eigenen Leben sind, sonst würden Ihnen die Handlungen des anderen nicht so auf die Nerven gehen. Klingt logisch, oder?

Viele Menschen übernehmen bewusst Energien aus ihrem Umfeld und belasten sich selbst damit, um anderen zu helfen. Wir belasten unsere wertvolle Energie dann mit den kleinen Alltagssorgen anderer. Stellen Sie sich vor, Sie wären ein Mensch, der ein ausgeprägtes Harmoniebedürfnis in sich trägt, dann könnten Sie es nur schwer ertragen, wenn eine Person in Ihrer Nähe disharmonisch ist. Sie müssten diese Struktur aus der Kindheit heraus kennen und schon immer auf die Energien der anderen geachtet haben, sonst würde Ihnen dieses als Erwachsener gar nicht auffallen. Kennen Sie diese Struktur? Wenn ja, dann haben Sie ein absolutes Harmoniebedürfnis in sich. Sie können somit jeden anderen, der auf Sie einen disharmonischen Eindruck macht, nicht einfach so stehen lassen, sondern Sie müssen wie unter Zwang alles dafür tun, um diese Person zu harmonisieren. Sie geben dieser Person viele eigene harmonische Energien und nehmen dafür die disharmonischen in sich auf, wie ein Staubsauger, bis diese Person sich dann beruhigt hat und auch harmonisch wirkt. Genau das sind Sie gewohnt. Sie haben dann die negativ aufgeladenen Energien über Ihren eigenen Organismus gereinigt. Dafür brauchen Sie teilweise Stunden, doch das stört Sie kaum, denn das sind Sie gewohnt. Und die andere Person, der geht es gut, denn sie fühlt sich jetzt wohl in ihrer Haut; zumindest für die nächsten paar Stunden. Danach wird die Unruhe erneut in ihr auftauchen, denn jede Energieform, die sich in mir befindet, will mir nur zeigen, was alles in mir nicht stimmt. Von daher kann eine Energiereinigung von außerhalb nur eine kurzweilige Linderung darstellen. Das werden Sie bestimmt in der Kindheit auch erfahren haben, denn ehrlich gesagt: Wann hat Ihre Mutter aufgehört sich unwohl zu fühlen? Nie! Wenn wir Energien von anderen auf uns geladen haben, dann können wir uns mit einfachen Hilfsmittel wieder davon lösen. Doch denken Sie bitte daran: Sie selbst haben auch einen Nutzen davon. Solange Sie sich um die Belange anderer kümmern, müssen Sie nicht auf sich selbst achten. Also stellt sich doch direkt die Frage: Welche Disharmonie tragen Sie in sich, die Sie absolut nicht wahrhaben wollen? Denken Sie einmal darüber nach! Ich bin überzeugt, Sie finden den dunklen Punkt auf Ihrer reinen Weste. Sollten Sie ihn gefunden haben, dann stehen Sie dazu, denn jeder hat mindestens einen.

Hier ein paar einfache Übungen, die für unsere energetische Reinigung absolut wichtig sind:
Gehen Sie bei etwas windigem Wetter nach draußen in die freie Natur und suchen sich ein Plätzchen, an dem Sie ungestört geistig arbeiten können. Spreizen Sie die Arme und die Beine ein wenig auseinander und stellen sich gegen den Wind, so dass Sie sich richtig von der gewaltigen Kraft des Windes durchpusten lassen können. Stellen Sie sich dabei auch gedanklich darauf ein, dass Ihre Aura durchgepustet wird. Sie werden den Wind besonders stark spüren. Nach kurzer Zeit kann es sehr wohl passieren, dass Ihnen etwas schwindelig dabei wird, dann hören Sie bitte auf. Legen Sie die Arme und Beine wieder gerade an Ihren Körper an und konzentrieren sich auf Ihre Aura, so dass diese sich wieder enger an Ihren Körper legen kann. Sie werden danach spüren, wie frisch Sie sich fühlen.
Der Effekt ist: Der Wind pustet die Aura so durch, dass sich kleine Schmutzpartikel lösen. Sie können diese Übung immer wieder nach Belieben wiederholen. Es reicht später aus, wenn Sie sich einmal kurz gegen den Wind stellen und sich vorstellen, dass die Aura durchgepustet wird.

Je öfter wir eine Übung vornehmen, desto schneller können wir zukünftig unser Ziel erreichen. Wichtig hierbei ist, dass Sie sich selbst glauben und auch vertrauen. Wir alle haben gelernt, nur das wahrzunehmen und im Leben zu gewichten, was wir anfassen können. Deswegen wird es dem einen oder anderen besonders schwerfallen, diese Themen in sich zu ändern. Doch wenn wir an uns arbeiten wollen, dann haben wir keine andere Wahl, als auf unsere Emotionen und auch auf unsere Energien zu achten. Reinigen Sie sich jeden Tag. Nutzen Sie dafür Rituale, die Sie selbst kreiert haben - nach Ihren ureigensten Vorstellungen, genauso, wie Sie es machen möchten. Hier nur noch ein paar Tipps dazu:

Wenn Sie morgens duschen, dann stellen Sie sich vor, dass Sie Ihre Aura duschen und reinigen, also sich von alten grauen Schmutzpartikeln lösen. Mit dem Abtrocknen danach stellen Sie sich vor, dass Sie Ihre Aura schützend schließen. Am besten wäre es, wenn Sie zusätzlich einmal wöchentlich die Haut mit einer Lotion eincremen und sich dabei vorstellen, dass Sie die Aura gedanklich streicheln und wiederbeleben. Die Aura besteht aus kleinen Fädchen. Schon alleine der Gedanke diese Fädchen zu kämmen, bringt Ihnen das Gefühl der Reinheit und der Lebendigkeit. Probieren Sie es aus, es wirkt Wunder.

Eine weitere Möglichkeit ist das Händewaschen, somit also auch eine Übung mit Wasser. Stellen Sie sich vor: Sie sind in der Stadt, viele Menschen sind um Sie herum, und Sie fühlen sich energetisch klebrig, denn an Ihren Aurafädchen kleben jede Menge negativ aufgeladene Partikel. Was tun? Duschen können Sie nicht, denn dafür fehlt die Möglichkeit. Meist jedoch nicht fürs Händewaschen, und genau mit dieser einfachen Handlung können Sie Ihr Ziel erreichen. Sie müssen sich einfach nur vorstellen, dass Sie sich beim Händewaschen komplett reinigen. Sie werden spüren, wie frisch Sie sich dabei fühlen. Die meisten Menschen haben genau aus diesem Grunde das Bedürfnis, ihre Hände zu waschen. Ich möchte hier nur darauf aufmerksam machen, dass wir durch unsere intensiven Gedanken noch viel mehr bewegen können, als wir denken.

Wenn Sie weder Wasser noch andere Mittel zur Verfügung haben, nutzen Sie wieder die Möglichkeit des Windes. Sollten Sie sich nicht in der freien Natur befinden, dann drehen Sie sich einmal um die eigene Achse, in der Geschwindigkeit, in der Sie es möchten. Ihre Vorstellung alleine reicht schon aus, und die Partikel fallen von der Aura ab.

Sie können diese Übungen auch nur rein gedanklich durchführen. Wenn Sie lange und oft genug geübt haben, dann wird das funktionieren. Sollten Sie jedoch noch auf diesem Gebiet in den Kinderschuhen stecken, dann wäre eine Kombination mit einer motorischen Handlung ratsam.

Der innere Schutzmechanismus ist nach der Reinigung das Wichtigste, auf das jeder achten sollte. Je mehr wir mit uns und unseren Chakren bewusst arbeiten, desto mehr müssen wir darauf achten, dass wir uns nach Übungen, die uns öffnen, auch wieder schließen und schützen. Wenn wir uns schützen wollen, dann müssen wir besonders auf unsere Aura achten, denn die Aura schützt uns vor den Umwelteinflüssen. Wir können ihr jederzeit Befehle geben, wie zum Beispiel, dass sie sich schützen soll, dann wird die Aura automatisch in eine Schutzhaltung gehen. Das heißt, sie achtet auf Fremdenergie und wehrt diese automatisch ab.

Anhand unserer Aura können wir sogar einem Feind gegenüber klar und deutlich zu erkennen geben, dass wir uns wehren wollen, denn sie färbt sich aggressiv rot und stellt kleine Stacheln auf. Wir tarnen uns und zeigen unsere Kampfenergie, genauso wie Tiere. Je bewusster wir dies tun, desto besser für uns, denn gerade, wenn wir wissen, dass wir uns wehren können, dann werden wir uns nie einer Person hilflos ausgeliefert fühlen. Mit dieser Stärke können wir viel selbstbewusster unser Leben gestalten.
Doch wie können wir uns schützen?
Stellen Sie sich vor, dass Sie in helles, göttliches Licht gehüllt sind. Nichts Negatives kann durch dieses Licht dringen, Sie sind somit absolut geschützt.
Wenn Sie nicht auffallen wollen und trotzdem irgendwo erscheinen müssen, dann stellen Sie sich vor, dass Sie einen dunkelblauen Anzug tragen, der Sie zwar schützt, jedoch nicht auffallen lässt.
Wenn Sie viel Power brauchen, dann färben Sie Ihre Aura gedanklich rot, und Sie werden all das bewältigen können, was Sie tun möchten. Jedoch achten sie bitte darauf, dass Sie sich danach wieder in eine andere Farbe, zum Beispiel Grün für die innere Harmonie, setzen, damit Sie auch wieder zur Ruhe kommen.
Wenn Sie viel Kommunikation brauchen, dann färben Sie Ihre Aura gelb, denn damit signalisieren Sie die Kommunikationsbereitschaft.
Achten Sie täglich auf sich und Ihre Aura. Wenn Sie plötzlich das Gefühl haben, Sie werden müde, dann fühlen Sie in sich hinein, vielleicht sind Sie ja gerade ein Opfer von Energievampiren geworden. Versu-

chen Sie so klar wie möglich, sich abzugrenzen und Ihren eigenen Schutz zu aktivieren. Im Extremfall ziehen Sie gedanklich eine dunkelblaue Haut über. Sie werden merken, wie Ihre Energien bei Ihnen bleiben. Pflegen Sie sich und Ihre Aura. Geben Sie Acht auf sich, und geben Sie sich selbst viel Lichtenergie. Öffnen Sie sich den schönen Seiten Ihres Lebens, und Sie werden merken, wie gut es Ihnen gehen wird.

Achten sie auch auf Ihre Nahrung, denn zu fetthaltige Lebensmittel verstopfen nicht nur Ihre Poren, sondern auch die Aura. Essen Sie vielseitig, alles das, was Ihr Körper braucht, und befriedigen Sie Ihre eigenen Bedürfnisse. Denn, wenn Sie sich selbst nicht erlauben, beispielsweise ein Stück Kuchen zu essen, wer soll es Ihnen dann erlauben? Essen und trinken Sie das, was Sie möchten, und erfreuen Sie sich daran. Bitte achten Sie darauf, dass Sie langsam und genüsslich essen und nicht schlingen. Ihr Körper und Ihr gesamter Energiehaushalt brauchen die Zeit, um sich mit den neu gewonnen Energien auseinander zu setzen, denn immerhin muss der Körper die Lebensmittel verdauen und diese in Kraft spendende Energie umwandeln. Das kann er aber nur, wenn er gut verwertbare Rohstoffe zu seiner Verfügung hat. Achten Sie deshalb auf sich und Ihre Gesundheit, und Sie werden feststellen, dass sie und Ihr Körper immer mehr in Harmonie miteinander leben. Nur ein harmonisches Miteinander bedeutet auch für die Zukunft eine fruchtbare Zusammenarbeit.

Dass Sie Ihren Körper lieben sollten, bedarf hier wohl keiner Worte mehr. Ich wünsche Ihnen für Ihre regelmäßigen und ausdauernden Unternehmungen viel Spaß und Erfolg.

Übertragungsmuster auf die Kinder

Wenn wir uns mit energetischen Übertragungsmechanismen beschäftigen wollen, dann müssen wir unseren Blick auf die Kinder richten, Kinder haben die Begabung, negative Erlebnisse in sich zu verschließen, um dann im alltäglichen Leben ohne die offensichtliche Belastung weiterleben zu können. Dabei ankern sie jedoch die negative Erfahrung in einer Struktur, die das Erlebte abspeichert. Diese Struktur wird in den meisten Fällen nicht verarbeitet und kommt in einem bestimmten Rhythmus immer wieder als Erinnerung zum Vorschein. Somit wirkt das Kind trotz der negativen Erfahrungswerte einigermaßen normal, denn außerhalb dieser Struktur kann es sich wie ein ganz normales Kind verhalten. Die Negativerlebnisse sind jedoch nicht verloren gegangen, sondern kommen meist zu sehr ungünstigen Zeiten wieder ins Bewusstsein. Oftmals wird die entsprechende Struktur erst im Erwachsenenalter, in der Mitte des Lebens (um das 30. Lebensjahr herum) bearbeitet, denn in dieser Zeitphase sind solche Themen nicht mehr so einfach zu unterdrücken. Nur wenige nutzen allerdings die Chance, sich um ihre inneren Belastungen zu kümmern. Würden wir alle viel mehr auf uns Acht geben, dann könnten wir uns leichter und einfacher sortieren.

Schauen wir uns das ein wenig näher an. Ich stelle jetzt ein Beispiel vor, um diese Thematik deutlicher zu erklären. Dabei dienen die hier beschriebenen Strukturen als Möglichkeit der Erklärung und sind nicht als Pauschalanalyse zu verstehen, denn jeder Mensch „parkt" seine Strukturen anders und geht seinen individuellen Weg. Das heißt, wir sind alle unterschiedlich und müssen auch so betrachtet werden.

In unserem Beispiel erfährt ein Kind im Alter von zwei Jahren, dass die Mutter es in unkontrollierten Wutausbrüchen körperlich züchtigt. Ein unkontrolliertes Schlagen hinterläßt gravierende Schäden, denn die Mutter hat nicht mehr die Kontrolle über ihr Handeln. Das heißt, das Kind erlebt eine Situation, in der es zu Unrecht bestraft wird. Es kann die Bestrafung nicht einsortieren. Jedes Kind kann damit umgehen, Grenzen gesetzt zu bekommen, wenn es etwas angestellt hat. In diesen Fällen genügen allerdings Worte. Schläge eines Erwachsenen wirken auf ein Kind, als würde ein Koloss auf eine Fliege einschlagen. Das Kind erlebt diese Handlung ähnlich, und es entwickelt sich dadurch ein enorm großer innerer Schaden. Wenn die Mutter bei der Tat auch noch die Kontrolle über sich selbst verliert, dann erfährt das Kind, dass es der Willkür dieses Erwachsenen absolut ausgeliefert ist. Darüber prägt sich reine Machtlosigkeit, denn das Kind ist wehrlos. Es parkt dieses Erlebnis und die damit verbundene Angst in einer Struktur, damit es weiterleben kann; immerhin ist für jedes Kind die Mutter die wichtigste und prägendste Person im Leben. Das Kind wird trotz der Erlebnisse mit der Zeit wieder Vertrauen zu der Mutter aufbauen, denn es liebt die Mutter und möchte auch weiterhin mit ihr diese Liebe teilen.

Die erlebte Struktur, die das nicht verarbeitete Erlebnis in sich trägt, wird dabei nicht berücksichtigt, nur hin und wieder taucht sie auf. Es kann passieren, dass dieses Kind später die Reaktion und somit diese Struktur zum Vorschein bringt, indem es Jahre später plötzlich seine Gesichtsfarbe wechselt und mit hochrotem Kopf grundlos einen schwächeren Mitschüler angreift. Jede nicht verarbeitete Struktur bahnt sich ihren Weg nach draußen, denn alles das, was wir im Inneren tragen, wird sich im Außen sichtbar machen. Erfährt das Kind weiterhin immer wieder Wutattacken der Mutter, so wird sich auch diese Struktur immer weiter in ihm ausbreiten.

Mit der Zeit bilden sich zu der ursprünglichen Beziehungsstruktur noch weitere Strukturen, denn das Kind sammelt Erfahrungswerte. Stellen wir uns zum Beispiel vor, dass das Kind im Alter von sechs Jahren eine neue Erfahrung macht. Es erlebt die Mutter erneut in einem unkontrollierten Wutausbruch, doch diesmal kann das Kind ausweichen und flüchten. Es bildet eine neue Struktur über den Erfahrungswert, dass es vor einer aggressiven Wutsituationen weglaufen kann. Somit lernt es, dass es sich früh genug der Situation entziehen kann. Mit dieser neuen Sichtweise wird das Kind handlungsfähig. Das Kind weiß nun und akzeptiert auch, dass die Mutter zu unkontrollierten Handlungen neigt, und achtet darauf, wann bei ihr diese Struktur sichtbar beziehungsweise spürbar wird. Damit es nun immer rechtzeitig erfährt, wann es denn wieder so weit ist, wird es von nun an stets auf die Energien der Mutter Acht geben, so dass es die drohende Gefahr früh genug erkennen kann. Nur so hat es die Chance, wegzulaufen und sich der drohenden Prügel zu entziehen. Mit diesem Erfahrungswert ist das Kind jedoch immer darauf bedacht, andere und speziell die Mutter zu kontrollieren. Dies wiederum lähmt es, sich weiterhin auf sich selbst und seine eigene Entwicklung zu konzentrieren. Somit wird diesem Menschen eine wichtige Entwicklungsstufe in seinem Leben fehlen.

Eine Mutter nun, die unkontrolliert ihr Kind schlägt, tut dieses auch nicht im vollem Bewusstsein, denn keine Mutter der Welt möchte ihrem Kind bewusst schaden. Jedoch hat auch diese Mutter Prägungen, die in ihr unbewusst wachgerufen werden. So kann es sehr wohl sein, dass ihr inneres wütendes Kind das äußere leibliche Kind schlägt und damit die gesamte Wut ihres inneren Kindes herauslässt. Denn auch diese Mutter wird in ihrer eigenen Kindheit emotionale Verletzungen erlitten und diese negativen Erlebnisse in einer oder auch mehreren nicht verarbeiteten Strukturen in ihrem Inneren geparkt haben. Oftmals versuchen wir Erlebnisse in uns zu verdrängen, gerade dann, wenn wir meinen, nicht mehr der realen Situation ausgeliefert zu sein. So auch bei dieser Mutter. Sie hat einfach alle erlebten, nicht verarbeiteten Themen aus ihrer Kindheit verdrängt, als sie erwachsen wurde. Natürlich hoffte sie wie so viele, dass sich diese Problematik von alleine irgendwann lösen werde. Leider funktioniert das aber nicht, und so holen uns unsere Altlasten immer wieder ein.

Zumeist urplötzlich werden wir wieder mit unserer Vergangenheit konfrontiert, und wir sehen uns unserem Problem gegenüber stehen. Emotionale Probleme zu haben bedeutet für viele auch heute noch, sich einer Schwäche hinzugeben. So wird die Mutter in unserem Fallbeispiel ihre Probleme auch nicht angepackt haben, als diese sich früh genug in ihr meldeten. Mit der Zeit wurde es jedoch immer schlimmer, und dann kam auch noch die Geburt ihres eigenen Kindes dazu. Sie freute sich bestimmt, doch mit der Überforderung kamen auch ihre eigenen kindlichen Emotionen wieder nach vorne und richteten den hier beschriebenen Schaden an. Keiner vermag zu sagen, dass die Mutter ihr Kind bewusst schlagen wollte, doch es ist geschehen - genauso wie in ihrer eigenen Kindheit, wo sie die unkontrollierten Schläge ihrer Mutter hinnehmen musste. Auf diesem Weg versucht das emotional verletzte innere Kind auf sich aufmerksam zu machen.

Sollte diese Struktur nun nicht aufgelöst werden, dann lebt sie in den Tiefen des Unterbewusstseins weiter und kann von dort aus unkontrolliert Schaden anrichten, denn: Alles, was wir nicht in unserem Bewusstsein haben, können wir auch nicht kontrollieren. Doch nun nochmal zurück zu unserem Kind. Das Kind hat diese Struktur der Mutter kennen gelernt, und es spürt genau, wann sie an die Oberfläche gelangt. Es kennt die damit verbundenen Energien. Ein Kind ist hoch sensibel und intuitiv, so dass es solche Energieveränderungen sehr leicht wahrnehmen kann. Das Kind ist also mit allen Sinnen sensitiv darauf ausgerichtet, diese Struktur der Mutter zu erspüren. Die Mutter wiederum möchte die Struktur verstecken, denn es handelt sich hierbei um eine unbewusst gelebte Energie, die mit verletzten Emotionen gefüttert wurde. Da das Kind jedoch darauf ausgerichtet ist diese Struktur zu erfühlen, spürt die Mutter ihre eigene Energie immer mehr.

Sie können sich das bildlich so vorstellen: Sie haben eine kleine offene Wunde, und Sie werden immer wieder an diese Verletzung erinnert, denn darüber hat sich eine kleine Kruste gebildet. Unter dieser Kruste ist immer noch die Wunde und später die Narbe erkennbar, die ein Leben lang bestehen und Sie immer wieder an die Verletzung erinnern wird. Wir haben in unserem Körper natürliche Heilungsprozesse, die uns helfen, Verletzungen auszuheilen. Die Narbe wird jedoch immer sichtbar bleiben, und jedes Mal, wenn Sie diese Narbe sehen, erinnern Sie sich an die erlebte Verletzung. Sie möchten aber nicht die ganze Zeit Ihre Aufmerksamkeit auf diese Narbe richten, deshalb werden Sie sich die Narbe eher selten betrachten. Die Kruste nun bildet den sichtbaren Schutz der Wunde, damit diese nicht von außerhalb beschmutzt werden kann, denn die Möglichkeit einer Entzündung ist enorm groß. Sollte diese Wunde jedoch wieder aufgerissen werden, dann braucht sie erneut Zeit, um zu heilen. Sollte nun im Zuge dieses Heilungsprozesses jemand permanent in dieser Wunde herum stochern, dann entzündet sich das Ganze, und Sie müssen sich viel intensiver darum kümmern als bisher. Da sich die meisten Menschen jedoch wenig mit inneren und äußeren Verletzungen auseinander setzen wollen, kann es sehr wohl sein, dass es nervt, wenn einer den anderen immer wieder an seinen „Makel" erinnert. Und trotzdem ist gerade dies keine Seltenheit, denn die Wenigsten denken an sich und daran, dass der innere Heiler ganze Arbeit leisten muss. Doch erst wenn wir uns heilen wollen, dann kann es geschehen.

Wir sind also alle in der Lage, Erlebnisse zu parken und ihnen keine Beachtung mehr zu schenken. Erst wenn uns äußere Begebenheiten daran erinnern, dann kommt unsere Problematik wieder in den Vordergrund, in unseren Ist-Zustand. Viele Menschen nutzen solche Schwachstellen gerne aus. Es geht auch hier um nichts weiteres als um das Thema Energie. Das heißt: In ungeschützten Momenten kann sich ein anderer ohne Widerstände unserer Energien bedienen. Das muss nicht immer bewusst ablaufen, häufig reicht es, dass zwei Menschen einen emotionalen Verbund zueinander haben.

Gerade ein Kind hat zur Mutter einen sehr tiefen emotionalen Verbund, genauso stark und verbindlich wie die Mutter zum Kind. Das läuft überwiegend auf dem nonverbalen Kommunikationskanal ab. Das Kind in unserem Fallbeispiel spricht über diese Kommunikationsschiene immer wieder die Verletzungsproblematik der Mutter an. Die Mutter spürt dieses und fühlt sich dadurch mit alten emotionalen Problemen konfrontiert, die sie jedoch nicht haben möchte. Dauerhaft wird sie eine entsprechende Abwehrhaltung gegenüber dem Kind und den damit hervorgerufenen Emotionen entwickeln. Da die beiden wohl kaum darüber reden werden, empfängt das Kind die abwehrende Emotion und somit nur die negative Reaktion der Mutter. Das Kind erfährt nun eine emotionale Ablehnung, die es nicht verstehen kann, und nimmt diese persönlich. Dieser Angriff auf sein Selbstwertgefühl verzerrt die eigene Intuition des Kindes zur Mutter. Die existenzielle Abhängigkeitssituation des Kindes erklärt nun, warum das Kind all seine Energien mobilisieren wird, um die Energien der Mutter abzuklopfen. Dieser Schutz ist für das Kind lebensnotwendig, um es vor Gefahren und Misshandlungen zu bewahren. Diesen erhöhten Kraftaufwand wird die Mutter spüren und sich entsprechend noch mehr gegen ihre eigene immer wieder aufkommende Verletzungsenergie wehren. Sie möchte diese Problematik einfach nicht wahrhaben. In diesem Moment weiß sie nicht, dass lediglich nur eine Struktur in ihr angesprochen wird und mehr nicht. Vielmehr glaubt sie, dass ihr Kind sie zur Weißglut treiben will. Die Bedrohung, die sie innerlich spürt, überträgt sie auf das Kind. Um die Situation wieder unter Kontrolle zu bekommen, bestraft sie es. Doch somit verfällt sie mehr und mehr ihrer eigenen Hilflosigkeit. Was passiert hier? Sie selbst hat eine Opferthematik erlebt und wird durch die Nichtverarbeitung zum Täter. Darüber verhärten sich die Fronten in ihr immer mehr, und sie bräuchte dringend Hilfe von außen, um aus diesem Zwangsprozess wieder heraus zu kommen und dem eigenen inneren verletzten Kind endlich Linderung zu verschaffen.

In genug Fällen haben sich unüberwindbare Kluften zwischen Mutter und Kind alleine aus solchen Strukturen heraus gebildet. Das bedeutet für beide einen absoluten Kampf. Die natürliche Liebe zwischen Mutter und Kind ist dann dermaßen überschattet, dass nur noch die Streitthematik im Vordergrund steht. Oftmals wird die Problematik so übergroß, dass kaum eine Möglichkeit der Heilung besteht. Solange die beiden in dieser Verstrickung miteinander kämpfen, besteht kaum eine Möglichkeit der Klärung. Die einzige Lösungsmöglichkeit liegt darin, dass beide lernen, auf sich selbst zu schauen, und damit sollte die Mutter beginnen. Das heißt, ihr muss bewusst werden, dass eine alte Struktur in ihr angesprochen wurde und sie sich durch die Konfrontation mit ihren eigenen Emotionen verletzt fühlt. Dies passiert ihr jedoch nur, weil sie auch wirklich verletzt wurde, und diese nun sichtbar gewordene Wunde in ihr noch nicht ausgeheilt ist. Es ist wichtig, hier zu erkennen, dass der andere nur der Spiegel ist und uns die verletzte Struktur zeigt. Aus reiner Schutzfunktion glauben wir jedoch oftmals, dass wir den anderen verändern müssen, damit wir wieder unseren Seelenfrieden bekommen können. Denn nur, wenn der andere aufhört, uns zu ärgern, dann ändert sich auch für uns die gesamte Situation. Das stimmt jedoch nicht, nur in uns liegt die Veränderung, und auch nur wir selbst können uns heilen. Es gibt keinen Menschen auf der ganzen Welt, der die Themen des anderen bereinigen oder ausheilen kann. Jedoch gibt es genug Helfer, die dazu beitragen, auf den richtigen Weg oder auch nur auf den passenden Gedanken zu kommen. Denn: Strukturen sind wie ein Strickmuster, ist man einmal in dem Wollknäuel gefangen, dann ist es schwierig, da wieder heraus zu finden. Dann brauchen wir schon mal jemand anderen, der uns erklärt, wo der Anfang ist, damit wir uns aus dem Knäuel befreien können. Doch nun wieder zu unserem Beispiel: Was ist mit dem Kind?

Durch Kontrollfunktionen kann es sehr wohl sein, dass das Kind als späterer Erwachsener vergisst, auf sich selbst und auf seine eigenen Energien Acht zu geben, da er es gewohnt ist, sich mit dem Gegenüber zu beschäftigen. Das hat er ja in der Kindheit gelernt, und da wir Gewohnheitsmenschen sind, fällt es uns nicht leicht, von gewohnten Strukturen und Handlungen Abstand zu nehmen. Im Gegenteil, es fällt uns besonders schwer, diese wieder abzubauen, auch wenn wir wissen, dass es tief im Inneren unsinnig ist, sich so zu verhalten. Sie sehen jetzt selbst, was für Auswirkungen das auf unser gesamtes Leben haben kann, und Sie erkennen auch, dass wir immer den Schlüssel in uns tragen, um uns aus einer erlebten Struktur zu befreien.

Jeder Mensch, der genügend Energie zur Verfügung hat, fühlt sich frei. Damit das auch so bleiben kann, ist es für jeden von uns besonders wichtig, regelmäßig eine Energiepflege zu betreiben. Das heißt, genau darauf zu achten, wie wir unsere Energien verteilen und wen wir unbewusst mit ernähren. Eine Mutter nährt ihr Kind, versorgt und stillt es eine gewisse Zeit lang. Dieser Zeitraum ist durch die natürliche Entwicklung des Kindes festgelegt, denn, wenn das Kind groß genug ist, wird es sich automatisch und mit dem inneren Einverständnis der Mutter abnabeln. Einige Mütter wollen nicht, dass sich ihre Kinder abnabeln, und versuchen, diese weiterhin emotional zu binden und auch klein zu halten. Wenn dieser Prozess andauert, dann wird dieser Mensch auch im Erwachsenenalter ein noch immer unterentwickeltes und unselbstständiges „inneres Kind" in sich tragen, das seinerseits in einem direkten Energieverbund zur Mutter steht, damit sich diese auch weiterhin mütterlich und fürsorglich kümmern kann. Doch was passiert, wenn die Mutter nicht mehr da ist oder sich einfach abnabeln möchte, weil ihr der permanente Energieverbund zu viel wird? Dann gehen diese Personen unbewusst auf Muttersuche und finden natürlich auch das passende Objekt ihrer Begierde. Ist Ihnen immer vollkommen klar, nach welchen Prinzipien Sie Ihren Partner ausgesucht haben?

Heutzutage gibt es sehr viele nicht abgenabelte Erwachsene. Diese Personen suchen, wenn die Mutter sie aus dem Nest geschmissen hat, „neue Mütter", an die sie sich wieder annabeln können. Diese neuen Mütter übernehmen dann die Rolle des Ernährers und füttern unwillkürlich den Partner mit durch. Meist merken die neu ernannten Mütter erst viel zu spät, dass ein so extremer Energieverbund zwischen ihnen beiden stattfindet. Da man eine Partnerschaft, egal welcher Art, nicht so leicht wieder löst, kann es sein, dass ein unmündiges Kind im Körper eines Erwachsenen zum regelrechten Vampir seiner eigenen Familie wird, ohne sich dessen bewusst zu sein. Wie das funktioniert?

Stellen Sie sich vor, eine Mutter bekommt ihr Kind und ist überglücklich über dieses neue Leben. Nun beginnt automatisch für alle Beteiligten ein neuer Lebensabschnitt, in den sie erst einmal hinein wachsen müssen. Nicht selten kommt es hier vor, dass der Vater sich mit der gesamten Situation und der neuen Rolle seiner Frau überfordert und ausgeschlossen fühlt. Viele Männer können in der Schwangerschaft und auch danach sehr wenig mit ihren Frauen anfangen, da sie sich selbst leider zu wenig mit diesem grandiosen Wunder der Schöpfung auseinander setzen. Somit müssen sie sich nach der Geburt des Kindes erst einmal bereitwillig zum Vater entwickeln. Lassen sie sich jedoch auf dieses Gefühl nicht ein, dann erleben sie sich im wahrsten Sinne des Wortes „außen vor".

Ein Neugeborenes besitzt noch keine eigene Aura und braucht in den ersten Wochen extrem den Schutz der Mutter. Ein zusätzlicher Schutz des Vaters, in liebevoller Geborgenheit, wäre natürlich für das Kind das Optimum. Die Mutter schützt das Kind besonders durch das Ritual des Stillens. Die Muttermilch ist nicht nur für das körperliche Immunsystem des Kindes absolut erforderlich, sondern auch für den energetischen Schutz. Somit erfährt ein Kind, das gestillt wird, den natürlich liebevollen Aufbau seiner eigenen Aura. Diese wiederum ähnelt bis mindestens zum dritten Lebensjahr sehr der Aura der Mutter. Wenn ein Vater nun seinerseits das Kind mit liebevollen Energien nährt, dann wird es auch einen Teil der Informationen aus der Energie des Vaters übernehmen. Dies ist vergleichbar mit der Befruchtung, wo beide Komponenten - Ei und Samenzelle - ein Kind überhaupt erst möglich machen. Das Gesündeste für ein Kind ist es, die Informationen beider Elternteile vermittelt zu bekommen, da es durch einen solchen Energietransfer an Individualität gewinnt. Einem Kind hingegen, das hauptsächlich einseitig energetische Grundinformationen erhalten hat, fehlen meist objektive Verhaltensweisen. Deshalb sind mehrere Personen, vielleicht sogar Oma/Opa oder Geschwister, förderlich für die Entwicklung eines Kindes. Sie können übrigens sehr leicht am Aussehen des Kindes erkennen, von wem es überwiegend genährt wurde. Strahlt es eine ähnliche Energie wie ein Elternteil aus, dann wird diese Person der Hauptversorger gewesen sein; ist es ein Gemisch aus beiden, dann flossen die Energien beider Elternteile in die Aura des Kindes ein. Die Gene stellen nur einen Teilaspekt der äußeren Merkmale dar, einen weiteren großen Teil übernehmen die Energieverbindungen zu anderen Personen. Deshalb ist die energetische Vermischung mit anderen Menschen für ein Kind so wichtig, denn es bedeutet eine vielseitige, facetten- und informationsreiche Aura.

Schon durch die Muttermilch erhält das Kind klare Informationen. Deshalb ist es auch besonders wichtig, dass die Mutter gerade in den ersten sieben Wochen genug Zeit und Ruhe für ihr Kind hat. Stress und Hektik übertragen sich direkt auf das Kind. Wie schon erwähnt, kommunizieren Kinder nonverbal und reagieren auf die unausgesprochenen Worte der Mutter, die sie wie telepathische Signale empfangen. Wenn also eine überforderte Mutter, die absolut im Stress steht und endlich ein wenig Ruhe für sich braucht, Angst davor hat, dass ihr Baby wach wird und sie sich wieder kümmern muss, dann bekommt das Baby die Information „wach werden" und reagiert darauf. Sagen Sie einem kleinen Kind, es soll die Tasse stehen lassen, da es sonst die Milch verschütten könnte. Das Kind hört „Milch verschütten" und wird Ihren Wunsch erfüllen, denn die Gewichtung in dem Satz lag nicht auf „stehen lassen", sondern die inneren Bilder der Mutter signalisierten eindeutig „Milch verschütten". Das Kind reagiert darauf. Deshalb ist es so besonders wichtig, dass wir, wenn wir mit unseren Kindern reden, grundsätzlich auf unsere Gedanken achten, damit solche Missverständnisse nicht zum Alltagsleben gehören.

Und noch ein weiterer Aspekt wird mit der Muttermilch aufgenommen: Schutz. Im wahrsten Sinne des Wortes saugt das Kind an der Mutter und darüber auch an ihren Energien. Einer Mutter kostet dies sehr viel Kraft. Wenn die Mutter dann auch noch zusätzlich durch andere Umstände sehr stark beansprucht wird, dann ist die Belastung oftmals so groß, dass sie kaum noch Zeit hat, für sich selbst zu sorgen. Sollte dies der Fall sein, dann bricht mehr und mehr ihr eigener innerer Lebensenergiehaushalt zusammen, und sie geht über ihre inneren Grenzen hinweg. Sie wird unruhig und fühlt sich nervlich immer mehr belastet. Wenn dann keiner da ist, der sie auffängt, dann wird sich zwangsläufig ein Spannungsfeld zwischen Mutter und Kind aufbauen, so dass sich das Kind in seiner kleinen heilen Welt genauso überfordert fühlt. Sollte die Mutter dann innerlich teilweise resignieren, also keine Kraft mehr für ihr eigenes Lächeln aufbringen können, dann wird das Kind die Mutter immer weniger spüren. Das bedeutet Gefahr, denn je mehr die Mutter den emotionalen Halt verliert, desto schutzloser fühlt sich das Kind. So wird es immer mehr und mehr nach ihr rufen und schreien, denn ohne seine Mutter ist es ausgeliefert und hat keine Überlebenschance. Also wird es alles tun, um sich am Leben zu erhalten, es schreit aus Leibeskräften. Da nützt es nichts, wenn die Mutter das Kind auf dem Arm durch die Wohnung trägt, es wird sich trotzdem nicht beruhigen lassen. Für das Kind ist das Schreien die einzige Chance, emotional seine Mami zu finden. Stellen Sie sich vor, das Kind sieht nichts und fühlt sich absolut ungeschützt, es hat Angst und spürt die gewohnte Energie der Mutter nicht mehr. Somit leidet das Kind und weiß sich selbst nicht zu helfen. Der gesamte Stress kann sich auf den Magen- und Darmtrakt legen, und das Kind bekommt dazu noch Koliken und brüllt sich die Lunge aus dem Leib. Das ist für junge Eltern eine schwierige Zeit. Die ersten Wochen eines Menschen sind jedoch für sein gesamtes Leben absolut prägend. So kann es einem Kind passieren, dass es Verlassensängste in sich trägt, die alleine aufgrund solcher Erlebnisse entstanden sind. Würde man die Eltern daraufhin interviewen, wäre es für sie unvorstellbar, wie eine solche Emotion in dem Kind geprägt werden konnte.

Angst hat immer etwas mit Enge und mit Unsicherheit zu tun. Die Mutter ist die Sicherheit für das Kind. Wenn diese Funktion wegfällt, dann speichert das Kind eine Struktur mit der Emotion „Unsicherheit" in sich ab.

Sie ist von nun an Bestandteil des emotionalen Erlebens des Kindes und wird sich von Zeit zu Zeit immer wieder melden. Diese Struktur scheint nur darauf zu warten, dass von außerhalb die Mutter oder eine ähnlich gelagerte Person kommt und dafür Sorge trägt, dass die alt vertrauten Emotionen immer wieder bestätigt werden. Wenn die betreffende Person diese Struktur nicht wandelt, dann wird sie immer wieder jemanden wie die Mutter suchen, um die ersehnte mütterliche Sicherheit nun endlich zu erfahren, jedoch gleichzeitig auch enttäuscht zu werden. Somit ist diese Person nach außen orientiert. Sie wird diese Struktur solange unbewusst leben, bis sie einen Partner gefunden hat, der ihr entspricht. Sie erkennen, dass der Partner dann die vermeintlich mütterlichen Anteile haben muss, was auch sehr häufig der Fall ist. Männer suchen sich in der Regel einen mütterlichen Anteil/Partner, und Frauen eher das Gegenteil. Sie suchen sich einen männlichen Anteil/Partner, der das Bedürfnis nach Mütterlichkeit in ihm zu stillen sucht. Der Mann ist tief im Inneren, basierend auf energetischen Naturgesetzen, auf das Nehmen fixiert. Dahingegen trägt die Frau in umgekehrter Form eher das Geben in sich. Deshalb braucht die Frau zur Kompensation einen Mann, dem sie Kraft und emotionale Sicherheit geben kann, damit sie sich dann wiederum in seiner Gegenwart sicher fühlen kann. Das heißt jedoch nicht unbedingt, dass der anatomische Mann zwangsläufig auch den männlichen Part übernehmen muss, denn oftmals fühlt sich die Frau dazu berufen. Bei einem solchen Rollentausch übernimmt dann der Mann den weiblichen Part in der Beziehung. Noch deutlicher wird die Relativität der Rollen in gleichgeschlechtlichen Partnerschaften, hier hat das anatomische Geschlecht überhaupt gar keine differenzierende Bedeutung mehr, sondern die Partner ergänzen sich in ihrer Neigung zur männlichen oder weiblichen Rolle. Dabei sind auch hier, wie in jeder anderen Partnerschaftsform, die gegenseitigen Pole des Gebens und Nehmens die Verbindungspole überhaupt. Deswegen muss in jeder Partnerschaft darauf geachtet werden, dass sich dieses System in der Waage hält. Die Übergewichtung einer Lage beinhaltet die Überforderung des anderen. Das wiederum verstrickt die Partnerschaft in zwanghaftes Verhalten, was beide Seiten letztendlich überfordern wird. Resultierend aus einer emotionalen Unterernährung in der Kindheit, können sich solche Strukturen bilden und auf diese Verhaltensweisen hinweisen. Je mehr ein Mensch sich in der Kindheit emotional unterernährt gefühlt hat, desto mehr wird es als Erwachsener nach Liebe und Nahrung schreien.

Das könnte später zu einem zwanghaften Verhalten, beispielsweise zu Klammern, krankhafter Eifersucht und/oder panischer Verlustangst, führen. Ein Kind, das in der frühen Kindheit das Gefühl hatte, zu wenig mit Liebe genährt worden zu sein, wird sich in einer Partnerschaft immer wieder an erster Stelle nähren lassen wollen. Somit könnte etwa ein Junge mit dieser Erfahrung als späterer Mann seine Partnerin aussaugen, indem er sich an ihre Brust klemmt und ihr Energien abzieht, wann immer er meint, diese zu brauchen. Die Partnerin wird dann im wahrsten Sinne des Wortes ausgesaugt. Sie wird es daran merken, dass der Partner permanent in ihrem Kopf herumspukt und sie immer wieder an ihn denken muss. Stellen Sie sich vor, Sie haben ein Baby, das Sie stillen, dann spüren Sie alles von diesem Kind, denn Sie sind tief in Ihrem Inneren auf Empfang eingestellt. Sie spüren das Baby zu allen Zeiten und Situationen. Sollte nun ein Partner sich auf dieser urmütterlichen Schiene einbinden, dann passiert genau dasselbe, die Partnerin ist auf Empfang, spürt den Partner immer wieder und lässt sich im wahrsten Sinne des Wortes aussaugen. Sie verliert dabei immer mehr und mehr an Kraft und wird sich automatisch zeitweise gegen diese Partnerschaft stellen und versuchen sie zu lösen. Das verschafft ihr instinktiv ein Gefühl von Freiheit. Sollte sie diesen Energieverbund über mehrere Jahre aufrechterhalten, dann wird ihre Brust ihr anhand von Schmerzen oder anderen Symptomen zeigen, wie sehr sie sich aussaugen lässt. Meines Erachtens ist das die psychologische Entsprechung zu dem verkörperten Brustkrebs: Sie erfüllt den Wunsch des Partners ihn zu nähren, wie unter Zwang und stellt sich gleichzeitig innerlich dagegen. Dieses Pro und Kontra erzeugt eine Gegenreaktion, welche sich zu einem inneren Energiekampf auswachsen kann. Dies ist typisch für Menschen, die meinen, sich einer Situation hingeben zu müssen. Dieser Kampf ist durch zwiespältige innere Kommunikation spürbar und fast sichtbar. Sollte er nicht geschlichtet werden, dann könnte er sich an der entsprechenden körperlichen Stelle manifestieren und über Krankheit die Problematik noch sichtbarer werden lassen. Ich kann jeder Frau nur raten, sich dessen bewusst zu werden und die inneren Kämpfe zu beenden. Wenn Sie sich jetzt angesprochen fühlen, dann können Sie anfangen, Ihre Brust oder auch beide zu schützen, indem Sie sich Schutzkappen vorstellen, die ein Aussaugen unmöglich machen. Achten Sie jeden Tag auf sich, und Sie werden nach ein paar Wochen merken, dass es Ihnen besser geht. Den Partner deswegen zu verlassen wäre unlogisch, denn immerhin haben Sie beide das Spiel gebraucht, oder nicht?

Kinder und Umfeld

Eine Mutter braucht zu Beginn ihrer Mutterschaft sehr viel Kraft und Ausdauer, um dieser starken seelischen und körperlichen Belastung Stand halten zu können. Besonders wichtig ist jedoch, dass sie während dieser Zeit von dem Vater des Kindes und auch von Familienangehörigen versorgt wird. Wenn wir wirklich gesunde Babys und somit später weit entwickelte Menschen haben wollen, dann sollten wir nicht damit anfangen, Experimente in der Genforschung voranzutreiben, sondern vielmehr darauf achten, dass das Umfeld eines Babys für eine gesunde Entwicklung förderlich ist, so dass sich das Kind in seinem Element voll entwickeln kann. Das ist die Gegenwart und die Zukunft des gesunden, reifen und geistig weit entwickelten Menschen. Die Ursubstanz eines jeden beinhaltet nur die Hälfte seiner Persönlichkeitsprägung, der Rest entwickelt sich eindeutig aus dem kindlichen Umfeld, in dem der zukünftig erwachsene Mensch heranreifen wird.

Gerade auch die gesellschaftlichen Leitbilder spielen dabei eine wichtige Rolle. Eine junge Mutter braucht Ruhe und Sicherheit, damit sie sich auf ihr Kind emotional in jeder Hinsicht einlassen kann. Das heißt, damit Mütter dieses leben können, müssen die Väter die familiäre Verantwortung als Versorger wahrnehmen. Leider gibt es heutzutage viel zu viele Väter, die sich diesem natürlichen Prinzip entziehen wollen. Ein Vater, der die Mutter seines noch nicht oder gerade geborenen Kindes verlassen will, rennt tief im Inneren nur vor sich selbst weg. Diese Väter werden im Nachhinein in ihrem Lebens nicht mehr richtig glücklich, denn sie haben das Gefühl, dass ein Damoklesschwert über ihrem Kopfe baumelt. Wenn wir uns gerade dabei den karmischen Schicksalsweg betrachten, dann ist es eindeutig, dass diese Menschen nach den kosmischen Gesetzen für ihre Taten, genauso wie jeder andere auch, haften müssen. Da uns unsere Leidenssituationen nicht nur nach dem physischen Tod begegnen, bekommen wir diese Themen auch schon in unserem jetzigen Leben zu spüren. Praktisch gesehen bedeutet das, dass der Mann, sollte er seine Partnerin und sein Kind aus dem Grund verlassen haben, um sein Leben mehr zu genießen, sehr schnell feststellen wird, dass das mit dem „Genießen" nicht so ganz klappt, da immer wieder Störfaktoren auftreten werden. Tief im Inneren bestraft er sich selbst, damit er zu Lebzeiten seine Verfehlungen gegenüber schutzbefohlenen Familienangehörigen verstehen lernt.

Doch warum trennen sich in der Schwangerschaft heutzutage so viele Paare? Oftmals fühlen sie sich in dieser Situation überfordert, und dann gibt ein Wort das andere, und schon ist es passiert. Sollten Paare sich trennen wollen, dann brauchen sie psychologische Beratung, damit sie sich über ihre Streitsituationen aus einer anderen Perspektive bewusst werden können. Somit wäre es sinnvoll, viel mehr Beratungsstellen einzurichten, damit die Leistungen von Beratern und Psychologen bei Bedarf in Anspruch genommen werden können. Die Menschen sind heutzutage oftmals so verstört und innerlich verstrickt, dass hier der Ansatz einer Unterstützung notwendig wäre. Bei dem Thema Abtreibung wird eine Beratung gefordert, damit die Paare sich über diesen schweren Schritt, den sie im Nachhinein nicht mehr ausradieren können, bewusst werden. Jedoch könnte auch gerade in diesem Bereich noch mehr Hilfe mit Rat und Tat angeboten werden.

Ein weiterer wichtiger Punkt ist die materielle Unterstützung, denn keine Mutter kann zusätzlich noch Geldsorgen gebrauchen. Von daher sollte, egal welche Stelle dafür zuständig ist, gesorgt werden. Geld ist die feste Form der Energie, und den Energieeinsatz, den eine Mutter leistet, der muss belohnt werden, und daran sollte keiner sparen. Eine junge Mutter sollte die Anerkennung der Mitmenschen spüren dürfen. Sollte sie dazu noch alleinerziehend sein, dann ist es besonders wichtig, wie sich das Umfeld ihr gegenüber verhält. Die Frau ist nicht Schuld an dem Weggang des Vaters ihres Kindes. Dieser Mann ist dafür alleine verantwortlich und kein anderer, auch wenn er diese unangenehme Schuld gerne abgeben würde. Diese Frauen müssen aufrecht behandelt werden, denn sämtlicher Frust würde sich energetisch auf das Baby legen und diesem Kind das Gefühl geben, ein minderwertiger Mensch zu sein. Wir haben heutzutage so viele alleinerziehende Mütter, dass eine Änderung der inneren Einstellung seitens des Umfeldes absolut notwendig ist. Viele alleinstehende Frauen fühlen sich immer noch als ein Mensch zweiter Klasse, und das geben sie zwangsläufig ihren Kindern unbewusst mit auf den Lebensweg. Doch wir alle können froh und glücklich sein über jedes Baby, das geboren wird und heranwachsen darf, und mit einer solchen Achtung und einem solchen Respekt sollten wir jeder Mutter begegnen.

Unsere Kinder brauchen einen Platz, wo sie spielen dürfen. Doch wo dürfen sie spielen? Was dürfen sie tun? Was für Entwicklungsmöglichkeiten haben sie? Auf der einen Seite gibt es einige Möglichkeiten wie Kindergärten, Schulen und andere Einrichtungen, die den Kindern eine Unterstützung zur Eigenentwicklung gewähren. Jedoch wird der Wissensdrang unserer Kinder dabei bei weitem nicht gestillt. Auf der anderen Seite wiederum bräuchten wir noch viel mehr Möglichkeiten, damit unsere Kinder Erfahrungen sammeln können. Wir Erwachsenen kennen es doch am besten, was es für uns bedeutet, eine bewusste Erfahrung gemacht zu haben; wie viel es uns bringt, wenn wir etwas, was wir uns vorgestellt haben, in die Tat umsetzen konnten. Genauso geht es unseren Kindern, sie möchten ausprobieren und entdecken, was sie daraus lernen können. Ich wünsche uns allen, dass wir auf diesem Sektor zukünftig viel mehr spielerische Lernmöglichkeiten angeboten bekommen.

Kaum einer macht sich Gedanken darüber, wie wichtig unsere Kinder für die gesamte zukünftige Entwicklung sind. Alleine aus diesem Grund müssten viel mehr soziale Einrichtungen aufgebaut werden, in denen Unterstützung und Hilfe angeboten wird. Wie ich schon an anderen Stellen erwähnt habe, kollidieren Eltern oftmals mit ihren Kindern. Wie sollen sie das Problem lösen? Was können sie tun? Diese Eltern und auch die Kinder brauchen Hilfe zur Selbsthilfe, Unterstützung um ihren Weg zu finden. Es müssen Gespräche sowohl mit den Kindern und als mit den Eltern geführt werden. Es sollte eine wirkliche Hilfe zur Eigenhilfe gewährt werden. Viele Eltern sind alleine oftmals nicht in der Lage, ihre eigenen Probleme zu bereinigen - nicht, weil sie dazu nicht fähig wären oder sich nicht kümmern würden, sondern viel mehr, weil sie irgendwann angefangen haben, innerlich zu resignieren. Die Menschen sind heutzutage oftmals so überfordert, dass junge Familien die stetigen Belastungen nicht aushalten können. Viele Partnerschaften zerbrechen daran. Wenn einer der Partner meint, dem inneren Alltagstrott entfliehen zu können, dann ist er für alles Neue geöffnet und dann kann es passieren, dass ihm eine jüngere, attraktive, nicht gefrustete Person begegnet. Sollte er dann der Versuchung nicht widerstehen können, dann ist die Dreiecksbeziehung perfekt, fragt sich dann nur wie lange?

Wir sollten berücksichtigen, dass die junge Generation, also unser Nachwuchs, unser Erbe antreten wird. Was wollen wir ihnen mitgeben? Die meisten haben heutzutage schon so gelitten, dass die Kindheit für sie einer inneren Hölle gleich kommt. Wie sollen sich diese jungen Menschen dafür entscheiden, eigene Familien zu gründen? Wenn nicht bald Hilfe zur Selbsthilfe angeboten wird, dann werden unsere Nachkommen immer weiter innerlich absacken und das Leben als Gräuel erleben. Wollen wir das? Wenn nicht, dann müssen wir schnellstens eine Änderung herbeiführen, die für uns alle eine Lösung darstellen kann. Und das kann nur bedeuten, dass wir uns endlich der Wahrheit über unsere Energieanteile und der damit verbundenen Emotionen stellen und diesem Bereich einen Platz in unserem Leben einräumen müssen, anders geht es nicht. Wir können uns nicht weiterhin unterdrücken und hoffen, dass sich die Erben unserer vorgelebten Strukturen, also die jüngere Generation trotzdem einigermaßen normal verhält, so als hätten sie keine Strukturen übernommen, nur weil diese auf den ersten Blick nicht direkt sichtbar sind.

Sollten diese emotional verletzten Strukturen dann nach Jahren, vielleicht in einem Akt der Gewalt, nach vorne ins Bewusstsein treten, dann kann sich die Nachwelt wieder mit einem Ausnahmezustand trösten. Gerade das Anerkennen, dass wir alle negative Energiebereiche in uns tragen, ist mit Sicherheit ein schwerer, jedoch immer mehr und mehr unerlässlicher Schritt, den wir alle gehen müssen. Je mehr Erwachsene sich erlauben, ihre inneren Energiestrukturen kennen zu lernen und diese nach Bedarf zu wandeln, desto besser für unsere Kinder. Wir alle sollten umdenken und Kindern und Eltern ein besseres und harmonischeres Leben ermöglichen. Glückliche Kinder, die spielen und sich entwickeln dürfen, sind später glückliche Menschen, die wiederum Glück und Harmonie weitergeben können. Wir sollten die Leidensstrecke endlich unterbrechen, damit wir wieder gesunden Menschen zu einem erfüllten Leben verhelfen können. Sie sehen, es gibt auf diesem Gebiet so viel zu tun, dass dies nicht weiter aufgeschoben werden sollte.

Partnerschaft - die beste Projektionsebene

Der Partner ist der direkteste Spiegel, den wir uns vorstellen können. Wir brauchen Partnerschaften, damit wir uns überhaupt auf bestimmte energetische Anteile in uns einlassen. Somit spiegelt der Partner mir immer meine innere Dualität. Ich wiederum erkenne über die Verhaltensweisen meines realen äußeren Partners die tief in meinem Inneren verborgenen, unbewussten Aktionen meiner inneren partnerschaftlichen Energieanteile. Das mag sich jetzt für Sie ein wenig chaotisch anhören, im wahrsten Sinne des Wortes ist es das auch. Doch nur so können wir unsere Dualität im Inneren erfahren. Das heißt, der Partner ist unser bester Spiegel und wird uns all die Themen zeigen, die wir letztlich nur in uns selbst haben. Denn auch tief in unserem Inneren leben wir mit unseren Energieanteilen Partnerschaft, und somit haben wir natürlich auch männliche und weibliche Komponenten in uns, und wir müssen lernen, diese zu sortieren. Erst wenn wir in uns Frieden gefunden haben, dann können wir auch friedvoll mit einem uns nahestehenden Menschen umgehen.

Je näher eine außenstehende Person mit uns verbunden ist, desto mehr spüren wir unsere inneren Energieanteile, denn der äußere Partner erweckt unsere verborgenen inneren männlichen/weiblichen Themenbereiche wieder zum Leben. Sollten wir also tief in unserem Inneren streiten, dann streiten wir oftmals auch im Außen, denn wir fühlen uns durch die Verhaltensweise des Partners innerlich betroffen. Der Partner zeigt uns somit nur unsere inneren Disharmonien, die wir auch nur in unserem Inneren wandeln können. Das ist besonders wichtig zu wissen, denn wie oft versuchen wir die inneren Themen über den äußeren Partner zu kompensieren. Und wie oft stellen auch wir uns gleichzeitig zur Verfügung, die inneren Disharmonien des Partners über uns im Außen leben zu lassen? Wir sollten gerade auf diesem Gebiet umdenken, denn nur so haben wir eine reale Chance, unsere inneren, wahrhaftigen partnerschaftlichen Disharmonien zu erkennen und diese zu wandeln.

Somit könnten wir dem Partner dankbar sein, dass er uns die Transparenz unseres inneren Partnerschaftsbildes ermöglicht. Die meisten können das jedoch nicht so einfach verstehen und bekämpfen oftmals den äußeren Partner in dem Glauben, wieder den inneren Frieden zu finden. Doch auch wenn wir uns trennen sollten, müssen wir uns trotzdem wieder einen neuen Partner suchen, denn wir brauchen Partnerschaft schon allein als Lernebene, und unser inneres Licht wird alles dafür tun, damit wir nicht aus der Übung kommen.

Damit wir weiterhin Lernerfahrungen sammeln können, müssen wir uns immer wieder verlieben. Das hat zur Folge, dass wir ein wenig von unseren bewusst gelebten Lieblingsemotionen abgelenkt werden. Da ein anderer Mensch für uns wichtig wird, stellen wir diese Wichtigkeit in uns meist an erste Stelle. Alle anderen bis dato wichtigen Themen rutschen somit ein wenig in den Hintergrund. Dies hat zur Folge, dass der Partner mich unbewusst an meine inneren, tief verborgenen Punkte heranführt. Somit bedeutet Partnerschaft zu leben auch gleichzeitig die Konfrontation mit inneren, unangenehmen Themenbereichen. Von daher haben wir kaum eine Möglichkeit uns einfach den inneren Aufgaben zu entziehen, und wir müssen lernen und erkennen, was der Partner in uns für eine Projektion auslöst. Somit ist der Partner für die Probleme, die in uns selbst durch die Auseinandersetzung mit ihm ans Tageslicht kommen, nicht verantwortlich, und trotzdem gibt es immer noch sehr viele Menschen, die dem Partner diesen Vorwurf machen. Der Partner jedoch empfindet seine Thematik ganz anders als ich meine. Somit hat jeder seiner Ansicht nach Recht, denn jede Wahrheit ist nur eine halbe Wahrheit, immer aus verschiedenen Blickwinkeln betrachtet. Es ist daher wichtig, sich vor Augen zu führen, dass die Projektion, die ein Partner in mir auslösen kann, immer nur eine in mir gelebte Thematik und/oder Problematik darstellen kann. Viele denken, dass sich das eigene Leben verbessern würde, wenn sie wieder Frieden in sich hätten, und deswegen versuchen sie den Partner zu ändern, denn der Gedanke, dass der Partner derjenige ist, der den Unfrieden gestiftet hat, liegt hierbei sehr nahe. Ein Mensch, der vorher diese Probleme bewusst nicht in sich gespürt hat, muss zwangsläufig davon ausgehen, dass die Problematik mit dem Partner zusammenhängt. Und das stimmt bei näherer Betrachtung ja auch, denn durch die Konfrontation mit dem Partner sind die Probleme erstmalig wieder ins Bewusstsein vorgedrungen. Alles funktioniert nur nach dem Prinzip der Resonanz, und somit werden sich beide Partner gleich starke Themen gegenseitig spiegeln.

Der Partner ist jedoch nicht mit der Absicht in mein Leben gekommen, um mich zu zerstören. Sollten wir jedoch ein zerstörerisches Energieanteil in uns tragen, dass sich den Weg des Sichtbarwerdens über die Projektion des Partners bahnt, dann werden wir uns von dem Energieanteil, mit der aufgesetzten Maske des Partners, bedroht fühlen. Die in unserer Dunkelheit liegenden Energieanteile werden die Möglichkeit der Wichtigkeit des Partners voll ausnutzen, um in unserem Bewusstsein den begehrten ersten Platz einzunehmen. Damit wir sie erkennen können, nutzen sie das Aussehen des Partners, und so kann es sein, dass wir dem Partner Emotionen zusenden, die wenig mit ihm als Person direkt zu tun haben, als vielmehr mit unseren eigenen, nicht anerkannten Schwächen. Wenn ich also meinen Partner als schwach identifiziere und ich mich darüber in meiner eigenen vermeintlichen Stärke geschwächt fühle, dann liegt es nicht an der Schwäche des Partners, sondern vielmehr an meiner eigenen inneren Schwachstelle, an meiner eigenen inneren Unterdrückung eines Energieanteils, der sich nun lediglich den Weg des Partners zu nutze macht, damit ich ihn endlich wahrnehme. Sollte ich mich dann jedoch nur mit dem realen Partner auseinander setzen wollen, dann habe ich die große Chance leider zu nutzen versäumt.

Den Partner dann auswechseln zu wollen, wäre nur ein Verdrängen der inneren Problematik, die jedoch bearbeitet werden möchte. Somit haben wir keine andere Wahl, als uns unseren eigenen inneren Themen und Problemen zu stellen. Nur so stellt sich für uns die Möglichkeit, an unsere innere Harmonie zu gelangen. Wie viele Menschen träumen davon, endlich ihren inneren Frieden durch eine Partnerschaft erlangen zu können? Wir müssen uns dringend von dem Anspruch befreien, dass der Partner uns glücklich machen soll, denn das kann nicht funktionieren. Nur wenn wir in uns und mit unserem Leben glücklich sind, dann haben wir die Möglichkeit, auch das Glück einer Partnerschaft genießen zu können. Stellen Sie sich vor, jeder erwartet vom anderen das Gleiche: Wer soll denn jetzt wem was erfüllen?

Wie suchen wir uns eigentlich den für uns passenden Partner? Welcher Teil/welche Struktur in uns ist dafür zuständig? Wer wählt den Partner aus? Wie treffen wir auf den Partner? Es gibt verschiedene Möglichkeiten, wie wir diesen Wust von Fragen beantworten können. Zuerst einmal stellen wir uns vor: Eine Person ist auf der Suche nach einem Partner und ist somit innerlich partnerschaftlich geöffnet. Nur wenn wir wirklich im Inneren bereit sind, Partnerschaft zu leben, dann können wir auch einem anderen Menschen begegnen, der auch wiederum nach einem Partner Ausschau hält. Jeden Menschen, dem wir begegnen und der uns gefällt, klopfen wir somit auf dieser Ebene ab. Wir wissen instinktiv genau, ob derjenige auch auf der Suche ist oder nicht, denn wir sprechen uns grundsätzlich nur nach uns bekannten Mustern an.

Im Inneren stellen wir uns meist vorher vor, was wir alles mit dem Partner leben möchten. Also sind wir darauf fixiert, den Traumprinzen zu erhaschen, und jeder, der jetzt auftaucht und bestimmte Ähnlichkeiten aufweist, kommt in die engere Wahl und könnte ein möglicher Kandidat sein. Somit kann es sehr wohl sein, dass wir uns einen Partner suchen, der uns genau das Thema spiegelt, welches wir in unserem Inneren nicht wahrhaben wollen; dann sind wir durch die Projektion des anderen genau in diesem Punkt emotional betroffen, ähnlich einem Brennglas, das auf einer Stelle stehen bleibt und diese Stelle fixiert. Nehmen wir einmal folgendes Beispiel und beschäftigen uns genauer damit; dabei sollten wir uns jedoch vor Augen halten, dass immer viele Komponenten für eine Partnerschaft zuständig sind:

Haben Sie sich auch schon einmal gefragt, warum eine Frau immer wieder zu ihrem Partner zurückgeht, obwohl sie von ihm misshandelt wird? Damit Sie das dahinter stehende System besser verstehen können, tauchen wir etwas tiefer in das Thema der partnerschaftlichen Energieübertragung ein. Hier sollte jedoch jeder Mensch berücksichtigen, dass er eigene Themen so individuell in sich abgespeichert hat, dass Ähnlichkeiten zwar vorliegen können, jedoch nicht eins zu eins so sein müssen. Wenn Sie sich mit Ihren eigenen Problemen beschäftigen wollen, dann erstellen Sie Ihre eigene Analyse und lassen sich bei Bedarf helfen. Doch bevor wir uns in das Abenteuer Partnerschaft hineinstürzen, beschäftigen wir uns mehr mit den eigenen

Prägungen, die ein Partner in uns auslösen kann.

Gehen wir noch einmal von der Theorie aus, dass der Partner eine spiegelverkehrte Ähnlichkeit zu uns, in sich trägt. Das bedeutet, wenn wir Themen in uns tragen, und das tun wir alle, müssen wir lernen, diese zu bearbeiten. Damit wir bereit sind, unsere eigene Thematik zu erkennen, brauchen wir also diesen idealen Spiegel. Denn: Solange wir uns nur mit uns selbst beschäftigen, sind wir meist nicht bereit, uns unseren eigenen Problemen direkt zu öffnen. Tritt dann ein Partner, also ein Mensch in unser Leben, der für uns wichtig ist, dann haben wir das Bedürfnis uns emotional zu öffnen, da wir geliebt werden wollen, und durch diese Emotionen öffnen wir uns auch für unsere Schattenseiten, die dann zwangsläufig an die Oberfläche treten. Nur so haben wir die Möglichkeit, uns näher kennen zu lernen. Hätten wir das Bewusstsein, dass wir uns selbst mit unseren eigenen Themen beschäftigen müssen, dann bräuchten wir an diesem Punkt den Partner als Spiegelfläche nicht mehr zu missbrauchen, denn im Endeffekt ist dies alles andere als „Partnerschaft leben", und das sollten wir nicht vergessen. Oftmals wirken die einzelnen Problemthemen so übergroß in die Beziehung hinein, dass die ursprüngliche Liebe und die angestrebte Harmonie darin ersticken. Dann besteht kaum noch eine Basis, eine harmonische Partnerschaft miteinander zu leben. Ganz wichtig dabei ist auch die Berücksichtigung, dass der Partner eine ähnliche Thematik haben muss wie wir selbst, und somit treffen zwei verletzte Problemstrukturen aufeinander. Doch nur so kann die Verletzung auch sichtbar werden und eine wahre Heilung entstehen. Denn so lange ich mich mit meinen eigenen, in Dunkelheit befindlichen Themen nicht freiwillig auseinander setzen will, so lange brauche ich einen Partner, der mir auf meinen offen liegenden Nerv drückt. Und damit er das überhaupt tun kann, muss auch er selbst an einer ähnlich gelagerten Stelle einen Nerv frei liegen haben. So einfach ist das. Nun wieder zu unserer eingangs gestellten Frage, warum eine Frau beispielsweise immer wieder zu ihrem Misshandler zurückkehrt.

Die Frau in unserem Beispiel hat in ihrer Kindheit einen gewaltvollen Vater erlebt und die damit verbundenen Probleme nicht verarbeitet. Dadurch hat sich innerlich eine Opferstruktur geprägt. Diese Struktur trägt die

Information in sich: „Angst vor großen, gewaltigen Männern", ebenso wie den Glaubenssatz: „Ich bin dieser Übermacht hilflos ausgeliefert". Darüber lebt und nährt diese Frau unbewusst eine Energieschiene, die diese Aussagen mit den dazu gehörigen Bildern und den passenden Emotionen gespeichert hat. Wie eine Zeitbombe bahnt sich diese Opferstruktur ihren Weg nach draußen, in die Realitätsebene, und wartet darauf, wieder zum Leben erweckt zu werden, denn immerhin stand sie in der Kindheit fast an erster Stelle. Da diese Opferstruktur es jedoch gewohnt ist, einen Mitspieler zu haben, muss wieder ein solcher her, und so sucht sie natürlich unbewusst nach dem passenden Gegenspieler. Hierzu hat sich durch das Erleben in der Kindheit nicht nur eine, sondern es haben sich mehrere Strukturen gebildet, die alle dafür da sind, bestimmte Funktionen zu übernehmen.

Eine andere in der Kindheit geprägte Struktur hat beispielsweise die Bedeutung einer Schutzfunktion übernommen. In der Kindheit hätte unser Fallbeispiel eine Person gebraucht, die groß genug gewesen wäre, den Vater aufzuhalten. Wir alle sehnen uns schon mal nach der Hilfe eines anderen und träumen uns somit einen Retter herbei. Die Gedanken, dass ein anderer hätte helfen können, spendet immerhin einen enormen Trost, um der Realität entfliehen zu können. Denn es besteht in jedem Menschen die stille Hoffnung, dass das Erleben einer bestimmten Situation einfach hätte anders verlaufen können. Oftmals benötigen kleine Kinder den altbewährten Teddy als Trostspender. Rein energetisch betrachtet suchen wir uns immer einen Schutzbunker, und den erschaffen wir uns oftmals in unserer Fantasie durch eine entgegengesetzte Struktur. Diese wiederum hilft uns, aus der emotionalen Passivität ein Stück weit heraus zu gehen. In unserem Beispiel sucht diese Struktur etwa einen großen starken Mann, der dem „Vater" trotzen kann.

Die innerlich verletzte Frau nun trifft auf einen Mann, der eine ähnliche Struktur in sich trägt. Auch er hat einen gewalttätigen Vater erlebt, und auch in ihm befindet sich gestaute Energie - also Wut. Er hat selbst miterlebt, wie der Vater die Mutter schlug, und daraus resultierend verabscheut er solche Gewalthandlungen, die körperliche Erniedrigung. Doch auch in ihm wurde eine Struktur geprägt, die das Wissen um Macht und Ohnmacht in sich trägt.

Genau diese Schiene schaut er sich wenig an, denn er möchte die vergangenen Erfahrungswerte in sich ruhen lassen und nach Möglichkeit vergessen. Tief in seinem Inneren trägt er die Hoffnung, wenn er eine Frau findet, die er beschützen kann, so wie er es sich in seiner Kindheit bei der Mutter gewünscht hatte, dann würde in ihm endlich das Gefühl wachsen können, handlungsfähig zu sein.

Nun treffen beide aufeinander und lernen sich kennen. Die Ähnlichkeit der oben erklärten, jedoch unbewusst gelagerten Strukturen ist verblüffend, so dass beide sehr schnell spüren, dass ihnen die Begegnung gut tut. Nach den inneren Strukturen, die an der Oberfläche liegen und die Beachtung haben wollen, suchen wir uns unseren Partner aus: Also bei weitem nicht nach dem Motto, dass der Partner uns glücklich machen soll, sondern vielmehr nach dem Wunsch der inneren Harmonie, die wir nur erlangen können, wenn wir alle in uns negativ gelagerten Strukturen wandeln und uns somit eine andere Lebenschance und -qualität geben können. Stellen Sie sich nur einmal vor, wie der Mann als Kind gelitten haben muss, miterleben zu müssen, wie der Vater die Mutter quält und körperlich misshandelt; dies ist genauso schwer auszuhalten, wie selbst geschlagen zu werden. Gerade als Kind hatte er keine Chance, diese Situation aktiv zu verändern, und so musste er passiv diese Streitigkeiten akzeptieren. Dauerhaft wird in ihm immer mehr der Wunsch nach Handlungsfähigkeit gestiegen sein. Das heißt, er möchte innerlich auch heute noch seiner Mutter helfen und vielleicht sogar ein wenig Vergeltung für das durchlebte Leid ausüben. Somit hat er innerlich dieser Problematik eine hohe, sein Leben bestimmende Position zugeordnet. Dieser Mann wird nun aufgrund dieser nicht verarbeiteten Struktur ein Leben lang mit dem Thema Macht und Ohnmacht konfrontiert werden. Erst wenn er lernt, die damals erlebten Situationen anzuerkennen und damit zu leben, wird er seinen Fokus auch auf andere Lebensbereiche richten können. Somit ist jetzt schon klar und deutlich erkennbar, dass dieser Mann keine Frau sucht, um „nur einfach" Partnerschaft zu leben, sondern er sucht eine Frau, die vor ihrer inneren Zerstörung gerettet werden muss. Eine Frau, die selbst in der Kindheit Gewalt erlebt hat, ist somit die ideale Partnerin. Stellen Sie sich vor, er würde auf eine Frau treffen, die eine harmonische Kindheit hatte und immer noch einen guten Draht zum Papa, der ihr immer hilft, wenn Not am Mann ist. In so einer Konstellation würde der Mann zwar lernen, dass es auch andere Familien gibt, die glücklich sein können; doch er würde darüber nicht an seine eigene Problematik kommen und somit sucht er die für ihn passende Partnerschaft. Dies wiederum kann in seinem Fall nur eine Frau sein, die selbst Gewalt erlebt hat. Hier ist noch anzumerken, dass sich auch bei diesem Mann zwei Strukturen gebildet haben: Die eine hat die Erlebnisse gespeichert und möchte gerne retten, und die andere trägt selbst Gewalt in sich, denn diese Struktur hat in Teilen die Gewaltenergie des Vaters kopiert, nur das er diese nicht sehen möchte. Trotzdem, manchmal spürt er die unbändige Wut in sich, und dann lenkt er diese auf den Straßenverkehr um. Dies tut er fast bewusst, damit nicht er selbst oder eine andere Person unter seinen Energien leiden muss.

Nun, unsere beiden begegnen sich und erkennen unbewusst anhand ihrer Strukturen Ähnlichkeiten, denn diese werden emotional direkt angesprochen. Sie erkennt, er möchte eine Frau haben, die er beschützten kann („Das ist der Partner, den ich mir immer gewünscht habe!"), und fühlt sich natürlich angesprochen. Er erkennt, sie braucht einen starken Partner, der sie beschützen soll, und fühlt sich ebenso angesprochen. Die beiden kommen sich näher und beginnen eine Partnerschaft. Sie sehen, es wird hierbei nicht auf die grundlegenden partnerschaftlichen Bedürfnisse, sondern vielmehr auf die Strukturbedürfnisse geachtet, und somit stehen die Strukturen im Vordergrund. Doch schauen wir weiter, was in diesem Fall passieren kann.

Die beiden sind nun zusammen und glücklich. Sie fühlt sich geborgen und schwebt im siebten Himmel, denn immerhin fühlt sie sich, tief in ihrem Inneren, vor ihrem gewalttätigen Vater sicher und lehnt sich genüsslich an ihren Partner an. Der Partner fühlt sich auch wohl in seiner Haut, denn endlich kann er einer Frau - symbolisch seiner Mutter - die Geborgenheit und Sicherheit geben, die sie braucht. Für ihn eine sehr heilsame Emotion, denn er hat das Gefühl, endlich handeln zu können. Da er die eine Struktur des „rettenden Beschützers" wieder eingesetzt hat, wird auch gleichzeitig die in ihm schlummernde Struktur der Gewalt geweckt, denn diese Struktur liegt in seinem Inneren genau der Beschützerstruktur gegenüber. Da nun einmal die eine Struktur geweckt wurde und nun im Vordergrund liegt, wird die andere automatisch mit geweckt. Genauso bei der Frau: Sie hat tief in ihrem Inneren Angst vor Gewalt, und trotzdem trägt sie das Thema Gewalt und die damit verbundenen Energien genauso in sich, in einer polar gelagerten Struktur. Wir sind polar und lagern dadurch auch unsere Themen polar. Der Schutz dient also letztlich nur dazu, sich vor sich selbst zu schützen.

Somit schützt eine Struktur die andere. Wir erstellen also selbst einen Schutzmantel, der für die eigene geöffnete Struktur gedacht ist. Das heißt, die helfende Beschützerstruktur des Mannes schützt ihn vor seiner eigenen gewaltvollen Energie. Die Frau lebt dieses ähnlich, denn durch die nicht verarbeitete Angst vor dem Vater sucht sie einen starken Mann, der dem Vater ähnlich ist, und den stellt sie als ihr Schutzsymbol auf. Dieser Mann trägt jedoch eine ähnlich gelagerte Energie in sich wie der erlebte Vater und könnte somit auch wiederum eine Gefahr darstellen. Bei der Frau steht die Angst und Ohnmacht im Vordergrund, und sie braucht Männer, die sie daran erinnern, damit sie lernt, ihre eigene Angst und Ohnmacht zu bekämpfen, zu besiegen und somit zu heilen. Denn zu erkennen, dass ihr keine Menschenseele etwas antun kann, fällt ihr schwer. Wir sind nur angreifbar, wenn wir eine innere Resonanz in uns haben. Auch ein Kind wird schon eine solche Struktur in sich tragen, die jedoch meist einen karmischen Ursprung hat. Somit treffen sich die beiden nicht nur auf der helfenden, sondern auch auf der dunklen unbewussten Struktur. Da die beiden sich gerade mit ihren inneren Schattenseiten auseinander setzen müssen, werden sie sich gegenseitig an diese Themen heranführen. Jedoch wissen beide dieses unbewusst, und deswegen werden sie sich automatisch davor bewahren wollen.

Das heißt, der Mann müsste sich in seinem Inneren vor sich selbst schützen. Wenn wir diese polaren Strukturen nun auch noch in männlich und weiblich unterscheiden würden, dann könnten wir folgende These erstellen: Wahrscheinlich ist die weibliche Emotion in seinem Inneren dem männlichen Gewalttäter in ihm ausgeliefert, so wie die Mutter dem Vater, denn daraus haben sich diese beiden Strukturen letztlich gebildet. Er muss lernen, diese gespaltene, polar gelebte Struktur zu verbinden und zu vereinigen, damit eine Einheit gebildet werden kann. Nun liegt es an ihm, dieses Thema in sich aufzulösen und dafür braucht er, wenn er es nicht freiwillig machen möchte, einen äußeren Spiegel. Zu diesem Zweck sucht er sich die passende Partnerin.

Die Frau wiederum hat, spiegelverkehrt, ähnlich gelagerte Probleme. Sie hat den gewalttätigen Vater erlebt und diesen Teil Gewalt auf einer Struktur geparkt. Auch diese Struktur hat wiederum zwei Seiten: Eine weibliche Komponente, die immer wieder Angst hat, geschlagen zu werden, und eine andere wahrscheinlich eher männlich-aggressive Komponente, die Gewalt provoziert und somit herausfordert. Diese Spaltung hat sich aus der nicht gelebten Wut entwickelt. Typisch für solche Fälle ist es, die heftig gestauten Energien gegen sich selbst zu richten. Nicht selten sucht sich dieser Teil jedoch auch einen anderen Mitspieler, der die Aggression in der verkörperten Form darstellen wird. Jede Struktur, die sich in uns befindet, will gelebt werden und bahnt sich ihren Weg nach außen. Nur der leibliche Vater ist in der damaligen Form nicht mehr präsent, also er kann die geforderte Rolle der Gewalt für unsere Beispielsperson nicht mehr ausüben - sehr wohl jedoch der innerlich geprägte Vateranteil in ihr. Das heißt, sie trägt den Täter in sich und muss sich von dieser unbewussten Last befreien. Auch hier gilt, sie hat keine andere Wahl, als an sich zu arbeiten, sich die Angst zu nehmen und das Angstteil zu stärken, dann kann sie selbstsicher ihren Lebensweg beschreiten. Die noch gespaltene Struktur muss sich wieder zusammenfügen, und das geht nur, wenn die polar gelebten Energien verbunden werden. Das funktioniert jedoch nur, wenn die Person sich mit ihren Problemen auseinander setzt und dafür Sorge trägt, dass diese Energien bearbeitet und verbunden werden. Dahinter steckt dann ihre eigentliche Stärke, die sie für ihren Lebensweg unbedingt braucht. Je mehr Kindheitsverletzungen wir in uns tragen, desto mehr werden wir immer wieder durch unangenehme Emotionen daran erinnert. Egal was auch abgelaufen ist, was wir erlebt haben, wir sind jederzeit in der Lage, die Probleme zu lösen. Gerade wir Erwachsenen sollten erwachsen genug sein, handeln zu können, und genau das sollten wir niemals vergessen.

Da beide Personen nicht freiwillig an sich arbeiten, brauchen sie einen Partner, der sie daran erinnert. Somit suchen sich beide den passenden Gegenpol und treffen aufeinander. Können Sie sich jetzt vorstellen was passiert? Die beiden werden so heftig mit ihren inneren Themen konfrontiert, dass die Strukturen sich zum negativen Pol verlagern werden. Das heißt, der einst so kuschelige und warmherzige Partner kann dann zum jähzornigen und wütenden Monster mutieren, vor dem die angstvolle Frau zitternd in die Knie sinkt. Das wäre die stärkste Form, die beide nutzen könnten, um ihre eigenen inneren Probleme über den anderen zu erfahren. Die Frau würde durch die erfahrene Angst an ihr wiederbelebtes inneres Angstthema gelangen und sich somit endlich ihrer eigenen inneren Stärke bewusst werden. Denn irgendwann wird sie so gereizt sein, dass sie sich wehren muss und somit genau das erfüllt, was sie schon lange hätte freiwillig tun müssen. Oftmals meinen wir, dass wir uns selbst gar nicht helfen können, doch das stimmt absolut nicht, denn nur wir selbst können unsere Strukturen wandeln und somit in die Richtung ändern, die wir einschlagen möchten. Die andere Möglichkeit wäre jedoch, erneut die Augen zu verschließen und wieder vor der eigenen Problematik davonzulaufen. Doch jede Partnerschaft birgt in sich die Chance, sich selbst zu finden, und wir sollten diese Möglichkeit nutzen. In unserem Beispiel verletzen sich beide auf einer tiefen emotionalen Schiene und provozieren sich, bis die eigentlichen Probleme ans Tageslicht kommen. Deshalb denken viele, dass sie erst wieder Ruhe finden, wenn sie sich von dem Partner lösen würden. Das ist nachvollziehbar, wenn wir das Thema aus einer bestimmten Perspektive betrachten. Denn, wenn der Partner, der mich so stark mit meinen inneren Themen konfrontieren konnte, nicht mehr da ist, dann zieht sich meine eigene Problematik erst einmal wieder von der Bewusstseinsebene zurück, und dann habe ich Ruhe. Fragt sich nur wie lange?

Einige Menschen gehen einen sehr harten Erkenntnisweg, ohne sich bewusst zu sein, dass es sich bei den äußeren Gegebenheiten nur um den Spiegel ihres selbst geprägten Schicksals handelt. Würde dieser Person bewusst sein, dass sie allein die Schlüssel der Lösung in ihren Händen hält, dann würde sie sich nicht mehr so ausgeliefert fühlen. Es gibt harte Erkenntniswege: Denken Sie an eine Person, die eine Spinnenphobie in sich trägt und der man zur Behandlung ihrer Problematik eine Vogelspinne auf die Hand legt, damit sie erkennt, dass dieses Tier ihr gar nichts anhaben kann. Mit dieser Erfahrung lernt sie ihr Problem zu lösen. Sie hätte es vielleicht auch einfacher haben können. Jedoch wählt jeder sein Leben so, wie er es braucht.

So auch unsere Beispielspersonen: Sie braucht den härtesten Weg, genauso wie ihr Partner auch, um an die inneren verkapselten Energien zu gelangen. Auch er muss erkennen, welche Gewalt er tief in seinem Inneren trägt; das ist seine Lernaufgabe in dieser Partnerschaft. So könnte es eines Tages passieren, dass sie ihn solange provozieren wird, nach dem Motto: „Schlag mich doch", bis ihm tatsächlich die Hand ausrutscht. Beide sind hier für ihre eigene Thematik verantwortlich. Einer ist der Täter und der andere das Opfer, und jeder trägt durch seine eigenen Energien dazu bei, dass eine solche Handlung vollzogen werden konnte. Jede körperliche Handlung basiert auf einer emotionalen. In unserem Beispiel spüren beide in ihrer tiefsten emotionalen Verletzungsstruktur die gegenseitige Ähnlichkeit. Da die beiden, wie so viele, die Probleme eher beim Partner sehen, kommen sie nicht auf die Idee, bei ihren eigenen Emotionen und Energien nach der Lösung zu suchen, und erst mit der Zeit werden die emotionalen Spuren immer transparenter. Beide fühlen sich automatisch durch den innerlich verstärkten Druck emotional in ihre Kindheit zurückversetzt. Nur über so tiefe Emotionen kommen die beiden an ihre eigenen verkapselten Strukturen heran und bringen diese somit an die Oberfläche. Die eigentlich geschlossene Partnerschaft ist jetzt sehr stark in den Hintergrund gerutscht, denn die personengebundenen Probleme liegen an der Oberfläche. Jetzt haben sie die absolute Möglichkeit, ihre Themen zu bearbeiten, denn diese sind jetzt im Bewusstsein. Sollten beide ihr Lernthema erfahren, gelernt und gewandelt haben, dann müssten sie eine neue Perspektive für die bestehende Partnerschaft finden, denn immerhin lebte diese durch das Grundthema der verletzten Emotionen.

Oftmals jedoch trennen sich die Wege der Partner, da das Lernthema zu schwer erscheint, und die beiden viel eher dazu geneigt sind, die Schuld beim anderen zu suchen anstatt bei sich selbst. Und genau darin liegt die gesamte Problematik. Die Lage eskaliert, und man trennt sich, damit das Problem endlich ein Ende nimmt, ohne zu verstehen, wie wichtig der Partner wirklich war. Die polare Struktur, die erkannt werden wollte, muss nun wieder in den Hintergrund rutschen. Bestimmte Energieanteile werden wahrscheinlich darüber erfreut sein, andere wiederum um den wertvollen Projektionspartner trauern. Immerhin gibt es immer Energieanteile in uns, die gerne diese Partnerschaft genossen hätten. Somit muss eine Partnerschaftstrennung immer mit dem Abwägen zwischen Pro und Kontra einher gehen, bis eine endgültige Entscheidung getroffen werden kann. Jede Trennung ist immer schmerzhaft, anders geht es nicht.

Sollten dann beide erneut auf Partnersuche gehen, werden sie wieder auf jemanden mit einer ähnlichen Thematik/Struktur treffen, denn die beiden haben keine andere Wahl. Sie müssen sich mit ihrer inneren Schattenseite auseinander setzen und sich erneut einen Partner suchen, der sie wieder an die eigene Problematik heranführt. Leider passiert es jedoch häufig, dass wir uns dann einen Menschen suchen, der uns noch konkreter unsere Problematik vor Augen hält, denn die Dosierung vorher hat offensichtlich nicht ausgereicht.

Das ist der Wandel der Zeit, denn wir können nicht vor unseren inneren Problemen davonlaufen. Ein Partner ist nun einmal die idealste Form, um sich der eigenen Thematik bewusst zu werden. Solange wir jedoch unsere Probleme bei ihm suchen, werden wir mit unserer Entwicklung nicht weiterkommen. Denn wir müssen lernen, uns selbst zu analysieren, und das können wir nur, wenn wir ehrlich zu uns sind. Doch leider denken immer noch viel zu viele, dass das eigene Problem bereinigt würde, wenn der Partner eine Veränderung vollzieht. Somit verbringen viele Menschen unendliche Stunden damit, den Partner darüber zu belehren, wie sie sich selbst das Leben so vorstellen. Er wird sich automatisch schuldig fühlen, denn immerhin wird er selbst direkt an einem verletzten Punkt angesprochen. Keiner kann weiterkommen, wenn er nicht lernt, die wertvollen Informationen, die der Partner in ihm auslöst, zu verstehen. Wir sollten jetzt aber nicht denken, dass allein der Partner uns an unsere Themen heranbringen kann, nein, es kann jeder sein, mit dem ich etwas näher zu tun habe. Auch andere Personen können unsere inneren Probleme einfach auf den Präsentierteller legen, damit sie jeder, der ein Auge darauf werfen möchte, begutachten kann.

Doch eins sollten wir uns immer vor Augen führen: Alle Themen, die wir irgendwann in uns geankert haben, leben und wollen an die Oberfläche, egal um welches Thema es sich im gesamten System handelt. Wir können uns nur davon befreien, wenn wir die damit verbundenen Informationen erkennen und bearbeiten. Die meisten wünschen sich immer noch den Traumpartner; derjenige, der die Erfüllung für das eigene Leben bringen soll. Da wir kaum gelernt haben, uns mit uns selbst zu beschäftigen, sind wir auch kaum in der Lage, einen anderen Menschen an uns herankommen zu lassen. Um Partnerschaft zu leben, ist es wichtig, eine emotionale Bindung einzugehen, und das können wir wiederum nur tun, wenn wir uns auch sicher sein können, uns gegenseitig nicht zu verletzen. Wir würden uns jedoch verletzen, wenn wir unsere Erwartungshaltungen und somit die Forderung nach Ausheilung alter verletzter Emotionen an den Partner stellen. Keine Partnerschaft kann so funktionieren, denn die alten, misshandelten Probleme würden die ganze Zeit störend an der Oberfläche liegen. Damit Sie Ihre eigenen Emotionen und somit Ihre eigenen Erwartungen an den Partner verstehen können, habe ich nachfolgend ein paar Fragen und Erklärungen zusammengestellt. Bitte beachten Sie dabei wieder, dass ein Mensch in seinen Strukturen so komplex und individuell ist, dass dies nicht auf jede Konstellation zutreffen muss.

Haben Sie Interesse daran herauszubekommen, was der/die Partner/in Ihnen zeigen will? Dann könnten Ihnen folgende Fragen ein wenig Klarheit verschaffen:

Was will mir der Partner zeigen?
Wenn ich erkenne, was mein Partner mir zeigen will, dann kann ich erkennen, um was für ein inneres Problem es sich bei mir selbst handelt. Ein Beispiel: Zeigt der Partner mir gegenüber Desinteresse, dann interessiere ich mich selbst für eine bestimmte Energie und somit für einen bestimmten Persönlichkeitsanteil in mir nicht. Gerade diese Energie macht sich über den Partner bemerkbar und schreit: „Hier bin ich, nun schau doch endlich einmal hin." Sollte diese Energie schon wieder keinen Erfolg haben, also wieder keine Anerkennung von mir selbst bekommen, dann wird sie sich enttäuscht zurückziehen. Bestimmt werde

ich mich dann fragen, was ich wieder falsch gemacht habe, da ich mir schon wieder kein Gehör geschenkt habe.

Was stört mich an meinem Partner?
Wenn ich erkenne, was mich stört, dann erkenne ich, was mich an mir selbst stört und was ich an mir selbst nicht sehen möchte. Ein Beispiel: Ich empfinde meinen Partner als träge und faul, und es stört mich, dass er sich auf einem bestimmten Gebiet so wenig bemüht. Lösung: Ich bemühe mich um mich selbst zu wenig, und genau das stört mich. Auch ich habe dann einen trägen und müden Teil in mir, den ich nicht wahrhaben will und dem ich mich nicht widmen möchte. Klar, dass mich das stört, wenn mein Partner mir den Spiegel vor die Nase hält.

Inwieweit fühle ich mich unverstanden?
Das setzt voraus, dass der Partner mich auf einem für mich wichtigen Sektor nicht versteht. Hierbei stellt sich die Frage: Was beziehungsweise welche Eigenschaften möchte ich von meinem Partner wahrgenommen wissen? Oftmals möchte ich ihm erklären, was für mich wichtig ist, damit er meine Wichtigkeit auch anerkennen und mir das entsprechende Ehrgefühl entgegenbringen kann. Ein Partner kann nur wissen, worauf ich besonderen Wert lege, wenn ich es ihm gesagt habe. Er wird kein Hellseher sein und kann unsere Bedürfnisse nicht so einfach erahnen, auch wenn wir uns das noch so sehr wünschen sollten.

Was hätte ich gerne von meinem Partner? Was würde ich mir wünschen?
Hierbei geht es wieder um das Thema der Wunscherfüllung. Oftmals erwarten wir von unserem Partner, dass er uns das erfüllt, was wir uns selbst nicht erfüllen wollen oder meinen nicht erfüllen zu können. Darum geht es jedoch nicht, denn jeder Mensch ist mit seinen eigenen Themen so beschäftigt, dass er dieser Erwartungshaltung des Partners gar nicht entsprechen kann. Somit müssen wir unseren Wunsch an uns selbst stellen, denn nur wir können uns das erfüllen, was wir brauchen.

Welche Aufmerksamkeit brauche ich von meinem Partner, um mich wohl zu fühlen?

Welche Behandlung erwarte ich von meinem Partner, damit es mir gut geht und ich zufrieden bin? Ist es vielleicht der Tee, der auf dem Tisch stehen sollte, wenn ich erschöpft von meiner Arbeit nach Hause komme, oder will ich einfach nur eine besondere Anerkennung von ihm haben? Warum sollte der Partner mir diese Aufmerksamkeit schenken, wenn ich sie mir selbst nicht einmal geben will? Fazit: Erst müssen wir an uns selbst denken, dann können wir von einem Partner erwarten, dass er uns entsprechend verstehen kann. Doch sollten wir lernen, über unsere Bedürfnisse zu sprechen, damit der Partner auch genau weiß, was wir wollen.

Welche Wertung möchte ich von meinem Partner erfahren?
Was ist das Besondere an mir? Mein Aussehen, meine Ausstrahlung, mein Wissen, mein Geld, was ist es? Wenn ich mich selbst nicht werte, dann erwarte ich oftmals eine besondere Gewichtung von außerhalb. Es gibt eine Faustregel, die besagt: So wie ich mich selbst behandle, zeige ich meinem Umfeld, also anderen, wie ich gerne behandelt werden möchte. Wenn ich mich also aufopfere, um ein Dankeschön zu bekommen, dann muss ich mich nicht wundern, wenn mir das keiner entgegen bringt. Warum sollte das auch einer tun, denn ich danke mir ja selbst auch nicht, also scheine ich es nicht zu brauchen, so einfach ist das.

Ein anderer sehr wichtiger Punkt ist das zwischenmenschliche Miteinander in der Partnerschaft. Hier gilt: Behandeln Sie den Partner stets nur so, wie Sie selbst auch von ihm behandelt werden möchten. Keiner ist frei von Fehlern, und wir sollten menschlich miteinander umgehen. Ich habe bewusst in den oberen Zeilen beschrieben, dass es enorm wichtig ist, auf die gegenseitigen Spiegelbilder zu achten, denn anhand dieser Konstellation können wir erkennen, welche Störfaktoren sich in unserem eigenen Inneren befinden. Trotzdem kann es in einer Partnerschaft durch das gemeinsame „Wir" zu Streitigkeiten kommen. Beispielsweise investiert der eine wesentlich mehr Kraft, Energie und auch Geld in die Gemeinsamkeit als der andere, der dies nun wiederum so gewohnt ist und sich davon tragen lässt. Das bedeutet, dass einer den anderen auf seinem Rücken durchs Leben trägt. Trotz Partnerschaft und dem gemeinsamen „Wir" sollten wir immer darauf bedacht sein, dass sich jeder für seinen eigenen Lebensbereich und auch für die Partnerschaft verantwortlich fühlt. Natürlich handelt es sich auch hierbei um die gegenseitigen Spiegel; der eine muss lernen, mehr auf seine eigenen Energien zu achten und nur das zu tun, was er wirklich für notwendig hält, und der andere muss lernen, aktiver zu sein. Doch was ist, wenn einer der beiden die Spiegelung erkannt hat und somit aus der gewohnten Struktur austritt? Gehen wir davon aus, dass der überaktive Partner, der schon immer alles gegeben und getan hat, den Missbrauch gegenüber seiner eigenen Person erkannt hat und somit zukünftig mehr auf seine Energieinvestitionen achten und sich selbst treu bleiben wird. Er nimmt sich vor, sich nicht mehr für alles verantwortlich zu fühlen, zumindest nicht automatisch für den anderen mit. Der andere muss nun zwangsläufig aktiver werden, denn er bekommt nicht mehr freiwillig die gesamte Aufmerksamkeit geschenkt. Anfangs wird er sich wohl, wie jeder, der in einer alten Struktur alleine zurückbleibt, gegen die neuen Regeln auflehnen. Er wird verständlicherweise versuchen, seinen Partner in die gewohnte Rolle zurückzudrängen. Doch mit der Zeit wird er feststellen, dass all seine Bemühungen fruchtlos bleiben, und dann muss er sich zwangsläufig auf die neue Lebenssituation einstellen; er hat keine andere Wahl mehr. Je konsequenter der andere Partner ist, desto besser für ihn. Immer mehr und mehr wird er seine eigene Verantwortlichkeit für sein Leben übernehmen und sich auf seine Art und Weise der eigenen Lebenssituation stellen. Ich schreibe bewusst nach seiner Manie, denn genau hier liegt der Punkt; wir können im Vorfeld nie wissen, wie ein Mensch sich nach so einer Wandlung verhält. Somit besteht sehr wohl die Chance, dass er lernt, seine Aufgaben zu seiner eigenen Zufriedenheit zu erledigen. Trotzdem muss er sich erst einmal mit der für ihn neuen Lebenssituation anfreunden, und das wird ihm bestimmt nicht leicht fallen, denn sonst hätte er die Wandlung schon längst vollzogen.

Oftmals sind wir jedoch in der Übergangszeit ungeduldig, wenn wir gerade eine Struktur in uns gewandelt haben. Wir möchten sofort sichtbar die Altlasten ablegen und uns in unserer neuen Form präsentieren. Doch alles braucht seine Zeit, und wir können nicht nach den ersten Gehversuchen wissen, inwieweit sich auch unser Partner zukünftig anders verhalten wird. Deshalb ist es wichtig, dass wir unserem Partner ebenfalls Zeit für seine

Wandlung lassen. Denn auch wir selbst haben Zeit gebraucht, um eine in uns liegende Struktur zu erkennen und zu wandeln. Es ist absolut verständlich, dass wir immer wieder meinen, jetzt endlich, nachdem wir uns so abgerackert haben, jetzt muss auch der äußere Erfolg sichtbar werden. Doch so schnell geht das nicht, und eine zu schnelle Resignation ist auch nicht der wahre Weg. Wir müssen lernen, uns in Geduld zu üben, denn nur darauf kommt es an. Wir können unsere Bitte nach Wandlung an den Kosmos abgeben, wir können uns helfen lassen, und wir können uns auch eine eigene Wartefrist setzen. Doch sollten wir uns selbst treu bleiben und nicht immer wieder auf den Partner schielen, sondern uns an unserem eigenen Erfolg erfreuen und gespannt, neugierig und interessiert in unsere Zukunft blicken. Denn nur wir sind unseres Glückes Schmied, und nur wir können uns schätzen, doch nur, wenn wir wirklich auf uns Acht geben. Also sollten wir diese Zeit genießen, und den Partner so belassen, wie er ist, und uns in der Gewissheit wiegen, dass wir alles getan haben, um uns zu helfen. Dann wiederum kann der Partner seinerseits das Gleiche erreichen, denn eine Veränderung wird nun so oder so für ihn eintreten. Eine Problempartnerschaft kann somit in Harmonie gelangen und eine fruchtbare Zeit wird vor den beiden liegen. Sollte andernfalls eine Trennung erforderlich sein, dann sollten wir nicht verzagen, sondern uns einfach entspannt zurücklehnen, denn in so einem Fall wird die Trennungszeit automatisch kommen. Was also kann uns noch hetzen, wir können gelassen in die Zukunft blicken. Wir sollten auf all die Wandlungen, die wir in uns erreicht haben, stolz sein. Nach dem Gesetz der Resonanz folgt auf die innere Wandlung nach geraumer Zeit auch die äußere; also was soll uns jetzt noch im Wege stehen?

Der innere Streit im Außen

Wir alle leben nicht nur Partnerschaft mit einem Sexualpartner, sondern auch mit vielen anderen. Jeder Mensch, der für uns wichtig ist, bietet sich dafür an. Wir müssen einen emotionalen Verbund zu einer anderen Person haben, damit wir uns an unsere inneren Licht- wie auch Schattenseiten erinnern können. Menschen, denen wir fast täglich begegnen, sind vor allem dafür ideal, uns einen Negativ-Spiegel vorzuhalten, um uns an unsere ungeliebten, dunkeln Themen zu erinnern. Das kann der Nachbar sein, der Arbeitskollege usw. Damit die Energieverstrickungen hier transparenter werden, habe ich diese Bereiche genauer aufgeschlüsselt. Gerade über energetische Feinheiten können wir unlogische emotionale Verknüpfungen gut erkennen und uns aus diesen Ebenen auch wieder lösen, wenn wir das wollen. Somit liegt es letztlich nur an uns, ob wir uns diesen gerne kräftezehrenden Verbindungen weiter aussetzen wollen.

Stellen Sie sich vor: Sie treffen auf einen fremden Menschen, Sie analysieren ihn kurz und sortieren ihn in Ihr eigenes Schema ein. Es gibt Menschen, sogenannte Vermittler, die suchen vor allem berufliche Kontakte und verbuchen neue Bekannte nach dem Wertungssystem: Wertvoll, besonders wertvoll oder unbrauchbar. Sie suchen keine Freunde, sondern überlegen, inwieweit die neue Bekanntschaft für bestimmte geschäftliche Kontakte brauchbar sein könnte oder nicht. Somit würden sie rein theoretisch einen Automechaniker, den sie auf einer Fete kennengelernt haben, unter der Kategorie Handwerk - Auto einsortieren. Sollte dieser Vermittlungsperson nun zu Ohren kommen, dass ein Bekannter ein Autoproblem hat, dann würde er bemerken: „Kein Problem, ich kenne einen guten Automechaniker, und der kann dir das gut, schnell und billig reparieren". Der Vorteil: Er holt sich über seine vermeintliche Fürsorge emotionale Anerkennung und will grundsätzlich gefragt werden, denn dadurch lebt er. Diese Klüngelwirtschaft baut sich nur über emotionale Verbindungen auf, die nach Belieben genutzt werden können und auch werden. Der Preis für den zunächst scheinbar Beschenkten ist sehr hoch, denn jeder, der sich auf diesen Deal einläßt, steht in der Schuld des anderen und gerade über diese Schuldemotionen verstricken sich diese Kontakte. Kennen Sie das: Wenn wir scheinbar in der Schuld des anderen stehen, dann können wir nicht „nein" sagen, wenn wir gefragt werden.

Wie immer wir uns auch in unserem Inneren eingestellt haben, auf welcher Suche wir uns auch befinden - wir finden immer das, wonach wir gesucht haben. Das heißt, wir haben den klaren Fokus, um für uns die passende Resonanz zu finden. Nur auch hier stellt sich immer wieder die Frage, welcher Energieanteil in uns die Resonanz sucht. Wir alle haben Lernthemen, und somit können uns viele Personen, mit denen wir in einem emotionalen Verbund stehen, an unsere Probleme heranführen; beispielsweise der Nachbar, mit dem wir uns auseinander setzen müssen, um eine bestimmte innere Verhaltensweise kennen zu lernen. Das heißt ganz klar, es gibt keine Zufälle, sondern nur das „Finden" als Resultat unserer Suche. Somit finden sich also auch immer wieder die passenden Personen zusammen. Wenn wir einen Partner gefunden haben, dann räumen wir ihm einen Platz in unserem Inneren ein. Das heißt, wir ordnen und sortieren ihn in unsere gewohnten Strukturen ein. Dementsprechend gehen wir mit ihm um und stellen auch gleichzeitig bestimmte Erwartungshaltungen, darüber können wir uns emotional wahrnehmen. Die beiden Personen verbinden sich und schaffen sich ein neues Spektrum der Auseinandersetzung im Außen genauso wie im Innen. Sie leben beide in einem inneren Streit, und brauchen nun eine bestimmte, auserwählte Person, mit der sie den äußeren Streit, als Symbol für den inneren Streit, leben können. So kann beispielsweise ein Streitthema, geprägt durch den Vater, Jahre später mit einem Nachbarn weitergelebt werden. Dieser Nachbar sitzt nun auf der gewohnten Vaterschiene. Dementsprechend werden alle alten Verletzungen wiederbelebt und auf den neuen Spieler, hier den Nachbarn, gelegt. Somit übernimmt er unbewusst die Vaterrolle und lebt diese nach. Genau darauf wird dann besonders geachtet, denn die beiden werden anfangen, sich immer zwanghafter zu observieren, damit ihnen nichts entgeht. Dieses System funktioniert jedoch nur, wenn beide eine ähnlich tiefe, nicht bewusste Thematik in sich tragen und diese Ähnlichkeit miteinander ausleben können. Somit kann es also passieren, dass der Nachbar das passende Idealbild für die innerlich gelebte Vaterproblematik darstellt.

Stellen Sie sich vor: Sie bauen ein Haus und übernehmen damit eine große Verantwortung. Sie benötigen sehr viel Kraft, um dieses Werk zu vollenden. Wir alle sind in der Lage, große Aufgaben zu bewältigen, jedoch brauchen wir meist in solch schwierigen, kraftraubenden Lebensphasen Personen, die uns loben und somit Mut zusprechen. Dieser Zuspruch gibt uns immer wieder Hoffnung, und daraus schöpfen wir erneut Kraft, das angefangene Werk auch zu vollenden. Jeder, der uns Mut macht, gibt uns seine emotionale und energetische Unterstützung. Die meisten brauchen ihren Partner dafür. Doch auch der Partner ist meist in einer solchen Situation überfordert. Ein Hausbau bedeutet einen erhöht körperlichen und energetischen Kraftaufwand, den einige Personen leicht unterschätzen. Nicht jeder hat die Ausdauer und das Durchhaltevermögen, das für eine solche Leistung erforderlich ist. Das Resultat ist dann oft, dass Beziehungen, die vorher als stabil gegolten haben, unter dem starken Druck auseinander brechen. Durch die ungewohnte Belastung werden die Schwachpunkte der Beziehung extrem nach vorne gebracht, das wiederum kann zu einer totalen Überforderung führen, zumal die Erwartungen der Partner aneinander enorm steigen. Ein Partner erwartet vom anderen die energetische Unterstützung und liebevolle Kraftzuwendung für seinen betriebenen Aufwand. Kaum einer hat gelernt, sich selbst zu schätzen und zu lieben. Somit sind wir in einem solchen Fall emotional darauf angewiesen, dass der andere uns die Lorbeeren gibt. Dieser Wunsch erfordert wiederum so viel Kraft und Aufmerksamkeit, dass der andere wohl kaum in der Lage sein wird, dieser Forderung überhaupt nachzukommen, denn auch er steht enorm unter Druck und muss erst einmal für sich selbst sorgen. Da der eine die Anerkennung des anderen erwartet, stehen sich beide mit einer gegenseitigen Forderungshaltung gegenüber, was jedoch überfordernd ist. Viele reagieren daraufhin mit Trotz, und das kostet dann nur noch mehr unnötige Kraft. Anstatt sich nun die versprochene Unterstützung zu gewähren, streiten beide dann auch noch miteinander.

Symbolisch steht das eigene Heim für das gemeinsame Zuhause. Somit wird auch die Ebene des Heims und somit der Familie auf die Probe gestellt. Durch die Überbelastung, die so ein Bau mit sich bringt, wird jede Partnerschaft extrem strapaziert. Ich kann jedem Paar nur raten, bei derartigen Problemen eine beratende Unterstützung von außen einzuholen, damit eine Hilfe und somit ein gegenseitiges Verständnis aufgebaut werden kann. Wem würde in einer solchen Phase eine Trennung nützen? Bedenken Sie immer, alles das, was Sie an einem Partner stört, stört Sie und ist somit in Ihrem Inneren zu suchen und nicht beim Gegenüber. Dazu ein einfaches Beispiel: Sie stört die Nase Ihres Gesprächspartners, und Sie können Ihren Blick gar nicht davon abwenden; das heißt aber nicht, dass der andere damit ein Problem haben muss, denn Ihnen fällt die Nase auf, und somit weist die Nase des anderen Sie nur auf Ihr eigenes Nasenproblem hin und mehr nicht. Er ist lediglich Projektionsfläche Ihres eigenen Nasenproblems.

Wir wollen uns nun an dieser Stelle mit gängigen Streitthemen unter Nachbarn auseinander setzen. Stellen wir uns eine Neubausiedlung vor. Jeder hat sein Haus gebaut und ist stolz darauf. Nun passiert es, dass Nachbar X seinem Nachbarn Y etwas neidet. Die meisten Menschen sind heutzutage darauf ausgerichtet, mehr beim anderen zu schauen als bei sich selbst. Wir haben nicht gelernt, das zu schätzen, was wir haben, sondern wir fühlen uns immer wieder durch unser Umfeld angetrieben, nach einer neuen Versuchung und Bereicherung Ausschau zu halten. Hier den Nachbarn zu beobachten, was der denn wieder Neues hat, gehört bei vielen zur alltäglichen Gewohnheit. Durch das Observieren des anderen schenken wir unserem Gegenüber viel zu viel Aufmerksamkeit. Das wiederum führt letztlich dazu, dass wir uns selbst in unserem eigenen Bereich gestört fühlen, da unser Blick immer wieder von uns selbst abweicht und zum Nachbarn gleitet. Doch woher kommt das? Warum kümmern wir uns mehr um andere, als um uns selbst?

Dieses System funktioniert so: Wir haben in der Kindheit gelernt, unseren Eltern oder nur einem Elternteil besondere Aufmerksamkeit und Zuwendung zukommen zu lassen. Das wiederum führte dazu, dass wir uns erst mit uns selbst beschäftigen konnten, wenn die Eltern unsere Aufmerksamkeit nicht mehr brauchten. Typisch für solche Menschen ist es, dass sie immer wieder eine Person in ihrem Umfeld suchen, mit der sie energetisch wie mit den Eltern verfahren können. Das heißt, sie brauchen einen anderen, dem sie wieder die volle Aufmerksamkeit schenken können, denn genau das haben sie in der Kindheit gelernt und sind auch heute noch diese Struktur gewohnt. Da die Eltern die Aufmerksamkeit des Kindes brauchten um sich emotional zu sättigen, waren alle Parteien dieses energetische Verhalten gewohnt. Die Eltern ihrerseits hatten nicht gelernt, dass nur sie allein sich selbst nähren können, und nutzen somit unbewusst die bedingungslose Bewunderung und Liebe des Kindes aus. Das Resultat ist letztlich, dass das erwachsene „Kind" sich immer wieder eine andere Person aussucht, mit der es dasselbe Spiel weiter spielen kann. Wir sprechen hier von einer erlernten Gewohnheitsstruktur, und da bietet sich der Nachbar doch geradezu an, oder?

Das heißt beispielsweise, dass sich beide Nachbarn gegenseitig beobachten und sich darüber emotionale Aufmerksamkeit schenken. Der Nachbar ist wichtig geworden. Der eine überprüft den anderen, denn das Spiel funktioniert nur, wenn sich beide gegenseitig wichtig nehmen. Das führt letztendlich dazu, dass beide sich immer wieder gegenseitig abtasten werden. Der eine achtet darauf, was der andere tut. Die gegenseitige Fixierung hat die beiden sehr für einander sensibilisiert. Das heißt, sie sind nach einem Sender- und Empfängerprinzip ausgerichtet und versuchen somit permanent, Signale des anderen zu empfangen. Das läuft zumeist unbewusst ab, ist jedoch in dieser Form sehr häufig anzutreffen. Die beiden spüren sich immer mehr, denn sie sind mittlerweile so weit miteinander verbunden, dass sie eine feste Partnerschaftsform leben. Auch hier spielen Emotionen eine wichtige Rolle. Es sind unsere selbst produzierten Energien, die wir dafür einsetzen.

Das Haus wurde gebaut, und die neuen Nachbarn sind immer noch durch die gesamte Situation überlastet. Sie treffen sich und sind sich anfangs, aufgrund ihrer Ähnlichkeiten, freundlich gesonnen. Das ist ein wichtiger Faktor: Man sieht im anderen seine eigene Thematik und erkennt die Ähnlichkeit und somit die Gemeinschaft. Aus dieser Gemeinsamkeit bildet sich wiederum Freundschaft. Es ist jedoch keine Seltenheit, dass aus einer - aus diesem Grund geschlossenen - Freundschaft später Feindschaft wird, wenn erst die anderen ähnlich gelagerten Energieanteile zu Wort kommen. Also: Man kommt sich näher, Nachbar X und Y sind sich aufgrund ihrer

Ähnlichkeiten freundlich gesonnen und verbinden sich. Sie lernen sich immer näher kennen und unternehmen einiges miteinander. Auf dieser Basis nun entsteht jedoch schnell ein Wettkampf, denn der eine will besser sein als der andere, und schon fängt der Wettlauf an. Wir alle kennen das: Zuerst werden alle besonderen Vorteile auf den Tisch gelegt; dann ist der Angestellte schon fast Abteilungsleiter und der Wagen neu, obwohl doch schon 100.000 Kilometer gelaufen. Jeder Mensch ist so, wie er ist. Trotzdem werden bestimmte Lebensbereiche gerne stärker und größer dargestellt, als sie in Wirklichkeit sind. Viele möchten sich von der Masse abheben, um etwas Besonderes darzustellen. So prahlen also beide was das Zeug hält und stehen sich auf einem ähnlich gelagerten Plateau gegenüber, ohne dass sie dies bewusst mitbekommen würden. Der Anreiz, besser zu sein als der Vergleich - hier der Nachbar - wird sich immer mehr steigern, was zur Folge hat, dass die gegenseitige Beobachtung zunimmt. Der eine schafft sich einen Hund an, der andere macht es ihm nach, obwohl er gar keinen Hund haben wollte. Und trotzdem meint er einen Hund haben zu müssen. So schaukelt sich die ganze Thematik immer weiter hoch und kann sich sogar, wenn man nicht darauf achtet, von Rivalität bis zur Feindschaft entwickeln.

Oftmals leben wir mehr in der Vorstellungswelt des anderen als in unserer eigenen. Je öfter wir so mit unseren wertvollen Energien und Gedanken verfahren, desto schwerer können wir unterscheiden, was noch unseren eigenen Vorstellungen entspricht. Viele Menschen träumen davon, wie sie auf andere wirken. Teilweise fühlen sie sich dadurch sogar für gewisse Arbeiten motiviert. Doch: Je mehr wir über andere nachdenken, desto weniger wird uns unsere eigene Persönlichkeit bewusst. Dann kann es passieren, dass uns im Nachhinein nicht mehr bewusst ist, warum wir uns gerade einen BMW gekauft haben, obwohl wir doch früher Fan einer anderen Automarke waren. Wir denken oftmals nicht darüber nach, was uns innerlich dazu antreibt, dieses oder jenes Produkt zu kaufen. Ob wir diesen Gegenstand unbedingt für unser Leben brauchen, können wir jedoch sehr schnell und ernüchternd feststellen, wenn sich die erhoffte Emotion nicht einstellt. Dem ganzen Aufwand und den damit verbundenen Kosten ist nichts entgegenzustellen, was es wirklich wert war. Doch schon wieder wird ein neues Gefühl für ein Produkt geweckt und wartet darauf, befriedigt zu werden. Auf dieser

Illusion basiert das Thema der Werbung und auch der Kredite, denn, wenn es am nötigen Kleingeld fehlt, dann können Kredite die materiellen Wünsche näher bringen. Wer auf dieser Basis lebt, stellt sich gegen sein eigenes Leben, denn er lebt immer über fremde, vorgestreckte, geborgte Energien und nicht über die, die ihm selbst zur Verfügung stehen. Hierbei handelt es sich grundsätzlich um Menschen, die sich nicht selbst befriedigen wollen. Sie brauchen immer ein Idol, ein Vorbild als Wertmaßstab.

Ein Vorbild ist jemand, den man einfach ganz toll findet und dem man seine komplette Aufmerksamkeit widmet. Manche Menschen, die nicht gelernt haben, ihre eigene Individualität anzuerkennen, brauchen immer wieder Personen, die sie in den Vordergrund stellen und nachahmen können. Natürlich gibt dieses keiner freiwillig zu, doch viele Verbindungen laufen gerade nach diesem Muster ab. Das Thema Neid ist dabei sehr häufig anzutreffen, denn wir wollen das haben, was der andere, also unser Objekt der Begierde, hat; darüber begehren wir den anderen. Die Komponente eine Person zu kopieren, muss schon in der Kindheit geprägt worden sein. Ein typischer Glaubenssatz dafür wäre: „Du musst so sein wie dein Vater oder deine Mutter". Sollte sich der Sohn beispielsweise nach dem Vorbild und somit nach dem Wunsch des Vaters entwickelt haben, dann bekommt er für seine Mühe die emotionale Anerkennung seiner Eltern. Das ist sein Preis, und danach strebt er. Dasselbe erwartet er nun auch von jeder anderen Person, mit der er sich emotional verbindet und die er in Gedanken nachlebt. Entsprechend seiner gewohnten Struktur müsste er nun die passende Emotion empfangen, doch genau das kann sich nicht einstellen. Wir alle brauchen Emotionen und Gefühle, nur sollten wir nie vergessen, dass wir uns diese nur selbst geben können. In unserer Gesellschaft werden Emotionen jedoch immer noch in den Hintergrund und materielle Güter in den Vordergrund gestellt. Dadurch versuchen viele Menschen, über den Erwerb von Materie die gewünschte Emotion zu bekommen, was natürlich auch nicht funktionieren kann. Denn, wie wir wissen - und doch in der Realität immer wieder gerne vergessen: Wir können uns unsere Emotionen nur selbst geben. Das müssen wir lernen.

Sollte nun die emotionale Anspruchshaltung zwischen zwei Menschen schon weit vorangeschritten sein (wie bei unseren Nachbarn X und Y etwa), dann beobachten die beiden sich immer stärker. Schnell taucht dabei das Gefühl auf, dass man das Leben des anderen lebt, und deshalb muss man alles wissen, was im Leben des anderen läuft. Schon der kleinste Ansatz, dass es dem anderen besser gehen könnte als einem selbst, kann Wut auslösen. Dieses Reaktionsmuster könnte wiederum durch einen früheren Geschwisterneid entstanden sein. Viele bemühen sich darum, noch besser als ihr Vorbild zu sein, wobei der andere als Wertmaßstab zur Verfügung steht. Doch genau hier liegt der Hase im Pfeffer: Der Mensch versucht sich zu verbessern, indem er sich über einen anderen stellt. Doch das gelingt nie, da beide andere Themen und unterschiedliche Emotionen haben. Somit bewirken sie wirklich nur eins: Sie behindern sich gegenseitig, das in Harmonie zu genießen und zu leben, was sie schon haben. Solche Kleinkriege können so weit gehen, dass sich beide nicht mehr in Ruhe lassen und reale Kämpfe ausgetragen werden. Im Extremfall fühlt man sich dann schon alleine durch das Spielen der Nachbarskinder und/oder andere Banalitäten gestört. Wenn wir unsere Kommunikationskanäle für einen für uns wichtigen Bereich geöffnet haben, das heißt, wenn wir auf einer gemeinsamen Wellenlänge liegen, dann kann schon der kleinste Laut wie eine Trompete klingen, die jemand neben unserem Ohr zum Tönen bringt. Das kann schon störend wirken, oder meinen Sie nicht auch? Menschen, die sich von einer Geräuschkulisse ablenken lassen, wollen absolut nicht auf ihre inneren Energieanteile hören. Sie zwingen sich innerlich, sich mit dem anderen zu beschäftigen, indem sie sich über ihn eher ärgern als über sich selbst. Oftmals leben sie mit anderen Personen zusammen, die genauso veranlagt sind wie sie, damit sie nicht alleine ihre Meinung vertreten müssen, denn gemeinsam fühlen sie sich stark. Es gibt keinen Menschen auf der Welt, der einen anderen lähmen oder behindern kann. Das kann nur jeder selbst tun. Somit braucht ein Täter immer ein Opfer und ein Opfer immer einen Täter. Die Gegensätze ziehen sich an.

Sollten Sie zum Spielball einer solchen Person geworden sein, dann ist es jetzt besonders wichtig, dass Sie mehr auf sich Acht geben, denn offensichtlich haben Sie sich schon viel zu stark einbinden lassen. Sie sollten überprüfen, warum Ihnen das passiert und welcher Energieanteil in Ihnen diesen Austausch gebraucht hat. Denken Sie daran: So etwas kann Ihnen nur passieren, wenn es Ihnen entspricht. Es gibt viele Menschen, die andere als Prellbock benutzen, damit sie sich nicht mit ihren eigenen Themen auseinander setzen müssen, denn genau das wäre für sie zu unbequem. Wenn einer Wut auf einen anderen hat, dann hat er letztlich nur Wut auf sich selbst, möchte sich diese Schwäche jedoch nicht eingestehen und sucht einen anderen, der sich als Prellbock missbrauchen lässt. Dieser wiederum hat die ergänzende Struktur und braucht die Wutenergie des anderen, um an seine eigenen inneren Wutthemen zu gelangen. Denn durch den Energieaustausch übergibt der eine seine „sauberen Energien" und übernimmt dessen „beschmutzte", um diese dann gereinigt abzugeben, damit der andere sich wieder wohl fühlen kann. Der Witz an der Sache ist: Wir können nur leben, wenn wir in unserem eigenen Licht leben. Solange wir uns jedoch mit eigenen negativen Themen „beschmutzen", also unsere Aura in grau beschmutzte Ebenen eintauchen, müssen wir diese danach auch wieder reinigen, sonst werden wir krank und würden letztendlich an göttlichem Lichtmangel sterben. Denn ohne das göttliche Licht in uns können wir nicht leben. Damit wir uns jedoch reinigen können, müssen wir an unseren Themen und inneren Verfehlungen arbeiten. Das können wir nur, wenn wir ehrlich zu uns sind und da hinschauen, wo es notwendig ist. Es gibt genug Menschen, die das nicht tun wollen und sich somit gegen ihre inneren Aufarbeitungsmöglichkeiten stellen. Sie tun alles, damit sie nicht hinschauen müssen, denn das könnte für sie unangenehm werden. Damit sie überhaupt überleben können, brauchen sie dann wiederum andere Menschen und deren Lichtenergie, damit sie diese aussaugen können. Aussaugen lassen sich viele Menschen aus den unterschiedlichsten Gründen. Es geht jedoch immer um gegenseitige emotionale Forderungen. Nur ein Mensch, der einem wichtig ist, kommt für diese Energieübertragung in Frage. Da uns so schnell kein fremder Mensch derart wichtig werden kann, suchen wir uns Menschen, die früheren Bezugspersonen ähnlich sind, damit wir diese dann auf vorgeprägte Strukturen in uns legen können. Somit kommen sehr schnell emotionale Verstrickungen zustande. Diese kann man jedoch auch sehr schnell wieder lösen, wenn man erkennt, auf welcher Schiene sich diese Person in mir bewegt. Dann bin ich handlungsfähig, ich muss diese Person nur von der gewohnten Schiene wegbewegen, und schon lösen sich einige der vorher so wichtig gelebten Emotionen.

Somit ist die Person, die sich aussaugen und zu diesen Energiereinigungen veranlassen lässt, selbst tief emotional in eigene Probleme verstrickt. Doch diese will sie nicht sehen, und von daher braucht sie die Negativität eines anderen, um an die eigenen negativen Punkte herangeführt zu werden. Das ist die Spielregel. Wer dieses Spiel verlassen will, der sollte sich endlich um sich selbst und gerade auch um seine Schattenseiten kümmern. Denn im schlimmsten Fall würden sogar emotionale Energieanteile übertragen werden. Sollten diese sich dann in einem Leben nicht wieder lösen lassen, dann würden wir diese karmisch mit in die nächste Inkarnation übernehmen, und somit müssten wir zwangsläufig dieser Person wieder begegnen, damit wir die Thematik auflösen können. Denn wir alle müssen lernen, uns nur mit dem zu beschäftigen, was wirklich zu uns gehört, und mehr nicht.

Sie können keinem helfen, wenn Sie sich für solche Machenschaften entsprechend dem Prinzip des Vampirismus zur Verfügung stellen. Damit Sie erkennen, auf welcher in Ihnen gelagerten Schiene sich eine für sie wichtige Person bewegt, sollten Sie auf sich und Ihre ureigensten Bedürfnisse Acht geben. Wenn Sie möchten, dann können Ihnen die nachfolgenden Fragen mit den entsprechenden Lösungsansätzen weiterhelfen:

- Was fühle ich, wenn ich an die für mich wichtige Person denke? Anhand des Gefühls kann ich erfahren, welche emotionalen Energieanteile in mir angesprochen werden. Sollte ich beispielsweise das Gefühl haben, dass diese Person trauert, dann habe tief in meinem Inneren Mitleid mit ihr, und muss ihr zwanghaft helfen. Ich fühle mich durch die Trauer des anderen persönlich angesprochen und möchte ihn wieder glücklich stimmen; dafür fühle ich mich verantwortlich. Die Lösung: Ich trage selbst in mir Trauer und will mich mit diesen verletzten Emotionen nicht auseinander setzen. Um mich vor meinen verlassenen Energien/Teilpersönlichkeiten zu schützen, habe ich mir einen inneren Schutzmantel umgelegt, damit sie mich nicht berühren können. Solange ich mich mit der Person im Außen beschäftige, brauche ich nicht auf mich selbst zu achten. Somit lebe ich genauso wie die andere Person, die es mir vorlebt.

Warum lasse ich mich so behandeln? Warum kann ich keine Grenzen setzen?
Ich lasse mich so behandeln, weil ich tief im Inneren denke, dass ich diese Behandlung so verdient habe. Solche Emotionen kommen oft aus der Kindheit. Die Person hat von der mütterlichen und/oder väterlichen Seite erfahren, dass man so etwas erdulden muss. „Du musst das jetzt tun, denn wir tun ja auch genauso viel für dich". Das grenzt an einen emotionalen Missbrauch, denn das Kind muss sich den Themen der Eltern zur Verfügung stellen, es muss sich der Familienstruktur unterwerfen; ob es will oder nicht, spielt hierbei keine Rolle. Wenn sich der erwachsene Mensch von diesen inneren Zwängen emotional nicht befreit, dann muss er sich immer wieder mit Personen ähnlichen Kalibers auseinander setzen, bis er gelernt hat, dieses Muster in sich freiwillig zu beenden. Denn jeden Zwang, den wir als Kinder angenommen haben, können wir als Erwachsene auflösen, wir müssen es nur wollen.

Wann denke ich an diese Person? Zu welchem Zeitpunkt spukt diese Person in meinem Kopf herum?
Die Frage ist wichtig, denn gerade dabei können wir uns besonders gut beobachten. Es lässt sich leicht erkennen, wann wir die andere Person als Kompensation für unsere eigenen, nicht gern gesehenen Seelenanteile benutzen und gebrauchen. Natürlich erspüren wir diese Person/ unseren Gegenspieler nach dem Sender- und Empfängerprinzip auf. Dann stimmen beide Betroffenen nonverbal miteinander ab, wann die Zeit für einen Energieverbund „günstig" ist. Jedes Mal, wenn ich nun an die andere Person denke, dann sende ich ihr Energien aus. Sollte der andere nun mit mir nonverbal sprechen wollen, also meine Energien brauchen, dann werden die Energien wie in einer Pipeline von der einen zur anderen Person übertragen und umgekehrt. Also nicht nur der eine sendet und der andere empfängt, sondern es findet ein Energieaustausch statt. Das heißt, beide Personen tauschen ihre ureigensten Energien miteinander aus. In einer langen Verbindung ist dies aufgrund der Ge-

wohnheit kaum noch spürbar, in einer relativ neuen Partnerschaft jedoch noch sehr gut nachvollziehbar. Sie spüren, dass Sie sich auf einmal mit Emotionen auseinander setzen, die sich wie eine dunkle Wolke auf Sie niederlegen und sie umhüllen. Sie haben dann keine andere Wahl, als diese Energien zu kompensieren und zu reinigen. Sie reinigen somit die Energien dieser Person und geben wieder „frische und saubere" Energien ab. Sie fühlen sich wie eine öffentliche Reinigung und warten darauf, wann es wieder so weit ist. (Schutzübungen finden Sie am Ende dieses Buches.)

Habe ich schon versucht, dieser Person auszuweichen? Kann ich mich einfach von ihr lösen?
Diese Frage zielt auf das Thema, wie eng ich emotional verbunden bin. Oftmals handelt es sich hierbei nur um reine Gewohnheit. Wir können uns schon alleine durch das Bewusstwerden der Situation und das Erkennen des Energietransfers sehr leicht lösen. Sollte das doch nicht so einfach sein, dann müssen Sie sich mehr und intensiver um die Angelegenheit kümmern als bisher. Um das jedoch herauszubekommen, gilt es, eine emotionale Trennung zu vollziehen und zu beobachten, inwieweit dieses überhaupt möglich ist. Wenn Ihnen das absolut nicht gelingen sollte, dann lassen Sie sich von therapeutischer Seite helfen, damit Sie wieder an Ihr eigenes Energiepotenzial herankommen.

In welchem Verhältnis stehe ich zu dieser Person?
Diese Frage stellt sich, da die emotionale Verstrickung oftmals auch mit einem äußeren Verbund zusammenhängt. Dabei kann es sich um den Chef, den Nachbarn, die Freundin und so weiter handeln. Also spielt die äußerlich gelebte Komponente eine gravierende Rolle. Wenn wir uns emotional ausgeliefert fühlen, dann können wir uns von wichtigen Personen schwerer trennen, denn wir müssen berücksichtigen, was hinterher passieren könnte. Wenn zwei Menschen solch einen emotionalen Verbund miteinander gewohnt sind, dann kann es sehr gut sein, dass die Beziehung hauptsächlich über genau diesen Aspekt gelebt wird. Und das würde bedeuten, dass wir uns die Person, mit der wir verstrickt sind, erst einmal aus einer anderen Perspektive betrachten müssen, um uns

überhaupt lösen zu können. Denn oftmals haben wir Angst vor einer Trennung, da wir das, was danach kommt, nicht abschätzen können. Ganz wichtig ist es hier noch zu wissen, dass sich ein Abnabelungsprozess viel langsamer vollzieht, als wir denken. Somit können sich beide Teilnehmer langsam daran gewöhnen, auch wenn einer der beiden der Unwissende in dieser Angelegenheit sein sollte.

An welche Person aus meiner Kindheit werde ich erinnert?
Dies ist eine sehr wichtige Frage, um das Verbindungsthema analysieren zu können, denn oftmals sind wir unsere Problemstrukturen aus der Kindheit gewohnt und verstricken uns darüber immer wieder aufs Neue. Dies passiert nur aus dem inneren Grund, damit wir nicht vergessen, dass wir solche Glaubenssätze und Muster in uns tragen. Egal was wir leben, wir können uns immer und zu jeder Zeit wandeln und verändern, ganz wie wir es wollen. Nur alle die, in uns unbewusst ablaufenden Strukturen führen ein Eigenleben und tauchen somit immer wieder in unserem Leben zu ungünstigen Zeiten auf. Wir sollten daran denken, dass es für solche Strukturen grundsätzlich keine günstige Zeit gibt, denn in unserem Alltagsbewusstsein möchten wir uns überhaupt nicht mit ihnen auseinander setzen. Somit müssen sie sich ihren Weg nach draußen bahnen, um an die Oberfläche zu kommen. Sollte es sich hierbei, wie so oft, um Kindheitsstrukturen handeln, dann sind diese in der Regel hartnäckig und treten gerne mit lautem Getöse an die Oberfläche, damit sie gehört und gelebt werden. Wenn das der Fall ist, dann ist der momentane Gegenspieler auf der Realitätsebene meist sehr unwichtig, und man sollte ihm nicht mehr so viel Beachtung schenken. Denn immerhin findet das „richtige" Spiel in unserem Inneren statt, und nur darauf sollten wir achten. Oftmals suchen wir uns eine unwichtige Person auf der äußeren, materiellen Ebene, um unsere inneren Themen ins sichtbare Feld zu rücken. Wir brauchen dann nur noch diese Person auf unsere verletzte Schiene zu legen und schon kann das Spiel mit all der innerlich gestauten Heftigkeit beginnen. Sie sehen, wir müssen umdenken und nach innen blicken, damit wir die äußere Ebene in Ruhe und Frieden genießen können. Es gibt keinen Menschen, der uns äußerlich hindern kann, wenn wir es ihm innerlich nicht erlaubt hätten.

Bei solch äußeren Streitpunkten hilft auch kein Gericht mehr, denn es geht nie um den tatsächlichen „Zaun", sondern vielmehr um die eigene Abgrenzung, die beide gegenseitig nicht akzeptieren wollen. Die Grenzüberschreitung ist somit der wichtigste Punkt in den meisten Auseinandersetzungen, und das funktioniert nur, wenn wir einem anderen erlauben, so mit uns umzugehen. Somit kann nur eine Beratung und die Erkenntnis, sich mit dem eigenen, indivuellen Leben und dem bewussten Ich auseinander zu setzen, eine Hilfe zur Selbsthilfe darstellen. Wenn dann einer der beiden sich wieder mehr auf sich und sein Leben konzentriert, verlässt er automatisch das Spielfeld, und das Spiel kann somit nicht mehr fortgesetzt werden. Natürlich funktioniert das nicht sofort und bedarf der regelmäßigen Arbeit an sich selbst und mit sich selbst. Seien Sie sicher: Ihren inneren Frieden können Sie sich nur selbst geben, kein anderer vermag dieses Wunderwerk für Sie zu vollbringen.

Streit unter Kollegen

In diesem Kapitel handelt es sich um eine ähnliche Thematik. Jeder Mensch trägt versteckte Probleme in sich, die darauf warten, bearbeitet zu werden. Bei diesen Themen handelt es sich oftmals um verkapselte Strukturen, die endlich befreit werden wollen. Ich habe bereits in einem anderen Kapitel darüber geschrieben, wie so etwas entstehen kann, möchte dies aber hier noch einmal zusammenfassend erklären:

Wir erleben tagtäglich Situationen, mit denen wir uns auseinander setzen müssen. Stellen Sie sich vor: Sie fahren mit dem Auto und müssen eine Vollbremsung machen, da urplötzlich ein Kind auf die Straße läuft. Es passiert auf der realen Ebene fast nichts, denn der Stillstand des Autos hat ausgereicht, so dass dem Kind körperlich nichts passiert ist. Jedoch wird der Schock, der Ihnen persönlich in den Knochen sitzt, Sie noch längere Zeit beschäftigen. Und gerade um diesen Schock geht es. Wir können nicht alle Situationen sofort verarbeiten, sonst würden wir in diesem Moment nicht mehr in der Lage sein, uns den alltäglichen Dingen des Lebens zu widmen. Der Schock wird somit in einer Struktur geparkt und kommt zum passenden Zeitpunkt, oftmals ein paar Stunden später, wieder zum Vorschein, um bearbeitet zu werden. Und dann ist es besonders wichtig, sich die Zeit zu nehmen, alle damit verbundenen Emotionen erneut zu durchleben, um diese auszugleichen. Überlegen Sie, haben Sie Schocksituationen in sich abgespeichert, die noch bearbeitet werden müssen? Nachfolgend habe ich ein paar Fragen zusammengestellt, anhand derer Sie Ihre Situationen genauer durchleuchten können. Sollten Sie dabei feststellen, dass Sie tiefe emotionale Verletzungen in sich tragen, dann suchen Sie sich einen passenden Therapeuten, damit sie Ihre inneren Themen aufarbeiten können. Sollten Sie jedoch eigenständig in kleinen Schritten an Ihre Themen herankommen, dann sortieren Sie sich selbst.

Wenn Sie feststellen wollen, ob sie noch alte Verletzungsstrukturen in sich tragen, dann können Sie sich folgende Fragen stellen:

Erinnern Sie sich an eine Situation, die Sie erlebt haben und die für Sie unangenehm war. Spüren Sie noch ein Unwohlsein in der Magengegend?

Wenn Sie Themen in sich noch nicht verarbeitet haben, dann werden Sie diese noch emotional spüren. Sie brauchen sich nur ein wenig in die erlebte Situation hineinzuversetzen, und schon werden Sie fühlen, ob Sie die Sache verdaut haben oder nicht. Wenn nicht, dann spüren Sie die noch in Ihnen geankerte Angst wieder empor klimmen. Daran erkennen Sie, dass Sie sich noch intensiv mit diesem Thema auseinander setzen müssen. Im extremsten Fall würde genau das auftreten, was ich die ganze Zeit beschreibe. Es würden Ihnen Menschen oder Situationen begegnen, die ihrem nicht verarbeiteten Erlebnis ähnlich sind, nur damit Sie sich wieder erinnern. Sie sollten sich nach Möglichkeit in einer ruhigen Minute mit dieser Situation auseinander setzen, um eine andere Perspektive und somit eine andere Gewichtung für das Erlebte gewinnen zu können. Erst wenn Sie merken, dass Sie sich zwar erinnern können, sich jedoch in Ihnen keine verletzten Emotionen mehr bemerkbar machen, dann sind Sie davon befreit und haben dieses Thema emotional verarbeitet.

Denken Sie nun an eine Person, mit der Sie damals zusammen waren und mit deren „Hilfe" Sie eine unangenehme Situation erlebt haben. Fühlen Sie sich gegenüber dieser Person noch unwohl oder sogar verpflichtet?

Wenn Sie sich an diese Person erinnern und Sie haben ein ungutes Gefühl in Ihrer Magengegend, dann können Sie davon ausgehen, dass Sie zu dieser Person noch eine offene Frequenz haben, und das wird auf Gegenseitigkeit beruhen. Gerade wenn wir überprüfen wollen, ob wir mit einer Person energetisch im Gleichgewicht sind oder nicht, dann müssen wir uns nur emotional auf diese Person einstellen. Sollten wir dann unangenehme Emotionen in uns spüren, dann sind die Fronten keinesfalls geklärt.

Was können Sie dann tun?

Stellen Sie sich die damals erlebte Situation noch einmal genau vor, und überlegen Sie: Was war damals für mich nicht in Ordnung? Was wollte ich damals anders machen? Oftmals wollten wir etwas anderes erleben, als wir es dann letztendlich erlebt haben. Gerne machen wir dann die andere Person dafür verantwortlich und tragen interessanterweise dennoch ein Schuldgefühl in uns. Rein symbolisch gesehen bedeutet das, dass sich ein Energieanteil in uns verstrickt und verletzt fühlt, und dieser Anteil möchte die damalige Situation aufklären. In dieser Emotion ist immer noch ein Teil, ähnlich einem Samenkorn, der alten Energie vorhanden. Damit Sie sich davon befreien können, müssen Sie noch einmal in die früher erlebte Situation und Ihre damit verbundenen Emotionen eintauchen.

Stellen Sie sich zu diesem Zweck das Erlebte noch einmal vor, und fragen sich, was Sie gerne geändert haben möchten. Manchmal genügt schon alleine das Gefühl, der anderen Person einmal die eigene Meinung zu sagen. Oftmals trauen wir uns das im realen Leben nicht, oder wir kommen durch die äußeren und inneren Umstände nicht dazu. Dann müssen wir uns erlauben, dieses wenigstens in unserem Inneren tun zu dürfen, und zwar so, wie wir das wollen, damit endlich Klarheit zwischen uns und der in uns emotional verankerten Person entstehen kann. Das heißt, oftmals besetzen wir mit einer anderen äußeren Person eine in uns liegende, emotional verletzte Struktur. Wenn wir uns dann mit unserer inneren Struktur aussöhnen, dann wird der Mensch im Außen unwichtig, und nur darum geht es. Damit holen wir die negativ geankerten Energien aus dem Thema und somit aus der Struktur heraus. So befreien wir uns von alten Energien und können das Erlebte in unsere Vergangenheit parken, damit es endlich verblassen kann. Doch solange ich immer noch Wut oder ähnliche Emotionen in mir spüre, wenn ich an das Vergangene zurückdenke, solange bin ich energetisch an die Situation gebunden, und solange hole ich die Vergangenheit immer wieder an die Oberfläche in mein Bewusstsein und erwecke sie ständig zu neuem Leben.

Fühlen Sie sich noch emotional verletzt? Haben Sie noch eine Verletzung, die in Ihrer Aura spürbar ist?

Sollte das der Fall sein, dann müssen Sie sich emotional ausheilen, damit Sie in sich wieder gesund werden. Oftmals haben wir uns durch Schockerlebnisse Löcher in unsere eigene Aura gerissen, die wir dringend wieder kitten müssen. Gerade körperliche Schwächen oder Verletzungen, die seitens eines Arztes medizinisch behandelt wurden, mögen rein körperlich zwar ausgeheilt sein, was jedoch bei weitem nicht heißt, dass auch die emotionalen Anteile geheilt wurden. Mit unserem Emotionsbereich gehen wir oftmals viel härter um als mit unserem Körper. Da die Gesellschaft emotionale Probleme nicht in dem Maße anerkennt wie körperliches Leid, versuchen wir diese zumeist zu unterdrücken. Oftmals stellen wir uns gegen innere Verletzungen und meinen somit, das Erlebte einfach überwinden zu müssen, ohne ein Mitgefühl für uns selbst zu entwickeln. Heutzutage bekommt die Aura immer noch zu wenig Beachtung, genauso wie wir zu wenig auf unsere Emotionen achten. Meist sammeln wir dann eine emotionale Verletzung nach der anderen in einer dafür eigens angelegten Struktur. So kann es uns passieren, dass wir am Tage X vor lauter emotionalen Schmerzen zusammenbrechen. Wir sind dann im alltäglichen Leben nicht mehr handlungsfähig, ohne dass uns bewusst wird, warum das jetzt passieren muss. Dies passiert jedoch nur, weil wir so viele unerledigte Emotionen in uns gespeichert haben, und diese haben sich alle aufeinander gestapelt. Irgendwann bricht dann symbolisch der Stapel zusammen, und genauso fühlen wir uns dann. Wir müssen uns erst wieder sortieren, damit wir zukünftig unser Leben genießen können.

Doch nun zu unserem Thema. Wir wollen uns dabei mit den emotionalen Verstrickungen am Arbeitsplatz beschäftigen. Nicht nur in einer intimen Partnerschaft zwischen Mann und Frau können wir uns verstricken, sondern auch auf jeder anderen zwischenmenschlichen Ebene, die uns betrifft. Somit haben wir viele verschiedene Projektionsflächen, mit denen wir uns auseinander setzen müssen.

Wenn wir uns mit dem Thema Kollegen beschäftigen wollen, dann müssen wir uns erst einmal mit dem Thema Beruf/Berufung befassen. Wie wir in den oberen Zeilen noch einmal erfahren haben, müssen wir Lernthemen, die wir noch bearbeiten müssen, im Leben gezeigt, also gespiegelt, bekommen. Wir können unterschiedliche Themen auf unterschiedliche Lebensbereiche verteilen, und da der Beruf für einige Menschen ein absolut wichtiges Thema ist, passiert es sehr häufig, dass wir gerade in diesem Bereich Themen parken, um sie dort vor Ort zu erleben. Jeder Streit, den wir mit anderen haben, deutet immer auf einen inneren Streit hin und ist somit nur der Hinweis auf die innere Thematik. Doch wie kann es dazu kommen, dass wir uns im Inneren streiten? Wenn zwei Energieanteile miteinander im Ungleichgewicht sind, dann kann es sogar so weit kommen, dass jedes für sich eine andere emotionale Haltung vertritt, und um diese unterschiedliche Meinung streiten sich die beiden. Sie kennen das bestimmt selbst, immer dann, wenn in Ihnen unterschiedliche Meinungen auftreten. Sie hören die eine Stimme in Ihnen sprechen und dann die andere. Manchmal können Sie vor lauter Stimmengewirr nicht mehr hören, was die einzelne zu vermelden hat. Da viele Menschen jedoch zu wenig auf ihre inneren Stimmen hören, versuchen diese Energieanteile, Gehör über andere zu bekommen. So kann es passieren, dass sich Energieanteile zweier Menschen nonverbal miteinander verbinden und die Personen im Außen aufeinander aufmerksam werden. Das Ziel dabei dürfte jetzt schon klar sein, denn es geht hierbei wirklich nur um die eigene innere Zerissenheit. Je mehr sich ein Mensch durch einen anderen beispielsweise belästigt fühlt, desto mehr Energieanteile hängen auf dem Schoß des Gegenübers und „strecken ihm die Zunge raus". Im Klartext: Wir können uns nur mit Menschen streiten, mit denen wir eine Parallele haben. Ein Energieanteil in uns ist mit einem anderen des Gegenübers verbunden, und die beiden Energieanteile treiben miteinander ihren Schabernack. Daraufhin reagieren natürlich die anderen Energieanteile jeweils in der Person mit Gegenwehr und zwar die, die sowieso immer schon dagegen waren. Sie fragen sich jetzt bestimmt: „Gegen was?" Das ist ganz unwichtig, Hauptsache dagegen, denn gestritten wird nur, um seine Meinung zu vertreten. Zumeist streiten die Menschen nur, um sinnlos gespeicherte Energien los zu werden. Und wenn man das nicht freiwillig macht, dann braucht man Themenbereiche, über die man sich ärgern kann. Man gönnt sich ja sonst nichts, oder?

Doch jeder erlebte verbale oder nonverbale Streit ist für die Beteiligten sehr unangenehm. Viele Menschen haben nicht gelernt, auf Ihre inneren Themen zu achten und sich um sich selbst zu kümmern. Oftmals wird allein schon die äußere Persönlichkeit als Streitthema angesehen. Dass jedoch keiner dem anderen direkt eine tiefe Emotion geben kann, wird hierbei oft übersehen. Somit ärgert man sich immer weiter über den anderen und hofft, dass er das Spielfeld räumt. Streit kann so heftig werden, dass sich die gestauten Energien sogar auf der körperlichen Ebene manifestieren und Schaden anrichten können. Eine Trennung scheint für viele der einzige Ausweg zu sein, um aus dem Schlamassel überhaupt herauszukommen, wobei für Sie jetzt schon klar sein müsste, dass eine Trennung hier nur ein Weglaufen vor den inneren Problemen wäre. Wenn wir davor weglaufen, dann kann es sehr wohl sein, dass unser Problem uns wieder einholt, und wir haben eine neue Person vor der Nase sitzen, die mit uns das Thema „Mensch, ärger' dich" spielt. Solche Konflikte am Arbeitsplatz können sogar im Extremfall dazu führen, dass einer die Arbeitsstelle verlassen will, damit er wieder seinen vermeintlichen inneren/äußeren Frieden finden kann.

Nehmen wir ein Beispiel, um uns das genauer anzuschauen. Zwei Kolleginnen sitzen in einem Büro und sind sich in einer gewissen Struktur sehr ähnlich. Die eine ist ein sehr sportlicher Typ, die weniger auf ihr Aussehen achtet. Sie ist sehr auf ihre Aktivität im Leben und auch auf ihre Leistung in der Arbeit fixiert, somit ist sie sehr praktisch veranlagt. Sie braucht die Harmonie mit den Kollegen und möchte auch deren Anerkennung. Damit sie die Aufmerksamkeit bekommen kann, wirkt sie sehr kumpelhaft, freundlich und auch hilfsbereit. Sie ist in der Firma sehr beliebt und gibt sich auch besonders viel Mühe, dass das so bleibt. Nun kommt eine neue Kollegin dazu, jung, blond, sehr gepflegt und mit einer „supertollen" Figur. Auch sie kümmert sich um ihre Aufgaben, sie reißt sich zwar nicht gerade darum, doch sie kommt ihren Verpflichtungen nach. Sie begegnet den Mitarbeitern sehr freundlich und bekommt alleine durch ihr Aussehen eine entsprechende Anerkennung, vor allem auch wegen ihrem besonderen Out-Fit. Männer genauso wie Frauen schauen nun einmal gerne einer attraktiven Frau hinterher. Auch die inneren männlichen Anteile in uns Frauen können sich einem erotischen Anblick nicht entziehen.

Die Kollegen finden diese Person sehr attraktiv und interessant. Sie ist eine Augenweide, und man hat sie gerne in der Nähe. Die erste Kollegin rutscht daher in der Beliebtheitsskala ein wenig nach hinten. Das stört sie natürlich, und trotzdem kann sie nichts dagegen unternehmen. Mit der Zeit ärgert sie sich über die andere. Das wiederum spürt die hübsche Kollegin und reagiert ihrerseits mit Abweisung. Immer mehr und mehr rutscht die neue Kollegin in den Vordergrund. Mit der Zeit wird tief im Inneren der beiden ein Kampf ausgefochten, der keinen Sieger hervorbringen kann. Somit werden gegenseitige Schwächen aufgezeigt. Man mustert sein Gegenüber und gibt ihm darüber einen immer größeren Stellenwert. Die bis dahin anders gewichteten Themen rücken mehr und mehr in den Hintergrund. Nur noch die beiden nehmen sich gegenseitig wichtig. Wie in einer Partnerschaft belauern Sie sich. Sie brauchen sich real kaum noch zu begegnen, und trotzdem beobachten sie sich gegenseitig. Dann kann es schon ausreichen, die Kaffeetasse der verhassten Kollegin zu sehen, um die gesammelten Werke an gestauter Energie deutlichst zu spüren.

Zumeist werden auch noch andere Kollegen in die Thematik mit einbezogen. Man versucht sie auf seine Seite zu ziehen, damit sie die eigene Meinung bestätigen. Da wir uns oftmals nicht sicher sind, ob das, was wir empfinden, auch richtig ist, brauchen wir andere, die wiederum unsere Meinung bestätigen. Je mehr Bestätigung, desto mehr Sicherheit für uns, dass wir offensichtlich richtig liegen. Die meisten Menschen sind auf die Meinung anderer angewiesen, da sie in sich unsicher sind. Viele sind sich emotional nicht klar und kompensieren gerne ihre eigenen Probleme über fremde Themen, denn gerade dieser Weg erscheint ihnen einfacher zu leben. Sie reden mit Vorliebe über die Vergehen, Verfehlungen oder Missetaten der anderen, damit sie die eigenen nicht sehen müssen.

Nun weiter zu unseren beiden Kolleginnen. Kollegin X, die zuerst da war, braucht die Anerkennung der Kollegen und dies besonders von der männlichen Seite. Das gibt ihr das Gefühl, begehrt zu sein, und darüber fühlt sie sich wohl, und bekommt gleichzeitig den Energie-Kick für ihre Arbeit. Somit ist die äußere Anerkennung ihre Hauptmotivation. Sie hat eine tiefgründige Bereitschaft in sich, viel zu arbeiten, damit es dem Team und auch der Firma gut geht, und natürlich möchte sie dafür auch die entsprechende Anerkennung haben. Tief im Inneren hat sie jedoch Angst, nicht mehr geliebt und geachtet zu werden. Und genau dieses Problem ist durch das Auftauchen der neuen Kollegin wachgerüttelt worden. Sie ist der sportliche Typ und trotzdem auch auf ihr Aussehen bedacht. Sie möchte wirken und auffallen, deshalb neidet sie der anderen den Erfolg bei den Männern, denn auch sie - ein Teil in ihr - findet die attraktive Blondine interessant. Somit sind sich beide sehr ähnlich. Wäre das nicht der Fall, dann wären sie nicht in diese emotionale Verstrickung geraten.

Nun die andere Seite, die neue Kollegin Y muss sich erst einmal behaupten, um einen Stand in der Firma zu bekommen. Sie ist auf ihr Äußeres besonders bedacht, denn das betont sie immer wieder, indem sie ihre Weiblichkeit und somit ihr Aussehen unterstreicht. Sie holt sich die Anerkennung der männlichen und weiblichen Kollegen über ihr Selbstbildnis. Natürlich erledigt auch sie ihre Arbeiten, jedoch ist sie nicht gewillt, mehr zu tun als unbedingt notwendig. Tief im Inneren trägt sie die Emotion, dass sie über ihr Aussehen Anerkennung haben will. Und genau das funktioniert dann auch, denn viele Kollegen nehmen das, was geboten wird, gerne wahr.

Es kümmert kaum einen, was ein anderer wirklich fühlt. Wir sind alle so mit uns selbst beschäftigt, dass wir kaum darauf achten können, was im anderen wahrhaftig vorgeht. So auch in unserem Beispiel, denn immerhin geht es nur darum, sich bewusst um die Arbeit und um sich selbst zu kümmern. Doch wenn zwei Kolleginnen sich so sehr miteinander emotional verbunden haben, dann ist das Schauspiel auch für andere nett anzusehen. Zu sehen, was die verschiedenen Personen machen, ist immer interessant und bringt Abwechslung in das Berufsleben. Deshalb können die beiden, die auf so unterschiedliche Weise um Anerkennung buhlen, nur willkommen sein. Doch kaum einer wird diesen Kampf nachvollziehen können: Da sind zwei Kolleginnen, beide sehr nette und aufmerksame Personen. Warum sollte man sich dann für die eine oder andere entscheiden müssen, wo doch beide ihre Vorteil haben?

Also trägt Kollegin X wie auch Kollegin Y ein Manko in sich. Kollegin X achtet zu wenig auf ihr Äußeres, was sie jedoch gerne tun würde. Sie könnte Abhilfe schaffen, indem sie mehr Zeit für ihren Körper und ihr Out-Fit aufwenden würde. Kollegin Y hätte gern mehr Wissen und Aktivität. So ist auch Kollegin X für sie nur ihr Spiegelbild, und darin ist die Ähnlichkeit zu sehen. Sie möchte genauso über Wissen und Fleiß Anerkennung bekommen, glaubt sich jedoch selbst nicht, dass sie dieses schaffen könnte. Deshalb betont sie das noch mehr, dessen sie sich sicher ist, das heißt, sie unterstreicht ihr Aussehen.

Ein Kampf kann niemals einseitig sein, es kämpfen immer beide und spiegeln sich gegenseitig ihre ureigensten Themen. Ich blicke auf den anderen und erkenne mein Spiegelbild. Die Lösung des Ganzen: Beide wollen dasselbe - die äußere Anerkennung -, und darum buhlen und kämpfen sie auch. Allein darum geht es ihnen. Damit die beiden aus dem Sog der versteckten Emotionen herausgehen können, wäre es wichtig, das eigene Anerkennungsthema zu analysieren und zu bearbeiten. Das ist die eigentliche Aufgabe. Das bedeutet, dass beide sich selbst viel zu wenig anerkennen. Sie sind nicht stolz auf das, was sie haben oder leben. Solange ich mich nicht selbst anerkenne, brauche ich diese Emotion von außen. Doch damit bin ich zwangsläufig ausgeliefert, denn ich kann mich nicht mehr um mich selbst kümmern. Ich muss immer wieder darauf Acht geben, wie die anderen mich sehen und ob sie meine Sehnsucht nach Anerkennung verstanden haben. Die beiden Kolleginnen in unserem Beispiel mussten sich somit begegnen, damit sie durch den gegenseitigen Spiegel ihr eigenes Thema verstehen lernen. Hätte die erste Kollegin die Chance der Auseinandersetzung mit der Neuen nicht gehabt und weiterhin die Anerkennung ihrer Kollegen bekommen, dann hätte sie nicht erfahren können, wie wichtig es ist, sich selbst anzuerkennen.

Sollten Sie Zeuge solcher zwanghaften Verhaltensmuster von Kollegen werden, dann überlegen Sie, ob Sie nicht helfen können, indem Sie sie auf Ihr inneres Manko aufmerksam machen. Es nützt keinem etwas, wenn im Kollegenteam gekämpft wird. Möchten Sie Ihre eigene Situation besser verstehen lernen, um eine innere Klarheit darin finden? Dann könnten Ihnen die folgenden Fragen weiterhelfen.

Hier ein paar Fragen mit Erklärungsansätzen, die Ihnen ein wenig Klarheit über diese Thematik verschaffen können.

Was stört Sie an Ihrer Kollegin/Ihrem Kollegen?

Wenn Sie erkennen, um was für ein Thema es sich handelt, dann können Sie sehr schnell dieses Thema in Ihrem Inneren wandeln. Oftmals handelt es sich, wie in unserem Beispiel, um das Thema des „Anerkanntwerdens". Diese Thematik führt darauf zurück, dass die betreffende Person sich als nicht wertvoll genug empfindet und deshalb das Gefühl der Besonderheit von außenstehenden Personen dringend braucht. Meist werden die Ansätze hierfür in der Kindheit geprägt. Beispielsweise: Unsere ersten gemalten Bilder, die nicht gebührend beachtet wurden. Diese Struktur zieht sich dann oftmals durch das Leben, so dass wir immer wieder die Erfahrung machen müssen, keine äußere Anerkennung zu erhalten, genauso wie die Eltern es schon vorgelebt haben.

Wie möchte ich in der Firma gesehen werden? Was möchte ich repräsentieren?

Dies zeigt eine ähnliche Thematik der Anerkennung an, nur dass es sich hierbei meist um das Können und Bewältigen der geforderten Aufgaben handelt. Wir alle haben ein Geltungsbedürfnis, wollen gesehen und wahrgenommen werden. Jeder übernimmt in der „Großfamilie" Firma eine Aufgabe, der er sich nach dem Firmen-/Familiensystem stellen muss. Es ist wichtig, dass diese Aufgabe auch von den anderen gewichtet und somit anerkannt wird. Wir alle brauchen das Gefühl, wichtig und wertvoll zu sein, ähnlich wie in einer Familie, die fünf Kinder hat. Jedes Kind möchte gesehen und wahrgenommen werden, ansonsten würde eine kindliche Eifersucht entstehen, die fast nicht kontrollierbar ist.

Was begehre ich bei dieser Kollegin/diesem Kollegen?

Anhand der Antwort kann ich feststellen, was mir diese Person spiegelt, was ich selbst gerne leben würde, mir jedoch nicht zutraue. Beispielsweise kann eine attraktive Kollegin nur unsere eigene äußere körperliche Unzufriedenheit an den Tag bringen, denn auch wir wären dann gerne attraktiver, kümmern uns selbst jedoch zu wenig darum. Ich kann hierbei nur raten, sich intensiver mit dem Spiegelthema auseinander zu setzen, denn die andere Person spiegelt für uns eindeutig sichtbar, dass sie besser lebt als wir, und das ärgert uns. Ob das nun stimmt, mag dahingestellt sein. Doch daran können wir lernen, uns endlich das zu erfüllen, was wir wollen. Auch ein Kollege, der mehr Geld ausgibt und sich dadurch einen besseren Lebensstandard gönnt, spiegelt uns nur unseren gelebten inneren Geiz. Doch auch wir könnten mit uns selbst großzügiger umgehen, wenn wir das wollten. Also Sie sehen, wir alle können nur daraus lernen.

An wen erinnert mich diese Kollegin/dieser Kollege?
Hierbei handelt es sich wieder darum, dass wir eine fremde Person - z.B. Kollegin/Kollege - auf eine uns bekannte Erlebnisstruktur gelagert haben. Das bedeutet, dass wir sehr viele Emotionen und teilweise sogar gestaute Energie, gleichzusetzen mit Wut, in uns spüren. Dann handelt es sich, ähnlich wie in den oberen Fällen, um eine überlagerte Struktur. Sollte nun beispielsweise die betreffende Person eine Ähnlichkeit zu der erlebten, nicht verarbeiteten Mutterstruktur in sich tragen, dann kann es sehr wohl sein, dass wir unbewusst alle damit gelagerten und geankerten Emotionen auf diese fremde Person legen. Schon allein zu erkennen, mit welcher inneren Thematik wir es zu tun haben, löst das äußere, also hier das Kollegenproblem, auf. Nur müssen wir lernen, uns selbst treu zu bleiben und nicht wieder unsere eigenen Probleme auf andere zu übertragen.

Lernen Sie, die inneren Streitthemen zu erkennen und zu bearbeiten, dann haben Sie ein gutes und für Sie günstiges Arbeitsklima, und das ist für jeden besonders wichtig. Private Probleme von Mitarbeitern wären für eine Firma dauerhaft schädlich und sollten deswegen nicht dorthin transportiert werden. Jede Unzufriedenheit legt sich negativ auf die gesamte Firmenenergie, und keiner sollte die Möglichkeit haben, diese wertvolle Energie zu missbrauchen. Doch die meisten Mitarbeiter leben heutzutage ihr Rollenverhalten über den Beruf aus. Immer häufiger resultieren Firmenprobleme aus der Unzufriedenheit der Mitarbeiter. Wir alle sollten darauf achten, dass wir uns in einem Arbeitsklima befinden, in dem wir uns wohl fühlen können, denn wir sollten niemals die vielen Stunden vergessen, die wir vor Ort arbeiten.

Nun noch mehr Möglichkeiten, wie Sie mit dem Thema Beruf/Berufung umgehen können. Fühlen Sie sich wohl in Ihrer Tätigkeit? Würden Sie gerne einen anderen Beruf ausüben? Zu unserem Beruf sollten wir uns berufen fühlen, nur dann können wir dauerhaft Erfüllung finden. Leider gibt es viel zu wenig Angestellte/Arbeiter etc., die sich nach dieser Vorstellung ihren Beruf ausgewählt haben. Jeder Mensch sollte sich über das Thema Beruf im Klaren sein. Wir erlernen in der frühen Jugend einen Beruf, sind jedoch meist zu diesem Zeitpunkt gar nicht in der Lage, klar zu definieren, in welchem Bereich wir eigentlich ein Leben lang arbeiten wollen. Zumeist brauchen wir Jahre, um uns über den Bereich Beruf/Berufung klar zu werden. Wenn wir dann in jungen Jahren einen Beruf erlernt haben, dann nehmen wir uns selten die Zeit, um uns in unseren Berufswunsch/Bereich hinein-/weiterzuentwickeln, in dem wir gerne arbeiten würden. Somit kommen wir selten an unser Ziel. Oftmals steht die Familie oder ein anderes Pflichtbewusstsein im Vordergrund und lenkt uns von einer beruflichen Weiterbildung massiv ab. Eine Möglichkeit des Weiterkommens besteht darin, dass wir uns in der Firma, in der wir unseren Berufsweg begonnen haben, im Laufe der Jahre hocharbeiten. Nur ist dieser Weg oft besonders schwer, da es meist lange braucht, bis ein passender Platz frei geworden ist. Somit müssen wir uns oftmals mit dem Arbeitsplatz abfinden, den wir haben. Doch anstatt damit trotzdem zufrieden zu sein, mosern wir gerne herum, um unserer inneren Unzufriedenheit Rechnung zu tragen. Oftmals schimpfen wir dann sogar über den Chef, der für unser persönliches Los gar nicht verantwortlich sein kann. Solche Mitarbeiter sind für die Firma und gerade auch für das Arbeitsklima dauerhaft untragbar, denn die innere Unzufriedenheit wird stetig weiter wachsen. Sie beschweren sich nur noch und bringen somit absolut negative Energieschwingungen in die Firma hinein. Wie gerne suchen sie einen Prellbock, den sie für ihr Schicksal verantwortlich machen können, um sich der eigenen Verantwortung entziehen zu können. Doch wie immer liegt der Schlüssel zu unserem Glück in uns, und dort sollten wir ihn auch suchen.

Es ist besonders wichtig, eine Zufriedenheit in sich zu schaffen, ansonsten wäre eine Berufsveränderung im Extremfall die Lösung. Auch wenn dieser Weg mit sehr vielen Unannehmlichkeiten verbunden sein mag, ist es auf jeden Fall lohnenswerter, als sich immer wieder unzufrieden mit den negativen Seiten der Arbeit zu befassen. Wenn sich ein Angestellter/Arbeiter nur noch zur Arbeit quält, dann sollte er es lieber bleiben lassen. Sein Gang zur Arbeit wäre weder ihm selbst noch anderen dienlich. Der Weg einer dauerhaften Arbeitslosigkeit verspricht ebenso wenig Erfolg. Denn sollten Sie sich von allen anderen mitversorgen lassen wollen, kommt das einem energetischen Missbrauch gleich. Sie würden sich auf Dauer in Ihrer Haut selbst nicht mehr wohl fühlen können. Eine Umschulung hingegen mit Perspektive auf eine berufliche Weiterentwicklung wäre die ideale Unterstützungsform, denn dann würde dieser Fonds genau zu dem Zweck genutzt, wozu er angelegt wurde: Menschen auf ihrem Arbeitsweg eine Unterstützung zu gewähren, damit sie ihrer inneren Berufung Folge leisten können. Nur zufriedene Berufstätige werden die volle Leistung bringen, und das macht sich wirtschaftlich wieder bezahlt.

Das gleiche gilt für Selbstständige. Auch diese Personen können sich fördern lassen mit der Option, dass sie sich entsprechend weiterentwickeln, um einen anderen Berufsweg einzuschlagen. Auch hierbei ist es besonders wichtig, darauf zu achten, dass nicht jede Person für die Selbstständigkeit geeignet ist. Nur die Qualität des Produktes alleine reicht bei weitem nicht aus. Manche Personen beispielsweise brauchen einen inneren Druck, um ihrer Arbeit nachgehen zu können, denn es gelingt ihnen nicht, sich selbst zu motivieren. Oder ihnen fehlt das nötige Know-How auf der kaufmännischen Ebene. Also, sollten Sie Interesse und eine gute Idee haben, dann kümmern Sie sich um alles, was Ihnen dazu einfällt, bevor Sie diesen großen Schritt wagen. Doch sollten Sie sich im Klaren über all die damit verbundenen Aufgaben sein! Dann kann ich Sie nur beglückwünschen für Ihr Vertrauen in Ihre eigene Person. Nur ein Mensch, der für sich selbst verantwortlich ist, wird mit seiner Selbstständigkeit - er ist selbst für sich zuständig - erfolgreich sein.

Durch die neue Zeitepoche erleben wir die damit verbundene Wandlung natürlich auch auf dem wirtschaftlichen Sektor, denn gerade dieser Bereich spiegelt unseren inneren Energietransfer. Der Handel ist das Spiegelbild für unsere innere Handlungsfähigkeit, denn immerhin sind wir alle in der Lage, Energien so einzusetzen, wie wir sie brauchen. Wir können einem anderen energetische Unterstützung gewähren und bekommen dafür eine andere Energieform zurück. Somit sind wir in der Lage Energien zu tauschen.

Die Unternehmen der Zukunft werden sehr stark auf den energetischen Fluss im Unternehmen achten, denn nur jeder Mitarbeiter, der auch wirklich gewillt ist zu arbeiten, wird die Firma zum gewünschten Erfolg bringen können. Jeder, der mit einwirkt, bringt seine eigenen Energien mit, und diese müssen mit den anderen Komponenten im Unternehmen kompatibel sein. Somit wird der Mitarbeiter der Zukunft wieder das versinnbildlichen, was ursprünglich gedacht war: Er wird ein Unterstützer der Firma sein und darüber seinen eigenen Lebensunterhalt verdienen. Ihm wird die hohe Verantwortung vollkommen bewusst sein, und er wird seine Arbeit mit Freude und Eigenverantwortung verrichten. Der Arbeiter der Zukunft wird sich immer weiterbilden, denn er ist eigenständig und weiß, was er kann. Er braucht keinen Kontrolleur, denn ihm wird es selbst extrem wichtig sein, dass er seine Arbeit zur eigenen vollkommenen Zufriedenheit erledigen kann. Das ist der Rhythmus, den wir heutzutage alle schon spüren können. Ich kann somit nur jedem raten, sich wieder um die eigene Verantwortung zu kümmern, denn damit beginnt der Arbeitsplatz der Zukunft. Damit wir dahin gelangen können, müssen wir erst einmal anfangen, auf unser eigenes Leben zu schauen und zu erkennen, dass nur wir selbst für unser Leben und unser Leid verantwortlich sind und kein anderer. Das ist der Schlüssel zu unserem Erfolg. Ich wünsche Ihnen weiterhin viel Spaß in Ihrem Berufsleben.

Die Zufallsentladung gestauter Wutenergie

Kennen Sie das Gefühl? Sie sind schon gestresst und müssen auch noch einkaufen gehen. Eigentlich möchten Sie jetzt nur noch Ihre Lebensmittel besorgen und nicht mehr gestört werden. Doch dann kommt dieser Verkäufer auf sie zu, ein Wort gibt das andere und Sie fühlen sich auf einmal absolut genervt und missverstanden. Sie spüren Ihre innere Wut aufsteigen und Sie könnten die andere Person fabelhaft als Blitzableiter nutzen. Fragen Sie sich mal: Wie oft begegnen Ihnen Menschen, die Sie so nah an Ihre gestauten Energien heranbringen können? Jemand, der mich in Wut bringen kann, hat eine direkte innere Resonanz zu mir und ist mir somit sehr ähnlich; dies ist wichtig zu wissen. Damit wir dieses Thema näher durchleuchten können, beschäftigen wir uns erst einmal wieder mit dem Bereich der Energie.

Gehen wir einmal davon aus, dass wir grundsätzlich alle Energieanteile in uns tagtäglich mit Energien füttern. Die Energieanteile, die uns am liebsten und vertrautesten sind, werden am ehesten wieder entladen. Stellen Sie sich das wie einen Akku vor, der be- und entladen wird. Unseren Arbeitsteil werden wir, wenn uns die Arbeit sehr am Herzen liegt, auch schnell wieder entladen. Denken Sie einmal daran, mit welchem Elan Sie an bestimmte Aufgaben herangehen und wie Sie sich nach getaner Arbeit wohl fühlen - bestimmt einerseits energiearm und andererseits erleichtert und zufrieden. So fühlen wir uns, wenn wir uns bewusst mit unseren Energieanteilen auseinander setzen. Auf der anderen Seite haben wir auch oftmals Energien in uns, die weniger bewusst gelebt werden und somit auch keine tägliche Entladung finden. Diese Anteile leben eher in unserem Schattenbereich und versuchen von dort, in unser Bewusstsein, also an die Oberfläche, zu gelangen. Da wir bewusst wenig mit diesen Energieanteilen zu tun haben wollen, sammeln diese Anteile ihre tägliche energetische Ration und schleudern diese zum passenden Zeitpunkt als geballte Ladung heraus.

Wir spüren meist vorher, wann es wieder so weit ist, und reagieren darauf mit innerer Nervosität, wir spüren, es braut sich innerlich etwas zusammen. Wir befinden uns somit in „Hab-Acht-Stellung", um eventuellen Gefahren auszuweichen. Würde uns nun bewusst sein, dass wir nur vor unseren eigenen Energieanteilen davonlaufen, dann bräuchten wir uns nicht so zu fürchten. Solange wir jedoch diese Anteile unterdrücken wollen, solange werden sich diese Energien ihren ureigensten Weg bahnen, um sich bei uns Gehör zu verschaffen. Diese Energieanteile müssen ihre gestaute Energie los werden, sie stehen fast vor einem Vulkanausbruch, also suchen sie sich einen Ausweg, damit sie sich entladen können. Da wir diese Anteile jedoch eher negativ leben, brauchen wir äußere Personen, die uns daran erinnern, und dann passiert es: Wir geraten in Wut und entladen uns.

Sie können sich jetzt bestimmt vorstellen, wie sich gestaute Energien entladen können, mit wie viel Wut und Heftigkeit sie an die Oberfläche gelangen und Oberhand nehmen. Sie persönlich sind dann Ihrer eigenen Energie hilflos ausgeliefert. Stellen wir uns das noch einmal genauer vor: Wir haben innere Seelenanteile, die wir nicht verarbeitet haben und diese bekommen jeden Tag genauso ihre Energiezufuhr wie alle anderen auch. Diese Anteile leben in Dunkelheit und werden von den in uns real gelebten Anteilen unterdrückt. Das heißt, die Anteile, mit denen wir uns am liebsten beschäftigen, die uns am vertrautesten sind, mit denen kommen wir bestens klar. Wenn jedoch die anderen Anteile, die Schattenseiten in uns, nach vorne kommen wollen, dann brauchen diese viel Kraft. Denn diejenigen, die in uns regieren, wollen den anderen keinen Platz machen, und so entsteht ein Kampf, gegen den sich die Schattenseiten nur wehren können, wenn sie ihre Energien sammeln und zum passenden kraftvollen Zeitpunkt mit geballter Energieladung die Leitung übernehmen.

Genauso können wir uns das vorstellen. Ein innerer Kampf, eine innere Strategie und mehr ist es nicht. Würden wir jetzt allen Anteilen in uns Gewicht und Aufmerksamkeit schenken, dann hätten wir höchstwahrscheinlich keine Probleme mehr. Denn darum alleine geht es, alle Teile in uns wollen gesehen und angenommen werden, sie sind da, und das wollen sie mit ihrem Energiepotenzial demonstrieren. Somit sammeln sich die dunklen Energieanteile, um mit einer geballten Ladung „an die Oberfläche" zu gelangen. Dafür brauchen sie viel Kraft, denn es gibt genug Anteile in jedem von uns, die grundsätzlich schlauer sind. Das können wir uns so erklären, dass wir mit bestimmen Anteilen lernen und mit den anderen nicht. Ein Beispiel: Sie müssen sich einer Prüfung unterziehen. Sie haben genug dafür gelernt, und dann kommt der entscheidende Tag und der Energieanteil, mit dem Sie gelernt haben, verlässt Sie. Ein anderer Teil hat sich in Ihrem Bewusstsein breitgemacht und deutlich die Führung übernommen, doch genau diesem Teil fehlen sämtliche gelernte Informationen. Nun sitzen Sie an Ihrer Prüfung und kommen sich wie ein Anfänger vor, denn Ihnen fällt von dem Erlernten fast nichts mehr ein. Damit Ihnen das nicht passieren kann, müssen Sie lernen, den Befehl zu erteilen, dass Sie sich selbst vertrauen und glauben, damit die Energie, mit der Sie gelernt haben, nicht auf Ihren Befehl hin verschwindet. Denn schon allein der Glaubenssatz „Ich kann das nicht" lässt dümmere Anteile nach vorne kommen, denn die können es mit Sicherheit nicht. Denken Sie immer an Ihre Wünsche! Wenn Sie sich wünschen es nicht zu schaffen, dann wird dies auch so passieren. Doch nun zurück zu unseren Schattenseiten.

Es gibt Teile, mit denen lernen wir, und andere bleiben dagegen unterentwickelt. Gerade die in den Schattenbereichen lebenden Anteile sind meist dümmlich. Denn diese Anteile haben sich mit der Verletzung beschäftigt, und mit mehr nicht. Somit sind sie in ihrer verkümmerten und verletzten Struktur steckengeblieben. Mit ein wenig Geschick, Wissen und Aufmerksamkeit kann man diese Anteile daher auch meist relativ schnell wandeln.

Die Anteile, die im vorderen Bereich liegen, wissen natürlich um die Existenz der dunkleren Anteile. Sie wollen ihren Schützling/den Menschen vor diesen gewaltigen Energien schützen. Und damit es kein Familienmitglied, die Freundin, den Chef oder eine sonst wichtige Person treffen kann, wird nach einem anderen Blitzableiter gesucht und auch gefunden. Und schon kann das Spiel beginnen. Wir finden eine passende Person, docken uns gegenseitig an und beginnen zu kämpfen, bis wir uns energetisch entleert haben. Dann ist das Spiel vorbei und wir verabschieden uns.

Da viele Menschen so leben, müssen sogenannte Blitzableiter gesucht und gefunden werden. Und diese kann man auf den unterschiedlichsten

Ebenen finden. Beispielsweise finden wir sie im Straßenverkehr. Es gibt Menschen, die so heftig mit negativen Energien Auto fahren, dass es schon keine Freude mehr macht, ihnen auf der Autobahn zu begegnen. Diese Menschen entladen sich über den Autoverkehr. Sie docken an andere Verkehrsteilnehmer an, um sich zu ärgern und somit ihre Energien zu entladen. Sie fahren mit Ihrem Auto und Sie spüren, wie Ihr Hintermann drängeln will, Sie spüren, wie er immer weiter in Ihre eigene Energie eindringt. Sie haben das Gefühl, dass er fast in Ihrem Kofferraum sitzt, Sie fühlen sich der Situation ausgeliefert. Der Klügere gibt nach, und Sie machen diesem Autofahrer die Bahn frei und wechseln die Spur. Er fährt an Ihnen vorbei, und Sie haben einen kurzen Moment Blickkontakt. Sie spüren die Wut, die dieser Mensch in sich trägt. Sie denken längere Zeit darüber nach und es ärgert Sie, denn Sie merken, dass es Sie viel zu viel Kraft kostet darüber nachzudenken. Sie möchten ihn abschütteln, doch Sie wissen nicht wie.

Überlegen Sie, haben Sie so etwas schon mal erlebt? Wenn das der Fall ist, dann spukt Ihnen dieser Rowdy längere Zeit im Kopf herum. Sie spüren förmlich, wie er energetisch an Ihnen klebt. Wenn Sie sich dieser Energiebedrängung nicht erwehren können, dann wird das Spiel so lange dauern, bis dieser Mensch sich entladen hat. Man könnte sich diese Entladung symbolisch auch so vorstellen: Ein Mann bedrängt eine Frau, benutzt sie und entledigt sich seiner Energie durch einen männlichen Orgasmus, und nach dem Samenerguss geht er friedlich und befriedigt seiner Wege. So heftig ist das.

Egal über wen wir uns ärgern, wir brauchen dieses Ärgernis als Blitzableiter, sonst würden wir es nicht tun. Das ist besonders wichtig zu wissen, denn nur so funktioniert das System. Jedoch haben wir auch schon gelernt, dass immer beide Seiten betroffen sein müssen und so auch hier. Also, wenn wir uns über jemanden aufregen, dann macht er es genauso. Wir treffen zum passenden Zeitpunkt, am passenden Ort auf die passende Person und schon springt der Funke hinüber und wir sind dieser Situation ausgeliefert, bis die Energie sich entladen hat. Anders geht es kaum. Ich will hierbei nicht sagen, es geht gar nicht anders, das wäre übertrieben, jedoch würde ein Hinausgehen aus der Situation schon viel Eigenkontrolle bedeuten. Und die Menschen, die diese Techniken beherrschen, docken nicht selbst an und werden auch nicht angedockt.

Stellen wir uns eine simple Alltagssituation vor. Sie gehen einkaufen, sind bereits ein wenig gereizt, denn schon einige Begegnungen am heutigen Tag haben Sie Kraft gekostet. Sie gehen also in den Supermarkt an die Käsetheke und lassen sich von der Verkäuferin bedienen. Tief im Inneren missfällt Ihnen diese Person und Sie spüren, dass diese Emotion auf Gegenseitigkeit beruht. Und so gibt ein Wort das andere, und die Energien ballen sich zusammen. Die Aura beider Personen färbt sich rot, und sie erkennen beide die explosiven Energien, sie haben beide angedockt. Sie spüren nun, wie in Ihnen Wut hervorkommt. Sie könnten ihr jetzt Ihre Meinung sagen, ihr sagen, wie Sie bedient werden möchten. Und die Verkäuferin empfängt Ihre nonverbalen Worte und antwortet genauso nonverbal: „Meint diese Zicke, ich kenne meinen Job nicht, was bildet die sich eigentlich ein". Schnitt. Hier sollte das ganze Spiel enden. Tut es dann auch meist, indem die beiden sich nichts mehr zu sagen haben. Die Kundin schiebt langsam und verärgert den Einkaufswagen in Richtung Kasse. Noch längere Zeit wird sie sich über die Verkäuferin ärgern und die Verkäuferin umgekehrt genauso, denn noch steht der nonverbale Energieverbund, und beide entladen gegenseitig ihre ureigensten Wutenergien.

Der Vorteil: Beide können sich nun mit ihren Lebensgefährten einen schönen Abend machen, denn sonst hätte dieser eventuell einen auf den Deckel bekommen, und das wäre viel schlimmer gewesen. Deshalb suchen wir uns oftmals Personen/äußere Mitspieler, damit wir uns gefahrlos entladen können, so einfach geht das. Und glauben Sie mir, Potenzial gibt es genug. Sollten Sie dennoch nicht wissen wo, dann brauchen Sie nur ein Amt zu betreten, denn das dort angestellte Personal ist es fast gewohnt als Blitzableiter herhalten zu müssen. Man könnte darüber diskutieren, ihnen eine Gefahrenzulage auszahlen zu müssen. Tja, wenn da das Thema mit der Resonanz nicht wäre. Und somit wird klarer, dass auch diese Menschen den permanenten Ärger brauchen, sonst hätten sie einen anderen Arbeitsplatz gewählt, oder?

Haben Sie noch versteckte Energieanteile in sich? Wenn ja, möchten Sie wissen, welche? Dann beschäftigen Sie sich mit Ihrem Inneren. Sie können sich die nachfolgenden Fragen stellen und Sie werden ein paar Lösungsansätze für sich erhalten.

Haben Sie Angst im Dunkeln? Wenn das der Fall ist, dann ist das der eindeutige Hinweis, dass Sie tief in Ihrem Inneren, also wie in einer dunklen Kammer, nicht verarbeitete Energieanteile versteckt halten.

Ist Ihnen oft kalt? Frieren Sie zu bestimmten Zeiten, ohne dass es äußerlich kalt ist? Auch hierbei sind wieder Anzeichen innerer Energieanteile zu verbuchen. Denn abgelehnte Anteile werden im Unbewussten, also im Dunklen, gehalten und sind eher fröstelnd als wärmend. Wenn diese dann zu Wort kommen, treten sie meist mit realem körperlichen Frieren auf.

Spüren Sie zeitweise eine unbändige Wut in sich? Dies wäre ein eindeutiges Zeichen dafür, dass hier gestaute Energie, also Energien, die sich nicht bewusst leben dürfen, am Werk sind. Je mehr wir versuchen uns selbst zu kontrollieren und zu unterdrücken, desto mehr brechen diese Energien zu einem unpassenden - einen passenden gibt es dafür nicht - Zeitpunkt aus und zerstören mit ihrer unbändigen Wut alles, was da ist.

Reagieren Sie manchmal auf Ihr Umfeld mit sehr vielen Aggressionen, und Sie können sich nicht erklären, woher diese kommen? Das liegt meist daran, dass Sie einen Teil Ihres wahren Gesichtes vertuschen und versuchen eine Rolle zu leben, die Ihnen jedoch tief in Ihrem Inneren gar nicht entspricht. Sie lehnen sich eher gegen dieses Rollenverhalten auf. Das ärgert Sie auf der einen Seite, und auf der anderen haben Sie jedoch bei einem Ausbruch solcher Wutattacken keine andere Wahl, als diese Energien herauszulassen. Natürlich wird Ihnen dieser Ausbruch im Nachhinein leid tun, doch Sie können diese Energien, wenn Sie ausbrechen, nicht aufhalten, dafür ist die Energieentladung zu stark.

Wo ein Täter ist, da gibt es auch ein Opfer und das bedeutet, dass es

Menschen gibt, die sich eher beschießen, also treffen lassen, und die sich durch die Abwehr energetisch entladen. Doch diese Handlung läuft passiv ab. Hier noch ein paar Anmerkungen, was Sie tun können, damit Sie in einer Situation schnell reagieren und den Täter abschütteln können. Einige weitere Anleitungen sind in dem Kapitel über Meditation und Aurareinigung beschrieben:

Was können Sie tun, wenn Sie mit negativer Energie beworfen oder beschossen werden? Reagieren Sie sofort. Schützen Sie sich gedanklich, dann stellen Sie sich einen Gartenschlauch vor der mit göttlicher Lichtenergie gefüllt ist, und spritzen sich in Gedanken mit dieser Energie einmal komplett ab. Auch die Verbindung zu anderen Personen können Sie somit reinigen, wenn Sie sich diese vorstellen.

Wie können Sie diesen belasteten Energiefluss durchbrechen? Wieder den Schlauch nehmen und die Verbindung abspritzen. Danach gedanklich einen Energiecut zwischen der Person und Ihnen ziehen, damit ein erneutes Andocken direkt schon im Keime erstickt wird und somit nicht ausführbar ist.

Woran können Sie feststellen, dass Sie ein typisches Opfer für solche Täter/Vampire sind? Wenn Sie öfter das Gefühl haben missbraucht zu werden, dann achten Sie auf Ihren inneren Anteil, der dafür zuständig ist und wandeln ihn. Denn dies zeigt eindeutig an, dass sich in Ihnen ein Schattenenergieanteil von den anderen Energieanteilen missbraucht fühlt. Meist haben Sie jedoch früh gelernt, sich als Prellbock benutzen zu lassen, deshalb sollten Sie diese Rolle so schnell wie möglich verlassen.

Wie können Sie sich dauerhaft schützen? Lesen Sie die Übungen in dem Kapitel „Auraschutz". Denn ein dauerhafter Schutz ist das A und O in unserem Leben, und wir sollten täglich Übungen durchführen, die uns schützen, damit wir Energievampiren gar nicht erst ausgeliefert sind. Je mehr Selbstwertgefühl wir haben, desto besser für unseren Schutz, denn kaum einer, der selbst energetisch schwach ist (und das sind Energievampire besonders), würde uns dann versuchen anzuzapfen.

Wie kann ich mich aus einer angedockten Situation befreien? Sofort reinigen, also sich mit Lichtenergie abspritzen. Die meisten lassen dann von alleine los. Legen Sie sich gedanklich einen dunkelblauen Schutzmantel um, dann kann keine Energie von außen mehr an Sie herankommen, und umgekehrt werden Sie Ihre Energie selbst halten können. Nach einer Weile den blauen Mantel ausziehen, denn sonst würden Sie sich selbst isolieren, und das sollte unter keinen Umständen passieren.

Was kann ich tun, wenn ich merke, dass jemand versucht mich in sein Energiespiel einzubeziehen und ich eine Resonanz in mir spüre? Sie haben immer die freie Wahl und können sich in dem Moment entscheiden, ob Sie sich auf den Deal einlassen wollen oder nicht. Wenn Sie kein Interesse daran haben, dann unternehmen Sie folgendes: Schützen Sie sich sofort und stellen sich auf einen anderen inneren Empfang ein. Stellen Sie sich ein altes Radio vor. Sie müssen an den Knöpfen drehen, um einen anderen Empfang zu bekommen. Wenn Sie sich gedanklich genauso auf einen anderen Sender/Empfänger einstellen, dann sind Sie frei. Denn er hat keine andere Wahl; wenn er Sie weiterhin in sein Spiel einbeziehen möchte, dann muss er Sie erst einmal wieder richtig anpeilen können.

Ab wann bin ich der Situation ausgeliefert? Und wie lange kann das dauern? Wenn Sie merken, dass jemand angedockt hat und Sie das Gefühl haben nicht mehr ausweichen zu können, versuchen Sie sofort sich zu reinigen und an etwas Schönes zu denken, damit dieser Prozess nicht zu lange dauert. Je mehr Sie sich negativ auf dieses Spiel einlassen würden, desto länger würde der ganze Prozess dauern. Deshalb ist es wichtig, sich mit positiven sauberen Energien zu umgeben, und schon werden Sie merken, dass nach ein paar Minuten die Verbindung abschwächt.

Wie kann ich mich schützen, damit ich sicher bin? Sich jeden Tag mit dem Thema Aurareinigung beschäftigen und sich somit energetischen Schutz vorstellen. Je öfter Sie sich bewusst um sich selbst und Ihr Wohlbefinden kümmern, desto besser fühlen Sie sich. Jeder, der mit Ihnen einen Energieaustausch vornehmen möchte, muss Sie erst einmal darum bitten und Ihre Bereitschaft abklopfen. Das wiederum passiert jedoch, wenn Sie die andere Person im Nacken spüren. Sie müssen unter keinen Umständen auf den Tauschhandel eingehen, denn das liegt alleine an Ihnen, wie Sie damit umgehen. Also immer wieder vor Augen führen, dass Sie selbst entscheiden können, was Sie wollen. Das wird Ihnen genau die Rückendeckung geben, die Sie brauchen.

Wie schütze ich mich, wenn ich in die Stadt gehen möchte, also mit vielen Menschen zu tun haben werde? Natürlich über den Auraschutz. Am besten sich selbst sagen, dass „Sie geschützt sind", das reicht oftmals aus, jedoch nur, wenn Sie sich selbst glauben. Von Natur aus ist die Aura automatisch geschützt. Wir selbst können diesen Schutz jedoch aufbauen, indem wir passende Befehle erteilen. Somit können Sie sich einfach und leicht schützen, wenn Sie sich diesen Schutz vor Augen führen und an sich glauben, denn Ihr Glaube alleine versetzt Ihre Berge. Also leben Sie natürlich und positiv, und es kann Ihnen nichts passieren.

Wie reinige ich mich in einer klebrigen energetischen Situation? Die Aura besteht aus feinen Partikeln, die wiederum wie Sensoren Informationen auffangen. Wenn wir also vielen Menschen begegnen und nicht genug geschützt sind, dann kann es sehr wohl sein, dass unsere Aura Schmutzenergien von anderen auf sich geladen hat. Wir spüren dann, dass sich unsere Aura klebrig anfühlt. Dabei handelt es sich jedoch nicht um eine bewusste Energieattacke, sondern eher um das Müllaufsammeln am Wegesrand. Wenn uns das passiert ist, dann können wir sofortige Abhilfe schaffen, indem wir einen Strahl mit göttlicher Lichtenergie auf uns richten und uns damit automatisch reinigen. Eine reale Dusche wäre die ideale Form, ist jedoch in dem Moment nicht realisierbar. Wir können eine ähnliche Reinigung erfahren, indem wir uns vorstellen, dass wir unter einer Dusche stehen, und das wiederum bewirkt dann oftmals Wunder. Und schon fühlen wir uns wieder frei und wohl und können unserem Stadtbummel weiterhin nachgehen.

Menschen, die sich mehr um andere als um sich selbst kümmern, sind besonders gefährdet, denn sie sind es gewohnt, nicht bei sich zu sein. Jeder, der jedoch in seinem vollen Bewusstsein lebt, ist in sich schon geschützt. Denn sich energetisch aussaugen zu lassen, ist wohl das Ungesündeste, was wir uns vorstellen können. Kein gesunder Menschenverstand käme bewusst auf so eine unsinnige Idee. Da jedoch viel zu viele sich energetisch missbrauchen lassen, zeigt dies eindeutig, dass es vielen immer noch nicht bewusst ist, wie wertvoll diese Energien sind und wie wir damit umgehen sollten. Wenn wir dem Bild des feinen Energieaustausches das grobe/materielle gegenüber setzen, dann kommen wir auf das Thema des Sexualenergieaustausches. Die Menschen in der heutigen Zeit meinen, sich frei und offen mit jedem, auf den sie gerade Lust haben, sexuell einlassen zu können, ohne auf den Energieaustausch achten zu müssen. Dies zeigt eindeutig an, dass sie sich auch tagtäglich mit wildfremden Menschen auf der feinstofflichen Ebene energetisch austauschen. Die äußeren Bilder zeigen uns immer unsere inneren Resonanzen. Würden diese Menschen wieder genauer auf sich achten, dann würden sie sich weder auf der einen noch auf der anderen Ebene leichtfertig einlassen, denn dazu sollten wir uns alle viel zu wertvoll sein. Immerhin handelt es sich bei diesen Wutenergien um die selbst produzierten, also die emotionalen Energien in uns, und genau die brauchen wir doch für unser Leben. Also sollten wir hier besonders auf uns Acht geben, damit wir nicht immer weiter dieses wertvolle Energiepotenzial verpuffen lassen.

Geldfluss und Energiefluss

Wir können uns die unterschiedlichsten Gruppierungen von Menschen aussuchen, um uns über sie zu ärgern und somit unsere gestaute Wut abzulassen. Viele suchen einfach irgend jemanden, der sich für die eigenen Ärgernisse zur Verfügung stellt, egal wen, Hauptsache kurzweilig ärgern. Dafür eignet sich beispielsweise der Briefträger, der uns gerade zu einem unpassenden Zeitpunkt aus dem häuslichem Bereich klingelt, um uns einen dieser vielen Versandhauskataloge, die sowieso kaum einer braucht, zu überreichen. Gerade überfüllte Briefkästen mit jeder Menge Reklame erregen oftmals die Gemüter. Genauso, wie manche Menschen die Post als den täglich zu erwartenden Kick brauchen, um sich wieder aufregen zu können. Immerhin gibt es genug Menschen, die eine Rechnung erst nach mehrmaliger Abmahnung begleichen, frei nach dem Motto: „Damit habe ich doch nichts zu tun".

Gerade Rechnungen stehen symbolisch für den Energieausgleich. Ein Kunde beispielsweise lässt sich bestellte Waren zusenden und zahlt nicht die geforderte und von Anfang an vereinbarte Menge Geld/Energie als Ausgleich zurück. In so einem Fall muss der Händler immer mehr Energie aufwenden, um den Kunden an die geforderte Energie/Geld zu erinnern. Er kann zwar zusätzlich Mahngebühren auferlegen, jedoch gleicht das seinen Energieaufwand bei weitem nicht aus. Kein Kauf ist abgeschlossen, solange die Rechnung nicht bezahlt wurde, und auch so lange wird der Kunde weiterhin mit Energien gespeist, das sollte man wissen. Sollte sich ein Firmenchef über einen Schuldner aufregen, dann kostet ihn das enorm viel Kraft. Er darf unter keinen Umständen die nicht beglichene Rechnung als einen eigens an ihn gestellten Wertmaßstab benutzen, denn dann würde er sich selbst emotional verbinden, und genau das wollen Schuldner zumeist erreichen, sie sind selbst nicht eigenständig und brauchen jemand anderen, der sich um ihre Belange kümmert. Ein selbstständiger Geschäftsmann kommt dabei gerade recht, denn der ist doch „stark" genug. Nur sollte so keiner denken, und trotzdem passiert es immer wieder; und damit wir uns lösen können, werden wir uns erst einmal mit dieser Thematik näher auseinander setzen. Es wäre wichtig, Schuldner neutral, jedoch klar fordernd zu behandeln, damit die Geschäftsverbindung beendet werden kann.

Menschen, die so großzügig mit den Energien anderer umgehen, die sich einfach anmaßen, diese skrupellos zu missbrauchen, die brauchen sich nicht zu wundern, wenn sie selbst zukünftig mit Energie-/Geldproblemen zu tun haben werden. Denn alles das, was wir tun, fällt letztlich auf uns zurück; ob wir das wollen oder nicht, spielt hierbei keine Rolle. Wenn wir eine Energie/Dienstleistung/Ware in Anspruch nehmen, dann sollten wir auch selbstverständlich die dazu gehörende Rechnung begleichen. Kein Mensch hat das Recht, im Nachhinein willkürlich darüber zu entscheiden, ob er die geforderte Rechnung begleichen möchte. Immerhin hat er bei Auftragserteilung versprochen, die Gegenleistung zu erbringen. Wir können uns nur aufeinander verlassen, wenn unser Wort zählt. Schon immer galt das Wort als die Verbindlichkeit, auf die man sich verlassen konnte. Warum sollte das heute anders sein? Nur wenn wir auf unser eigenes Wort und auf unsere inneren Versprechen vertrauen, dann kann auch das Umfeld sich auf unser Wort verlassen. Wir sollten uns immer vor Augen führen, dass wir spiegelbildlich den Umgang mit den anderen als Resonanz erfahren. Wir selbst wollen auch bezahlt werden; also sollten wir dafür sorgen, dass wir genauso mit den anderen verfahren, wie wir selbst auch behandelt werden möchten.

Manche Menschen warten geradezu auf Mahnungen, um sich wieder ärgern zu können. Zu gerne schimpfen sie dann über Gott und die Welt, und wie ungerecht ihr Leben verläuft. Sie suchen die provokante Auseinandersetzung, um ihre Energien über die Schiene der Aufmerksamkeit entladen zu können. Sie möchten gerne etwas Besonderes sein, und da sie sich selbst nicht wichtig genug nehmen, brauchen sie andere, die sie wiederum wichtiger nehmen. Und gerade ein Schuldner ist nun einmal besonders wichtig, man muss sich um ihn kümmern, wenn man das geforderte Geld erhalten will. Warum das so ist? Hier ein Beispiel: Es gibt viele Kinder, die sich über negative Aufmerksamkeit die für sie erforderliche Energie holen. Diese Kinder wirken fast wie unersättlich, denn egal was sie bekommen, es wird nicht reichen. Wenn die erwachsenen Kinder ihre Struktur dann nicht gewandelt haben, dann hat sich an der damaligen Verhaltensweise auch nichts geändert. Also suchen diese Menschen immer wieder über negative Aufmerksamkeit die Wichtigkeit ihrer Person, und genau das passiert auch.

Jeder sollte seinen eigenen Energiehaushalt pflegen und nicht über andere leben. Wenn Sie selbst noch zu viele unbezahlte Rechnungen haben, dann sorgen Sie für Abhilfe, indem Sie Ordnung in Ihr eigenes System bringen. Überlegen Sie, wie es zu dem Chaos kommen konnte. Wenn Sie möchten, dann fangen Sie heute an, die Berge von Papier zu sortieren, denn so wie Sie Ihren Schreibtisch sortieren, so sortieren Sie auch gleichzeitig Ihre Energien. Das ist des Rätsels Lösung, und so sollten Sie das Ganze auch betrachten. Sie werden sich nach dieser Aktion wesentlich besser und befreiter fühlen. Ein Mensch, der selbst in chaotischen Zuständen lebt, zeigt nur überdeutlich, wie unsortiert sein innerer Energiehaushalt ist. Also fangen Sie an innen wie außen aufzuräumen, und Sie werden sich gleich besser fühlen. Denken Sie dabei nicht unbedingt über Kredite nach, denn hierbei handelt es sich auch nur um geliehene, Ihnen noch nicht real zur Verfügung stehende Energien. Sollten Sie ein Haus oder ein Auto kaufen wollen, dann geht dieses oftmals nicht ohne geliehenes Geld, doch alle anderen Bereiche sollten Sie nach Möglichkeit durch Ihre eigene Energie abdecken können. Dann werden Sie sich frei fühlen und können das, was Sie geschaffen haben, viel eher nutzen und auch genießen.

Sollten Sie trotzdem einen Kredit beantragen müssen, dann sollten Sie sich absolut sicher sein, wofür Sie das Geld brauchen. Sie müssen der Bank plausibel erklären, was Sie vorhaben, und Sie müssen vor allem selbst an sich glauben. Auch die Bank möchte ihr Geld/ihren Energieeinsatz wieder zurückbekommen, das ist der Deal. Die Bank steht symbolisch für die Verwaltung Ihres eigenen Energie-/Geldflusses. Sie sollten somit zu Ihrer Bank ein gutes Gefühl haben, damit Ihre Gelder dort auch in guten Händen sind und fließen können. Jede noch so kleine negative Energie, die Sie gegen Ihre Person gerichtet spüren, kann in Ihnen ein dauerhaftes Gefühl der Unsicherheit auslösen, und das wiederum hat dann zur Folge, dass Sie letztlich kein gutes Gefühl zu Ihrem eigenen Geldfluss haben werden. Das sich diese negative Spirale immer weiter zuziehen wird, brauche ich hierbei wohl nicht mehr zu erwähnen. Achten Sie auf sich; wenn Sie sich also auf dieser Ebene unwohl fühlen, dann könnte es an der Grundenergie der Bank liegen. Ich will hier jedoch besonders betonen, dass wir oftmals nur die Personen zu spüren bekommen, mit denen wir direkt kommunikativ zu tun haben, und die sind wiederum für unsere Meinung ausschlaggebend. Wir müssen mit diesen Leuten zusammenarbeiten, nur so kann das System funktionieren. Wenn die Bank und der Kunde nicht einer Meinung sind, dann kann sehr schnell das Gefühl einer Entmündigung aufkommen; dies ist jedoch selten so gemeint. Wichtig ist es darauf zu achten, dass Sie zu keiner Person aus der für Sie zuständigen Bank eine emotionale Bindung haben, denn Geld und Emotionen passen nicht zusammen. Jeder Bankangestellte, mit dem Sie sich intensiv emotional beschäftigen, kann Ihnen letztlich in einer Krisensituation auch nicht weiterhelfen. Doch genau das meinen viele und geben viele Emotionen in die Geldgeschäfte hinein. Das könnte später fatale Folgen haben, denn wenn die Stimmung umschlägt und Ihre Geschäfte vielleicht nicht mehr so gut laufen, dann werden die investierten Emotionen Ihnen nicht weiterhelfen; im Gegenteil, sie werden Ihnen noch zusätzlich ein schlechtes Gewissen verabreichen können. Wollen Sie das? Trennen Sie Geschäft und Privat, und Sie werden immer gut beraten sein.

Sollten Ihnen die Mitarbeiter der Bank nicht zusagen, dann reflektieren Sie und überlegen warum, welchen Spiegel bekommen Sie vorgesetzt? Wenn Sie sich darüber klar geworden sind, dann können Sie diese Schiene verlassen. Die Bank deshalb direkt zu wechseln, wäre unlogisch, da sollten schon andere Gründe vorliegen, bevor Sie einen solchen Schritt unternehmen. Es ist somit besonders wichtig darauf zu achten, wie sich Ihr Geld in Verbindung mit dieser Bank anfühlt. Sollten sich hierbei schon Diskrepanzen gebildet haben, dann sollten Sie diese bereinigen, damit Sie mit Ihrem Geld weiterhin gut zurechtkommen. Wenn Sie ein Projekt geplant haben und Sie möchten dieses mit Fremdenergien finanzieren, dann müssen Sie Ihre Idee präsentieren, damit sie auf einem soliden Fundament Unterstützung finden kann. Doch bedenken Sie, eine Bank kann Ihr Vorhaben anders bewerten, als Sie selbst, und manchmal ist der Blick von außen sehr wertvoll und wichtig. Jede in Ihnen sich manifestierende Idee ist mit Emotionen behaftet und kann von daher nicht mehr neutral bewertet werden, und oftmals übersieht man vor lauter Euphorie wichtige Punkte. Doch sollten Sie sich Ihres Vorhabens sicher sein, dann stehen Sie zu dem, was Sie brauchen und wer Sie sind. Vertreten Sie Ihre Meinung, und Sie werden Erfolg haben. Denn Sie müssen sich und die Bank, die in Ihr Vorhaben investieren soll, überzeugen, und das wiederum können Sie nur, wenn Sie selbst von sich und Ihrem Vorhaben überzeugt sind.

Es gibt genug Menschen, die immer gerne mehr zeigen, als Sie in Wirklichkeit sind. Bei ihnen handelt es sich eher um Blender, die locker und leicht ein Schloss präsentieren und dabei bewusst vergessen, dass es sich lediglich um ein Luftschloss handelt. Diese Menschen spekulieren oftmals hoch und können sich dabei verkalkulieren. Und genauso ist es mit ihrer Energie: Sie meinen größer und stärker zu sein, als sie letztlich sind. Sie überschätzen sich selbst und müssen irgendwann dafür bezahlen, was sie jedoch oftmals gar nicht einsehen. Der Energieanteil in ihnen, der das Fiasko angerichtet hat, fühlt sich nicht mehr zuständig, und die anderen Teile sind sowieso unschuldig. Doch so einfach geht es nicht. Wir haften komplett für alles, was unsere Energieanteile angestellt haben, denn auch die Resonanz eines einzelnen Lebens ist im Gesamten zu spüren. Auch wenn wir diese Anteile so gerne abspalten würden, da sie uns mehr Schaden als Nutzen eingebracht haben, so sind sie trotzdem da und müssen gelebt und verstanden werden.

Um auf den Kernpunkt zu kommen, möchte ich hier erwähnen, dass das Thema Geld mit dem inneren Energiefluss direkt zusammenhängt. Ein Mensch, der im vollen Besitz seiner Energien ist, der wird viel in seinem Leben erreichen und schaffen können. Der einzige Unterschied zu anderen Personen besteht allerdings darin, dass dieser Mensch eine absolute Kontrolle und somit eine volle Einsatzbereitschaft seiner Energien hat. Er weiß genau, welche Energieanteile in ihm für was zuständig sind, und was sie somit gerade tun. Dieser Mensch hat kaum noch unbewusste Verstrickungen, so dass er seine Energien grundsätzlich freiwillig für das einsetzt, was er für wichtig und wertvoll hält. Das ist die Freiheit, nach der die Menschheit strebt.

Viele Menschen glauben, dass genug Geld sie frei machen könnte, denn sie würden sich dann alles das kaufen, was ihr Herz begehrt. Die Hoffnung auf das große Energielos/Geldlos ist somit sehr eng mit dem Wunsch nach Freiheit verbunden. Doch keiner vermag sich seine Freiheit zu erkaufen. Keiner kann dem anderen das anbieten, was er sich selbst nur geben kann, denn Freiheit ist ein Gefühl und keine Materie. Doch trotzdem stehen sich die beiden Pole sehr stark gegenüber. Viele Menschen haben sich jedoch ihrer eigenen Freiheit beraubt, indem sie durch die angeschaffte Materie keine Luft mehr zum Atmen bekommen. Einigen steht das Wasser bis zum Hals, denn das erhoffte Gefühl ist trotz der hohen materiellen Investition nicht eingetreten. Doch egal wie wir leben, Freiheit ist ein Gefühl, und wir können uns frei und trotzdem verbunden fühlen. Unsere Freiheit kann uns keiner nehmen. Ein Gefangener, eingesperrt in seiner Zelle, kann sich freier fühlen als so mancher, der außerhalb der Gefängnismauern in Freiheit lebt. Denn er hat sich seiner Situation gestellt, und nun lebt er darin. Wir müssen im Hier und Jetzt leben, dann behalten wir immer unsere gedankliche Freiheit, und uns kann nichts passieren. Jede in uns aufsteigende Angst lähmt jedoch unsere Freiheit, und gerade geborgtes Geld kann uns mit Angstgefühlen überschütten. Deshalb halte ich es auch für so besonders wichtig, mit den Energien zu leben, die wir zur Verfügung haben. Solange wir unsere energetischen Verhältnisse überblicken können, solange sind wir frei. Sollten wir uns jedoch verschuldet haben, dann sind wir in Teilen unfrei geworden, und es ist immer wichtig, den Weg nach draußen zu finden.

Sogar Menschen, die viel Geld zur Verfügung haben, müssen nicht grundsätzlich frei sein. Sie leben mit dem erhöhten Geldfluss ganz normal, es gehört zu ihrem Leben. Natürlich gibt es darunter immer wieder einige, die das Geld als Machtsymbol nutzen, um eine besondere Aufmerksamkeit in der Gesellschaft zu erlangen. Zumeist währt dieses Verhalten nur nicht lange. Das Geld symbolisiert somit nur den zur Verfügung stehenden Energiefluss.

Es gibt in jedem Leben genug Bereiche, mit denen wir uns einengen können. Wir können uns das Leben schwer machen und damit unsere Freiheit einschränken, oder wir erfreuen uns unseres Daseins und leben leicht und locker. Die Freiheit steckt in jedem von uns. Wenn wir uns sicher sein können, dass wir alle durch unser inneres Licht geführt und gelenkt werden, dann kann uns nichts passieren, und das alleine ist die wahrhaftige Freiheit: Das Vertrauen und die Gewissheit zu haben, dass der Weg, den wir eingeschlagen haben, auch der richtige ist. Denn nur wenn wir uns vertrauen, dann können wir frei und locker unseren Lebensweg beschreiten, und darauf kommt es an. Wir alle können unsere eigene Freiheit leben, dafür brauchen wir nichts weiter zu tun, als uns um uns selbst zu kümmern, uns aller einengenden Strukturen zu entledigen und die gefangenen Energien in uns zu befreien. Also, wenn wir frei werden wollen, dann müssen wir unsere inneren Gefängnismauern öffnen und unseren Energien freien Lauf lassen. Jedoch sollten wir dann darauf achten, welche Richtung diese wiederum einschlagen.

Sie können jetzt erkennen, dass Geld weniger mit der realen Materie als vielmehr mit dem inneren Energiefluss zusammenhängt. Somit ist es besonders wichtig, anhand des eigenen Geldes den Spiegel des inneren Energieflusses erkennen zu können. Wenn Sie also Schulden haben, dann haben Sie über Ihre eigenen energetischen Verhältnisse gelebt und müssen nun mehr Energie aufwenden, um die Altlasten abzubauen. Wenn Sie also auf dem Sektor Geld mehr erreichen wollen, dann müssen Sie sich mit Ihren Energien und Ihrer inneren Freiheit auseinander setzen. Jedoch ist es wichtig, auf die eigene Verfügungsgewalt gegenüber Ihrem Geld und Ihren Energien zu achten. Denn oftmals setzen wir unsere wertvollen Energien für andere ein und erhoffen uns dadurch Emotionen. Doch diese Rechnung kann nicht aufgehen, denn jeder muss einen Energieeinsatz bringen. Auch wenn der Mann alleine arbeiten geht, seine Frau und die Kinder somit geldlich mitversorgt, so muss auch die Frau, genauso wie die Kinder, ihren energetischen Einsatz bringen, damit die Energien sich im Gleichgewicht befinden. Jeder Mensch kann somit in einem für sich zufriedenstellenden Geldfluss leben.

Die meisten Menschen haben jedoch Probleme mit Geld. Oftmals haben sie diese Problematik schon von den Eltern übernommen und sind die Sorgen von Kindesbeinen an gewöhnt. Schon alleine hier müssen wir anfangen umzudenken. Sollten unsere Eltern einengend gelebt haben, dann heißt das noch lange nicht, dass dies auch auf uns zutreffen muss. Wir können uns aber erst sicher sein, wenn wir die Glaubenssätze in uns genau überprüft haben. Denn solange wir glauben, dass wir nie genug Geld haben werden, solange wird es auch genau so sein. Denn unser Wunsch ist unser Befehl. Wir alleine sind für unser Geld und unsere Energien verantwortlich, und kein anderer. Wir müssen uns selbst ernähren und versorgen, genug um uns selbst kümmern, damit wir ein ausgeglichenes Gefühl zu unserem Geld/ unseren Energien haben. Wir sollten uns dessen wieder bewusst werden, es ist ein schönes Gefühl, mit seinen eigenen Energien haushalten zu können. Achten Sie auf Ihre Emotionen! Wie denkt Ihr Umfeld über Sie? Spüren Sie übertragende Emotionen der anderen bezüglich Ihres Geldflusses? Keiner sollte Einfluss auf Ihre Energie nehmen dürfen. Lassen Sie Ihre Grenzen nicht überschreiten, denn Sie alleine bestimmen, wo es lang geht, und kein anderer.

Sollten Sie in einer Partnerschaft leben, dann kann jeder eine bestimmte Aufgabe übernehmen und auch eigenverantwortlich dafür Sorge tragen, dass diese Aufgabe in Zufriedenheit erledigt wird. Beide übernehmen Pflichten, die sie auch übernehmen möchten. Keiner sollte einem anderen etwas aufbürden, denn genau damit würde der andere eine Bürde tragen, die er nicht will, und das kann nicht gut gehen. Eine Unzufriedenheit oder auch Unausgewogenheit des Energieflusses sollte durch ein klärendes Gespräch aus der Welt geschafft werden. Jeder Druck provoziert nur einen Gegendruck und somit erneut eine Energieblockade. Keiner sollte etwas tun, was er nicht tun möchte. Doch sollte derjenige sich auch vollends bewusst darüber sein, warum er es nicht tun möchte, damit er den Energieboykott in sich selbst vertreten kann.

Wir sollten lernen, uns ernst zu nehmen, Ordnung in unser eigenes System zu bringen, unsere Rechnungen zu bezahlen und das, was uns zusteht zu fordern. Das Thema Geld ist eine absolut transparente Form, die Energien und deren Verbindungen klar erkennen lässt. Wir können anhand der Geldstruktur gut erkennen, wie wir mit uns und unseren Energien selbst umgehen. Es gibt immer noch genug Menschen, die ein inneres Ungleichgewicht tragen, die sich ausbeuten und missbrauchen lassen. Woran Sie feststellen können, ob das bei Ihnen der Fall ist?

Nehmen wir ein Beispiel und stellen uns vor, dass wir von einem Menschen, der uns emotional nahe steht, noch Geld zu bekommen haben. Denn in seiner Not haben wir es ihm geliehen, und nun möchten wir das Geld zurück bekommen. Wir können kaum von einem Menschen Geld fordern, wenn wir diesen Menschen innerlich auf einer emotional belasteten Struktur geparkt haben. Das kann jedoch passieren, sollte diese Person beispielsweise eine Ähnlichkeit mit dem erlebten Vaterbild haben. Wenn das der Fall wäre, dann würden wir emotional den Vater in dieser Person wiedererkennen und würden bedingungslos bereit sein zu helfen, denn immerhin gehört der Vater zur Familie. Außerdem wären wir kaum in der Lage, das geliehene Geld zurückzufordern, denn wer will schon seinen Vater bedrängen. Somit stellen sich gerade bei dem Thema Geld oftmals emotionale Verbindungspunkte klar und deutlich heraus. Es gibt Menschen, die wollen sich über andere bereichern, und sie suchen genau den Schwachpunkt ihres Gegenübers, um sich über dessen Energien/Geld versorgen zu lassen. Diese Menschen können sehr schnell erkennen, welche Problemstrukturen die gegenüberliegende Person in sich trägt, und über diese Schiene wird angedockt und gelebt. Natürlich werden geliehene Gelder nicht schnell zurückgezahlt, denn immerhin laufen die Energien über diesen Verbindungspunkt immer weiter, und zwar so lange, bis die Forderung beglichen wurde. Sollten Sie also emotionale Probleme mit einem Schuldner haben, dann müssen Sie erkunden, auf welcher inneren Struktur Sie diese Person geparkt haben. Erst wenn Sie feststellen, auf welcher Struktur sich der Schuldner befindet, können Sie ihn von dort wegnehmen und auf einen neutralen Platz in Ihnen setzen. Der andere wird somit emotional unwichtig, und damit haben Sie den Weg frei, Ihre geliehenen Energien/Gelder zurückzufordern. Denn erst wenn Sie sich von den Emotionen befreit haben, können Sie eine Forderung stellen, wie bei jeder anderen Person auch.

Wir können uns nicht frei verhalten, wenn wir emotional betroffen sind. Hier ein paar kurze Beispiele: Ein noch so guter Manager könnte die Firma seines Vaters nach der persönlichen Übernahme wirtschaftlich in den Ruin treiben, sollte er sich emotional gegen das Lebenswerk seines Vaters gestellt haben. Der Spruch „Freunde und Geld, das passt nicht zusammen" ist absolut richtig, denn durch die Freundschaft ist eine emotionale Verbindung entstanden, die bei Geldforderungen im Weg stehen würde. Es gibt immer wieder Menschen, die andere über diese Schiene ausnutzen. Auch wenn es nicht immer um Geld geht, ist das Thema der kleinen Dienstleistungen, der Gesten und Hilfestellungen im Leben genauso gemeint. Denn auch diese Energien müssen ausgeglichen werden, sonst entsteht sehr schnell das Gefühl eines Missbrauchs und das wäre sehr ungünstig und hat mit Freundschaft nichts mehr zu tun.

Damit Sie zukünftig wieder besser mit dem Thema „Geld/Energie" umgehen können, ist es besonders wichtig, dieses zu sortieren. Hierzu folgen ein paar Anregungen.

Fragen und Lösungsansätze zum Thema Geld-/Energiefluss

Haben Sie Geld-/Energieprobleme?

Wenn ja, dann überprüfen Sie warum. Liegt es daran, dass Sie mehr Ausgaben haben als Einnahmen? Sind alte Schuldenlasten noch abzutragen? Dann rechnen Sie und verschaffen sich einen Überblick. Egal was für Themen mit Geld in Ihnen auftauchen, achten Sie zuerst darauf, ob diese äußerlich regelbar sind, und unternehmen Sie alles, um diese Probleme zu lösen. Verschwenden Sie keine Energie mehr mit Altlasten, sondern lösen Sie sich von allen Unannehmlichkeiten, damit Ihr Leben wieder angenehm werden kann.

Haben Sie eine Idee, was Sie tun können, damit Sie besser mit Geldenergien umgehen können?

Haben Sie sich schon mal beobachtet, wofür Sie alles Geld ausgeben? Sind die getätigten Käufe besonders wichtig für Sie? Oftmals kaufen wir uns alle möglichen Sachen, die wir gar nicht brauchen können; der Kleiderschrank quillt über, und mehr als zwei Fernseher lassen sich auch nicht aufstellen. Meist handelt es sich jedoch hierbei rein um eine Kompensation, den Mangel an ungelebten Gefühlen auszugleichen. Sogenannte Frustkäufe dienen nur dazu, um uns erhoffte Emotionen zu verschaffen, was natürlich nicht funktionieren kann. Sollten Sie unter solchen Frustkäufen leiden, dann ist es an der Zeit, etwas für Ihre Seele zu tun. Denn nur so kann es Ihnen besser gehen und vor allen Dingen: Es spart auf Dauer Geld. Sie werden sich dann gezielt die Sachen kaufen können, die Ihnen wirklich entsprechen, die Sie brauchen und über die Sie sich natürlich auch freuen können.

Was könnte die beste momentane Lösung des Problems sein?
Sortieren Sie: Was wäre momentan für Sie wichtig, damit sich das Problem ein wenig lichten kann? Sie sollten sich einen Plan erstellen, was Sie tun können um wieder Ordnung in Ihr System zu bringen: Einnahmen- und Ausgaben-Listen sind eine ideale Form, um sich einen Überblick zu verschaffen. Das ist die feste materielle Form. Doch nun zu der feinstofflichen Ebene: Stellen Sie eine ähnliche Liste auf und vermerken darauf, wieviel Prozent Ihrer wertvollen Energie Sie an andere Personen abgeben. Wichtig ist natürlich, an wen und warum? Sie werden bei beiden Listen, wenn Sie ordentlich geführt worden sind, erkennen können, dass die Ausgaben Geld/Energie ähnlich hoch sind. Das heißt, je mehr Kosten Sie haben, desto mehr versorgen Sie automatisch andere energetisch mit. Sollten Sie gerne und freiwillig andere Personen versorgen, dann werden Sie keine Geldprobleme haben. Doch wenn Sie unbewusst darauf wütend sind, weil Sie beispielsweise Ihre Familie ernähren müssen und Sie das Gefühl haben, dass dies keiner anerkennt, dann werden Sie selbst durch Ihre eigene Unzufriedenheit für negative Energieprobleme sorgen.

Fühlen Sie sich in punkto Geld ungerecht behandelt?
Wenn ja, dann wollen Sie die in Ihnen liegenden Probleme, die zu diesem Thema geführt haben, nicht sehen. Meditieren Sie und überlegen, welche Energien in Ihnen mit dem Thema Geld verwoben sind. Sie haben über das Thema der Schattenenergien gelesen und können sich jetzt bestimmt vorstellen, dass auch eine dieser in Ihnen liegenden Strukturen auf dem Bereich Geld lasten könnte. Dann können Sie machen was Sie wollen, Sie werden materiell auf keinen grünen Zweig kommen, denn egal wieviel Sie auch arbeiten würden, Sie haben dann immer zu

wenig Geld. Also dringend darauf achten, welche Struktur in Ihnen mit diesem Thema zu Wort kommen möchte. Holen Sie sich diese in Dunkelheit liegende Struktur in Ihr Bewusstsein und wandeln Sie sie nach Möglichkeit. Schon alleine nach dieser Energiearbeit wird das Geld wieder besser fließen, versuchen Sie es.

Kontrollieren Sie die Grundeinstellung zu dem Thema Geld, die Sie durch Ihre Eltern erfahren haben. Was für eine Einstellung hatte Ihre Mutter? Was für eine Einstellung hatte Ihr Vater? Wie stand Ihre Herkunftsfamilie zu dem Thema Geld?
Sie lösen sich hiermit von alten Mustern, die immer noch in Ihnen herumspuken könnten. Wenn Sie beispielsweise tief im Inneren immer das Gefühl haben, dass Ihnen kein Geld zusteht, werden Sie auch nur wenig bekommen können. Also überprüfen Sie Ihre in Ihnen geankerten Strukturen und wandeln diese, wenn Ihnen die dahinter liegende Information nicht gefallen sollte. Denn wir sind handlungsfähig und können uns wandeln, wann immer wir es wollen.
   Fällt es Ihnen schwer von einer bestimmten Person Geld, das Ihnen zusteht, zu fordern?

Wenn das der Fall ist, dann haben Sie eindeutig eine emotionale Verbindung zu dieser Person. Sie spüren den emotionalen Anspruch, den diese Person an Sie stellt. Somit werden oftmals die Fronten verdreht, das kann bedeuten, dass Sie sich auf einmal schuldig fühlen, nur weil Sie Ihre Forderung gestellt haben. Als Beispiel: Sollten Sie eine Mutter erlebt haben, die von Ihnen immer erwartet hat, dass Sie sich um sie kümmern, also dass Sie immer geben müssen, dann haben Sie diese Information in einer Struktur geparkt. Dann kann es Ihnen passieren, dass Sie im Erwachsenenalter einer Person Geld leihen, die umgekehrt den ähnlichen Anspruch wie Ihre Mutter an Sie stellt. Das heißt, „Du musst dich immer um mich kümmern und darfst nichts fordern". Sie können aus dieser Perspektive heraus nichts fordern, sondern müssen immer geben. Um aus diesem Sog herauszukommen, haben Sie nur eine Chance: Sie müssen zu dieser Person eine neutrale Ebene finden. Wie?

Übung:

Fühlen Sie in sich hinein: An welcher Stelle Ihres Körpers spüren Sie diese Person? Legen Sie Ihre heilende Hand auf diesen Körperbereich und stellen sich vor, dass sich diese Öffnung verschließt.

Um sich jedoch endgültig von dieser Person lösen zu können, kann ich Ihnen folgende Übung empfehlen: Stellen Sie sich und die Person, mit der Sie die emotionale Verbindung haben, vor. Setzen Sie einen Lichtkegel über diese Person, genauso wie über sich selbst, so dass Sie das Gefühl haben, beide in göttlicher Lichtenergie eingehüllt zu sein. Nun stellen Sie sich als zweiten Schritt vor, dass die Verbindung zwischen Ihnen beiden unterbrochen wird. Sie können sich gedanklich ein Schwert visualisieren, das auf Ihren Befehl hin die Energien zwischen Ihnen beiden durchtrennen wird. Lassen Sie noch einmal ganz viel Lichtenergie auf diese Person und auf sich selbst einströmen, bis Sie das Gefühl von Harmonie in sich spüren. Verabschieden Sie sich von dieser Person, die Ihnen immer noch gedanklich gegenübersteht. Parken Sie sie danach gedanklich in Ihnen auf einer neutralen Stelle. Sie könnten sich jetzt beispielsweise einen Ordner vorstellen, auf dem „Schuldner" steht und legen diese Person darin ab. Sie werden sehen, dass sich nach geraumer Zeit eine andere Verbindung zwischen Ihnen beiden aufbauen wird. Jetzt können Sie fordern. Sobald Sie die Geldangelegenheit jedoch abgeschlossen haben, löschen Sie diese Person aus Ihrem Gedächtnis, denn Sie brauchen zu jemandem, der Sie nicht schätzen kann, keine energetische Verbindung, oder?

Übungen, wenn Sie mit dem Thema Geld/Energie in Harmonie leben möchten.

Ich habe eingangs bewusst beschrieben, dass Geld mit dem Thema Energie zu tun hat. Somit muss ich mich zuerst mit dem Thema „der Umgang mit meiner Energie" auseinander setzen:

Geld darf keine emotionale Verbindung in mir haben. Es darf nicht gewichtet sein.

Es muss mir fast egal sein, wieviel ich habe. Ich muss immer positiv geöffnet bleiben.

Ich sollte in dem Bewusstsein leben, dass ich weiß, dass ich immer das

Geld haben werde, was ich zum Leben brauche. Ich meine hier keine Luxusartikel, sondern das Geld/die Energie zum Leben.
Ich stelle mir ein Bild zu dem Thema Geld vor, um dies jederzeit mit positiven Gedanken betrachten zu können.

Beispiele für visuelle Geldbilder:
Ein Geldbeutel gefüllt mit Geld.
Eine Truhe gefüllt mit Geld.
Einen Haufen Geld, der sich immer wieder auffüllt.
Ein Geldstück/Schein fest im Geldbeutel belassen, der immer für die Vermehrung sorgt.
Die Sicht, dass ich immer alle Rechnungen bezahlen kann.

Erst wenn wir lernen eine neutrale, jedoch positive Einstellung zu unserem Geld zu bekommen, haben wir eine reelle Chance unser Leben zukünftig anders zu gestalten. Wenn wir ehrlich zu uns sind, dann werden wir immer das haben, was wir brauchen, denn wir würden uns niemals mit Sachen belasten, die wir nicht benötigen. Wenn wir uns sicher sind, was kann uns dann noch passieren?

Die Heilung in uns/der innere Therapeut

Kennen Sie solche Situationen, in denen Sie von Ihrem Gesprächspartner das Gefühl bekommen, dass er Ihnen ein schlechtes Gewissen bereiten will? Beispielsweise ein Lehrer, der eindeutig erklärt, dass die Leistungen des Schülers/Ihres Kindes auf die schlechte Fürsorge der Eltern, also auf Sie, zurückzuführen sind. Natürlich stimmt das nicht, da Ihr Kind alt genug ist, sich um seine schulischen Leistungen selbst zu kümmern. Sie können weder für Ihr Kind lernen, noch es dazu zwingen, dass es lernt. In unserem Fall trifft Sie kein sichtbares Verschulden, doch emotional geben Sie dem Lehrer recht, Sie fühlen sich auf dieser Schuldebene angesprochen. Selten werden emotionale Forderungen offen ausgesprochen, zumeist eher nonverbal. Gerade wenn es um die Fürsorge für eine andere Person geht, für die man die Verantwortung übernommen hat, fällt dieses Phänomen „schlechtes Gewissen" sehr schnell auf. Genau das passiert, wir fühlen uns emotional angesprochen und geben dem anderen und natürlich uns in unserem Inneren auf diese Weise Recht, und wir spüren in uns ein schlechtes Gewissen aufkommen. Wenn das der Fall ist, dann müssen wir uns um diese Situation kümmern. Denn dieses in sich miese Gefühl zeigt eindeutig an, dass wir uns zu wenig um einen Schutzbefohlenen, der sich in unserer Obhut befindet, kümmern. Nur um was geht es hier genau?

Wir alle haben in uns eine Energie, die ähnlich einem inneren Helferteil gesehen werden kann. Diese ist darauf ausgerichtet, alle Energien in uns miteinander in Einklang zu bringen. Leider haben wir nicht gelernt, uns um uns selbst und somit um unsere innere Harmonie zu kümmern, so dass wir teilweise innerlich verkümmern und unsere eigene Fürsorge über andere kompensieren. Wir alle müssen für uns selbst sorgen und uns um all die in uns befindlichen Energieanteile kümmern, damit diese in Harmonie zueinander leben können. Oftmals passiert es jedoch, dass wir uns selbst vergessen und uns eher äußeren Hilfsbedürftigen zuwenden, an denen wir unsere hilfreichen Qualitäten ausüben können.

Stellen wir uns einmal vor, dass unsere Energieanteile wie Teilpersönlichkeiten zu betrachten sind, also wie Seelenanteile, die in uns leben und die immer wieder zu Wort kommen wollen. Wir können diese verschiedenen Energien in uns somit am besten unterscheiden, denn wenn wir wissen, wer in uns ruft, wer zu Wort kommen will, dann können wir damit gut umgehen. Es ist die Zeit der Klarheit und der Wandlung gekommen. Doch wir können uns nur klären, wenn wir auch wirklich dazu bereit sind, und dafür müssen wir lernen, uns besser kennen zu lernen. Wir haben keine andere Chance. Deshalb werde ich in diesen Bereichen jetzt von Teilpersönlichkeiten, Teilen oder einfach nur Energien sprechen. Fangen wir einfach mit dem inneren Helfer/Heiler an, dem Vermittler, der dafür da ist, dass alle Teile in Harmonie miteinander kommunizieren können. Wir alle haben ein solches Energiepotenzial in uns, das dazu da ist, uns zu helfen, damit wir Energieverstrickungen auch wieder lösen können; es wartet nur darauf, dass wir es einsetzen. Das heißt, der innere Heiler ist in uns dafür zuständig, dass wir unsere Seelen- und Energieanteile verbinden und immer wieder eine innere Harmonie und einen inneren Frieden erschaffen. Somit bräuchten wir rein theoretisch keine fremde Person, der wir unsere Sorgen anvertrauen könnten, denn wenn wir mit einem anderen sprechen, dann sprechen wir auch gleichzeitig mit unserem inneren Heiler, und der wird dann wiederum dafür sorgen, dass Frieden eintreten kann. Da die wenigsten jedoch gelernt haben, auf sich selbst zu schauen, brauchen sie oftmals andere, die ihnen den Weg zur Selbsthilfe weisen. Viele leben ihren inneren Heiler oder Helfer nach außen gerichtet aus. Das heißt, sie nutzen diese wertvolle Energie nicht für sich selbst, sondern suchen sich Personen in ihrem nahe gelegenen Umfeld, die sich dazu bereit erklären, all die ausgesandten Helferenergien anzunehmen und zu nutzen. Somit wird ein Teil der Lebensverantwortlichkeit auf den anderen übertragen. Und es gibt genug Menschen, die absolut in der inneren Überzeugung leben, ohne einen anderen nicht lebensfähig zu sein.

Somit finden wir hier, bezogen auf die Resonanzgesetze, wieder einen Gegenpol, der genau das benötigt, was angeboten wird. Wenn eine Person im Außen demonstriert, dass sie auf der Suche nach anderen ist, denen sie helfen kann, dann sucht sie tief in ihrem Inneren selbst nur eine Person, die ihr wiederum bei ihrer eigenen Hilfsbedürftigkeit zur Seite steht. Alles das, was wir tun, tun wir grundsätzlich immer nur mit einer guten Absicht. Das bedeutet jedoch auch ganz klar, dass diese Menschen immer wieder andere Menschen brauchen, denen sie helfen können, um selbst Hilfe zu bekommen. Es beruht immer auf Gegenseitigkeit. Bestens geeignet dafür sind Kinder. Gerade Kinder brauchen die Hilfe der Erwachsenen, damit sie überhaupt versorgt sind. Ab einem gewissen Alter nimmt diese Hilfsbedürftigkeit jedoch rapide ab, da die Kinder sich selbst weit genug entwickelt haben, eigenständig geworden sind und somit die komplette Versorgung über die Eltern nicht mehr benötigen. Das ist ein ganz natürlicher Vorgang. Die Zeit der Abnabelung ist dann gekommen. Die Eltern, als Fürsorger, müssen ihr Kind loslassen, und das Kind muss die eigene Verantwortung für sein Leben übernehmen. Sollte dies jedoch von beiden Seiten heraus nicht passieren, dann würde beispielsweise die Mutter weiterhin die Fürsorge für ihr erwachsenes Kind bestehen lassen und das Kind - nun selbst erwachsen - würde daraufhin die eigene Verantwortung für sein Leben auch nur in Teilen übernehmen. Und genau hier liegt das Problem. Beide meinen, sie täten sich gegenseitig etwas Gutes, wenn sie die altgewohnte Struktur wie bisher beibehielten. Was für ein fataler Irrtum! Denn das Kind wird sich auf Dauer unbewusst gegen seine eigene Verantwortung stellen, unter anderem, um der Mutter weiterhin zu demonstrieren, dass es sie braucht. Es erfüllt ihr somit unbewusst einen Wunsch, und die Mutter wird durch die Taten des Kindes kaum daran zweifeln, dass ihr Kind sie weiterhin braucht. Denn ein Mensch, der sich nicht für sein eigenes Leben verantwortlich fühlt, der wird dies in seinen Taten seinem Umfeld demonstrieren.

Das Gefühl gebraucht zu werden, bedeutet auch wichtig und wertvoll zu sein. Es gibt einige Menschen, die sich für solch ein Gefühl aufopfern. Sollte das erwachsene Kind der Mutter auch weiterhin das Gefühl geben wollen, dass es ohne ihre fürsorgliche Hilfe nicht leben kann, dann wird dieser Mensch unbewusst auch alles dafür tun, dies der Mutter äußerlich durch seine Handlungen immer wieder zu beweisen. Meist tritt erst eine Wandlung durch den Tod einer der beiden Parteien ein. Wenn dann das erwachsene Kind sich einen Partner suchen sollte, dann wird dieser Partner auch wieder die komplette Fürsorge übernehmen müssen, damit das System weiterhin funktionieren kann. Somit haben wir dann schon drei Personen im Verbund, die alle ihren eigenen Helferteil nicht für sich selbst einsetzen wollen, sondern über andere kompensieren. Denn der Partner, der wiederum einen Partner braucht, um den er sich kümmern kann, ist der Spiegel der erlebten Mutter des Partners und hat somit auch schon in der Kindheit erlebt, dass man einem anderen Menschen helfen muss. Das heißt, jeder Mensch, der sich selbst nicht helfen möchte, sucht entweder einen anderen, der ihm helfen soll, oder andersherum eine Person, die Hilfe braucht.

Nehmen wir uns noch einmal das Beispiel und bringen eine deutliche Transparenz in dieses System hinein: Mutter (a) hat einen Sohn (b), den sie mit ihrer aufopfernden Liebe erdrückt. Sohn (b) will aus der Rolle nicht heraus und lässt sich immer weiter emotional von Mutter (a) versorgen. Dann trifft Sohn (b) eine Frau, Person (c), die wiederum die Rolle der Fürsorge für ihn übernimmt. Person (c) ist genauso in der Kindheit darauf getrimmt worden, denn sie musste sich immer um ihre Mutter, Person (d), kümmern. Somit wurde (c) durch (d) trainiert, sich immer wieder um andere, hauptsächlich um (d), kümmern zu müssen. Sollten sich nun alle vier Personen endlich um sich selbst kümmern, dann wäre das Problem gelöst. Doch meist verstehen die Menschen nicht, dass nur sie alleine sich das geben können, was sie selbst brauchen. Denn alles das, was wir brauchen, brauchen wir selbst und ist somit auch nur in uns selbst vorhanden. Es gibt keine außenstehende Person, die mir das geben kann, was ich brauche. Das ist bestimmt schwer zu verstehen. Doch stellen Sie sich als Gedankenstütze eine Kette vor. Ein Glied ist dem anderen ähnlich und alle zusammen ergeben eine Kette. Nun reißt ein Glied, und man müsste dieses Glied reparieren, doch anstatt selbst an der verletzten schwachen Stelle zu arbeiten, sucht man sich gerne andere Personen und versucht Glieder deren Kette in die eigene einzubauen. Das funktioniert nicht, wie Sie sich sicherlich selbst vorstellen können. Denn jeder Mensch hat andere Gene und ist somit einzigartig, und das nicht nur in Bezug auf das Aussehen, sondern gerade auf dem Gebiet der inneren Energie- und Strukturverknüpfung. Wenn wir dieses System verstanden haben, dann werden wir kaum noch auf die Idee kommen, nach anderen zu suchen, die uns mit ihrer Energie helfen sollen, unseren eigenen Energiedisput in Harmonie zu bringen. Wenn Sie sich Ihre Hand verletzt haben, dann werden Sie doch auch nicht überlegen, ob sie die unverletzte

Hand ihrer Freundin nehmen, oder? Nein, Sie werden dafür Sorge tragen, dass Ihre Hand heilen kann, damit sie wieder funktionsfähig wird, und genauso ist es mit Ihrer Seele. Die Hand schmerzt, wenn sie verletzt ist, und wir unternehmen etwas gegen die Schmerzen, wir ordnen wieder unser körperliches System. Doch was ist mit unserer Seele? Die schmerzt auch und braucht genauso Heilmittel, damit sie wieder gesund werden kann. Dafür brauchen wir als allererstes Ruhe und Zeit, um uns mit uns selbst auseinander zu setzen.

Um unsere im Laufe der Zeit angesammelten inneren Verletzungen ausheilen zu können, brauchen wir unseren inneren Heiler, sonst haben wir keine Chance und würden unsere Probleme über andere Themen kompensieren. Das passiert sehr häufig. Viele Menschen glauben, dass sie sich selbst nicht helfen können. Es gibt einige Alibifunktionen, die als Erklärung dienen: Da wird häufig das liebe Zeitthema angesprochen oder die zu starke Einspannung in andere Lebensbereiche oder einfach nur, dass ein anderer uns nötiger braucht, als wir uns selbst. Gebraucht zu werden ist eine der bequemsten Möglichkeiten, den eigenen Themen aus dem Weg zu gehen, denn solange ich mit dem anderen beschäftigt bin, solange brauche ich nicht auf mich selbst zu schauen, und nur darum geht es vielen. Natürlich gibt es immer wieder Nutznießer dieser Struktur, das sind diejenigen, die sich nicht selbst versorgen wollen und liebend gerne anderen ihre Lebensproblematik auferlegen. Sie sehen, beide Seiten können Vor- und Nachteile haben. Doch das Spiel, das oftmals zwei Partner miteinander spielen, wird selten unterbrochen und somit funktioniert es immer weiter. Es kann über Jahrzehnte, ja sogar ein ganzes Leben lang anhalten.

Wir müssen wieder lernen, auf uns selbst zu achten, unsere inneren Schmerzen zu lindern und auf unsere ureigensten Bedürfnisse einzugehen, nur so haben wir eine reelle Chance, unser Leben in voller Pracht selbst gestalten zu können. Wenn Sie das Buch bis hierhin gelesen haben, dann werden Sie bestimmt verstanden haben, wie wichtig es ist, auf unsere Energien zu achten und immer wieder zu schauen, wie wir uns im Inneren verhalten, damit unsere äußerlich eingesetzten Energien auch eine kreative und effektive Wirkung haben können. Durch den inneren Heiler können wir jetzt erkennen, dass wir unser eigenes Handwerkszeug in uns tragen. Wir brauchen keine außenstehende Person, die uns heilt. Wir brauchen keinem anderen zu folgen, um unsere innere Erleuchtung zu finden. Wir brauchen lediglich nur auf uns selbst zu achten, unsere inneren und nach außen transportierten Themen zu erkennen und, wenn nötig, zu wandeln. Das ist unsere Aufgabe, der wir Folge leisten sollten, damit wir wieder die Fäden unseres eigenen Lebens in unseren Händen halten, denn nur darauf kommt es an. Immer wieder werden wir Menschen begegnen, die uns auf bestimmte Punkte in uns hinweisen werden, indem Sie uns einen Spiegel vor unser Gesicht halten, damit wir uns sehen und erkennen können. Und genau diese Menschen brauchen wir auch.

Viele kümmern sich lieber um andere als um sich selbst, dafür brauchen sie Schützlinge, die sie suchen und natürlich auch finden. Doch dabei handelt es sich, wie schon erwähnt, nur um eine Kompensation der eigenen zur Verfügung gestellten helfenden Energie in uns. Aus diesem Grund haben wir auch schnell das Gefühl, zu wenig zu tun. Deshalb kann uns jemand anderes, der uns daraufhin anspricht, ein schlechtes Gewissen bereiten. Denn tief im Inneren empfinden wir, dass er Recht hat, nur geht es hierbei weniger darum sich Gedanken oder Sorgen um unsere Schützlinge zu machen, als vielmehr um uns selbst. Denn solange wir alle unsere helfenden Energien für andere einsetzen, solange misshandeln wir uns selbst, denn wir kümmern uns viel zu wenig um uns, und genau das will uns unser schlechtes Gewissen sagen, und damit hat es absolut Recht, oder? Wir sollten lernen, uns selbst zu helfen, bei uns zu bleiben und in Frieden zu leben. Denn jeder Unfrieden kommt letztlich nur durch die Übernahme der Verantwortung für andere. Wir können es unmöglich schaffen, uns tagtäglich mit den Problemen der anderen zu befassen und ihnen dabei auch noch zu helfen. Denn jedes Problem ist dafür da, um die dahinter liegende Lernaufgabe zu verstehen. Somit muss jeder die Möglichkeit haben, seine Probleme alleine verstehen und lösen zu dürfen. Sollten wir uns in seine Belange einmischen, dann hindern wir ihn nur an seiner eigenen Lernmöglichkeit.

Die meisten Menschen brauchen das Gefühl, die Handlungen der anderen kalkulieren zu können. Jede noch so kleine Wandlung oder Veränderung des Partners wird dann oftmals mit Angst beobachtet, und somit versuchen viele, die konsequenten Lernschritte zu unterbinden. Somit ist oftmals ein sehr großer Eigennutz hinter der Maske der Hilfsbereitschaft erkennbar. Denn viele wollen den anderen eher blockieren, deshalb übernehmen sie in einer überfreundlichen Haltung dessen Probleme, damit er nicht seine Schattenseiten erkennen und wandeln kann. Denn die Abhängigkeit, die er letztlich zu seinem Gönner lebt, ist so enorm groß, dass dieses Rollenverhalten Ewigkeiten andauern kann. Wenn eine Mutter beispielsweise den Sohn daran hindern will, dass er selbstständig wird, dann liegt es nur daran, dass sie ihn noch dringend als Nesthocker braucht, damit sie die Mutterrolle und die damit verbundene wichtige Aufgabe nicht aufgeben muss. Denn diese Mutter möchte sich nicht wandeln und wird den Sohn in seiner eigenen Handlungsfähigkeit behindern. Das hört sich jetzt sehr krass an, ist jedoch einer der häufigsten Gründe, warum die Menschen sich immer so einengend binden. Gerade diese oben erwähnte Mutter hat sich all die Jahre nicht um sich selbst gekümmert, sondern ist in dem Muttersein aufgegangen. Wenn sie dann nicht weiß, was danach in ihrem Leben folgen wird, dann kann man sie sogar verstehen. Nur dass dieses Verhalten keinem etwas nützen kann. Wir alle sollten überprüfen, ob wir uns helfend um einen Hilfesuchenden kümmern, oder sogar in der umgekehrten Form, ob wir der Hilfesuchende sind, der einen anderen braucht, um getragen zu werden. Doch nun wenden wir uns dem Personenkreis zu, der wirklich versorgt werden muss, und das sind unsere Kinder.

Gerade für unsere Kinder werden wir uns besonders verantwortlich fühlen. Wenn diese Kinder jedoch meist mit sechs oder sieben Jahren in die Schule kommen, sind sie oftmals in Teilbereichen schon ein wenig erwachsen und können zum Teil für sich selbst sorgen. Zumindest das, was die Schule fordert, können die Kinder in dem Alter schaffen. Zu gerne werden die Kinder in diesem Alter noch verhätschelt und die Eltern kontrollieren jeden Schritt, den das Kind unternimmt. Denn oftmals glauben sie nicht an die Eigenverantwortlichkeit ihrer Kinder und wollen diese somit weiterhin kontrollieren. Dies kommt einer Entmündigung gleich und hat nur zur Folge, dass es dem später erwachsenen Menschen schwer fallen wird, eigenverantwortlich zu sein. Stellen wir uns ein Beispiel, wie anfangs beschrieben, vor: Ein Lehrer macht den Eltern nonverbal den Vorwurf, dass sie zu wenig Fürsorge für ihr Kind betreiben würden. Dann wird die eigene Helferstruktur besonders sichtbar. Denn viele Lehrer und auch Eltern meinen immer noch ein Kind durch kontrollierbare Bereiche auf den richtigen Weg lenken zu müssen. Dies ist für ein entmündigtes Kind, das in dieser Position verharren möchte, die beste Gelegenheit, sich auch weiterhin aus der wachsenden Verantwortung ziehen zu können. Denn mit so einem Gespräch würde der Lehrer höchstens die schon fürsorglichen Eltern an die vermeintlichen Aufgaben erinnern. Dabei würde das Kind, also die Person, um die es geht, selbst außer Acht gelassen. Eltern, die sich übermäßig für das Verhalten ihrer Kinder verantwortlich fühlen, werden sich ertappt vorkommen. Zwangsläufig werden sie auf die Bedürfnisse des Lehrers eingehen, um das Kind in die „richtige" Bahn zu lenken. Doch damit ist keinem Kind geholfen, denn unter Druck kann keiner lernen. Auch wird dieses Kind die Erfahrungswerte der Kindheit weiterhin im Erwachsenenleben verfolgen. Das würde zukünftig bedeuten, dass dieser Mensch immer eine Bezugsperson braucht, die ihm Druck macht und sich gleichzeitig für seine Handlungen verantwortlich fühlt. Im Gegenzug würde er sich wiederum bewusst gegen diese entmündigende Haltung auflehnen, da jeder für sich eigenständig leben möchte. Somit würde ein fortwährender Kampf in ihm stattfinden, der so schnell kein Ende finden könnte. Denn die einzige Lösung wäre, sich der eigenen Verantwortung zu unterziehen, sich dem eigenen Leben zu stellen, ohne dafür weiterhin andere Personen zu brauchen. Dieser Weg würde ihm jedoch sehr schwer fallen, denn meist wissen diese Menschen wenig mit sich selbst anzufangen. Eltern zu erleben, die sich um alles kümmern, mag auf der einen Seite sehr bequem sein, auf der anderen Seite ist diese Haltung jedoch sehr ungesund. Man kann sein Kind nicht vor seinem eigenen Leben bewahren, denn nur aus dem Grund, aus seinem Leben zu lernen, ist dieser Mensch geboren.

Die meisten Verstrickungen laufen über das Muster der emotionalen Abhängigkeit. Bei dem oben genannten Beispiel fühlen sich die Eltern ertappt, dass sie ihrer Verantwortungspflicht gegenüber dem Kind nicht genüge getan haben. Das wird jedoch gerade gegenüber diesem Kind kaum der Fall sein, und trotzdem tauchen diese Gefühle auf, und darum geht es.

Gefühle sind Emotionen, somit Energiestrukturen, die sich angesprochen fühlen. Bei dieser Komponente müssen die Eltern sich einen Vorwurf machen, denn sie sind wirkliche Rabeneltern und absolut gefühlskalt, und zwar gegenüber sich selbst. Das heißt, dieser Lehrer ermahnt sie zwar äußerlich gegenüber ihrem Kind, innerlich jedoch gegenüber dem eigenen inneren Kind. Und das ist der wahrhaftige Grund, warum die Person sich angesprochen und sogar angegriffen fühlt. Die meisten Menschen, die sich für ihre Kinder aufopfern, vernachlässigen ihr inneres Kind und wollen sich einfach nicht damit auseinander setzen. Der innere Helfer, der für die innere Harmonie zuständig ist, wird einfach nach außen auf das äußere Kind gelegt und fertig. Wie das passiert? Ganz einfach.

Unsere kleinen Babys sind absolut auf unsere Hilfe angewiesen, ohne diese könnten sie nicht überleben. Also schalten sich bei einer jungen Mutter fast alle Strukturen und Energiepotenziale auf das neugeborene Baby um, und gerade der innere Helfer gibt besonders Acht auf das Kind. Ein Neugeborenes hat, wie schon erwähnt, in den ersten Wochen keine eigene schützende Hülle, sprich Aura, deshalb braucht es den absoluten Schutz der Mutter und, wenn möglich, auch des Vaters. Die Mutter wird alle Kraft dafür aufwenden, dieses Kind zu schützen und ihm zur Seite zu stehen. Somit wird auch der innere Helfer umgeleitet. Und sollte diese helfende Energie vorher keinen wirklich bewussten Einsatz gefunden haben, findet er jetzt durch diese Komponente den absoluten Kick. Sollte die Mutter diesem Gefühl weiterhin nicht widerstehen können, dann wird sie das Kind immer weiter schützen wollen, auf die gleiche Art und Weise wie ein Baby und somit kann es sehr wohl sein, dass ihr das auch in Teilen gelingt. Nach einer Weile läuft diese Struktur für sie so normal ab, dass sie nicht merkt, inwieweit sie ihrem eigenen Kind Schaden zufügt. Denn jedes Kind wird versuchen, der Mutter zu gefallen, es braucht die Liebe der Mutter, und wird sich kaum gegen die fürsorgliche Haltung auflehnen. Schauen wir uns diesen Prozess einige Jahre später an.

In der pupertären Phase prägen wir unser eigenes Leben. Wir lehnen uns in dieser Zeit gerade gegen die Überstülpungen der Familie auf, denn wir müssen das auf uns gelegte Rollenverhalten verlassen, um endlich zu uns selbst finden zu können. Es ist eine Zeit der Rebellion, des Auflehnens gegen die Urstruktur der Erziehung. Jetzt, in dieser Zeitphase, kann der Mensch entscheiden, welchen Weg er gehen will, welche gelernte Struktur er aus der Kindheit übernehmen möchte. Erst jetzt werden wir unsere inneren Prägungen so manifestieren, wie wir sie brauchen. Doch die meisten erleben in dieser Zeitphase eine innere Rebellion gegen die Eltern und deren auferlegte Strukturen. Doch gerade diese auflehnende Wutenergie ist förderlich, die von den Eltern vorgelebten Strukturen zu übernehmen und diese als eigene zu prägen. Woher kommt das? Die Eltern haben Angst, das Kind zu verlieren, denn es will sich lösen, um den eigenen Lebensweg zu beschreiten. Wenn die Eltern nun wüssten, dass sie ihr Kind nie verlieren können - denn es wird immer wieder gerne zurück kommen wollen, jedoch als erwachsener Mensch, der sich selbst entwickelt hat - dann könnten sie bestimmt mit diesem Prozess einfacher umgehen. Doch wenn die Eltern das Kind wegschicken - und das tun sie, wenn sie versuchen das Kind zu halten -, dann fühlt sich das Kind und später der heranreifende Mensch den Machenschaften der Eltern hilflos ausgeliefert. Da er jedoch eine andere Aufgabe zu leben und seinen eigenen Weg zu gehen hat, muss er zwangsläufig die Eltern verlassen, sonst kann er nicht zu sich selbst finden. Das ist der einzige Weg, den der Mensch beschreiten muss, nämlich seinen eigenen. Wer mag schon behaupten, dass er den Weg eines Anderen kennt, wenn er seinen eigenen noch nicht einmal kennt?

Wenn sich die erwachsenen Kinder von den Eltern gelöst haben, dann ist das für beide Seiten nicht ganz einfach. Denn tief im Inneren sehnen sich die Eltern nach den Kindern, und umgekehrt genauso. Somit ist eine Gegenseitigkeit gegeben. Alle diese Menschen möchten am liebsten in Frieden zusammenkommen. Das heißt, die Eltern würden sich freuen, an dem Leben des erwachsenen Kindes teilzunehmen, und für das Kind wäre es schön, die Eltern an der Seite zu haben. Auch gerade junge Menschen brauchen schon mal die mentale Unterstützung einer reifen erwachsenen Person. Viele Familien unternehmen immer wieder einen neuen Anlauf und versuchen über regelmäßige Treffen eine harmonischere Ebene zu finden. Nur oftmals laufen diese Treffen ähnlich gelagert ab wie die vorherigen. Die meisten Personen verfallen während einer solchen Zusammenkunft wieder in ihre gewohnten Rollen, und das Spiel läuft erneut in der alten Form ab. Das bedeutet, dass die Eltern meist Angst haben, die erwachsene Person in dem Kind zu sehen, und versuchen, das Kind wieder in die kindgerechte Rolle zu zwängen. Viele Eltern haben Angst, die Macht und die Autorität zu verlieren. Damit dieses nicht passiert, versuchen sie alles, um das innere Kind in dem Erwachsenen anzusprechen, denn das kennen sie gut. Damit rutscht der Erwachsene im Beisein seiner Eltern in die unbewusste Kindheitsrolle zurück und reagiert dementsprechend belastet. Das heißt, die gesamte Atmosphäre ist dann angespannt. Das wiederum zerstört das gemütliche Beisammensein.

Um aus dieser Rolle herauszugehen, sollten die Eltern darauf achten, dem erwachsenen Kind so zu begegnen und es auch so anzuerkennen, wie diese Person zum jetzigen Zeitpunkt ist; also sich nicht mehr in die eigene elterliche Rolle hineinzubegeben. Das erwachsene Kind sollte sich mit seiner eigenen Kindheitsprägung auseinander setzen, damit es nicht mehr in diese Kindheitsthematik hineintappen muss. Es sollte auch möglichst darauf achten, dass sein inneres Kind keine Erwartungen mehr an die Eltern stellt. Denn in so einem Fall würde es die Eltern wieder als Eltern ansprechen und braucht sich dann nicht zu wundern, wenn der autoritäre Vater und die fürsorgliche Mutter wieder vor ihm stehen und sich erkenntlich zeigen. Es ist schön, wenn sich die Eltern und die Kinder in Harmonie immer wieder begegnen können. Denn jeder lebt sein eigenes Leben, und es ist interessant zu sehen, was aus jedem werden kann. Ich bin mir ziemlich sicher, dass wir alle gerne Eltern und Kinder haben möchten, mit denen wir uns weiterhin auseinander setzen können. Denn immerhin kennen sich diese Personen meist am längsten, jedoch oftmals nicht am intensivsten. Solange man in einer abhängigen Rolle zueinander steht, hat man nämlich kaum eine Chance, den anderen so kennenzulernen, wie er ist. Auch ist es für die älteren Menschen schön, wenn sie in der Nähe der Kinder leben dürfen. Denn Jung und Alt können sehr wohl in Frieden zusammenleben und sich um gemeinsame Bereiche kümmern. Das geht jedoch nur, wenn alle bereit sind, den anderen so zu akzeptieren, wie er ist. Sollten sich jedoch die Eltern in die Lebensthemen des erwachsenen Kindes einmischen wollen, dann hilft oftmals nur eine räumliche Distanz, damit jeder lernen kann, sein eigenes

Leben zu leben. Doch wir sollten nie vergessen, dass wir uns jederzeit wandeln und ändern können. Sollten wir den Wunsch haben, aus der Entfernung heraus etwas Gutes für unsere Angehörigen und auch für uns zu tun, dann bleiben uns immer noch die geistigen Sphären, und wir können mit regelmäßigen Gebeten Wunder bewirken. Erst wenn die Menschen wieder mehr auf den Sinn des Lebens achten, werden sie verstehen, was es bedeutet Kinder zu haben, und sich an dem zu erfreuen, was ihnen das Leben zu bieten hat. Und gerade an den inneren Heiler sollten wir immer denken und täglich mit ihm reden, damit wir nie mehr vergessen, dass diese so wichtige Energie in uns vorhanden ist und nur darauf wartet uns zu helfen. Was wollen wir mehr?

Vampirismus - oder die Kunst, wie ich an die Energien der anderen komme

Die Meditation ist die Zentrierung der Energien, um in die eigene Mitte zu gelangen, also sich dem inneren Licht zu öffnen. Dadurch entsteht eine direkte verbale Kommunikation mit dem inneren Licht. Seit Urzeiten meditieren Menschen, um sich immer wieder der inneren Mitte bewusst zu werden. Erst durch die innere Harmonisierung lernen die Menschen, sich selbst und damit ihrer inneren Mitte und dem inneren Licht zu glauben. Diese Menschen haben alle Kanäle in sich geöffnet, um die Informationen, die sie haben möchten, von innen und außen zu bekommen. Nur im Einklang mit den kosmischen Gesetzen, den Elementen, sowie dem Körper, der Seele und dem Geist haben wir die Möglichkeit, unserem Leben, unserem Dasein frei und spirituell zu begegnen.

Wir bestehen aus vielen verschiedenen Schichten und wir können eine Hülle nach der anderen ablegen, wenn wir den dazu passenden Entwicklungsschritt vollzogen haben. Viele dieser aufgebauten Astralhüllen haben wir selbst durch frühere Inkarnationsverstrickungen entwickelt, denn jedes Leben bildet eine eigene Astralhülle, und diese löst sich nach der Inkarnation wieder auf. Wenn jedoch noch offene Themen/Rechnungen aus dieser Inkarnation stammen, dann bleibt die Hülle als Erinnerung bestehen. Diese können wir dann erst wieder verabschieden, wenn wir die dort geankerten Themen erkannt und gelöst haben. Der Einfachheit halber werden wir uns nun mit den gegebenen Schichten auseinander setzen und teilen diese in drei Bereiche ein.

Der Körper steht für die menschliche und fleischliche Hülle. Die Seele steht für den inneren Emotionalkörper und der Geist für das innere Licht und für die Energie Gottes. Kein Körper kann ohne den anderen existieren. Eine noch so kleine disharmonische Unebenheit wird sich auf alle Körpereinheiten übertragen. Wenn die Seele mit dem Geist kämpft, wird auch der Körper in Mitleidenschaft gezogen. Anders funktionieren wir halt nicht, und so ist unsere wichtigste Chance in unserem Leben, eine Harmonie zwischen diesen drei Einheiten zu schaffen. Damit sich keine Energiestauungen zwischen diesen Ebenen/Hüllen ansammeln können, sollten wir regelmäßig meditieren und uns mit kosmischem Licht durchströmen lassen. Durch die Meditation findet eine harmonisierende Überprüfung der einzelnen Energieströme statt. Das hat zur Folge, dass sich der Meditierende wieder im Fluss befindet.

Es gibt Menschen, die gerne meditieren, sich jedoch mehr nach geistigen Ritualen ausrichten, um kosmische Energien zu empfangen, anstatt auf ihre eigenen Unebenheiten zu achten. Das wiederum könnte verheerende Folgen haben, denn je mehr wir uns den kosmischen Energien öffnen, ohne unsere eigenen Energieanteile genau zu beobachten, desto mehr könnten wir Gefahr laufen, energetisch durch diese inneren Fremdgänger ausgesaugt zu werden. Ich meine hier nicht äußere Fremdgänger, wobei das eine das andere einbezieht, sondern die inneren Energieanteile, die Macht anstreben und in das Bewusstsein vordringen wollen. Diese nutzen solche Energiebomber um sich entsprechend im Bewusstsein breit zu machen. Sollten diese Energieanteile genug Energie bekommen haben, dann könnten sich auch Energievampire von außerhalb davon ernähren lassen. Denn Menschen, die gerne meditieren und somit ihre Chakren öffnen und sich nicht schützen, sind prädestinierte Opfer für Energievampire. Diese Vampire warten auf Opfer, die sich aussaugen lassen. Und je mehr die Energie im Fluss ist, desto besser. Eine regelmäßige Meditation, gedacht um die innere Mitte zu finden und um sich seiner eigenen Energien bewusst zu werden und diese zu harmonisieren, ist besonders wichtig und wertvoll. Und hier zu dem Thema „Vampirismus" ein paar wertvolle Tipps und Übungen.

Der Rücken symbolisiert meine Haltung zum Leben und somit meine energetische Lebenseinstellung. Wenn ich mich lebe und darauf Acht gebe, dass meine Energien mir zur Verfügung stehen, dann habe ich eine gesunde Einstellung und kann mich ganz auf mich verlassen. Sollte ich jedoch in mir Befehle tragen, die automatisch „schwächere" Personen anziehen und ernähren wollen, dann können sich Energievampire an dieser inneren Öffnung laben. Damit mir das jedoch auffällt, versuchen andere Anteile in mir, mich darauf aufmerksam zu machen. Und im extremsten Fall kann ich diese anhand von Rückenschmerzen spüren. Also sollten Sie Schmerzen haben, dann achten Sie auf Ihre Energien und überlegen, wer der Vampir sein könnte. Auch ein Rückenleiden könnte schmerzfreier verlaufen, wenn man sich dieser energetischen Kontrolle unterzieht. Denn jeder, der Sie Ihrer Energie beraubt, wird sich an Ihnen laben, und das wird den Schmerz nur noch verschlimmern:

- Konzentrieren Sie sich auf Ihren Rücken. Was spüren Sie? Sollten Sie Schmerzen haben, dann sorgen Sie erst einmal anhand der anderen Übungen, dass diese Schmerzen ein wenig gelindert werden (evtl. einen Arzt aufsuchen). Sie können sich ein Pflaster vorstellen, dass Sie sich gedanklich auf den Rücken kleben, damit die nach außen gerichtete Energiezufuhr unterbrochen wird.

Dann fühlen Sie in sich hinein und lassen vor Ihrem imaginären Auge ein Bild erscheinen von der Person, die sich an Ihnen laben möchte. Sie werden jemanden sehen und auch erkennen. Fragen Sie sich, oder in Gedanken diese Person, was Sie von Ihnen will. Stellen Sie somit fest, welche Forderungen an Sie gestellt werden.

Überprüfen Sie dann, um was für ein inneres Thema es sich handelt. Dieses Bild, das Sie jetzt vor sich sehen, ist allein Ihr eigenes Bild, eine Struktur in Ihnen hat sich diese Person als äußeres Bild nach vorne geholt, um sich darüber Gehör zu verschaffen.

Die andere Person wird über das Bild der imaginären Person Energien bekommen und auch absenden können. Somit haben Sie dann genau den für Sie wichtigen Energiekoppler gefunden. Sie müssen jetzt lernen, dieses Bild zu wandeln.

Das können Sie jedoch nur, wenn Sie die dahinter liegende Struktur erkennen. Denn jede außenstehende Person, die es so weit geschafft hat, sich in meinem inneren Energiefeld einzunisten, hat dies nur tun können, weil eine in mir liegende Struktur dies ermöglicht hat.

Frage: Was will diese Person/meine Struktur von mir? Je mehr Sie dann wieder auf sich selbst umschalten und sich mit Ihrem eigenen inneren Thema beschäftigen, desto mehr rutscht die andere Person in den Hintergrund.

Wenn Sie Ihre Thematik erkannt haben, dann können Sie sehr wohl hingehen und die andere Person/das Bild in sich löschen, denn Sie brauchen es nicht mehr. Damit haben Sie dann Frieden in sich und können sich wieder um sich selbst kümmern. Ihre Rückenproblematik wird dadurch mit ziemlicher Sicherheit zurückgehen.

Es ist wichtig zu wissen, ob nur eine einzige imaginäre Person für den ungewollten Energietransfer zuständig ist oder mehrere. Damit wir das jedoch auch erkennen, müssen wir innerlich die einzelnen Personen zuordnen. Deshalb sollten wir uns solange mit einer Struktur beschäftigen, bis wir in uns ganz klar sind, wer/welche äußeren Spiegelbilder sich dahinter verbirgt/verbergen.
Wir sollten immer daran denken, dass wir jeder Person, die imaginär vor uns steht, in der Realität Energien von uns geben. Somit mehren sich häufig die Personen, die wir energetisch füttern. Das kann uns so viel Energie kosten, dass wir uns zeitweise ausgelaugt fühlen.
Wir können sehr leicht Personen, die sich einfach an diese Struktur angehängt haben, davon entfernen. Zum Beispiel den Verkäufer, den wir kurz vorher gesehen haben, oder die Nachbarin, die uns wieder mit ihrem Blick zu verstehen geben will, dass sie mit dem von uns angepflanzten Beet nicht zufrieden ist.
Wenn wir die in uns befindliche Struktur aufräumen wollen, dann sollten wir jede Person, die vor unserem geistigen Auge erscheint, die jedoch keine wichtige Rolle in unserem Leben spielt, von dieser Schiene mit Lichtenergie wegspülen. Denn wir brauchen keine Vampire, die sich locker und leicht durch unsere Energie ernähren lassen.
Wir sollten, wenn möglich, täglich unsere Struktur mit Lichtenergie reinigen, damit wir uns von alten Schmutzpartikeln befreien können. Nur wenn wir regelmäßig auf uns Acht geben, dann haben wir eine Chance, unsere freien Energien so einzusetzen, wie wir es möchten.

Jedoch ist es auch besonders wichtig darauf zu achten, dass wir uns nicht emotional aussaugen lassen. Denn wenn wir die Bereitschaft haben, einem anderen zu helfen, dann werden wir diese Person in seinem Vorhaben unterstützen. Dies können wir bewusst tun, als Hilfestellung einer für uns wichtigen Person. Jedoch sollten wir niemals vergessen,

314

diesen Energiefluss zu beobachten, ob die Energien, die wir investieren, auch dafür genutzt werden oder nicht. Ein Fantasiebeispiel, jedoch alltäglicher als man glaubt:

Sie haben eine Freundin, und diese Freundin hat ihren Freund verloren. Dieser Freund hat sich einer anderen zugewandt, und Ihre Freundin erzählt Ihnen von dieser für sie entstandenen Tragödie. Sie spüren, wieviel Leid Ihre Freundin nun durchleben muss, und Sie möchten Ihr helfen. Wie? Sie denken öfter an die Freundin und geben Ihr jeweils Energien, damit sie sich besser fühlen kann. Ihre Freundin leidet immer mehr und macht die andere Frau für den Verlust ihres Freundes verantwortlich. Je mehr Sie über diese Geschichte erfahren, desto mehr fühlen Sie sich eingebunden, doch Sie möchten weiterhin der Freundin helfen, denn Sie mögen sie sehr. Sie versuchen immer wieder sie zu beruhigen und hören sich dabei all die aufgestaute Wut und den entwickelten Zorn, der sich mittlerweile aufgebaut hat, an. Auch alleine mit dem verständnisvollen Zuhören geben Sie Ihrer Freundin unbewusst/bewusst weiterhin Energie. Ihre Freundin nutzt diese energetische Unterstützung und richtet alle ihr zur Verfügung stehenden Energien gegen die neue Freundin ihres Ex-Freundes. Sie hofft, dass er zurückkommen wird, wenn die neue Freundin geht. Somit richtet sie alle Energien gegen das neue Glück. Je mehr Sie jetzt zuhören, desto mehr geben Sie Ihrer Freundin Energien, die sie wiederum gegen die neue Freundin richten kann. Wollen Sie das? Sie müssten das spüren, indem Sie mittlerweile öfter an die neue Freundin denken. Jeder spürt genau, mit wem er im energetischen Verbund steht. Wenn Sie diesen Energiefluss nicht unterbrechen, dann lassen Sie Ihre Energien missbrauchen, und somit sind Sie in dem ganzen energetischen Kreislauf dieser Konstellation eingebunden, bis Sie sich wieder davon befreien. Damit Sie sich ganz von dieser Verantwortung entbinden können, sollten Sie diese Struktur mit Lichtenergie reinigen. So kann es gehen. Überlegen Sie, kennen Sie solche Muster? Wenn ja, dann achten Sie auf Ihre Energien. Und damit Sie erkennen können, wie Sie Ihre Energien einsetzen können, habe ich das nachfolgende Kapitel aufgeführt.

Meditation - die innere Mitte

Eine Meditation hat den Zweck, sich mit dem inneren Licht und mit den kosmischen Energien auseinander zu setzen und zu verbinden. Je mehr Sie in Ihre eigene Mitte gehen und sich dort die Ruhe und Entspannung holen, die Sie brauchen, desto besser werden Sie sich in Ihrem Leben fühlen. Wir alle haben den Wunsch, nach Hause zu kommen, die Sehnsucht nach Geborgenheit und Wärme; doch gerade diese Emotionen können wir nur in unserem Inneren finden, und genau aus diesem Grunde sollten wir regelmäßig Kontakt mit unserem innerem Licht aufnehmen. Je mehr wir uns immer wieder mit reiner Lichtenergie reinigen, desto mehr leben wir im Fluss mit den kosmischen Gesetzen und desto besser fühlen wir uns in unserem Leben. Deshalb sollten wir mindestens zweimal die Woche eine Meditation, eine Reise ins innere Licht, unternehmen, damit wir uns auf unsere innere Stimme ein- und verlassen können. Je mehr Sie sich Ihrem inneren Licht zuwenden, desto mehr leben Sie im Einklang mit den kosmischen Gesetzen, und desto einfacher wird Ihnen Ihr Leben fallen, denn Sie können sich auf sich verlassen. Sie wissen genau, was gut für Sie ist oder nicht. Sie spüren, wenn etwas Bedrohliches auf Sie zukommen will. Sie sind geöffnet, um die Energien wahrzunehmen, die Sie benötigen und die auch auf Sie zukommen wollen. Dies ist der Weg zur inneren Erkenntnis. Menschen, die mit sich im Einklang sind, leben glücklicher und freier als andere. Also, wenn Sie mehr für sich tun wollen, dann fangen Sie an.

Wenn Sie meditieren wollen, dann ist es besonders wichtig, dass Sie sich ein ruhiges Plätzchen suchen. Denn Sie brauchen Ruhe und Zeit, damit Sie sich entspannen und sich mit Ihrem inneren Licht auseinander setzen können. Dabei ist es besonders wichtig, dass Sie die Alltagsgeschehnisse abschließen.

Meditationsübungen
-   Schalten Sie die Alltagsgeschehnisse ab. Wie?
Stellen Sie sich noch einmal den heutigen Tag vor und schauen sich alle wichtigen Passagen an. Dann schließen sie den Tag ab, indem Sie einen

Haken gedanklich dahinter setzen. Alle noch wichtigen Themen parken Sie gedanklich auf einen Platz (innerer Ablagekorb), z.B. auf die rechte Seite, damit Sie diese Themen später wieder anpacken können. Sollten zu viele Themen in Ihnen Platz einnehmen, dann lernen Sie diese Themen aufzuschreiben, damit sie keine Angst haben müssen, Dinge zu vergessen. Erst wenn Sie abschalten können, dann können Sie in Ihre innere Mitte finden. Oftmals ist auch ein Hilfsmittel, wie Entspannungsmusik, dafür geeignet.

Viele Menschen können innerlich nicht abschalten, da sie mit zu vielen Alltagsgeschehnissen beschäftigt sind. Heutzutage müssen wir uns mit so vielen verschiedenen Bereichen auseinander setzen, dass sich einige damit überfordert fühlen. Damit diese Bereiche sich nicht ins Unermessliche stapeln, ist es wichtig, immer darauf zu achten, alle zu bewältigenden Themen auch wirklich zu erledigen. Sollten Sie lieber die Probleme liegen lassen, dann werden sie mit der Zeit immer größer, denn das Wegdrücken füttert sie permanent mit Energien. Somit kann das Thema gar nicht schrumpfen, sondern es wird übergroß. Das hat zur Folge, dass die noch zu erledigenden Aufgaben sich immer wieder ins Bewusstsein drängen, um dort einen Platz einzunehmen. Erst wenn wir lernen, uns zu sortieren, dann haben wir eine Möglichkeit, klar und offen zu erkennen, was wir brauchen. Denn solange wir Themen vor uns liegen haben, die wir nicht anpacken wollen, solange sind wir belastet und können uns nicht frei und offen äußern, so wie wir das gerne möchten. Erst wenn wir die Alltagsgeschehnisse geregelt haben, dann können wir uns unserem spirituellen Licht zuwenden. Gerade unser Licht sorgt für uns, wir müssen nur auf diese Stimme in uns hören, und die Dinge in die Tat umsetzen. Alle anderen Bereiche sind reine Kopfkomponenten, und achten Sie mal drauf: Der Kopf vertraut sich selbst nicht. Deshalb ist es so wichtig, dass wir lernen, mit dem Kopf in Harmonie zu leben. Sonst sind wir restlos überfordert. Doch nun zu praktischen Anleitungstipps:

Suchen Sie sich einen ruhigen Platz. Nehmen Sie eine Meditationshaltung ein. Sie können liegen, mit überkreuzten Beinen sitzen oder andere Sitzpositionen einnehmen, so wie Sie das möchten, denn Sie sollten sich vertrauen und die Position einnehmen, die Ihnen am liebsten ist und in der Sie bequem einige Zeit verbringen können.

Sortieren Sie Ihre Gedanken, und entspannen Sie sich. Fühlen Sie in sich hinein. Schalten Sie belastende und störende Gedanken ab, indem Sie verteilen: Noch zu erledigende Themen in den Ablagekorb, vergangene Bilder erst einmal beiseite legen. (Sollten dabei ältere, noch emotional belastete Bilder auftauchen, dann ist dies ein Hinweis, dass Sie in diesem Zusammenhang noch einiges zu betrachten haben. Also nicht vergessen: In einer ruhigen Minute hervorholen und die dahinter liegenden Informationen erkennen, damit Sie die damit belasteten Energien zurückholen können.)

Entspannen Sie sich und Ihren Körper. Fühlen Sie in Ihren Körper hinein. Spüren Sie Ihren Atem, wie ruhig und langsam Sie atmen. Spüren Sie Ihren Körper, wie schwer und ruhig er sich anfühlt.

Stellen Sie sich vor, dass der Kosmos sich öffnet und Sie ganz viel Lichtenergie bekommen. Jede einzelne Körperzelle kann nun diese Lichtenergie aufnehmen, und der Körper fühlt sich warm und geborgen an. Sie spüren, wie der Körper sich immer mehr und mehr entspannt. Sagen Sie dem Körper, dass er weiterhin so viel Lichtenergie aufnehmen kann, wie er möchte, und Sie selbst konzentrieren sich auf Ihre innere Mitte.

Konzentrieren Sie sich weiter, und stellen Sie sich ein harmonisches Bild vor. Fangen Sie, wenn Sie möchten, mit einem Meer an. Stellen Sie sich das Meer vor, Sie spüren die Kraft des Wassers, Sie riechen das Salzwasser, Sie nehmen den Sand des Strandes unter Ihren Füßen wahr, Sie genießen die gesamte Atmosphäre, als würden Sie am Strand liegen und das Wasser in Ihren Ohren rauschen hören. Sie werden ein gutes, angenehmes Gefühl bekommen. Dies ist eine Übung für das Wasserelement.

Nach ca. 10-25 Minuten sollten Sie Ihre Meditation beenden. Verabschieden Sie sich von den imaginären Bildern und widmen Sie sich wieder Ihrem körperlichen Bewusstsein. Ihr Körper hat bis dahin genug Lichtenergie getankt. Sie können sich jetzt mit vollem Bewusstsein wieder auf Ihren Körper konzentrieren und ihn spüren. Sagen Sie sich gedanklich die folgenden Worte: Der Kopf ist im Kopf, die Arme in den Armen, die Beine in den Beinen, und die Füße in den Füßen. Wenn Sie diese Körperstellen gedanklich entlang gehen, dann können Sie nach der Meditation unbesorgt und in Ruhe wieder aufstehen. Sollten Sie die Entspannung zu abrupt abbrechen und direkt danach wieder aufstehen wollen, dann kann es Ihnen passieren, dass sich Ihre Astralfüße noch nicht wieder in den Körperfüßen befinden, und Sie beim Aufstehen umknicken. Also achten Sie darauf.

- Die gesamte Meditation sollte nicht länger als insgesamt 25 Minuten dauern. Wenn nötig, dann stellen Sie vorher einen Wecker auf diese Zeit ein, damit Sie zum passenden Zeitpunkt sanft zurückgeholt werden. Die Gefahr des Einschlafens ist zu groß und nicht gesund, denn, wenn Sie einschlafen, dann verlieren Sie die Kontrolle, und dies könnte Ihnen dann immer öfter passieren.

Auch wenn Sie diese Übungen abends vor dem Schlafengehen machen wollen, dann kommen Sie erst in Ihren Körper zurück, bevor Sie sich in Ihre Schlafträume begeben. Denn denken Sie daran: In einer Meditation tritt der Astralkörper aus und muss sanft wieder in den Körper gelegt werden, auch wenn er danach in der natürlichen Tiefschlafphase wieder austreten wird.

Ganz wichtig: Keiner und nichts darf Sie stören. Ein klingelndes Telefon ist hierbei dermaßen unpassend, dass es Ihnen schaden könnte. Denn gerade, wenn Sie in einem entspannten Zustand sind und urplötzlich Ihren Körper bewegen müssen, werden Sie eher zum Telefon taumeln als gehen. Achten Sie darauf, dass solche Umstände absolut vermieden werden.

Sollten Sie trotzdem aufgestanden sein, dann begeben Sie sich danach wieder in Ihre Meditationshaltung, entspannen sich noch einmal und lösen dann nach alt bewährtem Rhythmus diesen meditativen Zustand auf. Wenn Sie das nicht tun sollten, dann kann es Ihnen passieren, dass Sie das Gefühl haben, den Rest des Tages energetisch neben sich herzulaufen, Sie sind also nicht klar bei sich.

Visualisierungsmöglichkeiten

Die Berge: Sie spüren die gewaltige Kraft des Erdelements, und Sie können sich gedanklich an die Berge anlehnen und sich darüber Rükkendeckung und Stabilität für Ihr Leben geben.

Die Luft: Sie können sich vorstellen, wie ein Vogel durch die Lüfte zu fliegen. Sie spüren die Luft, wie Sie um Ihre Nase weht, und Sie fühlen, wie frei Sie sind. Alle Belastungen in Ihnen werden durch den Wind davongetragen.

Das Feuerelement: Sie liegen auf einer Wiese und spüren das Gras. Sie fühlen die Sonne, wie Sie auf Ihren Leib scheint, Sie spüren die aufgeladene Kraft in Ihnen, und somit laden Sie sich mit dieser Übung energetisch wieder auf.

Das Wasser: Sie schwimmen in einem See und tauchen tief auf den Grund des Sees. Sie können jetzt genauso atmen und sich bewegen, wie die Fische im Wasser, und wenn Sie genau hinsehen, dann können Sie eine verborgene Schatztruhe finden, in der für Sie eine Nachricht hinterlegt wurde. Dieses Erleben bringt Sie an Ihre Gefühle.

Sie können Fantasiereisen wählen, wie Sie möchten, dabei sind Ihnen keine Grenzen gesetzt. Die oben genannten Variationen dienen allein zu Ihrer Orientierung. Sie können sich durch die Fantasiereisen entspannen, sich vom Alltäglichen und somit auch von Belastungen lösen, damit Sie wieder Ihre emotionale, innere Freiheit spüren. Je mehr Sie sich selbst erlauben zu träumen (zu den passenden Zeiten), desto eher können Sie die kontinuierlichen Informationen, die von Ihrem inneren Licht ausgesandt werden, entgegennehmen und danach leben.

Anfangs nehmen Sie sich am besten 10 – 25 Minuten Zeit, später dann weniger, bis Sie sich, nach einem ausgiebigen Training, innerhalb von Sekunden entspannen können. Je weiter Sie kommen, desto mehr werden Sie Ihr inneres Licht sehen und spüren können. Anfangs wird Sie dieses Erlebnis wahrscheinlich erschrecken, doch mit der Zeit werden Sie sich daran gewöhnen. Es ist noch kein Meister vom Himmel gefallen. Sie können Ihre Meisterschaft nur erreichen, wenn Sie regelmäßig trainieren, am besten jeden Tag, und Sie werden Ihre Erfolge bald spüren!

Schutz vor energetischen Angriffen:

Ich habe in einem früheren Kapitel erwähnt, was Rückenschmerzen anzeigen können. Hier noch einmal ein paar Übungen, wie Sie Ihren Rücken - Ihr Energiezentrum - schützen können:

Stellen Sie sich vor, dass Sie Ihren Rücken schützen, indem Sie gedanklich ein Pflaster oder einen ähnlichen Gegenstand darauf kleben, der für Sie eine schützende Wirkung hat. Je mehr Sie das gedanklich manifestieren können, desto besser. Sie werden sehr schnell eine Linderung feststellen (akute Hilfe).

Sollten sich Ihre Schmerzen wieder legen, dann entfernen Sie gedanklich dieses Pflaster und sagen sich immer wieder: „Ich bin geschützt", das alleine wird Ihnen den Schutz gewähren, den Sie brauchen.

Eine weitere Übung:

- Gehen Sie in den Wald und suchen sich einen Baum, der Ihnen gefällt. Fragen Sie gedanklich den Baum, ob Sie mit ihm arbeiten dürfen. Wie Sie fragen? Berühren Sie ihn und konzentrieren Sie sich. Haben Sie das Gefühl, dass sich die Energien zwischen Ihnen beiden in einem harmonischen Fluss befinden? Wenn ja, dann wird der Baum einverstanden sein, und Sie können Ihre Übung vorbereiten.

Umkreisen Sie den Baum, indem Sie eine kleine Runde drehen. Am besten rechts herum, dann sind der Baum und Sie in einem Verbund geschützt.

Lehnen Sie sich an den Baum an. Sie werden an Ihrem Rücken die Baumrinde spüren. Fühlen Sie genau in sich hinein: Sie spüren die Kraft des Baumes, die sich langsam auf Sie überträgt. Das gibt Ihnen Kraft und Stärke, die Sie gut für Ihr Leben gebrauchen können.

Wenn Sie das Gefühl haben, dass Sie gesättigt sind, dann lösen Sie sich wieder von dem Baum. Danken Sie ihm für die übertragenen Energien. Öffnen Sie danach den Kreis, indem Sie wieder eine kleine Runde, diesmal jedoch in entgegengesetzter Richtung, um den Baum drehen, also am besten links herum. Sie können die Bewegungsrichtung wählen, wie Sie möchten. Hauptsache, Ihnen ist gedanklich bewusst, dass Sie den

Kreis öffnen und auch wieder schließen müssen.

Bedanken Sie sich nach dieser Übung noch mal bei dem Baum und wünschen ihm weiterhin alles Gute. Denken Sie daran: So wie sie in den Wald hineinrufen, so schallt es auch wieder heraus. Wenn Sie dem Baum alles Gute wünschen, dann trifft das genauso auch auf Sie zu.

Wichtig bei dieser Übung: Achten Sie darauf, dass Sie nicht gestört werden, denn jede gedankliche Ablenkung könnte den Energiefluss hindern. Sie holen sich bei dieser Übung die Kraft aus dem Baum, die wiederum für Ihre Wirbelsäule und somit für Ihre eigene innere Haltung Ihrem Leben gegenüber, gut ist, denn diese Energie wird Sie besonders stärken. Je öfter Sie das tun, desto besser. Gedanklich machen Sie es bitte immer wieder. Für die Bäume ist diese Übung auch ein großer Vorteil, denn sie haben eine sehr langsam drehende Energie, die durch eine solche Übung, wie bei einem Aderlass, verdünnt und damit beschleunigt wird. Es gibt jedoch gerade auch bei den Bäumen sehr sture Wesen, die sich nicht gerne stören lassen, und die somit einem Aderlass nicht zustimmen würden. Genauso könnte es auch sein, dass der Baum krank ist und seine Energien für sich selbst braucht, dann kann er natürlich keine abgeben. Deshalb ist es so wichtig, die Bäume zuerst zu fragen, bevor man diese Übung macht.

Die gleiche Übung können wir mit unserem inneren Baum praktizieren. Dazu folgende Übung:

Suchen Sie sich einen ruhigen Platz aus. Konzentrieren Sie sich: Schalten Sie das Alltagsgeschehen in sich ab, finden Sie Ihre innere Mitte und reinigen Sie sich mit Lichtenergie. Visualisieren Sie sich danach einen entsprechenden Baum. Es wird ein Baum vor Ihrem inneren Auge entstehen. Wie gefällt er Ihnen? Berühren Sie ihn gedanklich und lehnen Sie sich an ihn an. Spüren Sie die Kraft in Ihrem Rücken. Lassen Sie all die Kraft, die Sie benötigen, gedanklich in Ihre Wirbelsäule einströmen, und Sie werden merken, wie viel Rückhalt Sie bekommen werden. Wenn Sie genug Energie getankt haben, dann danken Sie dem Baum und versprechen ihm, ihn bald wieder zu besuchen. Entfernen Sie sich von dem Platz und kommen wieder gestärkt auf die Bewusstseinsebene zurück. Sagen Sie sich selbst, dass Sie sich und Ihrer Energie vertrauen können. Je öfter Sie diese Übung vornehmen, desto besser für Ihre innere Sicherheit, denn gerade Übungen für die Wirbelsäule bringen den gewünschten Haltungserfolg im Leben. Wenn Sie sich einer bestimmten Lebenssituation stellen müssen und Sie fühlen sich diesbezüglich unsicher, dann können Sie sich innerhalb weniger Sekunden den Baum vorstellen und Sie werden die Kraft des Baumes in Ihrer Wirbelsäule spüren. Sie können sich somit innerhalb kürzester Zeit die Sicherheit holen, die Sie brauchen. Je mehr wir unsere innere Sicherheit nach außen demonstrieren, desto besser fühlen wir uns in unserem Leben. Jeder, der spürt, dass der andere Rückgrat hat, wird sich dementsprechend dem anderen gegenüber verhalten. Menschen mit Rückgrat erfahren von ihrem Umfeld jede Menge Respekt. Und das wollen wir doch alle, oder?

Noch ein paar Worte zum Aussehen der inneren Bäume. Der innere Baum steht als imaginäres Bild für die Lebensenergie und somit für unsere philosophische Grundeinstellung zum Leben. Hier ein paar Beispiele, was uns unser innerer Baum sagen kann (bitte denken Sie immer daran, dass Bilder individuell sind und von daher für Sie persönlich auch eine andere Aussage haben können):

Ein alter starker Baum: Deutet auf eine innere alte Seele hin, die sich mit den Altlasten früherer Leben beschäftigen muss. Dieser Mensch liebt die tiefen Themen des Lebens, da fühlt er sich zu Hause.

Ein junger neuer Baum: Zeigt einen relativ neuen Lebensweg an. Entweder ist die Seele jung (was jedoch sehr selten der Fall ist), oder der Mensch hat einen neuen Lebensweg eingeschlagen.

Ein blühender Baum: Zeigt die Lebensfreude, die unbedingt gelebt werden muss, an. So wie der Baum blüht, so sollte auch der Mensch seinem fröhlich bewegten Leben begegnen. Sie können, wenn Sie wollen, in der Meditation eine Blüte abknipsen und als Gedankenstütze mit in Ihr Alltagsbewusstsein nehmen.

Ein Obstbaum: Ein Baum, der Früchte trägt, will geerntet werden. Das heißt, Sie könnten in der Meditation davon naschen, denn die Früchte werden Ihnen die Erkenntnis bringen, die Sie brauchen. Denken Sie daran, in einem solchen Fall ist Erntezeit.

Achten Sie auch immer darauf, wo Ihr Baum steht. Sie werden, wenn Sie Ihren Baum gedanklich besuchen, sich gegenseitig Lebensenergie geben, die sie automatisch wieder zurück bekommen, denn immer, wenn Sie in Gedanken dort sind, dann findet ein Energietransfer statt. Sie können Ihren Baum auch gedanklich mit Lichtenergie gießen. Der innere Baum kann sich verändern, so wie auch Sie sich ändern können. Analysieren Sie ihn selbst, so wie Sie möchten.

Auraübungen - Aurareinigungen

Wir haben die Aura zum einen, damit sie uns schützen und unsere Energien zusammen halten kann, zum anderen jedoch auch, damit wir die feinen Signale von anderen Lebewesen wahrnehmen können. Je sensitiver wir werden, desto mehr wird sich auch unsere Aura für die feinen Frequenzen öffnen. Gerade wenn Sie die energetischen Strukturzusammenhänge anderer Personen analysieren wollen, dann müssen Sie sich energetisch öffnen, um in den Energien der anderen lesen zu können. Darüber können Sie Ihre eigene Hellsichtigkeit trainieren. Sollten Sie sich nun jedoch während oder nach dem Auralesen nicht selbst energetisch schützen, dann würden Sie all den Schmutz des anderen automatisch aufsaugen und somit Ihre eigene Aura beschmutzen wie auch belasten. Wichtig ist, dass Sie jeden Tag an Ihre Aura denken und sich Übungen aussuchen oder auch selbst gestalten, damit Sie eine tägliche Aurareinigung vornehmen.

Übung um die Aura zu reinigen:
Stellen Sie sich vor, dass Sie gedanklich unter einer Dusche stehen, aus der statt Wasser reine göttliche Lichtenergie herauskommt. Wenn Sie sich dieses vorstellen, dann werden Sie spüren, wie sauber und rein Sie sich innerhalb kürzester Zeit fühlen.
Andere Möglichkeit: Visualisieren Sie sich einen Wasserfall, spüren Sie seine Kraft, und stellen Sie sich wieder vor, dass anstatt des Wassers göttliche Lichtenergie fließt. Reinigen Sie sich, indem Sie sich unter den Wasserfall stellen, bis Sie das Gefühl haben, sauber und rein zu sein.
Eine andere Möglichkeit: Stellen Sie sich einen Gartenschlauch vor, aus dem, wie immer, statt Wasser göttliche Lichtenergie fließt. Diesen Schlauch können Sie nach Belieben nutzen, ob Sie sich damit gedanklich komplett reinigen oder nur bestimmte Körperpartien. Es funktioniert genauso, auch wenn Sie nur bestimmte Energiepotenziale reinigen wollen. Sie können rein theoretisch auch eine imaginäre Person, die vor Ihrem geistigen Auge auftaucht, mit göttlichem Licht aus dem Schlauch abspritzen, und Sie werden sehen, dass sich diese Person in Nichts auflöst.

Nutzen Sie Ihre Fantasie, und lassen Sie sich von Ihrem inneren Licht lenken. Sie werden bestimmt noch auf viele andere Techniken kommen, die Sie nach Belieben anwenden können.

Sie können der Aura auch eine andere Farbe geben, denn unsere Aura kommuniziert über Farben (wie in dem Kapitel „Unser eigener Energiemantel - die Aura" beschrieben). Auch andere Menschen erkennen anhand der Aurafarbe - und die können wir alle sehen bzw. spüren, denn wir reagieren instinktiv auf diese Signale -, wie die Person gegenüber „drauf" ist. Sie können, wenn Sie wollen, für einen kurzen Zeitraum Ihre Aurafarbe bewusst wechseln. Nur denken Sie bitte immer daran, Ihre Aura funktioniert auf natürliche Weise eigenständig, sie stellt die Farbfrequenz nach Gebrauch selbst wieder ein. Sie können aber bewusst kurzweilig das Farbenspiel wechseln, wenn Sie das in besonderen Fällen mal ausprobieren wollen; überlassen Sie dieses Wunderwerk der Natur jedoch grundsätzlich bitte Ihren inneren Lichtkräften, denn eine Aura scheint im Normalzustand in verschiedenen Farben, und das sollten wir nicht unterbrechen. Ich fasse nachfolgend nochmal ein paar Farbenspiele und deren Funktionen zusammen. Bitte beachten Sie jedoch, dass sich die natürlichen Farben der Aura in vielen verschiedenen Tönen, für unser Auge fast nicht sichtbar, zeigen. Wenn Sie diese Übungen praktizieren wollen, dann stellen Sie sich vor, dass die Aura sich in der gewünschten Farbe komplett einfärbt.

Wenn Sie nicht gesehen werden wollen, dann stellen Sie sich vor, dass Sie in schwarz gekleidet sind. Sie werden kaum noch auffallen.

Wenn Sie Aktivität brauchen, dann stellen Sie sich eine rote Farbe vor. Ihre Aura wird diese Farbfrequenz verstehen und die Farbe annehmen. Der Vorteil: Sie können gut arbeiten, Sie haben genug Kraft - der Nachteil: zu viel rot kann nervös machen.

Wenn Sie gute Unterhaltung wünschen, dann färben Sie Ihre Aura gedanklich gelb. Sie werden dann vielen Menschen begegnen, mit denen Sie reden und lachen können.

Wenn Sie Harmonie wollen, dann stellen Sie sich Grün vor, und Sie werden sich wohl fühlen. Sollte in einem Raum mit mehreren Menschen Disharmonie herrschen, dann bringen Sie imaginär grüne Lichtenergie hinein, und Sie werden merken, nach einer Weile wandelt sich die Atmosphäre ins Positive.

Braun steht für die Erdung und somit für die Stabilität. Sollten Sie eine Gehaltserhöhung fordern, dann wirken Sie in dieser Frequenz geerdet und klar.

Blau ist für die Abgrenzung; ideal also, wenn Sie sich von jemandem lösen wollen, denn die Kühle, die Sie ausstrahlen, wird ein Andocken der Energien verhindern.

Achten Sie auf die Farben Ihres Gegenübers, denn es signalisiert Ihnen, was es möchte. Wenn Sie es selbst einmal ausprobieren wollen, dann ändern Sie für kurze Zeit Ihre Farbe. Nur vergessen Sie nicht, der Aura danach wieder zu erlauben, selbst die Farbe zu wählen, die ihr entspricht. Würden Sie sich gedanklich in die natürlichen Gesetze der Aurafarben zu sehr einmischen, dann könnte es Ihnen passieren, dass Sie bestimmte wichtige Farbpigmente vergessen, und das wiederum könnte zur Folge haben, dass Sie sich auf Dauer abgekapselt und isoliert fühlen. Also lassen Sie grundsätzlich Ihrer Aura freien Lauf. Reinigen und schützen Sie sich jedoch täglich, und Sie werden in Ihrem eigenen Lichterglanz strahlen.

Gebete - der andere Weg zum inneren Licht

Viele Menschen beten jeden Tag und verneigen sich ergeben vor dem göttlichen Licht. In Gedanken beten sie zu Gott, doch gleichzeitig beten sie auch zu ihrem inneren Licht. Dadurch fühlen sich diese Menschen in ihrem Leben wohl, denn sie befinden sich in einem permanenten Gespräch mit Gott und somit auch mit ihrem inneren Licht. Sie können kaum lügen oder sich selbst betrügen, denn gerade das würde ihrem Gottvertrauen widersprechen, sie haben eine gesunde Lebenseinstellung und sind zumeist sehr diszipliniert. Regelmäßig ein Gebet zu sprechen, bedeutet, dass sich diese Person auf das Gebet konzentrieren muss. Die gesprochenen Worte zu Gott und die damit gleichzeitig ausgesandten Energien kommen auch an und bilden eine Resonanz, so dass der Betende sich wohl und geborgen fühlt. Das wiederum funktioniert jedoch nur, wenn die Konzentration stark genug ist. Es gibt viele Menschen, die durch regelmäßige Gebete ein glückliches und harmonisches Leben führen. Wahrscheinlich brauchen sie täglich nicht mehr als 10 Minuten, doch diese 10 Minuten und das Gefühl, dass sie im Gottvertrauen leben, reichen vollkommen aus, denn sie leben in regelmäßig gereinigter Energie.

Gebete haben nichts mit der Institution Kirche zu tun. Gerade eine zu stark nach außen auferlegte Religion würde die Freiwilligkeit und damit die Ernsthaftigkeit in Frage stellen. Es gab in der Vergangenheit genug Menschen, die sonntags zur Kirche eilten, jedoch im täglichen Leben wenig mit dem Gottesglauben zu tun hatten. Die meisten Menschen, die über Gebete arbeiten, brauchen jedoch einen Altar. Deshalb ist es wichtig, dass sich diese Menschen einen eigens dafür deklarierten Platz suchen, um sich diesen gewünschten Altar zu erschaffen. Gebete können in vielerlei Sprachen gesprochen werden. Doch eins ist klar, sie wirken genauso stark, wie eine täglich durchgeführte Meditation.

Wir alle können über Gebete zu uns selbst finden. Wann immer wir es brauchen, können wir die höheren Mächte und unser inneres Licht um Hilfe bitten. Genauso können wir unser Leben in Gottes Hände legen und uns führen und leiten lassen. Egal was wir auch aussprechen wollen, wir müssen an uns und an die höheren Energien glauben, damit wir mit den kosmischen Gesetzen in Einklang leben können. Das alleine ist der Schlüssel zu unserer inneren Wahrheit, und nur damit können wir die Tore öffnen, die wir brauchen, um den Weg zu unserer inneren Erkenntnis zu finden.

Magie - die bewusste Lenkung kosmischer Energien

Eine andere Möglichkeit ist die Magie. Der Magier kompensiert und zentriert seine eigenen und auch kosmische Energien. Er richtet diese dann auf bestimmte Energiefrequenzen, die er für wichtig erachtet und die er nach seinem eigenen Bedarf wandeln möchte. Ich möchte hier einmal den Begriff weiße und schwarze Magie definieren.

Bei der schwarzen Magie setzt ein Magier seine Kräfte ein, um einen anderen Menschen gefügig zu machen. Er nutzt seine Energien, um sie an sein Opfer zu senden, das dann wiederum diese Energien empfängt und oftmals willenlos das zurücksendet, was der Magier gefordert hat. Der Magier wiederum praktiziert dieses Ritual rein zur Befriedigung seiner eigenen Bedürfnisse. Wenn der Magier einen anderen manipulieren will, dann geht er sehr geschickt vor: Er sendet dem Opfer Informationen aus, die er geschickt in vermeintlich helle Energie verpackt, damit das Opfer die dahinter liegenden Forderungen nicht direkt erkennen kann. Oftmals passiert es, dass der Empfänger denkt, es handle sich bei den Informationen um Aussagen seines inneren Lichts, und er fügt sich dann entsprechend den Befehlen. Sie können hierbei schon erkennen, dass Menschen, die wenig Kontakt zu ihrem inneren Licht haben, anfälliger sind als andere. Sollte Ihnen das passieren, reinigen Sie sich sofort. Ein Magier kann sie nur zu seinem willenlosen Opfer formen, wenn Sie innerlich dazu bereit sind; also können sie jederzeit frei entscheiden, ob sie diesen Energieaustausch wollen oder nicht.

Auch ein Mensch, der krank ist und über magische Rituale gesund gebetet werden soll, fällt unter das Prinzip der schwarzen Magie, jedoch nur, wenn er nicht selbst darum gebeten, sondern ein anderer eigenmächtig diese Energie ausgesandt hat. Sollte er jedoch selbst um energetischen Beistand gebeten haben, dann sollte ihm dieser auch gewährt werden. Damit Sie meinen Gedankengang verstehen, denken Sie bitte daran, dass jeder, der eine Krankheit in sich trägt, diese auch braucht, um eine Lektion in seinem Leben lernen zu können. Wenn ein Magier nun eigenmächtig diesen Menschen gesund macht, dann mischt er sich in die „Gesetze" des anderen ein. Deswegen gilt die Faustregel, dass jeder, der unterstützt werden möchte, dieses auch selbst anfragen sollte. Viel schlimmer wäre es natürlich, wenn ein Magier einer anderen Person „Die Pest an den Hals hexen" würde; das jedoch würde kein spirituell ausgebildeter Magier tun, denn er weiß genau, dass alles das, was er ausgesandt hat, automatisch dreifach zu ihm zurückkommt. Also würde er sich selbst dreifach die Pest an den Hals hexen, und so dumm kann nur ein Unwissender sein.

Grundsätzlich jedoch unterliegen die aktiven Arbeiten eines Magiers, der seine und kosmische Energien bewusst nutzbar umwandelt, ohne dass eine andere Person mit einbezogen wird, der weißen Magie. Er verlässt sich auf sich selbst und sorgt für sich. Wenn ein Magier beispielsweise ein Haus kaufen möchte, dann setzt er seine erlernten Fähigkeiten ein: Er weiß wie viel Geld, also feste Energie, er zur Verfügung hat, und somit sendet er seinen genau formulierten Wunsch mit der entsprechenden Energie regelmäßig an den Kosmos ab, damit sich sein Vorhaben realisieren lässt. Automatisch ist er auf Empfang gestellt, und so wird jede noch so kleine Information sein Bewusstsein erreichen. Alles fügt sich automatisch zusammen, und zum passenden Zeitpunkt steht er vor dem Haus, dass ihm absolut entspricht. Er wird nicht nachdenken müssen, ob es wirklich das Passende für ihn ist, denn er weiß, dass alles stimmt, egal was: Der Preis, die Gegend, die Bauweise, einfach alles, denn er/die kosmischen Helfer haben für ihn das Passende gefunden.

Wie? Er hat sich absolut mental auf sein Vorhaben eingestellt, und das Passende ist ihm, wie wahrscheinlich schon öfter, über den Weg gelaufen. Jeder Magier weiß jedoch auch, dass er keine Emotionen in seine Wünsche legen darf, denn Emotionen verwischen das Bild. Es muss dem Magier emotional fast egal sein, ob das erwünschte Vorhaben gelingt oder nicht. Er weiß genau, dass der Weg, den er geht, richtig ist, er ist sich seiner sicher. Magier zu sein ist übrigens nicht an ein Geschlecht gebunden, deshalb kann es sich hierbei genauso gut auch um eine Frau handeln (dies nur, um mit einem alten Vorurteil aufzuräumen).

Ein Magier nutzt seine Fähigkeiten und seine ureigensten Rituale, um sein Lebenswerk bewusst selbst zu gestalten. Er überläßt nichts dem Zufall - er weiss ja, dass es den nicht gibt -, sondern lässt die materiellen Themen bewusst auf sich zufallen, so wie er sie braucht. Er ist kaum emotional verstrickt, denn jede Verstrickung würde ihn auf seinem eigenen Weg behindern. Er kümmert sich selbstständig um seine eigenen Belange und ist besonders strebsam, seine geistigen Ziele zu verfolgen. Wenn er sich imaginäre Bilder erstellt, dann weiß er genau, dass diese glasklar sein müssen. Er kennt die energetischen Gesetze, und er wird diese nutzen, so wie es in seiner Macht steht.

Gerne werden weiße Magier als Sprachrohr für spirituelle Wesenheiten aus dem Kosmos genutzt. Dadurch bekommen diese Menschen sehr viel geistiges Wissen und sind oftmals hellsichtig ausgeprägt, das heißt, sie sehen das, was den anderen zumeist verborgen bleibt. Sie können die ihnen zur Verfügung gestellten Energien nicht missbrauchen, denn das würde ihr gesamtes Energiesystem zusammenbrechen lassen. Sie werden sich kaum auf emotionale Verstrickungen einlassen. Viele Menschen halten sich gerne in der Gesellschaft dieser Menschen auf, da die Energien eines weißen Magiers sehr strahlend sind und viele davon etwas abbekommen möchten, was wiederum ihr göttliches Licht erstrahlen lässt. Das wird den Magier selbst jedoch nicht sonderlich erfreuen, denn er ist gar nicht so darauf erpicht, inmitten einer Gesellschaft zu stehen, er ist meist ein zurückgezogener Einzelgänger, der sich nur selten von seinem Schneckenhaus entfernt. Ein weißer Magier ist ein Heiler, der auch schon in früheren Inkarnationen dazu berufen wurde. Er ist dafür da, den anderen die Heilsbotschaft zu überbringen und ihnen auf diesem Wege zu helfen, ihr inneres Licht zum Strahlen zu bringen. Er verhilft anderen, ihrem inneren Licht zu begegnen, um sich selbst wieder zu vertrauen.

Die kleine Magiefibel

Sie sehen: Je mehr Sie Herr Ihrer eigenen Energien sind, desto mehr können Sie diese lenken und auch leiten, ganz so, wie Sie das möchten. Sie haben dann bewusst die Fäden Ihres Lebens in der Hand und können sich Ihre eigenen Wünsche erfüllen. Das ist der reale Schlüssel zu Ihrem Glück. Wenn wir eine Idee haben, die wir materialisieren wollen, dann müssen wir uns mit diesem Vorhaben genau auseinander setzen und täglich viele Energien in dieses Projekt investieren. Je mehr wir dann an uns selbst glauben, desto mehr werden wir unsere Ziele erreichen können, und desto besser werden sich unsere Unternehmungen umsetzen lassen. Das ist das Ziel, das wir letztlich alle haben.

Die Magie des Namens und des Vorhabens

Wenn wir uns beispielsweise eine Firma aufbauen wollen, dann ist es besonders wichtig, dass wir an uns glauben und diese Firma zum Leben erwecken. Das können wir jedoch nur tun, wenn wir zielgerichtet immer wieder Energien manifestieren, damit sich diese dann wiederum auch materialisieren können. Hier ein paar Übungen:

Wenn Sie eine Firma gründen wollen, dann nennen Sie dieses „Kind" beim Namen, also geben Sie Ihrer Firma einen Namen, und Sie werden merken, wie dieser Name sich energetisch ausbreitet und klingt. Der Name muss Ihnen persönlich absolut vertraut und heimisch sein. Sie müssen das Gefühl haben, dass Sie ganz besonders viel Liebe und positive Energie in diese Firma einbringen wollen. Je mehr Sie an sich und Ihr Vorhaben glauben, desto besser wird Ihnen Ihr Vorhaben gelingen. Bedenken Sie bitte, dass Sie bis zu drei Jahre brauchen, bis sich Ihre Firma wenigstens einigermaßen stabil aufgebaut hat. Also reagieren Sie niemals wütend auf Ihre Firma, denn Sie würden alles bis dahin Aufgebaute selbst wieder zerstören.

Die Magie des Namens

Stellen Sie sich den Namen einer für Sie wichtigen Person, die Sie energetisch erreichen wollen, vor, und rufen Sie ihn immer wieder sehr liebevoll; ihr Gegenüber wird dieses verstehen und Ihnen automatisch antworten. So sind Sie auf einer direkten Kommunikationsebene mit der anderen Person. Man kann sich das wie bei einem Telefon vorstellen. Sie wählen immer wieder die gleiche „magische" Nummer Ihres Gegenübers; derjenige wiederum hört es klingeln und empfängt Sie.

Die Magie der Wunscherfüllung

Wenn Sie Ihr Leben energetisch selbstbewusster gestalten wollen, dann müssen Sie sich bestimmte Vorstellungen, die zu Ihnen passen, immer wieder visualisieren, bis Sie letztlich selbst daran glauben. Je mehr Sie bewusst von Ihrem Vorhaben träumen, desto mehr wird es sich allein über Ihre

Gedankenwelt realisieren und materialisieren lassen. Und irgendwann, meist wenn Sie gar nicht mehr daran denken, dann werden Sie Ihr geistiges Vorhaben in der Realitätswelt erleben. Es könnte dann allerdings trotzdem sein, dass Sie sich über die materialisierte Form Ihres Wunsches wundern, da Sie nicht an sich geglaubt haben; doch es ist Ihr eigener energetischer Einsatz, der das Vorhaben manifestiert hat.

Sie merken jetzt, wie wichtig es ist, dass Sie auf Ihre eigenen Gedanken achten und Ihr Leben selbst bestimmen. Egal, was Sie vorhaben, glauben Sie an sich und bleiben sich selbst treu. Sie werden merken, dass fast alle - eine kleine Ausnahme gibt es immer - Wünsche in Erfüllung gehen. Sie alleine suchen sich dazu all die passenden Elemente zusammen, um Ihr Ziel formgerecht gestalten zu können.

Sollte Ihnen das jetzt fremd vorkommen, dann liegt es nur daran, dass Ihnen gar nicht bewusst ist, dass Sie bisher Ihr gesamtes Leben selbst geformt haben. Das bedeutet, dass wir alle immer unser Leben selbst kreieren. Einige Passagen und Begegnungen auf unserem Lebensweg haben wir uns auf der Astralebene festgelegt, die anderen wiederum formen wir selbst im Hier und Jetzt nach unseren eigenen Vorstellungen und Planungen.

Wenn Sie sich überlegen, wie ein Haus gebaut wird, dann werden Sie diesen Prozess sehr schnell nachvollziehen können: Zuerst kommt die Idee, dann die Planung, dann die Bauzeichnung, das Haus nimmt somit schon materielle Formen an. Dann folgt nach vielen einzelnen Arbeitsschritten der Bau und letztendlich das fertige Haus. Nach einer Idee folgt mit viel Arbeit und intensiven Schritten die materielle Wunscherfüllung. Und nur so funktioniert unser Leben.

Das natürlich auch auf der negativen Seite, denn je mehr wir uns als „Pechvogel" bezeichnen, desto mehr werden wir den dunklen, zu diesem Zweck ausgewählten Platz in der Gesellschaft belegen. Nach diesem Prinzip leben wir, und damit wir unsere eigene Meinung bezüglich unseres Selbstbildes immer wieder bestätigt finden, werden wir mit sicherer Regelmäßigkeit ins Fettnäpfchen treten. So einfach geht das. Wenn Sie eine solche Schiene verlassen wollen, dann fangen Sie damit an und visualisieren sich wieder die positiven Bereiche Ihres Lebens. Nur vergessen Sie bitte nie, dass Ihnen die schönen Dinge des Lebens erst einmal wieder bewusst werden müssen. Erst wenn Sie die Welt mit all der Vielfalt sehen können, dann lernen Sie, die positiven Seiten zu schätzen.

Energietrennungen

Wenn Sie sich endgültig von einer Person trennen wollen, dann müssen Sie erst einmal hinter Ihre eigenen Kulissen blicken, damit Sie erkennen können, was und vor allen Dingen warum Sie mit dieser Person zu tun hatten. Gehen wir davon aus, dass Sie diese Analyse hinter sich haben und Sie wissen, worum es geht. Stellen Sie sich die Person, von der Sie sich lösen wollen, mit der Sie also emotional verbunden sind, nun genau vor.

Stellen Sie sich dann folgende Fragen:
- Was spiegelt mir diese Person? Warum bin ich ihr begegnet?

Wenn Sie den Spiegel erkannt haben, dann erst können Sie sich lösen. Sollte Ihnen das nicht bewusst sein, dann kann es passieren, dass Ihre inneren unbewusst gelebten Energieanteile dafür Sorge tragen werden, dass Sie sich weiterhin verbunden fühlen. Das wiederum würde jedoch bedeuten, dass Ihre Strukturen nur über diesen Weg in Ihr Bewusstsein gelangen können, also wäre es dringend ratsam, vorher auf die sensiblen Signale der Seele zu achten, damit Sie sich nicht permanent mit anderen emotional verstricken müssen.
- Kennen Sie diese Person aus einem früheren Leben?

Wenn Sie diese Person aus früheren Leben kennen, dann sollten Sie sich an diese frühere Begebenheit erinnern. Das funktioniert jedoch nur, wenn es auch so sein soll. Es gibt keine Zufälle: So begegnen wir bestimmten Seelen immer wieder, mit denen wir einst sehr eng verbunden waren und somit auch heute noch verbunden sind. In diesem Fall haben wir tiefe Themen miteinander und auch jeder für sich zu lösen, und alleine das ist der Grund der Verstrickung.
- Lösen Sie Ihr Thema durch eine Rückführung in das frühere Leben/Geschehen.

Oftmals haben wir Energieanteile miteinander ausgetauscht. Also müssen wir unsere Anteile wieder zurückholen und die Anteile, die uns nicht gehören, wieder abgeben. Im Rahmen einer entspannten Rückführung, die uns sanft in die frühere Inkarnation und somit zu unseren, in uns abgespeicherten Emotionen und Erlebnissen führt, wird uns dieses nicht sonderlich schwer fallen. Wir sollten nicht vergessen: In einem solchen

Fall ist immer ein Teil in uns verletzt, und wir müssen diese Energien in uns ausheilen, schon alleine aus diesem Grund sollten wir uns an die vergangenen Leben und Ereignisse erinnern, die damit verbunden sind.

- Austausch von Karmaenergien

Wenn wir uns wieder befreien wollen, und wir die in uns, aus einer früheren Inkarnation gespeicherten Energien bereits in unser jetziges Bewusstsein geholt haben, dann können wir diese Energien reinigen und ausheilen. Somit können wir uns beispielsweise gedanklich selbst von einem Marterpfahl befreien, an den wir uns schmerzvoll immer noch emotional gebunden fühlen. Nutzen Sie grundsätzlich die heilenden Kräfte aus dem Kosmos, und Sie werden spüren, wie sich die alten offenen Wunden wieder schließen werden. Solange ein in uns befindlicher existierender Energieanteil immer noch mit dem alten Schmerz im Verbund steht, solange fühlen wir uns in Teilen auch immer noch ausgeliefert; erst wenn wir diese alten Wunden geschlossen haben, dann werden wir frei sein können.

Sie können sich jetzt von dieser Person trennen, wenn Sie das möchten. Die nachfolgenden Übungen sind jedoch nicht nur gedacht, um karmische Verbindungen aufzulösen, sondern auch, um sich von sämtlichen in Ihrem Kopf befindlichen Personen zu lösen. Bitte, wenn Sie solche Übungen praktizieren wollen, dann lösen Sie sich höchstens von einer Person pro Woche, damit sich keine Energien vermischen. Es bedarf hierbei hoffentlich keiner Worte mehr, dass Sie sich vor dem Ritual reinigen - und das nicht nur gedanklich, sondern auch mit Wasser, also einer Dusche - und danach für die geistige Arbeit nur saubere Wäsche tragen! Wenn Sie nicht in die freie Natur gehen wollen, dann sollte der Raum, den Sie nutzen wollen, auch rein und gut durchgelüftet sein. Dass Sie keiner stören darf, ist vollkommen klar, oder? Es kann jedoch ohne weiteres auch eine andere Person, zu der Sie sehr großes Vertrauen haben und die auch gedanklich und körperlich gereinigt ist, in dem Raum mit anwesend sein. Klären Sie im Inneren Ihre Gedanken, und lösen Sie sich von den Alltagsthemen. (Auch die nachfolgende Übung ist nur ein Vorschlag und kann je nach Wunsch, wie es Ihnen beliebt, gewandelt werden.) Nach einer Entspannung können Sie wie folgt beginnen:

- Trennung der Bezugsperson:

Nachdem ich erkannt habe, um welches Thema es sich handelt, kann ich mich von der Person lösen, indem ich diese Person gedanklich genau vor mich hinstelle.

Ich sollte mich nun fragen: Was empfinde ich, wenn ich diese Person jetzt sehe?

- Habe ich Angst?

Sollte ich Angst in mir spüren, dann visualisiere ich mir gedanklich einen inneren Kämpfer und hole diesen einfach dazu; ich werde sofort das Gefühl von Schutz bekommen und mich stark fühlen. Das ist besonders wichtig, denn ich darf mich nicht mehr bedroht fühlen, sonst bin ich handlungsunfähig.

- Der nächste Schritt: Ich stelle mir vor, dass der Kosmos sich öffnet und beide Personen ganz viel Lichtenergie bekommen.

- Mein Gegenüber muss für mich neutral sein.

Wenn ich das geschafft habe, dann kann ich mich lösen, indem ich gedanklich eine Lampe über den Energieverbund, also zwischen der Person und mir, anschalte, um die energetischen Verbindungskanäle zu erkennen.

- Der Schnitt, die Trennung:

Wenn ich die Trennung haben möchte und dazu innerlich bereit bin, dann bitte ich einen visualisierten, geistigen Helfer/Engel um Unterstützung. Es wird immer einer kommen, wenn Sie an sich glauben. Nun bitte ich den Helfer, ein visualisiertes „magisches Schwert" zu nehmen und die Energien zwischen uns beiden, auf meinen Wunsch hin, zu durchtrennen.

- Das Empfinden danach:

Dass die Energien durchtrennt wurden, erkenne ich daran, dass ich mich danach wesentlich freier fühle. Die mir gegenüberstehende Person wird mir fast egal sein.

- Auflösen der Verbindungs-Energie-Enden:

Nach der Trennung sollte ich die Energieenden von beiden Personen gedanklich abfallen lassen. Wenn ich darum bitte, dann lösen sich die Enden auf und werden vom Kosmos entsorgt.

- Die Reinigung danach:

Danach stelle ich mir vor, dass ich über mich, wie auch über die gegenüberliegende Person, göttliche Lichtenergie aus dem Kosmos strömen lasse, so dass wir beide uns reinigen können.

- Ausheilen der Narben:

Ich lege gedanklich meine heilenden Hände auf die Narben und achte darauf, dass diese komplett geschlossen werden.

- Das Empfinden danach:

Nun schaue ich mir noch einmal die gegenüberliegende Person an. Was empfinde ich? Sollte die andere Person für mich neutral geworden sein, dann hat die Übung richtig gut funktioniert. Wenn das Gefühl der Trennung jedoch schwächer ist, dann wird sich diese Verbindung erst langsam lösen und auch das ist in Ordnung. Anschließend verabschiede ich mich von der Person und wünsche ihr auf ihrem Weg sowie mir selbst auf meinem Weg, alles Gute.

Durch diese Übungen lösen Sie sich einerseits von Ihrer eigenen nach außen gerichteten Energie und andererseits von der, meist seit mehreren Inkarnationen bestehenden, Energieverbindung zu der anderen Person. Sollten Sie sich, obwohl Sie es wissen, nicht lösen, dann würden Sie dieser Person wahrscheinlich im nächsten Leben wieder begegnen müssen. Sie können sich trotz Trennung zwar nicht hundertprozentig sicher sein, dass sie sich nicht mehr begegnen werden, jedoch ist die Wahrscheinlichkeit, dass genau dieser Energieverbund nun aufgelöst wurde, sehr groß.

Wahrnehmungsmöglichkeiten - Teilpersönlichkeiten

Können Sie sich nun vorstellen, wie spannend Ihr Leben ist? Aufregender als jeder Krimi, oder? Wenn Sie einen anderen Menschen kennen lernen, dann sind Sie auf ihn neugierig. Und wie ist das mit Ihnen selbst, die Neugierde auf die eigene Person? Es kann für Sie bei weitem keiner so spannend sein wie Sie selbst! Das eigene Kennenlernen ist das Interessanteste, was wir uns vorstellen können. Wir alle sind in uns so vielseitig, dass wir uns unserer inneren verborgenen Fähigkeiten und Talente meist gar nicht bewusst sind. Wir wissen oftmals nicht, welche Schätze in uns schlummern, die endlich geborgen und ans Tageslicht gebracht werden wollen. Vielleicht haben wir manchmal eine Ahnung davon und träumen, wie es sein könnte. Doch der Weg in unsere Realitätswelt ist meist so verstrickt mit alltäglichen Kleinigkeiten und Unwichtigkeiten, dass dafür kaum Raum bleibt.

Wir sollten uns in allen Facetten, die uns zur Verfügung stehen, leben, denn das macht das Leben erst so richtig spannend und lebenswert. Wenn wir erfahren wollen, wer/welcher Energieanteil in uns für unsere Arbeit zuständig ist oder wer mal wieder den Partner ausgewählt hat oder auch nur, wer das Kleid gekauft hat, das zwei Nummern zu klein ist, dann sollten wir intensiv in uns hineinhorchen. Wenn wir all das wissen, dann kennen wir uns, und wir können uns bewusster leben als je zuvor, denn wir haben dann die Fähigkeit, unsere Kapazitäten in uns voll auszuschöpfen. Und glauben Sie mir, ein „Schelm" steckt in jedem von uns. Wenn wir uns noch tiefer mit uns beschäftigen wollen, dann müssen wir erst einmal unsere Repräsentationskanäle kennen lernen. Das heißt, wir sollten wissen, auf welcher Empfangsstufe wir am stärksten wahrnehmen.

Wir können unterschiedliche Informationskanäle öffnen, je nachdem, welcher uns am stärksten entspricht. Da wäre zuerst einmal unser Kopf, den wir oftmals nicht ausschalten können. Wir denken und können über diesen Kanal viel Wissenswertes aufnehmen und somit rational lernen. Nach dem Motto: Eins und eins macht zwei. Lineares Denken und Erfassen von Wissen ist die Basis dieses Kanals. Wir können hierbei alles Wissenswerte in uns aufnehmen und über unser Kopfbewusstsein umsetzen und abspeichern.

Die zweite Komponente ist das Gefühl. Wir erfassen intuitiv über das Gefühl und spüren, wie es ist, wie sich diese Situation energetisch für uns anfühlt. Wir fühlen die Energien unserer Umwelt und können dadurch sehr sensitiv andere Ebenen aufnehmen und wahrnehmen. Durch das Hineinfühlen klopfen wir die emotional energetisch spürbaren Aufgabenbereiche immer wieder mit unserem inneren Licht ab. Wir spüren dann, ob dies für uns in Ordnung ist oder nicht. Wenn unser Gefühl uns auf etwas aufmerksam machen will, dann sollten wir hinhören, denn es könnte sich um wertvolle Informationen handeln, die wir brauchen. Die meisten Menschen leben immer noch gegen ihr Gefühl und versuchen alle Bereiche vom Kopf heraus zu steuern.

Dann gibt es da noch den Bereich der Traumwelten, der Tag- und Nachtträume. Die Tagträume gestalten wir uns selbst. Wir träumen von allem Möglichen, was wir alles gerne leben und erleben möchten; das setzen wir dann auch in unseren Träumen um. Wenn wir also einen Wohnzimmerschrank kaufen wollen, dann stellen wir uns genau vor, wie dieser Schrank in unserem Wohnzimmer aussehen würde. Das können wir jedoch nur, wenn wir bereit sind, uns geistig mit diesem Schrank zu verbinden, eine imaginäre Kopie zu erstellen und diese Kopie dann gedanklich in unser Wohnzimmer zu transformieren. Dann können wir erfassen, ob dieser Schrank uns gefällt. Wenn wir nicht auf unsere inneren Bilder hören wollen, dann kommen diese nun fast mit einem schlechten Gewissen nach vorne und verfolgen uns immer wieder. Wir fühlen uns dann diesen Situationen innerlich ausgeliefert. Haben wir beispielsweise Probleme mit einer Freundin, und wir sollen, wie immer, aus der Situation lernen, dann sehen wir das Gesicht der Freundin immer wieder vor unserer Nase, bis wir bereit sind, uns unseren wahren inneren Bildern zu stellen.

So wie wir Informationen unterschiedlich wahrnehmen können, so können uns auch nur gewisse Personen über bestimmte Kanäle erreichen. Die ideale Form wäre, sich allen Kanälen zu gleichen Teilen öffnen zu können. Das passiert jedoch selten und somit sind wir nur auf bestimmte fixiert. Daher kommt es häufiger vor, dass wir unser Gegenüber nicht verstehen, denn wir können seinen Sender nicht empfangen. Jetzt stellen Sie sich einmal Ihre Kinder vor. Wen wundert es, wenn die Kinder den Lehrer nicht verstehen, weil sie die ausgesandte Frequenz nicht empfangen können. Leider berücksichtigen das viel zu wenige, und dadurch werden immer noch sehr intelligente Menschen wegen ihrer schlechten schulischen Leistung als dumm eingestuft. Sollten Sie selbst Kinder haben, dann kann ich Ihnen nur raten, Ihren Kindern und sich selbst beizubringen, alle Kanäle zu öffnen. Doch das braucht Zeit. Nun ein Beispiel, wie es aussehen kann, wenn einer alle Kanäle von Geburt an geöffnet hat und nicht genau weiß, wer in ihm nun spricht und wem er Glauben schenken soll.

Stellen Sie sich dazu noch einmal vor, dass unsere Strukturen auf unterschiedliche Kanäle gelagert sind und sich somit Energieanteile in uns auf den verschiedenen Ebenen kenntlich machen. Das würde dann beispielsweise wie folgt aussehen: Unser disziplinierter, geordneter Persönlichkeitsanteil, ähnlich der Jungfrau-Energie, benutzt den Kopf als Kommunikationsebene; unsere innere Frau, die Geliebte, benutzt das Gefühl; und unser männliches Ego den Weitblick, denn das Teil will gesehen werden. Nun reden alle durcheinander; die Ordnung über den Kopf, die Geliebte über das Gefühl und der Egoismus über die „realen" Traumwelten. Jeder will was anderes. Was für ein Durcheinander! Spielen wir das durch: Sie wollen sich ein Auto kaufen. Das Ordnungsteil und der Kopf kalkulieren, rechnen, bemessen den Wert des Autos und betrachten dabei das Alter, die Laufzeit und den Verschleiß etc. Die innere Geliebte geht über das Gefühl, fühlt in das Auto hinein und ist begeistert: „Das fühlt sich richtig gut an, den möchte ich haben. Wir passen zusammen, wir werden ein Team bilden, und er wird mich sicher überall hinfahren, wohin ich will." Das Ego wiederum sieht über den Weitblick und stellt sich vor, wie es aussehen könnte, wenn es mit diesem Auto vorfahren würde. In Gedanken spielt es dies schon durch und überlegt: „Wie sieht es aus, wenn ich mit dem Auto fahre, passt es oder passt es nicht?" Auch das Ego entscheidet sich dafür, dass es passt, und stimmt dem Wagen aus seinem Blickwinkel energetisch zu. Also stehen drei ganz unterschiedliche Sichtweisen zur Wahl. Das Beste wäre, der Kopf, das Gefühl und der Weitblick stimmen dem zu, dann kann die Person das Auto ungesehen kaufen, denn es passt absolut.

Oftmals jedoch steht ein Kanal dem anderen gegenüber, also im Weg, und es wird keine Einigkeit gefunden. Wenn alle Teile durcheinander sprechen, dann bricht das große Chaos aus. Das eine Teil meint dies, das andere das und keiner weiß mehr, was richtig ist. Kennen Sie das? Viele Menschen leben so und bekommen ihr Leben nicht sortiert, da es in ihnen so viele Unklarheiten gibt. Wir müssen lernen, uns zu sortieren, damit wir mit allen in uns zur Verfügung stehenden Ressourcen sinnvoll umgehen können. Damit wir uns endlich in uns wohl fühlen, ist es unerlässlich zu verstehen, wie wir funktionieren, wie wir Ruhe finden, und natürlich auch, wie wir uns von Belastungen lösen können. Nur dann haben wir eine reale Basis, um uns in uns ordnen zu können. Immerhin sollten Sie doch wissen, wer in Ihnen reagiert. Meinen Sie nicht auch? Und was ist mit den Schattenteilen, die immer wieder an die Oberfläche gelangen wollen, um die Regentschaft an sich zu reißen?

Diese in der Dunkelheit lebenden Teile kommen besonders gerne in der Nacht zum Vorschein. Sie wollen uns zeigen, dass auch sie ein Anrecht darauf haben, gesehen zu werden. Gerade zu Beginn unserer Nachtträume, wenn alle anderen Teile in uns schon schlafen, dann kommen sie zu Wort. Oftmals können wir durch sie schlecht einschlafen, da sie uns noch einiges mitzuteilen haben und einfach losplappern, und die beste Gelegenheit dafür ist nun einmal, wenn die anderen Teile in sich ruhen. Teilweise spuken sie auch gerade mit einem dämonenhaften Aussehen in unseren Träumen herum, als Drohgebärde, damit wir sie nicht außer Acht lassen; man könnte sagen, dass sie uns das Fürchten beibringen wollen. Diese Teile wollen letztlich nur auf sich hinweisen, damit wir ihnen bewusste Aufmerksamkeit schenken. Doch woher kommen diese Teile, wer hat sie geschaffen?

Es gibt in uns zwölf Grundaspekte ebenso wie es zwölf Sternzeichen gibt. Danach leben wir, und diese zwölf verschiedenen Teilpersönlichkeiten regieren auf unterschiedlichen Ebenen unser Leben. Jedes dieser einzelnen Teile hat eine bestimmte Eigenschaft, mit der wir leben. Da wir jedoch nicht alle Teile gleich gewichten können, gibt es sehr wohl Unterschiede in uns. Stellen Sie sich vor, Sie hätten 12 Kinder; Sie könnten unmöglich allen gerecht werden. Wir haben zum Beispiel einen Hauptregenten in uns, der uns regiert und auf den wir am meisten hören. Ihn spüren wir und auch andere Personen, die uns begegnen, am deutlichsten. Wir haben männliche und weibliche Anteile in uns, und je nachdem, in welcher partnerschaftlichen Harmonie oder Disharmonie diese zueinander stehen, werden sich auch unsere nach außen gelebten Partnerschaften ausrichten. Das heißt, leben wir in Disharmonie mit diesen Teilpersönlichkeiten, dann haben wir dieselbe Disharmonie auf der äußeren Ebene, um die innere erkennen zu können. So funktionieren wir.

Oftmals jedoch streiten mehrere Teilpersönlichkeiten in uns, weil sie sich nicht einig sind und sie auch nicht bewusst gelenkt oder regiert werden. Das passiert besonders schnell, wenn wir uns mehr mit anderen Personen als mit uns selbst beschäftigen; dann merken wir meist erst viel zu spät, dass wir in einem inneren Streit leben. Das heißt, das innere Chaos kann nur ausbrechen, wenn wir in uns unsortiert sind. Sollten wir uns wieder ordnen wollen, dann müssen wir lernen, auf unsere inneren Teile zu achten und die Streitverbindungen zu lösen.

Jede dieser Energieformen kann sogenannte Fantome bilden; das sind Teilenergien, die aus den übriggebliebenen Energien der Hauptteile gebildet werden. Diese Fantome, die durch die Zwischenverbindungen energetisch gefüttert werden, können wir jederzeit wieder auflösen, wenn wir das bewusst wollen. Stellen Sie sich das plastisch vor: Zwei Persönlichkeitsanteile/innere Teilpersönlichkeiten streiten und tauschen heftige Energien miteinander aus; diese Energien sammeln sich in einem Säckchen, und dieses Säckchen wird mit der Zeit immer größer. Es kann so groß werden, dass es zwanghaft täglich mit Energien durch die zwei streitenden Teile gefüttert werden muss. Somit bildet diese negative Energie eine ziemliche Eigenständigkeit, was jedoch genau betrachtet nicht ganz stimmen kann. Dieses sogenannte Fantom nutzt den andauernden Streit der zwei Teile, um sich darüber immer wieder Menschen im Außen zu suchen, mit denen es sich verbinden kann, um sich Fremdenergien zu holen. Dadurch werden andere Personen energetisch angedockt, die wiederum in sich auch gebildete Fantome haben müssen, sonst funktioniert das System nicht. Folgerichtig ist jede dieser Verbindungen für uns belastend, da sich dadurch andere Menschen rein symbolisch in unsere Energien einklinken können. Da wir, wenn wir uns energetisch reinigen, auch solche Fantome automatisch mit säubern, haben diese dann kaum noch eine dauerhafte Überlebenschance. Daran können Sie sehr leicht erkennen, wie einfach wir uns von solch negativen Belastungen befreien können.

Wir sind im Wassermannzeitalter, und in dieser Zeitepoche gilt es, seine Energiepotenziale so weit wie möglich in vollendeter Form zu leben. Nur so können wir uns in dieser Zeit den wissenschaftlichen Bereichen der Zukunft, die diese Zeitepoche mit sich bringt, stellen. Und damit wir in dieser schnelllebigen Zeit mithalten können, müssen wir lernen, unsere Aura regelmäßig zu reinigen und unsere inneren Kräfte bewusst zu aktivieren - ähnlich wie beim körperlichen Fitness-Training. Nur so haben wir dauerhaft eine Chance, zu uns selbst zu finden. Wir müssen unsere ureigensten Energien als die wichtigsten Freunde in unserem Leben erkennen, dann werden wir mit ihnen in Harmonie leben, und das ist unser aller Ziel.

Anhand des Horoskops ist sehr schnell und klar erkennbar, mit welchen inneren Teilen wir in Harmonie leben und mit welchen nicht. Wir erkennen dort die energetischen Hauptverstrickungen und deren Lösungsmöglichkeiten, die wir schon in diese Inkarnation mitgebracht haben. Damit wir nun lernen, uns auch mit den ungeliebten Energien - den Schatten in uns - gleichermaßen auseinander zu setzen, müssen wir uns die Mühe machen, diese erst einmal kennen zu lernen. Jede negative Energie hat einen positiven Kern, denken Sie daran. Erst dann, wenn wir wieder in Harmonie mit allen unseren Teilpersönlichkeiten leben, sind wir wirklich frei von allen Disharmonien und Belastungen, dann wachsen wir wieder zu einer Persönlichkeit zusammen und befinden uns in einer einheitlichen Energieform. Doch um dahin zu gelangen, müssen wir uns einige Bereiche, wie etwa unser Karma, anschauen. Sogar unser Karma ist für uns regelbar, wenn wir die damit verbundenen Themen und Energien lösen und uns selbst befreien. Nun, Sie sehen, wir alle haben die Fäden der inneren Teilpersönlichkeiten in unseren Händen, und wir sollten lernen, diese zu nutzen. Wenn Sie mehr zu diesem Thema erfahren möchten, dann schauen Sie auch einmal in meine anderen Werke hinein.

Sie sind nun am Ende dieses Buches angelangt, und ich hoffe, es hat Ihnen genauso viel Spaß gemacht, es zu lesen, wie es mir Spaß gemacht hat, es zu schreiben. Ich wünsche Ihnen viel Erfolg.

Sabine Guhr-Biermann

Die Opalia Praxis

Sabine Guhr-Biermann, Astrologin, führt seit 11 Jahren die Opalia-Praxis für esoterische und psychologische Lebensberatung. 1962 im Zeichen des Steinbocks geboren, arbeitet sie auf der Basis ihrer hellsichtigen und medialen Fähigkeiten voller Leidenschaft in Einzelsitzungen wie auch in Seminaren. Ein weiterer Schwerpunkt ihres Lebenswerkes ist das Thema der energetischen Unternehmensberatung. Mitte 1999 begann sie zudem zu schreiben und gründete im Februar 2000 den Libellen-Verlag. Ihre gesamten Kenntnisse, die sie in diesen 11 Jahren in den Bereichen Esoterik und Psychologie gewonnen hat, schreibt sie in ihren Büchern nieder. Auch ihr Wissen aus vorherigen Leben bringt sie noch heute in ihre Arbeit mit ein. Sie ist Mutter von vier Kindern und lebt mit ihrer Familie in der Nähe von Siegburg. Das Ziel der Autorin ist es, dem Leser über das Wiedererlangen seiner Eigenmächtigkeit die Einfachheit des Lebens ein Stück näher zu bringen und ihn dahin zu führen, seine eigenen Qualitäten in Eigenverantwortung für sich nutzbar zu machen. Das Opalia-Praxis-Team ist darauf spezialisiert, den Klienten auf diesem Weg aktive Unterstützung anzubieten. Es arbeitet umfassend im Bereich der Rückführungsanalyse und integrativen Energiearbeit.

Wenn Sie weitere Informationen wünschen, dann wenden Sie sich an die:

Opalia

Praxis für esoterische, psychologische und energetische Lebensberatung
Inhaberin Sabine Guhr-Biermann
Hennefer Straße 60; 53819 Neunkirchen-Seelscheid
Tel.: 02247-8677; Fax: 8251
E-Mail: info@opalia.de

Verlagsverzeichnis

Nun eine Übersicht der Bücher der Autorin Sabine Guhr-Biermann
erschienen im Libellen-Verlag:

Partnerschaft - Spiegelkabinett unserer Gefühle

Die Opalia Lichtkarten - Reise zur inneren Wahrheit

Numerologie - Zahlenmystik zur Persönlichkeitsanalyse

Die Opalia Numerologie-Karten - Blick in die Persönlichkeitsenergien

Die Energien im Unternehmen

Mutter-Vater-Kind - Eine schicksalhafte Verbindung

Der magische Ring - Praxisbuch für den energetischen Selbstschutz

Praxisbuch zur Reinkarnationslehre - Vergangene Leben für die
Gegenwart nutzen

Meine Teilpersönlichkeiten und Ich - Band I - Die innere WG

Lichtspiele - Nachgedanken von Sabine Guhr-Biermann

Partnerschaft - das Spiegelkabinett unserer Gefühle

 Haben Sie sich auch schon gefragt, warum in Liebesbeziehungen oftmals nach dem ersten Höhenflug der Gefühle eine unsanfte Landung auf den Boden der Tatsachen erfolgt? Und das immer wieder – egal mit wem Sie sich einlassen? Suchen Sie nach Antworten für sich, warum Partnerschaft oftmals mit so viel Dramatik, Trauer und/oder Leid verbunden sein muss, obwohl alles doch so schön und einfach sein könnte? Oder stehen Sie sogar schon kurz davor, Ihrem Partner/Ihrer Partnerin gedanklich ein ähnliches Schicksal wie dem Frosch in dem Märchen "Der Froschkönig" zu bescheren, indem Sie ihn/sie einfach an die Wand klatschen könnten, nachdem Küsse ihn/sie nicht zum Prinzen/zur Prinzessin haben wandeln können? Suchen Sie nicht länger das Problem beim Partner, doch verlieren Sie genauso wenig die Hoffnung auf eine glückliche und harmonische Beziehung in Ihrem Leben - gehen Sie mit auf die spannende Entdeckungsreise in das Spiegelkabinett der Partnerschaft. Hier erfahren Sie, was die Nähe und Öffnung zu einem anderen Menschen in unserem eigenen Inneren zu öffnen vermag und weshalb sich neben der Geliebten/dem Geliebten auch stets ein Schattenenergieanteil von uns mit dem Partner verbindet. Lernen Sie diesen als zu Ihnen gehörig erkennen und lieben, und Sie werden sich nicht mehr über den Partner zu ärgern brauchen. Lernen Sie Ihre eigenen inneren Energieanteilkonflikte und –verstrickungen kennen, und Sie müssen den Streit nicht mehr ständig im Außen erleben. Lernen Sie, Ihren Partner als dankbaren Spiegel zu wertschätzen, der Ihnen lediglich zeigt, wo Ihre Beziehung zu sich selbst Heilung bedarf. Lernen Sie, mit sich selbst eine Partnerschaft in Harmonie und Glück zu leben, damit Sie das auch mit einem anderen Menschen erleben können. Wenn Sie das verstanden haben, sind Sie wieder handlungsfähig und Ihres eigenen Glückes Schmied.

Buch: „Partnerschaft - das Spiegelkabinett unserer Gefühle"
Autorin: Sabine Guhr-Biermann
208 Seiten - Euro 13,30 ISBN 3-934982-09-3

Die Energien im Unternehmen

Dieses Buch stellt einen Wegweiser in der Unternehmensenergie dar. Aus diesem Blickwinkel betrachtet können wir sehr leicht erkennen, welche starken und auch schwachen Punkte ein Unternehmen hat. Sie lernen Ihr Unternehmen aus einer anderen Perspektive kennen, was Ihnen wiederum ermöglicht, eine genaue Analyse zu erstellen. Anhand der praktischen Beispiele können Sie des weiteren viele Fragen in sich in Bezug auf Ihre persönliche Arbeitsenergie klären: Habe ich den nötigen Energieeinsatz für eine Selbstständigkeit? Und wenn „Ja", wie manifestiere ich energetisch meine Ideen? Wie kann ich ein Unternehmen selbst aufbauen? Was bin ich überhaupt für ein Arbeiter - ein Teamworker, Einzelkämpfer, Workoholic oder der geborene Chef? Dieses Buch ist somit nicht nur für Unternehmer - oder solche, die es werden wollen - geschrieben, sondern für jeden arbeitenden Menschen, also auch für alle Arbeitnehmer. Als Berufstätiger verbringen Sie tagtäglich viel Zeit mit Ihrer Arbeit. Lohnt sich der Energieeinsatz? Sind Sie zufrieden oder möchten Sie eine Änderung? Kennen Sie die Grundenergie der Firma, in der Sie arbeiten? Wäre alles gut, wenn da nicht der Kollege XY wäre, von dem Sie sich emotional belästigt fühlen? Wollen Sie mehr über die Energien im Unternehmen erfahren - dann wird dieses Buch genau das Richtige für Sie sein.

Buch: „Die Energien im Unternehmen"
Autorin Sabine Guhr-Biermann
304 Seiten - Euro 16,80 ISBN 3-934982-03-4
Libellen-Verlag, Neunkirchen, erscheint Anfang 2001

Die Opalia Numerologie-Karten
Blick in die Persönlichkeitsenergien

Die Numerologie erfreut sich immer größerer Beliebtheit. Aus diesem Grund gibt es für alle Numerologie Anhänger und Interessierten nun etwas ganz Besonderes: Basierend auf ihrer jahrelangen Erfahrung mit der numerologischen Daten- und Zahlenanalyse hat die Autorin ein eigenes Numerologie-Kartensystem entwickelt. 65 Karten und ein Kartenlege- wie -deutungsbuch geben dem Leser Einblick, Aufschluss und Klärung über alle für ihn wichtigen Daten und Zahlen. So erfahren Sie, was die Zahlen Ihres Geburtsdatums über Ihre Eigenschaften, Grundenergien und energetischen Schwachstellen verraten. In Kombination mit anderen Daten – wie etwa dem Geburtsdatum des Partners – können Sie darüber leicht erkennen lernen, welche Gemeinsamkeiten sie verbinden, wo der andere einfach anders ist und an welchen Stellen sie aufpassen müssen, damit sie sich nicht verstricken. So können Sie anhand der Numerologie-Karten sehr leicht für alle Lebensbereiche ermitteln, auf welcher energetischen Ebene Sie mit wem wie zusammentreffen oder warum Ihnen etwas immer wieder passiert. Helfen Sie sich auf diesem Wege, sich selbst und Ihr Umfeld besser zu verstehen, so dass Sie sich nicht mehr als Opfer der Umstände, sondern als Schöpfer Ihres Lebens erfahren.

Buch: „Die Opalia Numerologie-Karten"
    Blick in die Persönlichkeitsenergien
Autorin: Sabine Guhr-Biermann
208 Seiten - Euro 13,30 ISBN 3-934982-07-7

Karten: „Opalia Numerologie-Karten"
gezeichnet von Stefan Wiehl nach einer Idee der Autorin
65 Stück - Euro 11,25   ISBN 3-934982-08-5

Die Numerologie - Zahlenmystik zur Persönlichkeitsanalyse

Wussten Sie eigentlich, dass bereits die Zahlenkombination Ihres Geburtsdatums sehr viel über Ihr „energetisches Reisegepäck" -Stärken, Schwächen und Lernthemen- verrät, welches Sie mit in dieses Leben gebracht haben? Nein? Dann wird Sie die Numerologie faszinieren. Diese astrologische Zahlenanalyse und Deutungsmöglichkeit gibt Ihnen nicht nur klärenden Einblick und Aufschluss über Ihre persönliche Geburtskonstellation, sondern auch über alle weiteren Daten und Zahlen, die Ihnen in Ihrem Leben begegnen. Wollten Sie also immer schon mal wissen, mit welchen Charakterstärken und -schwächen Sie das Licht der Welt erblickt haben, was Ihr zentrales Lebensthema ist, unter welchem „Stern" Ihre Beziehung steht oder warum Ihre Ehe/Firmengründung/Arbeitsbeziehung gescheitert ist - dann tauchen Sie ein in die Zahlenmystik der Persönlichkeitsanalyse - die Numerologie. In lebendiger und alltagsnaher Sprache vermittelt Ihnen dieses Buch alle Kenntnisse, die Sie benötigen, um die "Zahlen und Zeichen der Zeit" zu verstehen und ihnen erfolgreich zu begegnen.

Sobald Sie den Wert dieses Systems für sich erschlossen haben, werden Sie es bestimmt nicht mehr loslassen wollen.

Buch: "Die Numerologie - Zahlenmystik zur Persönlichkeitsanalyse"
Autorin: Sabine Guhr-Biermann
224 Seiten - Euro 13,30 ISBN 3-934982-01-8

Die Opalia Lichtkarten
Reise zur inneren Wahrheit

Legen Sie gerne Karten? Fasziniert Sie die Wahrsagerei? Dann freuen Sie sich auf das Buch **Die Opalia Lichtkarten / Reise zur inneren Wahrheit**. Sie erfahren hier alles, was Sie über Karten - das Kartenbefragen, das Kartenlegen und das Kartendeuten - wissen müssen. Sie lernen, über den äußeren Spiegel Ihre innere Wahrheit zu erkennen, d.h. über sich selbst wahrzusagen. In alltagsnaher und klarer Sprache vermittelt Ihnen das Buch ein Rüstzeug, das Sie in allen Lebenslagen und für alle Lebensbereiche nutzen können, um Ihren äußeren Weg wie auch Ihre inneren Blockaden und Lernthemen zu erfragen. Sie werden immer tiefgründige Antworten erhalten, die Ihnen einen Blick hinter Ihre eigenen Kulissen gewähren: Sie sind der Schauspieler auf Ihrer eigenen Lebensbühne. Die objektive Kraft der Karten ermöglicht es Ihnen, für eine gewisse Zeit Ihr eigener Zuschauer zu werden und den Vorhang zu lichten, damit Sie wieder klar erkennen können, um was für ein inneres Thema es sich bei Ihrem momentanen Auftritt handelt.

Für alle praktischen Anleitungen in diesem Buch können Sie die handelsüblichen Skatkarten verwenden. Wenn Sie jedoch gerne mit künstlerisch gestalteten und aussagekräftigen Bildkarten arbeiten, dann werden die eigens zu diesem Buch entwickelten OPALIA Lichtkarten sicherlich das Richtige für Sie sein.

Buch: „Opalia Lichtkarten - Reise zur inneren Wahrheit"
Autorin: Sabine Guhr-Biermann
144 Seiten - Euro 12,25 ISBN 3-934982-02-6

Karten: „Opalia Lichtkarten"
gezeichnet von Birgit Letsch nach einer Idee der Autorin
32 Stück - Euro 8,70   ISBN 3-934982-04-2